»...da und dort ein junges Deutschland gründen«
Rassismus, Kolonien und kolonialer Gedanke vom 16. bis zum 20. Jahrhundert

Eingeleitet und herausgegeben von Horst Gründer

Deutscher Taschenbuch Verlag

Originalausgabe
Februar 1999

Umschlagkonzept: Balk & Brumshagen
Umschlagfoto: © Archiv der Brüder-Unität in Herrnhut
Satz: Design-Typo-Print GmbH, Ismaning
Gesetzt aus der Garamond 9/10°
Druck und Bindung: C. H. Beck'sche Buchdruckerei, Nördlingen
Printed in Germany · ISBN 3-423-30713-7

Inhalt

Vorbemerkung

Ein deutsches Kolonialreich existierte nur kurzzeitig. So plötzlich, wie die deutschen Annexionen von 1884 in Afrika und in der Südsee den Grundstein für ein Imperium des Deutschen Reiches in Übersee legten, so abrupt fand dieses Kolonialreich sein definitives Ende im Ersten Weltkrieg. Dennoch ging den deutschen Bestrebungen um ein Kolonialreich, wie es andere europäische Nationen besaßen, eine mehrhundertjährige Vorgeschichte voraus; zudem schloß sich an den Verlust der Kolonien eine bis ins Dritte Reich reichende revisionistische Agitation an. Nach dem Zweiten Weltkrieg überdeckte die kritische Auseinandersetzung mit der deutschen Kolonialvergangenheit allerdings schnell die wenigen, politisch kaum noch relevanten kolonialapologetischen Töne.

Die vorliegende Quellenauswahl will diesen historischen Prozeß bis zu seinem politischen Ende 1943 dokumentieren, wobei namentlich der Traum von einem »Größeren Deutschland«, seine kurzlebige Realisierung sowie die herrschaftsideologischen und kolonialrassistischen Implikationen des deutschen Kolonialismus im Vordergrund stehen sollen. Dabei sind Kürzungen in den Texten und Kommentare des Herausgebers durch eckige Klammern kenntlich gemacht. Die originale Schreibweise ist bis 1884 konsequent beibehalten, danach gelegentlich an die moderne Diktion angepaßt worden.

Zu danken habe ich meinen Mitarbeitern Ute Schröder, Anne Ruth Wenzek und Roland Samulski für das Mitlesen der Manuskripte bzw. Korrekturen. Roland Samulski hat auch das Personen- und Ortsregister erstellt. Mein besonderer Dank gilt Martin Schröder MA, der die meisten Vorlagen abgeschrieben und mich auf einige Dokumente hingewiesen hat.

Münster, im Mai 1998 *Horst Gründer*

Kapitel I: Ein »Neu-Deutschland« in Übersee – Frühe koloniale Propaganda und erste Experimente

Das deutsche Kolonialzeitalter, das Ende des 19. Jahrhunderts seine kurzlebige Realisierung fand, steht in der Kontinuität des beinahe fünf Jahrhunderte währenden Prozesses frühneuzeitlicher Expansion, der mit den Entdeckungsfahrten der Portugiesen und Spanier im 15. Jahrhundert einsetzte. Bedeutendstes Ereignis zu Beginn der nun nicht mehr zum Stillstand kommenden Erschließung und Eroberung der außereuropäischen Welt war zweifelsohne die Entdeckung Amerikas durch Christoph Kolumbus 1492. Allerdings sind im 16. und 17. Jahrhundert die Bemühungen um die Begründung deutscher Kolonialgebiete in der »Neuen Welt« im Gefolge der spanisch-portugiesischen *Conquista* – trotz des nicht unerheblichen Anteils deutscher Landsknechte, Bergleute, Missionare und Händler – letztlich für die deutsche Kolonialgeschichte ergebnislos geblieben.

Dies gilt bereits für das wohl bekannteste Unternehmen in diesem Zusammenhang, die Statthalterschaft der Welser in Venezuela. Anlaß für die Übertragung dieser »Kolonie« an das Augsburger Handelshaus durch die spanische Krone im Jahre 1528 (Dok. 1) waren sowohl langfristige Schulden Karls V., die aus der Kaiserwahl von 1519 resultierten, als auch Schwierigkeiten der Spanier bei der »Pazifizierung« des südamerikanischen Festlandes. Allerdings stand das Welser-Unternehmen eindeutig unter der Oberhoheit Spaniens, und ebenso waren die Züge der Welser-Konquistadoren in das Anden-Hochland (Nicolaus Federmann, Philipp von Hutten, u. a.) einzig auf die Entdeckung eines großen Gold- oder Silberschatzes, nicht aber auf die Etablierung einer deutschen Kolonie gerichtet. Als das Handelshaus seinem Auftrag, das übertragene Land zu erobern, zu besiedeln und zu christianisieren, nicht nachkam, entzog ihm die spanische Krone daher auch – de facto 1546, de jure 1556 nach einem langjährigen Prozeß – die Statthalterschaft.

Handelte es sich bei dem Venezuela-Abenteuer der Welser eindeutig um ein Privatgeschäft – mit hohen Verlusten –, so änderte sich dies im 17. Jahrhundert. Nunmehr standen koloniale Pläne und Aktionen weitgehend im Zeichen der merkantilistischen Wirtschaftspolitik des absolutistischen Staates, der darauf bedacht war, die ständigen Finanznöte, verursacht durch Kriege, Hofhaltung, Heer und Beamtentum, nicht zuletzt über eine Förderung des Außenhandels und den Schutz des eigenen Wirtschaftsraumes zu beheben. Koloniale Gebiete erschienen am ehesten geeignet, das Ziel einer aktiven Handelsbilanz zu erreichen, wobei die im 17. Jahrhundert vorherrschende »Weltmacht« der Niederlande das weithin bewunderte Vorbild abgab.

Unter holländischen Vorzeichen stand bereits das Kolonisationsunternehmen des Herzogs Jakob von Kurland (1610 - 1681), der eine Zeitlang die Insel Tobago, die südlichste der Kleinen Antillen, und in Westafrika Befestigungsanlagen am Gambia und auf der Insel St. Andreas sowie später auf Bajona (heute Banjul) besaß. Der rührige baltische Duodezfürst, der bereits mit Portugiesen, Spaniern, Engländern, Holländern und selbst dem Papst - wegen einer Südseekolonie - verhandelt hatte, hoffte als Folge der Teilnahme am lukrativen transatlantischen Sklavenhandel sowohl seine innenpolitische Abhängigkeit vom polnischen Adel zu lösen als auch Kurland zu einem »zweiten Holland« zu machen. Außenpolitische Schwierigkeiten verhinderten indes einen Erfolg des Unternehmens, das am 24. Mai 1654 mit der Besetzung Tobagos durch eine kurländische Expedition unter Willem Mollens d. J. und der Gründung »Neu-Kurlands« seinen Höhepunkt erreichte (Dok. 2). Während bereits vier Jahre später die Schweden Kurland besetzten und Jakob vorübergehend internierten, vertrieben die Holländer die kurländischen Kolonisten auf Tobago und nahmen auch die kurländische Gambia-Kolonie in Besitz. Zukünftig waren die afrikanischen Stützpunkte ein Zankapfel zwischen Kurland, Holland und England, während Tobago zwischen Kurland, Holland und Frankreich strittig blieb. Schließlich annektierten die Holländer 1699 Tobago, da das inzwischen politisch zerrissene Kurland die hohen Einbußen an Schiffen, Mannschaften und immer wieder neuen Kolonisten nicht zu verkraften vermochte und auch die erhofften Gewinne aus dem Sklavenhandel mit dem Verlust Gambias ausgeblieben waren.

Ein weiteres Kolonisationsprojekt des merkantilistischen Zeitalters ist mit dem Namen des bayerischen Finanzmanns und Polyhistors Johann Joachim Becher (1635 - 1682) sowie dem des Grafen Friedrich Casimir von Hanau (1623 - 1685) verbunden. Der vielseitig gebildete Gelehrte und typische barocke Projektemacher Becher - berühmt durch eine ganze Reihe technischer Erfindungen und philologisch-pädagogischer Reformmodelle - hatte sich nach dem Scheitern aller seiner Kolonialpläne nach Hanau gewandt; vereinten ihn und den Reichsgrafen von Hanau, der über ca. 100 000 Einwohner in 19 Städten und rund 270 Dörfern regierte, doch gleicherweise ihre Studien- und Wanderjahre in Holland sowie die Bewunderung des niederländischen Handelsexpansionismus.

Am 18. Juni 1669 schloß Becher im Auftrag des Grafen mit der holländischen Westindischen Kompanie einen Vertrag, der am 24. Juli die Zustimmung der Generalstaaten fand. Das auf diese Weise geschaffene, »geschäftlich« eng an die holländische Handelsgesellschaft gebundene »Hanauisch-Indien« bestand aus einem 30 Meilen breiten Küstenstreifen mit einem 100 Meilen tiefen Hinterland zwischen dem Rio Orinoco und dem Rio de las Amazonas (im heutigen Französisch-Guayana). Geplant war eine im Erbbesitz des Grafen verbleibende und von ihm beaufsichtigte, den Siedlern allerdings relativ große politische, religiöse und wirtschaftliche Freiheiten gewährende Kolonie. Die Indianer sollten »zu Freunden und civilen Menschen« gemacht werden, d. h. eine friedliche Verständigung sollte angestrebt werden, wobei man allerdings auf sie als Arbeitskräfte zählte. Die Hauptarbeit sollten eingeführte Sklaven verrichten.

Ende August/Anfang September 1669 verfaßte Becher, um Aufklärung über die »indischen Sachen« zu geben und den inzwischen zahlreichen kritischen Publizisten die »Mäuler (zu) stopffen«, eine Werbeschrift, in der ausdrücklich von den »Teutschen« und »Teutschland« – nicht vom Reich – die Rede ist (Dok. 3). Das Projekt gelangte jedoch nicht zur Ausführung, da die marode Situation der Grafschaft Hanau und die Prunk- und Verschwendungssucht des Grafen – er wurde später teilweise entmündigt – dem kleinstaatlich-nationalen Unternehmen den Boden entzogen. Außerdem hatte der Reichshofrat beschlossen, daß sich das Grafenhaus aus dem Kolonialprojekt zurückzuziehen habe.

Gegenüber den mehr oder weniger schnell gescheiterten Projekten von »Neu-Kurland« auf Tobago und »Hanauisch-Indien« in Guayana ist der Nachwelt – insbesondere natürlich den Kolonialpropagandisten des 19. Jahrhunderts – noch am ehesten jenes ebenfalls im Geiste des Merkantilismus betriebene und von holländischem Einfluß zeugende Unternehmen des Großen Kurfürsten im Gedächtnis geblieben, das am 1. Januar 1683 mit der Gründung von »Groß-Friedrichsburg« an der westafrikanischen Küste (im heutigen Ghana) spektakulär in Szene gesetzt wurde (Dok. 4a). Zentrale Figur bei der Verwirklichung der Kolonialpläne Friedrich Wilhelms war der niederländische Kaufmann und Schiffsreeder Benjamin Raule (1634–1708), der die Schiffe und das benötigte Geld zur Verfügung stellte, nachdem zuvor die Gründung einer »Brandenburgisch-Ostindischen Handels-Compagnie«, der Ankauf Tranquebars in Indien von den Dänen und sogar Kontakte nach Persien mit Blick auf die dortige Seidenproduktion an den finanziellen Möglichkeiten Kurbrandenburgs gescheitert waren. Raule, durch die Monopole der holländischen Handels-Kompanien vom Indienhandel ausgeschlossen, war mit der Hälfte der Einlagen an der am 18. November 1682 gegründeten »Brandenburgisch-Africanischen Compagnie« beteiligt, die sich nach dem kurzzeitigen Erwerb Tobagos (1691–1699) von dem kurländischen Schwager des Großen Kurfürsten vorübergehend »Brandenburgisch-Africanische-Americanische Compagnie« nannte.

Dem Ausbau der afrikanischen »Küstenkolonien« – insgesamt ein Streifen von ca. 50 Kilometern – dienten die Anlage weiterer Forts in der Nähe des Kaps Tres Puntas (Accada, Taccarary, Taccrama) sowie die von beiderseitigem Interesse bestimmten Schutzverträge mit dortigen Häuptlingen (Dok. 4b). Nach der Niederlassung der Brandenburger auf der der mauretanischen Küste vorgelagerten Inselgruppe Arguin, die die Holländer 1687 nach einem französischen Angriff aufgegeben hatten, erreichte Benjamin Raule schließlich noch von den Dänen die Abtretung eines Teils der Antillen-Insel St. Thomas (24.11.1685), was Brandenburg in die Lage versetzte, am »Dreieckshandel« zwischen Europa, Afrika und Amerika teilzunehmen. Nach Afrika brachten die Brandenburger Textilien, Metall- und Gebrauchtwaren sowie Waffen und Branntwein. Aus Afrika führten sie Gummi (aus Arguin), Häute, Getreide, Straußenfedern, Gold, Elfenbein und vor allem Sklaven aus. Von letzteren dürften in der ca. dreißigjährigen Geschichte der Kompanie ungefähr 15000 in die Neue Welt gelangt sein, bei Todesraten um zehn Prozent. Aus der Karibik brachte die brandenburgische Flotte – auf ihrem Höhepunkt aus 16 Schiffen bestehend – Hölzer, Baumwolle, Kakao, Indigo, Tabak und – zu mehr als drei Vierteln – Zucker zurück. Wirtschaftlich stellte der »Dreieckshandel« allerdings kein »Geschäft« dar, da die Verluste an Waren und Schiffen enorm hoch waren: Insgesamt gingen 15 Schiffe verloren, davon wurde ein Drittel durch den Kriegsgegner Frankreich gekapert.

Ohnehin sah sich Brandenburg-Preußen, in Europa in den Spanischen Erbfolge- und den Nordischen Krieg verstrickt, immer weniger in der Lage, seine überseeischen Besitzungen und Unternehmungen wirksam gegenüber den großen seefahrenden Nationen zu schützen. Die Folge war, daß der »Soldatenkönig« Friedrich Wilhelm I., der sowieso das »afrikanische Kommerzienwesen als eine Chimäre« betrachtete, die westafrikanischen Gebiete 1717 für 7200 Dukaten »und 12 Mohren« an die Holländer verkaufte. Arguin, das ein Jahr später vertraglich an die Holländer gelangte, wurde 1721 von den Franzosen im Handstreich gegen die dort noch ausharrenden brandenburgischen Besatzungsreste genommen. Ähnlich verfuhren die Dänen mit der brandenburgisch-preußischen Faktorei auf St. Thomas, die sie 1731 kurzweg beschlagnahmten.

Friedrich Wilhelms Sohn, Friedrich II. (der Große), zeigte sich kaum mehr interessiert an kolonialen Unternehmungen, obgleich er sich mit einem Kapital von 270000 Talern an der 1751 in Emden etablierten »Asiatisch-Chinesischen Handelsgesellschaft« beteiligte. Auch spätere Gründungen wie die »Bengalische Kompanie« (1753) und die

»Levantinische Kompanie« (1769) scheiterten. Eine Eingabe des weitgereisten Handelskapitäns und Sklavenhändlers Joachim Nettelbeck (1738-1824), eine preußische Pflanzungskolonie im nördlichen Südamerika zu begründen und zur Lösung der »Arbeiterfrage« gegebenenfalls die Wiederinbesitznahme der Kolonien des Großen Kurfürsten an der Küste Westafrikas ins Auge zu fassen, ließ der König ebenso unbeantwortet, wie sein Nachfolger Friedrich Wilhelm II. eine weitere Denkschrift des späteren Verteidigers von Kolberg höflich ignorierte (Dok. 5). Die militärischen Notwendigkeiten angesichts der exponierten Lage Preußens und die »innere Kolonisation« hatten Vorrang vor dem Erwerb überseeischen Kolonialbesitzes, wie ja überhaupt das Zeitalter physiokratischer Ideen und die aufkommende Kolonialkritik der Aufklärung - auch angesichts des »Abfalls« der amerikanischen Kolonien - die Neigung zu kolonialen Projekten und Programmen verringerte.

Den Durchbruch zu einer anhaltenden Argumentation für deutsche Kolonien brachten erst die 1840er Jahre. Erst jetzt brach ein Zeitalter planmäßiger deutscher Kolonialversuche und Koloniegründungen an, wobei »Kolonien« und »Flotte« jetzt ein Thema breiterer Schichten und Gruppen wurden. Zugleich veränderten sich die Argumente im Hinblick auf die Notwendigkeit des Erwerbs von Kolonien. Zu der traditionellen merkantilistisch-etatistischen Begründung traten zum einen das Auswanderungsargument hinzu - Folge der Massenauswanderung aufgrund sozialer Nöte sowie religiöser und politischer Verfolgung -, zum anderen das nationale Motiv im Zuge des politischen Aufbruchs des Bürgertums. Kolonien erschienen nun als Ventil für den eigenen Bevölkerungsüberschuß, wobei Kolonialapologeten und Expansionspublizisten auf den bisherigen Verlust an »nationaler Energie« verwiesen, während liberale Bürgerliche aus Handelsinteresse und der Furcht, die eigene Nation komme bei einer fortschreitenden Aufteilung der Welt zu kurz, auf den deutschen Anspruch auf »Seegeltung« und große Kolonien in Übersee pochten. Schon um dem »nationalen« Aspekt der Auswanderungsfrage Rechnung zu tragen, sprach man daher davon, künftig das Osmanische Reich zu »beerben«, ein »Neu-Deutschland« in Südamerika zu errichten oder große Teile Afrikas zu annektieren.

Ein Unternehmen, das sozial-bevölkerungspolitische, nationale und handelsökonomische Motive gleicherweise miteinander verband, war das Projekt einer »Deutschen Antipoden-Colonie« aus den Jahren 1841/42, hinter dem eine Gruppe Hamburger Reeder, Schiffseigner und Kaufleute unter der Leitung des Senatssyndikus Karl Sieveking (1798-1847) stand. Nachdem Sieveking bereits Sondierungen über die Möglichkeit einer deutschen Koloniegründung in Südafrika und

Südamerika angestellt hatte, schien sich die Gelegenheit zu ergeben, von der Londoner »New Zealand Company«, einer Grundstücks- und Spekulationsgesellschaft, für 10 000 Pfund Sterling die neuseeländischen Chatham-Inseln zu erwerben. Auf diesem der Stadt Hamburg auf dem Globus genau gegenüberliegenden Archipel (Antipoden) plante der Syndikus ein Ansiedlungsgebiet für deutsche Auswanderer einzurichten (Dok. 6). Als die britische Regierung die »New Zealand Company« jedoch wissen ließ, daß sie im Rahmen der erhaltenen »Charter« weder zum Kauf noch zum Verkauf der zur königlichen Kolonie Neuseeland gehörenden Chatham-Inseln berechtigt sei, brach das auch beim Aktienverkauf nicht reüssierende Projekt zusammen.

Während die Südsee fürs erste eher als Vorlage für Romane diente (Adalbert von Chamisso, Friedrich Gerstäcker) und die Ausbreitung Deutschlands in den vorderasiatischen Raum vorläufig Propaganda blieb[1], schienen einige auf den amerikanischen Raum gerichtete Kolonialprojekte realistischer konzipiert zu sein. Das galt vornehmlich hinsichtlich des Erwerbs von Oberkalifornien und Teilen von Texas, zwei zum seit 1821 unabhängigen Mexiko gehörenden Gebieten, die gleichzeitig in den Expansionsbereich der Vereinigten Staaten geraten waren bzw. ihre Emanzipation aus dem mexikanischen Staatsverband betrieben. Das preußische Kalifornien-Projekt suchte denn auch zunächst Mexikos Interesse an einer Pufferzone gegen die USA und später die amerikanischen politischen Ambitionen in diesem Gebiet für die eigenen Absichten nutzbar zu machen (Dok. 7). Abgesehen von den hohen Geldforderungen der Mexikaner (6 Millionen Dollar) und wachsenden politischen Problemen vor Ort, die 1846 zum Krieg zwischen Mexiko und den USA führten (mit der Annexion Kaliforniens 1848), erwies sich Preußen, trotz englischer Zustimmung zu der Transaktion, jedoch weder fähig noch willig, eine eigene Überseepolitik zu betreiben. Dies hinderte freilich einen konservativ gesinnten preußischen Offizier nicht daran, Preußens »Beruf« zu einer europäischen »See-, Kolonial- und Weltmacht« zu reklamieren (Dok. 10), wobei er nicht nur auf das eher selten in Vorschlag gebrachte, »noch freie« Afrika verwies, sondern in seinem wirklichkeitsfernen Programm auch rassistisch-imperialistische Motive anklingen ließ.

Die amerikanisch-mexikanischen Spannungen bildeten gleichfalls den Hintergrund für den am 20. April 1842 im herzoglich-nassauischen Schloß zu Biebrich nahe der Bundesfeste Mainz von adeligen Offizieren gegründeten »Verein deutscher Fürsten, Grafen und Herren zum Schutze deutscher Auswanderer in Texas« (Dok. 8a). Dieser »Mainzer Adels-« oder »Texasverein« versuchte, die infolge unorgani-

[1] Vgl. Dok. 65 und 66.

sierter Massenauswanderungen entstandenen Mißstände durch den planmäßigen Ankauf von Ländereien und deren Besiedlung im seit 1836 selbständigen Texas (»Lone Star Republic«) zu beseitigen. Das aus patriotischen, sozialpolitischen, standespolitischen und geschäftlichen Beweggründen unternommene Werk endete indes in einem Fiasko. Unzureichendes Kapital, Unerfahrenheit und Gutgläubigkeit der verantwortlichen Männer, die mehrfach auf Spekulanten hereinfielen, mangelnde Organisation und Verwaltung und nicht zuletzt das Desinteresse Washingtoner Annexionisten an einer deutschen »Feudalkolonie« (Dok. 8b) führten zum Zusammenbruch. Fast die Hälfte der 7380 Auswanderer des Mainzer Adelsvereins starben an Hunger und Seuchen. Enttäuschte Rückkehrer wiesen auf das adelige Unternehmen als »Warnungsbeispiel für Auswanderungslustige« hin (Dok. 8c). Dennoch blieben namentlich west- und nordamerikanische, oberkanadische sowie nördliche und westliche Gebiete Mexikos weiterhin ein Gebiet nationalideologischer und sozialpolitischer Auswanderungspropaganda (Dok. 9).

Den vorläufigen Höhepunkt bürgerlicher Kolonial- und Flottenpläne stellte die Revolution von 1848 dar. Schon im Vorfeld hatte der aus einer hessischen Theologen- und Beamtenfamilie stammende Ernst Dieffenbach, der als Burschenschaftler vorübergehend ins Exil gehen mußte, der Nationalversammlung ein Promemoria vorgelegt, das den engen Zusammenhang von Auswanderung einerseits und einer Flotte und eigenem Kolonialbesitz andererseits demonstrieren sollte (Dok. 12). In einem Atemzug mit seinen konkreten Vorschlägen potentieller Erwerbsgebiete (an der Ost- und Westküste des südlichen Amerika, in Neuseeland und Tasmanien) artikulierte der Gießener Professor der Geologie zugleich latente Ängste des Bürgertums vor der sozialen Revolution, wenn er Kolonien als Heilmittel gegen die Gefahren des »Pauperismus« und des »Proletariats« empfahl.

Im Verfassungsausschuß der Nationalversammlung ging es dann zunächst um die Beseitigung der restriktiven Auswanderungsgesetze, vor allem um die Abschaffung der sogenannten Abzugsgelder. Die Auswanderungsfreiheit wurde daher auch in den Grundrechtskatalog aufgenommen[2]. Ein darüber hinausgehender Antrag, der von dem Abgeordneten Friedrich Gottlieb Schulz und zehn weiteren Volksvertretern eingebracht wurde, die »Auswanderung (...) selbst unter den Schutz des Staates« zu stellen, fand indessen keine Mehrheit. Für sein Votum hatte der Erzieher des Erbprinzen von Waldeck und Weilburger Gymnasial-Konrektor einmal mehr das gesamte Spektrum koloni-

[2] 1. Artikel, Paragraph 5: »Die Auswanderung ist von Staats wegen nicht beschränkt. Abzugsgelder dürfen nicht erhoben werden.«

alpropagandistischer Argumente vorgetragen, vor allem aber nachdrücklich die Notwendigkeit einer Seemacht zum Schutz der Auswanderer und der zukünftigen Kolonien artikuliert (Dok. 14).

Das Flottenprogramm der Paulskirche stammte ohnehin aus der gleichen nationalen Aufbruchstimmung der Zeit und stellte ein gewichtiges Anliegen des liberal-demokratischen Bürgertums dar. Bereits der »Fünfzigerausschuß«, ein vom Frankfurter Vorparlament gewähltes Organ, das als gesamtdeutsche Übergangsinstitution bis zur Wahl der deutschen Nationalversammlung fungierte, hatte im April 1848 einen Marineausschuß eingesetzt, der sofort Kaufverhandlungen mit England aufnahm. Im Mai veranlaßten die »Fünfziger« die Einberufung eines Marinekongresses nach Hamburg, forderten den Bundestag auf, umgehend Maßnahmen gegen die Küstenblockade der Dänen zu ergreifen und verabschiedeten einen Aufruf an das deutsche Volk zu Spenden für die Flotte. Der Appell endete mit den Worten: »Wenn das deutsche Volk will, werden bald schwarz-rot-goldene Flaggen auf deutschen Kriegsschiffen wehen, werden bald unsere Feinde uns achten zur See, wie auf dem Lande. Voran, wackeres deutsches Volk, allüberall deine Ehre zu wahren, allüberall für die Entfaltung deiner Machtherrlichkeit zu sorgen!«[3]

Bei der Verwirklichung ihres Flottenprogramms blieben die Achtundvierziger allerdings auf den stärksten deutschen Staat - auf Preußen - angewiesen. Preußische staatliche Flottenpläne waren namentlich durch den Prinzen Adalbert von Preußen vertreten worden, so daß dessen Denkschrift vom Mai 1848 über die Bildung einer deutschen Kriegsflotte das Bindeglied zwischen Berlin und Frankfurt darstellte (Dok. 11). Zwar bildete vorerst die Schleswig-Holsteinische Frage, d. h. die Auseinandersetzung mit Dänemark, den konkreten Anlaß der Denkschrift, aber das Grundsatzprogramm für eine nationalstaatliche Flotte war in ihr bereits enthalten. Die schließlich eingerichtete deutsche Bundeskriegsflotte, bestehend aus neun Dampfern, zwei Segelfregatten und 27 Kanonenbooten unter dem Kommando des Admirals Karl Rudolf Bromme, vermochte noch den Dänen bei Helgoland ein siegreiches Gefecht zu liefern; sie mußte jedoch, da nicht nur die Matrikularbeiträge entweder gar nicht (Österreich, Sachsen) oder nur teilweise eingingen, sondern auch Preußens Führungsanspruch umstritten blieb, schon 1853 meistbietend versteigert werden.

In erster Linie waren es mithin bürgerliche Liberale und Radikale (Demokraten), die in der vormärzlichen Publizistik und während der

[3] Zit. n. Günter Moltmann, Die deutsche Flotte von 1848/49 im historisch-politischen Kontext, in: Deutsches Marine-Institut (Hg.), Die deutsche Flotte im Spannungsfeld der Politik 1848 - 1985, Herford 1985, S. 23.

1848er Revolution auf eine baldige deutsche Weltgeltung hofften. So rief Richard Wagner, königlich-sächsischer Kapellmeister, der selbst in Dresden auf den Barrikaden gestanden hatte, in einer pathetischen Rede im heimatlichen Vaterlandsverein zu einer Fortsetzung der »republikanischen« Politik im Innern durch eine »Weltmachtpolitik« nach außen auf (Dok. 13). In den großen Städten Deutschlands entstanden Kolonialvereine, von denen einige Kolonialland erwarben und kolonisatorischen Erfolg erzielten. So gründete der »Colonisations-Verein von 1849 in Hamburg«, der als Aktiengesellschaft ins Leben trat, im Küstengebiet der brasilianischen Provinz Santa Catarina die Kolonie »Dona Francisca«, die bis zum Jahre 1868 ca. 8000 Kolonisten aufnahm. Aber auch in der weiter südlich gelegenen Provinz Rio Grande do Sul entstand eine ganze Reihe deutscher Niederlassungen. Südbrasilien und die La Plata-Länder standen im Mittelpunkt deutscher Auswanderungspläne, überseeischer Handelsbestrebungen und erster »Weltmacht«-Träume (Dok. 15). Hier in Südamerika erschien überdies die Erhaltung des Deutschtums sowie eine Verbindung mit dem Mutterland leichter möglich als im assimilationskräftigeren Norden. Tatsächlich gingen im 19. Jahrhundert rund fünf Prozent der deutschen Auswanderer nach Lateinamerika, über 90 Prozent allerdings weiterhin in die Vereinigten Staaten.

Neben Mittel- und Südamerika richteten sich die in den fünfziger und sechziger Jahren des 19. Jahrhunderts auftauchenden Kolonialprojekte zunehmend auf den Fernen Osten. Wiederholt, namentlich unter dem Einfluß der preußischen Handelsexpedition von 1860/61 nach Siam, China und Japan, stand Formosa (Taiwan) als Basis eines deutschen Kolonialreiches zur Diskussion. Ausdrücklich gegen diese Bevorzugung Formosas richtete sich das Hokkaido-Projekt des deutschen Geschäftsträgers in Japan, Max von Brandt, der an der preußischen Ostasien-Expedition teilgenommen hatte und der als späterer deutscher Gesandter in Peking (1875 – 1893) zu politischem Einfluß gelangen sollte (Dok. 16). Noch großräumiger dimensioniert als Brandts »japanische Kolonie« waren die Vorschläge des Geographen und Geologen Ferdinand von Richthofen über ein preußisch-deutsches Engagement in Asien, schloß es doch selbst ein spanisches Kolonialgebiet wie die Philippinen ein (Dok. 17). Auf Richthofen ging letztlich die Empfehlung zurück, in Kiautschou einen deutschen Marine- und Handelsstützpunkt zu errichten[4].

Immer wieder tauchten, vermehrt nach dem Sieg Preußens über Dänemark 1864 und der offenbar werdenden Führungsrolle Preußens in Deutschland, Inseln im Indischen und Pazifischen Ozean so-

[4] Vgl. Dok. 24.

wie Gebiete in Ostasien, Afrika sowie Mittel- und Südamerika als potentielle Kolonialfelder, Flottenstationen und nicht zuletzt Strafkolonien in der Diskussion auf. 1870/71 verlieh der deutsch-französische Krieg deutschen Kolonialplänen einen zusätzlichen Auftrieb. Bereits vor den Friedensverhandlungen stand französischer Kolonialbesitz als Kriegsentschädigung zur Diskussion. Hanseatische Kaufleute, Militär- und Marinekreise sowie bürgerliche Nationalisten – wie der sächsische Rittergutsbesitzer und später namhafte Kolonialpropagandist Ernst von Weber – forderten Bundes-Präsidium und Reichstag auf, als Ausgleich von Frankreich die Abtretung Cochinchinas mit der Hauptstadt Saigon zu verlangen (Dok. 18). Bismarcks Stellungnahme zu diesen Absichten ist bekannt: »Ich will auch gar keine Kolonien. Die sind bloß zu Versorgungsposten gut (...), diese Kolonialgeschichte wäre für uns genauso wie der seidne Zobelpelz in polnischen Adelsfamilien, die keine Hemden haben.«[5] Trotz dieser klaren Absage an Kolonien lebte die koloniale Projektemacherei ebenso fort wie die allgemeine Grundstimmung einer bevölkerungspolitischen, ökonomischen und nationalen Notwendigkeit überseeischer territorialer Besitzerweiterung.

[5] Moritz Busch, Tagebuchblätter, Bd. II, Leipzig 1902, S. 157.

1. Venezuela: die erste deutsche Kolonie? – Der Welser-Vertrag mit der spanischen Krone aus dem Jahr 1528

Der König.
[...]
I. – Sofern Ihr[1] [...] mit besagter Flotte fahrt und dem besagten Gouverneur von Santa Marta[2], und sofern Ihr in der besagten Weise dieses [Gebiet von Santa Marta] befriedet, so erteile ich Euch die Genehmigung und Befugnis, daß Ihr oder einer von Euch und, sofern keiner von Euch dazu in der Lage ist, daß Ambrosius Alfinger und Georg Einguer[3], Bruder von Euch, dem besagten Heinrich, oder einer von diesen besagte Gebiete und Provinzen entdecken und erobern und besiedeln könnt, die an besagter Küste liegen, die am Kap Vela beginnt oder vom Ende von Grenze und Gebiet besagter *Gobernación*[4] von Santa Marta bis nach Maracapaná, den Westen, Osten, Norden und Süden von einem zum anderen Meer, mit allen Inseln, die vor besagter Küste liegen[5]. [...] Ihr werdet somit, so seid Ihr verpflichtet, aus unseren hiesigen Reichen oder von außerhalb Personen mitnehmen, denen es nicht verboten ist, in jenes Gebiet zu kommen, um besagte Besiedlung durchzuführen, und werdet in den besagten Gebieten je nach Eurem Ermessen zwei oder mehr Siedlungen gründen und zwar an den Stellen, die Ihr als zweckmäßig anseht; und werdet für jede der besagten Siedlungen mindestens dreihundert Mann mitnehmen und in besagten Gebieten drei Festungen errichten. Alles Gesagte geht zu Euren Kosten und Lasten, und Ihr seid verpflichtet, mit den besagten dreihundert Mann zur ersten Reise innerhalb eines Jahres vom Datum des vorliegenden Vertrags von Spanien abzufahren; und Ihr seid verpflichtet, innerhalb von zwei Jahren nach Eurer Ankunft die beiden Siedlungen anzulegen; und für alles gebt Ihr die ausreichende Sicherheit, die Euch bezeichnet werden wird. [...]

[1] Gemeint sind die Faktoren bzw. engen Vertrauten des Augsburger Handelshauses der Welser, Heinrich Ehinger und Hieronymus Sailer, die zu Anfang des Dokuments vom spanischen König Carlos I. (= Kaiser Karl V.) als »Deutsche und Unsere Lehensmänner« bezeichnet werden.

[2] García de Lerma, dem die Welser-Kaufleute mit einer Flotte und Soldaten gegen aufständische Indianer zu Hilfe kommen sollten.

[3] Ambrosius Dalfinger und Georg Ehinger, Mitarbeiter des Handelshauses der Welser in Amerika. Dalfinger wurde erster Gouverneur und Generalkapitän von Venezuela.

[4] Gouvernement, Statthalterschaft

[5] Gemeint ist das heutige westliche Venezuela sowie ein Teil des heutigen Tiefland-Kolumbien.

III. - Und angesichts Eurer Person und Dienste und der Entschlossenheit, mit der Ihr Euch bemüht, das Gesagte zu tun, ist es Unser gnädiger Wille, Euch mittels vorliegenden Schriftstücks die Gunst zu erweisen, daß derjenige von Euch, der besagte Eroberung und Besiedlung durchführt, auf Lebenszeit Gouverneur und Generalkapitän besagter Gebiete ist [mit einer Jahresbesoldung von] insgesamt dreihunderttausend Maravedís. [...]

IV. - Ebenso betraue ich Euch durch vorliegendes Schriftstück gnädig mit dem Amt Unseres *Alguacil mayor*[6] besagter Gebiete für Euch und Eure Erben und Nachkommen auf unbegrenzte Zeit. [...]

V. - Ebenso betraue Ich Euch gnädig durch vorliegendes Schriftstück mit der Kommandantur besagter drei Festungen. [...]

XII. - In den ersten drei Jahren der Besiedlung soll Uns in besagtem Gebiet nicht mehr als ein Zehntel aus dem Goldertrag der Minen gezahlt werden und im vierten Jahr ein Neuntel, und von da an soll sich der Anteil in dieser Weise verändern bis zum Fünftel[7]. [...]

XVI. - Ferner erteile ich Euch und den übrigen Siedlern das Recht und die Befugnis, die Indios, insoweit sie trotz Verwarnung und Drohung aufständisch sein sollten, als Sklaven zu nehmen. [...]

Folglich: Wenn Ihr das oben Gesagte auf Eure Kosten und nach Maßgabe dessen tut, was oben enthalten [...] bestätige und verspreche Ich durch vorliegendes Schriftstück, daß Euch [gegenüber] dieser Vertrag und samt und sonders alles, was er enthält, beachtet wird, so wie es oben niedergelegt ist; und wenn das [Eurerseits] nicht getan und erfüllt wird, [...] werden wir befehlen, Euch zu bestrafen und gegen Euch wie gegen eine Person vorzugehen, die die Befehle ihres Königs und natürlichen Herrn nicht beachtet und erfüllt und ihnen zuwiderhandelt.

Quelle: Dokumente zur Geschichte der europäischen Expansion, hg. v. Eberhard Schmitt, Bd. 4: Wirtschaft und Handel der Kolonialreiche, München 1988, S. 41 - 47.

[6] Oberster Polizeibeamter
[7] Das war die übliche Abgabe für den König *(quinto real)*.

2. Neu-Kurland auf Tobago – Schreiben des Gouverneurs Wilhelm Mollens an Herzog Jakob von Kurland, 11. August 1654

Durchl. hochgeb. Fürst, gnädigstem Herrn Gruß,

Seine Fstl. Gn. gelieben zu vernehmen, daß ich mit meinem mit habenden Völkern *seine* Insel Tabago [sic] oder *Neu-Kurland* besetzt habe. Allwo ich fünf Häuptlinge von Wilden antraf. Jeder Häuptling von 25 Mann und jeder Häuptling hat sein eigenes Kanoo, welches Kanoo aus einem ausgehöhlten Baum gemacht ist. Allwo er mit seinen 25 Mann zum Kriege gegen ein Volk, Ariwakas[1] genannt, fährt, welches Volk auf Trinidad wohnt und auf dem Festlande. Diese Ariwakas kommen 50 oder 60 Kanoos stark her, jedes 25 oder 30 Mann. Unsere Insulaner sind sehr bang vor den Ariwakas, wenn sie kommen, weil sie höllisch stark sind, so machen sie große Gefechte. Unsere Völker auf dieser Insel heißen Kariben[2]. Diese Ariwakas sind Feind mit allen Christen. Ich habe Hoffnung mit ihnen Freundschaft zu schließen, und sie handeln Beile, Messer und Spiegel ein, dafür geben sie Hängematten, die wieder an die *Pflanzer* verhandelt werden können.

Über dieses Land hat niemand die Herrschaft, als seine F. Gn. Es gibt einige Spanier auf Trinidad, das 12 Meilen von hier liegt. Ich habe erfahren, daß es bei den Wilden hier Goldkörner gibt, habe aber keine gesehen, daß es Perlen gibt, habe aber keine gesehen. Hierher kommen stets viel Menschen: etliche Wilde mit Canoos aus St. Vincent und gehen nach dem Festlande weiter, und kommen vom Festlande, und kommen alle hierher, so daß sie uns Schwierigkeiten machen, keinen Frieden halten, nicht gütlich helfen und S. Fstl. Dchl. beistehen. Ich werde ihnen »wiedergeben«, was sie uns angetan haben.

Ich sende S. Dchl. eine kleine Karte von Tobago mit der Niederlassung und dem Fort und der Seite, wo die Schiffe liegen und der Quelle. Und nun bitte ich S. Fstl. Gn. untertänig, S. Fstl. Gn. geliebe meiner armen Frau mit den 4 Kindern zu gedenken, sie hätte 300 fl. für ihren Aufenthalt zu bekommen. Der große Gott weiß, daß ich alles, was ich in der Welt hatte, angelegt habe, um diese Reise durchzuführen. Mein gekauftes Haus steht noch halb bezahlt und halb unbezahlt. Gott

[1] Arawak, Teile der Aruak, indianische Sprach- und Kulturgruppe, früher vom Amazonastiefland über Guyana bis zu den Westindischen Inseln verbreitet. Auf letzteren wurden sie zum größten Teil von den Kariben ausgerottet oder von dort vertrieben.

[2] Kariben (Karaiben), ehemals große, kriegerisch-expansive, indianische Sprach- und Kulturgruppe im nördlichen Südamerika und auf den Westindischen Inseln

weiß, ob ich zu Lebzeiten noch etwas für meine Guineische Reise erhalten werde, derweil ich nicht einmal das Haus bezahlen kann. So bitte ich S. Fstl. Gnd. untertänig, daß sie 200 Rthlr. bezahle und die Hausbauer auf Befehl S. Fstl. Gnaden stundeten. Und für den Fall, daß ich sterbe, bitte ich, daß meine Kinder das übrige bekommen, wie S. Fstl. Gnaden ihren Hof bekamen!

Ich sende hier ein kleines Päckchen mit, gemerkt HIIC, darin 3 St. Fell für Kappen (?) und andere Felle, welche für Kleidungsstücke gut sind und andere Sachen liegen. Ich hoffe nach Ablauf eines Jahres eine gute Partie davon zu senden. S. Fstl. Gnaden, die ich in den Schutz des allmächtigen Gottes befehle ...

Quelle: Otto Heinz Mattiesen, Die Kolonial- und Überseepolitik Herzog Jakobs von Kurland 1640 - 1660, Stuttgart 1939, S. 452 f.

3. »neu Teutschland ... in der Mapp« – Aufruf des bayerischen Finanzmanns und Polyhistors Johann Joachim Becher zur Gründung deutscher Kolonien in Südamerika aus dem Jahr 1657

Dieses nun hat sich [...] begeben mit dem Großmuetigen/ hochnothwendigen/ Teutschland hochnuetzlichen Vornehmen/ in Indien einige Colonien zu fundiren/ und die Indische Negotien/ Teutschland zum besten zu promoviren, welches sich der hochgeborne Graff und H.H. Friederich Casimir/ Regierender Graff und Herr zu Hanaw[1]/ & zu exequiren[2] proponirt, dann kaum wurde daran der Anfang gemacht/ so giengen davon hier zu Lande wunderliche Zeitungen und Meynungen/ doch ohne allen Grund/ sondern nach dem es einem jeden davon beliebet zu reden/ und dieses umb so viel freyer/ weil sie vermeint/ es seye nichts an der Sach/ das sie nicht mit Fug tadeln koenten und moechten. Indien ist den hochteutschen Stubenbruedern ein schlimm Land und ein Boehmisches Dorff wie man im Sprichwort saget/ vor dem Meer erschrecken sie/ die West-Indische Compagnie ist ihrer Feinde Meynung (vielleicht auch Willen) ganz verdorben/ der Herr Graff von Hanau ist ihnen darzu nicht bequem/

[1] Friedrich Casimir, Graf von Hanau (1632 - 1685), Gründer der Hanauer Fayencemanufaktur und des ›Hanauer Mercurius‹

[2] ausführen

es hettens Koenig/ Republicken/ ja die Hollaender selbst mit Colonien probirt/ und uebel dabey gefahren/ und was dergleichen objectiones[3] mehr seynd/ [...]

Zehendens fuerchten auch einige Naßweise und das Gras wachsen hoerende Hochteutsche Maul-patrioten, daß durch Auffrichtung neuer Colonien in West-Indien/ Teutschland Menschen arm/ und depopulirt[4] werde/ welches doch vielmehr vonnoehten haette/ daß man Menschen hinein/ als daraus braechte/ geben ein Exempel/ daß Spanien auch auff diese Weise sey depopulirt worden/ worauff zur Antwort gegeben wird/ daß Indien Spanien nicht allein depopulirt habe/ sondern eine andere Ursach/ daß sie weder in den Europæischen/ noch Americanischen Spanien/ andere/ als ihre Nation/ noch andere als ihre Religionsverwandte haben dulden wollen/ und dann/ daß sie die Begierd zum Gold/ Silber/ Perlen ihrer Natur nach/ mehr nach ihrem Indien/ als nach Spanien/ wo dergleichen Sachen nicht seyn/ getrieben. Engelland/ als welches sein Fundament in Indien allein auff den Feldbau setzt/ und gewaltsame maechtige Colonien allda fundirt hat/ ist doch deßwegen in dem Europæischen Engelland nicht Menschen arm worden. Und dieses mag auch von Franckreich gesagt werden/ das so viel tapffere Insulen in Indien populirt hat/ die Teutschen/ welche an Fruchtbarkeit vorigen Nationen nicht nachgeben/ ja welche auß Furcht umb fruchtbar zu werden/ offt weder kecklich[5] heyrahten/ noch geheyrahtet/ auß Mangel der Mittel und Furcht das Gezeugete zu ernehren/ oeffters ihrer ehlichen Pflicht sich enthalten/ wird darumb nicht Menschen arm werden/ wann es gleich Indien populirt, es ist eine andere Ursach/ die Teutschland Menschen arm macht/ nemlich der Geldmangel/ und daß sich schwer in Teutschland zu ernehren/ dahero nicht allein keine frembde Nationen dahin kommen/ die sich darinnen niederlassen/ sondern auch auß Mangel der Nahrung lauffen unsere Hochteutsche selbsten hinaus in andere Laender. Wann sie nun in Indien giengen/ die jetzo auß ihrem Vatterland seyn/ oder die darinnen in Mangel und Armuht ihren Freunden zum Spott und Schand herumb gehen/ in Diebstahl oder andere Verzweiffelung gerahten/ oder auß desperation[6] in Krieg gehen/ sich umb ein paar Reichsthaler willen den Hals lassen brechen/ Item die jenige/ die durch Unglueck umb das Ihrige kommen/die nichts als ein Haus voll Kinder haben/ die auff alle Mittel und Weg/ sie seyen ehrlich oder unehrlich/ sich zu ernehren und

3 Entgegnungen
4 entvölkern
5 hier: wagemutig, zuversichtlich
6 Verzweiflung

reich zu werden dencken muessen/ diese/ sag ich/ und dergleichen/ wann sie in Indien giengen/ und nur etlich wenig Jahr darinnen blieben/ wuerden sie nicht allein Teutschland subleviren[7], in dem sie solchem als onera[8] von dem Hals kaemen/ sondern auß Indien wiederkommend/ wuerden sie dasselbe zieren und vermehren/ als die da reich geworden seyn und Nahrung mit in Teutschland bringen. [...]

Vierzehendens/ wer da glaubt/ daß er in Indien umb sein Ehr und Leben/ Seel und Seligkeit komme/ und auß einem Christen ein Heyd/ auß einem civilen Menschen ein Wilder werden werde/ der wird zum besten thun/ daß er dann hieraussen bleibe/ und dem gemeinen stylo gemaeß/ seine Ehr in Brieffen/ Wapen/ Degen und Glaesern suche/ das Christenthum im Mund habe/ die civilitaet in ceremonien-machen[9] suche/ und sich mit einer servilischen Besoldung plage/ und mit der Geldlarven[10] betriegen lasse. Man gestehet frey/ daß der gleichen in Indien unter Ihro hochgraefl. Excell. Regierung nicht seyn werde/ dann die Ehr wird bestehen in Redlichkeit und Maessigkeit/ das Christenthumb im Werck/ die conversation nicht in Luegen und Ehrenabschneiden/ sondern in Rath und That/ Kunst und Wissenschafften werden beruhen im Erdbau/ in Bergwercken/ in Viehezucht/ in einen und andern manufacturen, die Besoldung wird nicht in Geld bestehen/ sondern in Erden/ welche so viel gibt/ daß Geld darauß werden kan. Daß also in Indien nicht allein ein bessers Land als Teutschland ist/ sondern auch dieses neue Teutschland ein neues Regiment haben/ welches darinnen bestehen wird/ daß die edle hochteutsche libertaet[11] gutes zu thun widerumb floriren[12]/ und sich nach dem Horizont deß Landes richten wird. Dann wann gleich das Land zum alleredelsten waere/ und eine boese Regierung hinein kaeme/ wuerde es doch das elendeste werden/ gleich man dessen gnugsame Exempel gesehen hat. [...]

Wohlan dann dapffere Teutschen/ machet/ daß man in der Mapp neben neu Spanien/ neu Franckreich/ neu Engelland/ auch ins kuenfftige neu Teutschland finde/ es fehlet euch so wenig an Verstand und Resolution solche Sachen zu thun/ als andern Nationen/ ja ihr habet alles dieses/was darzu vonnoehten ist/ ihr seyd Soldaten und Bauren/ wachtsam und arbeitsam/ fleissig und unverdrossen/ ihr

[7] hier: entlasten, unterstützen

[8] Last

[9] feierliche Handlungen

[10] Gemeint ist falsches, schlechtes oder auch wertloses Geld.

[11] Mit Libertät wurde allgemein die Freiheit der Reichsstände von der Reichsgewalt bezeichnet, insbesondere das Recht der Konfessionsbestimmung (*ius reformandi*); nach dem Westfälischen Frieden (1648) auch das Recht der Bündnisfreiheit und der selbständigen Entscheidung des Landesherrn über Krieg und Frieden.

[12] blühen

koent auff einmahl viel gute Sachen thun/ durch ein exemplarisches Leben und gute Ordnung/ die Indiander zu Freunden und civilen Menschen/ ja vielleicht gar zu Christen machen/ ihr selbsten werdet laenger leben/ froelicher und vergnuegter seyn/ wann ihr in einem dergestalt angenehmen Climat, fuer keine Nahrung so muehsam sorgen doerfft/ koennet also nicht allein Euch in Indien/ sondern Euern Freunden auch hieraussen in Teutschland dienen/ da ihr dann Ihro hochgraefl. Excellentz des Herrn Grafens von Hanau/ genugsame Ursachen Danck zu sagen haben werdet/ daß/ wiewohl solche Sachen die Wohlfahrt des ganzen Teutschlandes angehen/ Sie gleichwohl allein/ und zuerst durch eine generose Resolution, das Eys gebrochen/ den Anfang gemacht/ und der gantzen hochteutschen Nation ein asylum bereitet/ wohin sie ihre Zuflucht nehmen/ und vor den rauhen Gewittern des Teutschlands in Sicherheit stehen koennen.

Quelle: J. J. Becher, Politischer Discurs, Frankfurt a. M. 1673, S. 1115 f., 1186 - 1188, 1192.

4. Brandenburg-Preußen in Afrika

a) Otto Friedrich von der Groeben über die Gründung von Groß-Friedrichsburg am 1. Januar 1683

Dieweil wir den Berg zur Erbauung einer Festung so bequem gefunden, resolvierten[1] wir zusammen, ohne fernere Weitläufigkeit auf gedachtem Berge festen Fuß zu fassen. Worauf ich meine Soldaten hab zusammenkommen lassen und ihnen vorstellte, wie man willens wäre, ein Fort auf gedachtem Berge zu bauen. Wer Lust hätte, eine gewisse Zeitlang allhier in Garnison zu bleiben, sollte sich angeben. Darauf sich alle miteinander auf gewisse conditiones[2] hin freiwillig offerieret[3] haben.

Also zogen wir nach der Lösung von fünf Stücken[4] mit Pauken und Schalmeien ans Land und erfuhren bei unserer Ankunft, daß zwei Ca-

1 beschließen
2 Bedingungen
3 anbieten
4 aus fünf Kanonen Schüsse abgefeuert

piscirs[5] auf dem Berge wären, worauf ich mit fliegender Fahne, Pauken und Schalmeien mich zu ihnen hinaufbegeben. Da sind sie mir entgegen gekommen und haben mich in eine alte aufgeworfene Hütte gebeten, allwo ich ihnen mein Vornehmen zu verstehen gegeben und sie mit wenig Worten zu meinem Willen gebracht habe. Noch denselbigen Tag habe ich sechs dreipfündige Stücke durch einen engen Steig oben auf die Spitze geschleppt, so ohne der Naturellen[6] Hilfe unmöglich hätte geschehen können, weil der Berg zu hoch und der Weg zu rauh war. Auch ließ ich mir noch denselbigen Tag ein Zelt von einem Schiffssegel aufschlagen und blieb die Nacht über am Lande.

Den folgenden Tag als den 1. Januarii Anno 1683 brachte Kapitän Voß die große Kurfürstlich Brandenburgische Flagge vom Schiff, die ich mit Pauken und Schalmeien aufgeholet, mit allen im Gewehr stehenden Soldaten empfangen und an einem hohen Flaggenstock aufziehen lassen, dabei mit fünf scharf geladenen Stücken das Neujahr geschossen, denen jedes Schiff mit fünf geantwortet hat, und ich wieder mit drei bedanket. Und weil Sr. Kurfürstlichen Durchlaucht Name in aller Welt groß ist, also nannte ich auch den Berg: den Großen Friedrichsberg. An diesem Tage bauten sich unsere Soldaten ihre Baracken, und ich ließ durch die Neger vor mich und meine Offiziere auch eine lange Baracke aufrichten.

Indessen berief ich meine Offiziere nebst den zween Capiscirs zu mir ins Zelt, gab ihnen mein Vornehmen abermals zu verstehen und begehrte, mich ihrer Treue durch einen Eid zu versichern. Worauf sie antworteten, daß ich daran nicht zu zweifeln brauchte, dafern ich mit ihnen Fetische saufen[7] wollte, daß wir es gleichfalls treu mit ihnen meinten, sie nie verlassen und wider ihre Feinde verteidigen wollten. Da ichs eingewilliget, ward eine Schale mit Branntwein hergebracht und mit Schießpulver durchgerühret. Daraus mußte ich die unangenehme Gesundheit anfangen, die beiden Capiscirs folgten mir nach und beschmierten mit dem Rest den gemeinen Schwarzen die Zunge, damit sie auch getreu bleiben möchten. Nach Verrichtung dieser herrlichen Zeremonien beschenkte ich reichlich sowohl die beiden Capiscirs als auch die umstehenden Schwarzen, in der Meinung, ich würde nicht mehr nötig haben, Präsente auszuteilen, aber die Zeit hat mich nachmals eines andern belehrt. Selbigen Tag brachten wir noch zwei sechspfündige Stücke auf den Berg.

Den folgenden Tag aber ward von den Ingenieuren das Fort abgestochen, von denen Schwarzen Pallisaden angeschafft und von meinen Soldaten gesetzet. [...]

[5] ndt. Anführer, Häuptlinge, auch »caboceers« (lat. *caput*)
[6] Eingeborene
[7] Fetisch: Gegenstand, dem helfende oder schützende Zauberkraft zugeschrieben wird. Gemeint ist hier ein gemeinsamer ritueller Trunk zur Besiegelung eines Schwurs.

Quelle: Otto Friedrich von der Groeben, Guineische Reisebeschreibung, Leipzig o. J. [1694], S. 63 - 65.

b) Schutzbrief des Großen Kurfürsten für die Herrscher von Accada, Taccarary und Tres Puntas nebst deren Angehörigen vom 29. September 1684

Wir Friedrich Wilhelm, von Gottes Gnaden Markgraf und Churfürst zu Brandenburg pp. (tot. tit.)[8] urkunden und bekennen hiemit für jedermänniglich:

Demnach die sämmtliche unter dem Berge Monfort in Africa wohnende Capucirer[9] und Regenten, imgleichen die Capucirer von Accida und Taccrara, wie auch die von Tres Pontos [Puntas] einen Ihres Mittels Namens Jancken[10] an Uns abgeschicket und durch eine besondere von demselben präsentirte, auch von obgedachten Capucirern insgesammt unterzeichnete Acte sich dahin verbunden, daß Sie und Ihre Angehörige nicht allein allen Contracten, so hiebevor in Unserm Namen mit Ihnen gemachet worden, unverbrüchlich nachkommen, sondern auch Uns stets subject und unterthänig sein, auch nie in einige fremde Handlung sich einlassen oder unter anderer Botmäßigkeit und Herrschaft als die Unsere sich begeben, sondern demjenigen, was Wir durch Unsere in Africa habende Bediente und Officirer anordnen werden; jedesmal gebührend nachkommen wollen, daß Wir darauf nicht allein solche Ihre unterthänigste freiwillige Offerte in Gnaden acceptiret, sondern Sie auch in Unsern besondern Schutz, Protection und Vertretung auf- und angenommen haben, thuen das auch hiemit und kraft dieses offenen Briefes bester und beständigster maßen dergestalt und also, daß obgedachte Capucirer und Ihre sämmtliche Angehörige unter Unserm besonderm Schutz, Schirm und Protection sein und wider männiglich, so Ihnen und denen Ihrigen an Leib und Gut einigen Schaden und Ungelegenheit möchten zufügen wollen, kräftiglich protegiret und vertreten werden sollen, allermaßen Wir Ihnen denn hiemit geloben und versprechen, daß Wir in dergleichen Fällen Ihnen wider Ihre Feinde und Aggressores die starke Hand allemal bie-

8 pp. = lat. *perge, perge*: und so weiter; tot. tit. = lat. *totus titulus*: vollständig tituliert
9 Siehe Anm. 5.
10 Jan Jancke, ein einheimischer Häuptling aus Accoda, der auf einem Kompanie-Schiff nach Europa reiste, um die Unterwerfung der Caboceers aus der Umgebung des Forts Groß-Friedrichsburg (Kap Tres Puntas), von Accoda (heute Akwida) sowie von Taccarary (heute Takoradi) unter den Schutz des Großen Kurfürsten persönlich und mit dem Einverständnis der genannten Häuptlinge zu bekräftigen.

»Jan Jancke« vor dem Großen Kurfürsten im Schloß zu Berlin. Tuschzeichnung von Hans W. Schmidt, ca. 1903

ten, unter Unsere Festung und Canon Ihnen sichere Retraite[11] verstatten und sonsten in allen anderen begebenden Fällen auch in specie[12] in Handlung und Kaufmannschaften Uns vor Sie nicht weniger als vor Unsere selbsteigene Unterthanen mit allem Nachdruck interessiren wollen, allermaßen Wir denn Unserm Praesident und Bewindhabern[13] der Africanischen Compagnie zu Emden[14], auch Unsern jetzigen und künftigen Commendanten, Officirern und allen und jeden in Africa habenden Befehlshabern und Bedienten hiemit gnädigsten Befehl ertheilen sich hiernach gehorsamst zu achten, gedachter Capucirer in allen begebenden Fällen sich gebührend anzunehmen und dasjenige, was Wir Ihnen hiedurch versprochen und zugesaget, Ihnen auf Ihr geziemendes Ansuchen jedesmal zu prästiren[15] und genießen zu lassen. Urkundlich p. Geben Cölln an der Spree, den 29. September 1684.

Quelle: Richard Schück, Brandenburg-Preußens Kolonial-Politik unter dem Großen Kurfürsten und seinen Nachfolgern (1647 - 1721), 2 Bde., Leipzig 1889, II, Nr. 94.

5. Preußische Kolonien in Südamerika und Afrika – Vorstöße des Handelskapitäns Joachim Nettelbeck bei Friedrich dem Großen und Friedrich Wilhelm II.

Neben meinen häuslichen und Berufsgeschäften machte ich mir aber von Zeit zu Zeit auch noch andre Sorgen, die ich mir wohl hätte sparen können, wenn ich sie nicht als meine Spielpuppe betrachtet hätte, und um die ich mich zu andrer Zeit selbst auslachte. Man wird sich aus meinem frühern Seeleben erinnern, daß zu Anfange des Jahres 1773 unser

[11] Rückzug

[12] besonders

[13] Bezeichnung für die Direktoren (»Bewindhebbers«) der niederländischen Indien-Kompanien

[14] Kurzform für die am 18.11.1682 durch Benjamin Raule (Generaldirektor der preußischen Marine), den Großen Kurfürsten und brandenburgische Privatiers als »Brandenburgisch-Africanische Compagnie« gegründete Handelsgesellschaft, die seit 1683 ihren Hauptsitz in Emden hatte. Die Charter der Gesellschaft sah das exklusive Recht zum Handel und zur Gründung von Handelsposten in Westafrika für 30 Jahre vor. Ferner hatte sie das Recht zum Vertragsabschluß mit afrikanischen Potentaten im Namen des Kurfürsten und zur defensiven Kriegführung.

[15] entrichten, gewährleisten

Sklavenschiff, eines empfangenen Lecks wegen, genöthigt gewesen, in den Fluß Kormantin[1], zwischen Surinam und Berbice, einzulaufen, und wie ich damals dort eine ungemein fruchtbare, aber noch von keiner europäischen Macht in Besitz genommene Landschaft vorgefunden. Flugs wirbelte mir auch dieser letztere Umstand im Kopfe herum, der preußische Patriotismus ward in mir lebendig, und ich sann und sann, warum denn nicht *mein* König hier eben so gut, als England und Frankreich, seine Kolonie haben und Zucker, Kaffee und andere Kolonialwaaren eben, wie Jene, anbauen lassen sollte? Je länger ich mir das Project ansah, desto mehr verliebte ich mich drein; und zugleich meinte ich, daß ich selbst, in meiner Einfalt, wohl der Mann dazu sein könnte, Herz und Hand zur Ausführung dranstrecken zu helfen.

Drum ließ mir's auch, als ich des nächsten Jahres darauf nach Colberg zurückgekehrt war, keine Ruhe, als bis ich mich hingesetzt und meinen Plan umständlich[2] zu Papier gebracht hatte. Ich dachte, wer ihn läse und nur irgend zu Herzen nähme, müßte mir auch in meinen Vorschlägen beipflichten; und so packte ich ihn fein mit einer allerunterthänigsten Vorstellung zusammen, und schickte mein Schooßkind unmittelbar an den alten Friedrich ein, der zuletzt doch immer das Beste bei der Sache thun mußte. Hatte ich jedoch geglaubt, da vor die rechte Schmiede zu kommen, so war ich gleichwohl arg betrogen; denn, woran es auch immer liegen mochte, meine Eingabe blieb ohne Antwort, und so ließ sich wohl daraus schließen, daß der König das Ding nicht mit *meinen* Augen angesehen, und weiter auf ihn nicht zu rechnen sein werde. Also war ich auch gescheit genug, ihm weiter keinen Molest[3] damit zu machen.

Nur mir selbst wollte die schöne preußische Kolonie am Kormantin noch immer nicht aus Sinn und Gedanken weichen! Ich putzte mir das Luftschloß noch immer besser und vollständiger im Einzelnen aus; und da ich wohl erwog, daß der Anbau des Landes ohne Hülfe von hinreichenden Negersklaven nicht zu bewerkstelligen sein werde, so verband ich damit zugleich die Idee einer Niederlassung auf der Küste von Guinea, wo ja schon hundert Jahre früher der große Kurfürst und seine Brandenburger festen Fuß gefaßt gehabt[4] und von wo die neue Kolonie mit schwarzen Arbeitern hinreichend versorgt werden könnte. So wurde mir mein Project von Tage zu Tage lieber, obgleich ich meine Gedanken für mich behielt und auf künftige bessere Zeiten rechnete; denn was der königliche Greis, als zu weit aus-

[1] Mit dem Fluß ist wahrscheinlich der Corentyne gemeint, der spätere Grenzfluß zwischen Britisch- und Niederländisch-Guyana im nördlichen Südamerika

[2] ausführlich

[3] Belästigung

[4] Vgl. das vorangegangene Dokument.

sehend, von der Hand gewiesen hatte, das konnte ja leicht bei seinem hochherzigen Nachfolger einst eine günstigere Aufnahme finden.

Als daher Friedrich der Einzige die Augen geschlossen, und Friedrich Wilhelm, auf seinem Wege zur Huldigung in Königsberg, durch Pommern zog, nahm ich flugs meinen alten Plan wieder vor, und paßte es so ab, daß ich dem Könige in Cöslin unter die Augen kam und ihm mein Memorial überreichte. Kaum auch liefen einige Wochen ins Land, so hatte ich auch meinen Bescheid des Inhalts: »daß Se. Majestät auf den entworfenen Plan zu einer Seehandlung nach Afrika und Amerika für höchstdero eigne Rechnung zwar nicht entriren[5] möge, inzwischen die gemachten Vorschläge der Seehandlungssocietät[6] zugefertigt und derselben überlassen habe, ob sie darauf sich einzulassen rathsam finde.«

Das war nun wohl nicht ganz auf mein Ohr; aber doch ließ es sich hören, und die Herren von der Seehandlung konnten vielleicht geneigt sein, Vernunft anzunehmen. Aber was geschah? – In noch kürzerer Frist (denn rasch genug expedirte[7] man mich!) ging, nicht von jener Societät, an die ich verwiesen worden, sondern von dem königl. preuß. pomm. Kriegs- und Domainen-Kammer-Deputations-Kollegium zu Cöslin die Resolution bei mir ein: »Da Se. königl. Majestät geruht hätten, auf jene Vorschläge nicht zu reflektiren, so könne auch besagtes Kollegium sich auf das weit aussehende Handlungsprojekt nicht einlassen.«

Quelle: Joachim Nettelbeck, Bürger zu Colberg. Eine Lebensbeschreibung, von ihm selbst aufgezeichnet, hg. v. J. C. L. Haken, 2. Aufl. (Ausgabe in einem Band), Leipzig 1845, S. 341 – 343.

[5] eingehen
[6] 1772 von Friedrich II. gegründete Preußische Staatsbank
[7] abfertigen

6. Ein patriotischer Traum aus dem Vormärz – Karl Sieveking, Die deutsche Antipoden-Colonie, 1841

Hamburg. November. [1841]

Die Deutsche Antipoden-Colonie

Die Auswanderung roher Arbeitskräfte ist die natürliche Folge übertriebener Zerstückelung des Grundeigenthums in manchen Gegenden Deutschlands. Ihre Verhinderung würde eine eben so schwierige, als undankbare Aufgabe der Regierungen bilden. Auch dem wachsenden Zudrang der gebildeten Stände scheint das Vaterland nicht überall einen genügenden Entwickelungsraum zu gewähren. Das sich im Frieden anhäufende Capital fängt schon an, sich nach auswärtiger Beschäftigung umzusehn. Um diese Elemente der Colonisation, welche sich in den Wäldern des Mississippi-Gebiets, in den Steppen am Schwarzen Meer, jedem Zusammenhang mit dem Stammlande entfremden, nicht blos zur Verpflanzung, sondern zu maritimer Wechselanregung Deutscher Volkseigenthümlichkeit zu vereinigen, fehlt nur zweierley: Land und Muth.

Weitverzweigte Bemühungen zur Ermittelung eines für Deutsche Ansiedlung in einem der gemässigten Erdstriche geeigneten Gebiets, haben zu der Ueberzeugung geführt, dass mit den Americanischen Regierungen und mit den Englischen Colonisationsgesellschaften Vereinbarungen möglich sind, welche nationaler Entwickelung eine freylich durch die nachhaltige Theilnahme des Mutterlandes bedingte Zukunft versprechen. Zugleich aber haben sie den Gedanken angeregt, durch die Erwerbung einer isolirten, ausschliesslich Deutschem Einfluss überlassenen oceanischen Station die Verbindung mit den Colonisationsgebieten Americas, Africas und Australiens einzuleiten und die Bedingungen jener nationalen Entwickelung praktisch festzustellen. Durch den Besitz eines solchen Anknüpfungspunctes in weitester Ferne würde eine Deutsche Colonisationsgesellschaft befähigt werden, allmälig den Faden der Auswanderung wie das Gewebe der Spinne über einen der Grösse des Deutschen Volkes angemessneren Raum zu verbreiten.

Die Gruppe der Chatham-Inseln[1] in geringer Entfernung von Neu-Seeland bietet dem Versuch Deutscher Colonisation einen solchen Anknüpfungspunct dar. Die Neu-Seeländische Gesellschaft in London[2] ist zur Uebertragung ihrer durch landesüblichen Kauf von den

[1] kleine Inselgruppe im Pazifik, 600 km östlich der Südinsel Neuseelands

Eingeborenen erworbenen Eigenthumsrechte gegen eine Summe bereit, welche zu der Erwerbung gleicher Rechte durch eine Deutsche Expedition schwerlich ausgereicht haben würde. Noch weht auf dieser Inselgruppe nur die Flagge von Neu-Seeland. Kann indess auch die Brittische Krone auf Broughtons[3] Entdeckung und spätere Occupation einen Anspruch an die Hoheit über dieselbe gründen: so ermangelt doch eine von der Neu-Seeländischen Gesellschaft nachdrücklich unterstützte, diplomatisch vertretene Verhandlung über eine die Erhaltung Deutscher Nationalität sichernde Uebereinkunft keineswegs gegründeter Aussicht auf Erfolg.

Wenn gleich von geringem Umfang gewährt diese Inselgruppe doch während einer Generation den Auswanderern, welche von Monat zu Monat in Deutschen Häfen befrachtete Schiffe ihr zuführen könnten, zu Arbeit und Unterhalt hinlängliche Ackerfläche. Schon jetzt versorgen sich die Wallfischfänger der Südsee dort mit Schweinen und Kartoffeln. Ein unerschöpflicher Vorrath von Neu-Seeländischem Flachs – Phormium tenax – nimmt den erwachenden Kunstfleiss der Eingebornen in Anspruch. Dem Anbau Europäischer Cerealien[4] ist Boden und Clima günstig. Unter gleicher Breite wünscht man in Wellington, der an der Cookstrasse gelegenen künftigen Hauptstadt Neu-Seelands, die Rebe durch Deutsche Winzer zu acclimatisiren. Der Oelbaum gedeiht daselbst und noch an der kälteren Südspitze der südlichsten unter den Neu-Seeländischen Inseln blüht die Myrthe. Das maritime Clima der dem Aequator um mehrere Grade näheren Chatham-Inseln soll Vorzüge vor demjenigen Neu-Seelands haben, auf welches die kälteren Luftströme der Schneegebirge ihren Einfluss äussern. Ja, der Zweifel, ob überall der Winter auf den Chatham-Inseln die Atmosphäre bis unter den Gefrierpunct abkühlt, lässt der Hoffnung Raum, bey den Antipoden der Provence selbst die Orange zu durchwintern. [...]

Zuerst durch die Ausfuhr Deutscher Arbeitskräfte, welche der an sich werthlosen Inselgruppe bald einen für jeden Vorschuss entschädigenden Werth verleihen würde, später durch das Bedürfniss der dort angesiedelten Bevölkerung würde somit einer monatlichen Pakketfahrt um die Erde die Ausfracht gesichert seyn, während sich dem kaufmännischen Unternehmungsgeist für die Rückfracht, sey es nun auf dem We-

[2] 1837 von Edward Gibbon Wakefield (1766 – 1862) gegründete Kolonisationsgesellschaft

[3] William Robert Broughton (1762 – 1821), englischer Seefahrer, entdeckte am 29.11.1791 die von ihm so benannten Chatham-Inseln.

[4] Getreide

ge um das Cap Horn oder durch die Sundastrasse und um das Cap der guten Hoffnung die mannigfaltigsten Aussichten eröffnen. Nichts hindert die Deutsche Rhederey, wie auf der Rückreise die chinesischen und indischen, so auf der Hinreise die brasilischen Häfen von Rio de Janeiro, Desterro, Rio Grande do Sul, diejenigen von Montevideo und Buenos Ayres, auf der Fahrt um das Cap Horn behülfs Erreichung des östlichen Passats die Häfen der Americanischen Westküste von Valparaiso bis Panama, ja bis Neu-Californien, auf der Fahrt um das Cap der guten Hoffnung diejenigen Süd-Africas, Australiens und Neu-Seelands in den regelmässigen Kreislauf einer solchen Packetfahrt zu begreifen.

Den Aussichten, welche eine Antipoden-Colonie dem Deutschen Handel gewährt, schliessen sich diejenigen auf Erweiterung der Erdkunde und Verbreitung christlicher Bildung an. Theilt man die Erde nach dem Vorherrschen des maritimen und continentalen Elements in zwey Hälften: so liegen die Chatham-Inseln gerade in dem maritimen Pol, welcher zugleich als der Brennpunct der den inselreichen grossen Ocean umschliessenden unermesslichen Küstenentwickelung zu betrachten ist. Die Bevölkerung der Chatham-Inseln gehört jenem bildungsfähigeren braunen Menschenstamm an, welcher von den Sandwich-Inseln[5] bis Neu-Seeland wenig von einander abweichende Mundarten derselben wohlklingenden Sprache redet, deren Gesetze der Scharfsinn Wilhelm von Humboldts[6] und Buschmanns[7] ergänzender Fleiss neuerdings in den Kreis Deutscher Wissenschaft eingeführt. Schon sind die Urkunden der geoffenbarten Wahrheit in die Sprache Neu-Seelands übersetzt. Schon besitzen die Sandwich-Insulaner geographische Elementarbücher, deren Benennung für die Hansestädte im Deutschen Bunde: Die »Anaseatike Kanakauhale« in »Geremania Huipuia« bald auch den Stämmen der Nati Toma und der Nati Motunga auf Warrekauri[8] geläufig werden dürfte. Deutsche Missions-Colonien würden somit sowohl der Lage als der Sprache wegen für die Civilisation Polynesiens keine passendere Metropole wählen können, als die Deutsche Antipoden-Insel.

Doch um der Volkseigenthümlichkeit, um dem Handel, um der Wissenschaft und der christlichen Bildung Deutschlands diese Stätte zu erwerben, bedarf es der Zuversicht zu dem weltgeschichtlichen Beruf des Deutschen Volks, vor allem aber jenes Muths, welchen die sich zu

[5] Hawaii-Inseln

[6] Wilhelm von Humboldt (1767–1835), Staatsmann, Philosoph und Sprachforscher (›Über die Verschiedenheit des menschlichen Sprachbaues und ihren Einfluß auf die geistige Entwicklung des Menschengeschlechts‹)

[7] Johann Karl Eduard Buschmann (1805–1880), Sprachforscher und Bibliothekar, Gehilfe der Brüder Humboldt, verfaßte verschiedene Abhandlungen über malaiisch-polynesische und amerikanische Sprachen.

[8] Wharekauri, größte der drei Chatham-Inseln

Anfang einer neuen Laufbahn häufenden Schwierigkeiten zu erproben und zu kräftigen bestimmt sind. Auf ein solches, durch vaterländisches Bewusstseyn getragenes, muthiges Vertrauen macht der Vorschlag Anspruch, die Gründung einer Deutschen Colonisations-Gesellschaft an den Ankauf der Chatham-Inseln zu knüpfen.

Quelle: Staatsarchiv Hamburg: Familie Sieveking I. E 25 Band 1.

7. Das preußische Kalifornien-Projekt 1837/44 – Schreiben des preußischen Ministerresidenten in Washington, Friedrich von Rönne, an den preußischen Botschafter in London, Carl Josias Bunsen, vom 14. November 1842

Ganz einverstanden bin ich mit Euer Hochwohlgeboren, daß jetzt, auch gerade jetzt, unter der Regierung unseres vortrefflichen Königs[1], der ein König im echt deutschen Sinne ist, und ein Herz besitzt, daß [sic] laut für alles Große und Erhabene schlägt, der Augenblick gekommen ist, den Grund zu unseres herrlichen deutschen Vaterlandes Größe in politischer als in commercieller Hinsicht zu legen; England wird, wie Sie sagen, in uns stets einen unbequemen Rivalen erblicken; die Zeit ist gekommen, wo wir groß und selbständig auftreten müssen, und das kann nur geschehen, wenn wir einig sind und wenn wir eine Flotte und Colonien haben, und was für ein Land könnte Deutschland in einem solchen Falle werden, es würde sich mit jedem anderen messen können!

Ew. Hochwohlgeboren Idee des Ankaufs von Californien ist vortrefflich, ich habe es nie gewagt so kühne Wünsche zu äußern [es folgt der Hinweis auf seinen Vorschlag einer Strafkolonie in Kalifornien im Jahre 1837]. Die Idee des Ankaufs von ganz Californien verdient in jeder Hinsicht den Vorzug; die vielen Deutschen, die jährlich nach den Ver. Staaten kommen, hören sehr bald auf, Deutsche zu seyn, sie nehmen hiesige Sitten und Gebräuche an und sind für Deutschland ganz verloren, während eine ganz deutsche Colonie unseren deutschen Fabrikanten, selbst noch lange nach der Trennung, einen fortwährenden Absatz und auch alle die Vortheile sichern würde, die Colonien dem Mutterlande gewähren; der Besitz einer solchen Colonie würde auch

[1] Friedrich Wilhelm IV. (1795 - 1861), 1840 - 1861 König von Preußen

für unsere Armee eine gute Schule seyn und noch unzählige andere Vortheile bieten. Obercalifornien - denn darum kann es sich allein handeln - ist, wenn man den soeben darüber erschienenen Beschreibungen trauen darf - die neueste ist, glaube ich, die im Jahre 1839 in London erschienene von Alexander Forbes[2] - eines der schönsten Länder der Welt. [...]

England, Frankreich und die Vereinigten Staaten würden ohne Zweifel ein solches Unternehmen mit scheelen Augen betrachten, doch kann ich kaum glauben, daß sie die Sache durch und mit Gewalt zu verhindern suchen würden, die Ver.[einigten] Staaten wenigstens gewiß nicht; jedenfalls würde es nöthig seyn, bevor irgend Schritte geschehen, auch die Mitwirkung Dänemarks durch seine Flotte zu sichern, denn nur dann würden wir kräftig auftreten können (...) Die Souverainität Mexicos über Californien mag wohl jetzt nicht viel mehr als eine papierne seyn - ich weiß in der That nicht einmal wie die Sachen jetzt stehen, vor 2 bis 3 Jahren erklärte man sich dort für unabhängig[3] - gleichwohl würde es, den übrigen Mächten gegenüber, von großer Wichtigkeit seyn, diese Souverainität von Mexico cediert[4] zu bekommen, den wirklichen Besitz könnte man dann mit Hülfe einer nicht allzugroßen Zahl leicht erlangen, auch sollte ich denken, daß Mexico (...) gerne geneigt seyn würde, auf einen solchen Vorschlag einzugehen, jedenfalls würde es lieber Deutsche als Engländer, Amerikaner oder Franzosen dort sehen und ich glaube, daß selbst die beiden letzteren lieber Deutsche als Engländer dort hätten; [...] dennoch bin ich durchaus außer Stande zu sagen, ob man mit Wahrscheinlichkeit auf bereitwilliges Gehör in Mexico würde rechnen können.

Quelle: Stefan von Senger und Etterlin, Neu-Deutschland in Nordamerika. Massenauswanderung, nationale Gruppenaussiedlungen und liberale Kolonialbewegung, 1815 - 1860, Baden-Baden 1991, S. 139 f.

[2] Alexander Forbes, California. A History of Upper and Lower California from their first discovery to the present time (with an appendix relating to steam navigation in the Pacific), London/Chichester 1839. Erstausgabe unter gleichem Titel, San Francisco 1837.

[3] Nachdem Mexiko im Jahre 1821 seine Unabhängigkeit von Spanien erklärt hatte, wurde Kalifornien mexikanische Provinz. Aufgrund von Auseinandersetzungen mit amerikanischen Siedlern kam es seit 1836 wiederholt zur Vertreibung mexikanischer Gouverneure aus Ober-Kalifornien. Erst nach der Niederlage im amerikanisch-mexikanischen Krieg (1846 - 1848) trat Mexiko seine Ansprüche auf Ober-Kalifornien endgültig an die USA ab.

[4] eine Forderung an einen Dritten abtreten

8. Eine deutsche Feudal-Kolonie in Amerika – Die Koloniegründung des Mainzer »Vereins deutscher Fürsten, Grafen und Herren zum Schutze deutscher Auswanderer in Texas«, 1842/45

a) Aus den Statuten des »Adels-« bzw. »Texas-Vereins« vom 24. März 1844

Hauptzweck des Vereins ist:
1) Verbesserung des Zustandes der arbeitenden Klasse ohne Arbeit, hierdurch Verminderung des Pauperismus.
2) Eröffnung neuer Absatzwege für die Produkte der National-Industrie.
3) Entwicklung des Seehandels.

Die Wirksamkeit des Vereins besteht darin:
1) In Deutschlands Interesse den Zug der deutschen Auswanderer zu regeln und zu ordnen, die Auswanderer nach einem Punkt hinzuleiten und zwar nach Texas.
2) Ackerbau-, Industrie-, und Handels-Niederlassungen zu gründen, sich ohne oder gegen Vergütung Ländereien dort zu verschaffen, diese zu vergeben, zu verkaufen, urbar zu machen und auszubauen und die Produkte von Texas auszubeuten.
3) Commerzielle Beziehungen zwischen diesem Lande und Deutschland anzuknüpfen.
4) Denjenigen Deutschen, welche sich auf dessen Colonial Niederlassungen befinden, oder dort einwandern, seinen Schutz angedeihen zu lassen.

Quelle: Gesammelte Aktenstücke des Vereins zum Schutze deutscher Auswanderer nach Texas, Mainz 1845, S. 3 f.

b) Schreiben Henry F. Fishers, texanischer Konsul in Bremen, an Carl Prinz von Solms-Braunfels vom 11. Januar 1845 über die Situation des »Vereins« in Texas

Ihro Durchlaucht Ansichten über die Nationalität von Texas sind gerecht und richtig und viele sind mit Ihnen einverstanden - Annexation kann verhindert werden und wird wahrscheinlich verhindert, man muß nur nicht gleich mit der Thür ins Haus fallen wollen, sonst gehet alles verloren; der Präsident sagte: »Keep cool and all will be well« und er hat schon den Duff Green verabschiedet[1] - wenn wir uns *jetzt* öffentlich für Independence erklären, so haben wir *von selbst* die Annexationisten im Congress *gegen* uns und wir nehmen uns dann die Macht aus den Händen, später mit Erfolg für Nationalität zu wirken. - Was das Interesse anbetrifft, welches Durchlaucht für Texas genommen, und die Gelder, die zum Vortheil des Landes vom Verein vorgeschossen wurden, so ist das Alles sehr schön und gut, und obschon ich die reinen Absichten Ihro Durchlaucht für die Republic nie bezweifelt habe, so ist der Congress in dieser Beziehung rather sceptic. - Man betrachtet unser Unternehmen hier als eine sehr ausgedehnte und lucrative Speculation, welches sie bey kluger Leitung auch wirklich zu werden verspricht; dagegen die Abtretung von ca. 6 Millionen Acres[2] Land in der schönsten und reichsten Gegend von Texas an deutsche Emigranten, wovon die Hälfte das *unbedingte Eigenthum* von deutschen absoluten Fürsten werden soll, als dem politischen Interesse [der republikanischen Verfassung] des Landes sehr entgegen - was ich selbst auch zu glauben geneigt bin. - (...)

Wenn also Durchlaucht das Wohl der Emigranten und das gute Gedeihen des Unternehmens wirklich wollen; und wünschen den guten Ruf des Vereins in Deutschland und die gemachten Vorlagen zu erhalten, so haben Sie die Güte, Ihren Aeußerungen nicht so freien Lauf zu lassen, bis die gewünschten Modificationen erlangt sind und wir fest stehen. - Kommen Sie lieber nicht hierher, wenn Sie nicht Republikaner und vorsichtig hinsichtlich Annexation seyn können; Sonst kann ich für die Bill[3] (die sich gerade in 2. Lesung befindet) nicht gut stehen und alle Ausgaben hier sind verloren.

Quelle: Stefan von Senger und Etterlin, Neu-Deutschland in Nordamerika. Massenauswanderung, nationale Gruppenaussiedlungen und liberale Kolonialbewegung, 1815 - 1860, Baden-Baden 1991, S. 243 f.

[1] Duff Green war amerikanischer Chargé d'Affaires in Galveston von Oktober bis Dezember 1844 und einer der umtriebigsten Befürworter der Annexion von Texas sowie weiterer Eroberungen auf mexikanischem Territorium. - Texas hatte sich am 2.3.1836 von Mexiko unabhängig erklärt. Die 1837 vergeblich angestrebte Annexion durch die USA erfolgte am 29.12.1845 (28.Staat) und löste den amerikanisch-mexikanischen Krieg (1846 - 1848) aus.

[2] englisches Flächenmaß: 1 *acre* = 0,405 ha

[3] Gemeint ist die Bewilligung der Landwünsche des Texas-Vereins, verhandelt im Februar 1845.

c) Enttäuschte Hoffnungen

Als in letzter Nacht ein fester Norder zwischen den Eichen- und Zedernstämmen der Hausmauern und durch die klaffenden Dielen, auf denen wir in unsere Decken gehüllt lagen, hindurchblies, den Schlaf verscheuchte und uns vor Frost zittern machte, da dachte ich: wie warm mögen Bauer und Walesrode und Prutz und wer sonst noch alles in ihren Mauern schlafen? Oh, Deutschland heimelte mich da so an, ward mir so theuer, meine Sehnsucht so groß! Es ist doch schön um ein warmes Bett, gut Essen und Trinken, eine väterliche Regierung und einen für unser Seelenheil besorgten Geistlichen! O Ihr verblendeten Liberalen und Radikalen, kommt nach Texas, und ihr werdet aus allen Euren Himmeln herausfallen. Ihr könnt hier freilich denken was Ihr wollt, glauben was Ihr wollt, reden was Ihr wollt, Schreiben was Ihr wollt und auf Eurem Boden thun was Ihr wollt! Freilich, Das könnt Ihr Alles, aber habt Ihr hier Hoffeste und schön uniformierte Polizeibeamte und glänzende Paraden mit Musik? Und müßt Ihr Euch nicht selbst mit dem Gesetzgeben herumquälen, von dem Ihr doch Nichts versteht? Und belohnt und beschließt man Euren Liberalismus hier zuletzt mit dem Hofrathstitel?

Quelle: Alwin Sörgel, Für Auswanderungslustige! Briefe eines unter dem Schutze des Mainzer Vereins nach Texas Ausgewanderten, Leipzig 1847, S. 27 f.

9. »Neudeutschland in Westamerika« – Aus einer Werbeschrift für Auswanderer aus dem Jahre 1847

Soll, während das gesamte Deutschland sich mit musterhaftem Patriotismus der Nationalität seiner schleswig-holsteinischen Stammgenossen annimmt, die Nationalität seiner drei Millionen in den Vereinten Staaten von Nordamerika lebenden Stammgenossen untergehen? Diese Frage steht mit der jährlich an Interesse zunehmenden deutschen Auswanderung und Kolonisation in der genauesten Verbindung. Wird die letztere nach fruchtbaren und gesunden Gegenden geleitet, wo noch keine europäische oder anglo-amerikanische Nation vorherrscht und mit schlauer Gewandtheit sich bestrebt, allen andern unter und neben ihr sich niederlassenden Nationen den Stempel ihres Geistes aufzudrücken; werden schon hier gleichwie im Alterthume Kolonien gehörig organisirt und geleitet, dann ist für die Nationalität der in der Zerstreuung im Auslande lebenden Deutschen nichts zu besorgen, vorzüglich wenn frühzeitig dahin gesehen wird und die gehörigen Vorkehrungen getroffen werden, daß die deutsche Sprache in allen deutschen Ansiedlungen nicht bloß zur Kanzel-, sondern was noch wichtiger ist, auch zur Schul- und Gerichtssprache erhoben wird. »Jede deutsche Niederlassung muß ihre Sprache auf ihrer Kanzel, in ihrer Schule und in ihren Gerichtshöfen hören; »dies ist eine so billige, humane Forderung, daß nur Despotismus und die engherzigste Gesinnung sie bestreiten können. Erwägen wir dagegen, wie unbedachtsam und unüberlegt Manche zur Auswanderung schreiten und sich gleich geduldigen Schaafen in alle vier außerhalb Europas gelegenen Welttheile führen lassen, so kann man sich nicht wundern, daß die deutsche Nationalität in fremden Welttheilen zugrunde gehen muß und durchaus nicht aufrecht erhalten werden kann, denn durch diese verkehrte übelgeleitete Auswanderung wird die Aufrechthaltung der deutschen Nationalität gleich im ersten Keime erstickt. In Dünkirchen packt Frankreich mehrere hundert in die Irre geführten Deutschen auf, und spedirt[1] sie, unbekümmert um ihr materielles und geistiges Wohl, nach Algier, ja betrachtet dies noch als eine diese [sic] armen Unvermögenden erzeigte hohe Gnade; dort vereint sich eine Gesellschaft von einhundert und einigen Mitgliedern, meistens Preußen, und segelt nach der durch ihr höchst ungesundes Klima berüchtigten Moskitoküste, um hier die Tragödie der vor drei Jahren nach Santo Thomas in Guatemala[2] auf die Schlachtbank des mörderischen Klima's gesandten Deutschen und Belgier zu erneuern; dort ziehen Tausende nach Australien, lassen sich hier neben Papuas und Malaien[3] nieder, ohne zu bedenken, daß Australien vor vier Jahren angefangen hat, in seinem Wohlstande bedeutend zu sinken, daß deshalb die Auswanderung dahin von Großbritannien fast aufhörte, die Einnahmen aller dasigen Kolonien so wie ihre Einfuhren sehr beträchtlich gefallen waren, und der Werth der Ländereien und Heerden, ebenso auch die Wohnhäuser fast auf Nichts herabgegangen und es soweit gekommen war, daß im J.[ahr] 1844 über achthundert Personen aus Neusüdwales und Vandiemensland[4] nach Chili auswander-

[1] befördern

[2] Puerto Santo Tomás de Castilla, Hafen in Guatemala

[3] Ureinwohner von Australien sind die Aborigines.

[4] Heute Tasmanien: australische Insel im Pazifischen Ozean, 1642 durch die Niederländer entdeckt und Van-Diemens-Land genannt, seit 1803 Ansiedlung britischer Strafgefangener und Schafzüchter; 1825 - 1900 war die Insel britische Kolonie.

ten. Dort ziehen Schaaren nach Polen, deren Bewohner eine angestammte Antipathie gegen alles Deutsche hegen; Andere sogar unter die Tartaren und Tscherkessen nach Kaukasien und andern russischen Provinzen, welche nicht selten von Heuschrecken und Dürre empfindlich heimgesucht werden, dabei holzleer sind; dort spedirt das durch seinen Menschenhandel übel berüchtigte Haus Delrue in Dünkirchen mit neunundneunzig Procent Gewinn Tausende von Deutschen nach Brasilien und Algier, von denen mehrere schon auf der See große Noth leiden; der bei Weitem größere Theil aller Auswandernden, welcher es am klügsten und wohlüberlegtesten anzufangen glaubt, begibt sich nach den Vereinten Staaten von Nordamerika, deren ältere Staaten schon so übervölkert sind, daß hier seit fünf bis sechs Jahrzehnten jährlich Hunderttausende ins Westland auswanderten, und hier bereits Staaten gestiftet haben in diesem kurzen Zeitraume, welche blühender und volkreicher sind, als die ältern ursprünglich dreizehn Staaten der Union. Ja aus diesem neuen, erst seit einem Jahrhundert civilisirten und kultivirten Westlande wandern seit einem Jahrzehnt und drüber zahlreiche Ansiedler nach Texas, den beiden Kalifornien und den übrigen angrenzenden neuspanischen Ländern. Schreitet die deutsche Auswanderung fort wie bisher, begibt sie sich in Länder, welche entweder ungesund sind, oder wegen Nahrungs- und Verdienstlosigkeit gleichfalls zahlreiche Ansiedlungen in entferntere fruchtbarere Regionen versuchen, dann ist nicht zu hoffen, daß die deutsche Nationalität im Auslande sich rühmlich entfalten werde. In dieses Chaos einiges Licht zu bringen, vielem Jammer vorzubeugen, die deutschen Auswanderungen nicht nur allein nach gesunden und fruchtbaren, sondern auch noch nicht übervölkerten Gegenden hinzuleiten, ist der Zweck dieser wenigen Bogen. [...]

Während Deutschland für Missionsgesellschaften und andere Vereine, welche ihre Zusammenkünfte und Versammlungen durch die glänzendsten Gastmäler und Bälle feiern, hunderttausende von Thalern jährlich wegwirft, während es doppelt so viele Einwohner als England enthält, welches weit über einhundert Millionen Seelen in seinen Kolonien und auswärtigen Besitzungen zählt, besitzt es auch nicht die kleinste Insel, worauf seine überflüssige Volksmenge geleitet und in seiner Nationalität erhalten werden könne! Ruhig und kalt, voll Indolenz und Apathie sieht es seine nächsten Verwandten scheiden und abziehen, um sich unter Yankees, Engländern, Russen, Amerikanern, Franzosen einzudrängen, und hier nicht den glorreichen deutschen Namen fortzupflanzen, sondern hier, gleich der Verschmelzung von Golde in schlechtes Blei, in alle möglichen Nationalitäten, Völkergestalten, Mischlings- und Bastardvarietäten umzuschmelzen und zu vermischen. Soll dieser trostlose Zustand ewig fortdauern? Soll die deutsche

Nation im Auslande in ihren Stammgenossen stets die Affen und Esel aller Nationen des Erdbodens spielen und nie Ehre von ihnen erleben?

Doch ich will schließen! Das weitere und ausführlichere erörtert nachfolgende diesem wichtigen Nationalgegenstande geweihte Schrift[5], nebst meinen frühern durchaus noch nicht veralteten Kolonisationsschriften.

Quelle: Ernst Ludwig Brauns, Neudeutschland in Westamerika. Oder: Welches ist die zur Ansiedlung für auswandernde Deutsche geeignetste Weltgegend? Lemgo, Detmold 1847, Vorwort.

10. »Erhebung Preußens zu einer See-, Kolonial- und Weltmacht« – Denkschrift des Offiziers Willibald Huger von der Oelsnitz über ein deutsches Kolonialreich vornehmlich in Afrika, 1847

Als geborenes Mitglied der großen, aus 16 Millionen Preußen bestehenden, permanenten Nationalversammlung, richte ich diese Blätter ehrerbietigst an den ersten Vereinigten Landtag[1], dessen Mitglieder durch das Vertrauen des Volkes geehrt, verfassungsmäßig die Pfleger aller nationalen Interessen sind. Gleichzeitig bitte ich jedoch alle vaterländische Vereine und Körperschaften, alle gebildete Männer und Frauen, die hier niedergelegten Gedanken, wenn sie ihrer Beachtung wuerdig sind, möglichst zu verbreiten und zu vervielfältigen, durch Besprechungen, Adressen und gesetzliche Demonstrationen aller Art zu unterstuetzen, damit diese Nationalangelegenheit endlich aus dem Gebiet unfruchtbarer Wuensche in eine gesegnete Wirklichkeit uebergehe. Das preußische Volk kann sich selbst und seine neue Verfassung nicht besser ehren, seine Wuerdigkeit und seine geruehmte Intelligenz nicht besser darthun, als durch sofortige Betheiligung an der Herrschaft der Welt. [...]

[5] Brauns empfahl westamerikanische Gebiete wie Oregon sowie Michigan, Wisconsin und Iowa, daneben Texas, Nordost- und Westmexiko sowie Oberkanada.

[1] Im Jahre 1847 erfolgte die Berufung des preußischen Vereinigten Landtags als Zugeständnis Friedrich Wilhelms IV. (1840 - 1861 König von Preußen). Geringe Befugnisse riefen im liberalen Bürgertum jedoch Enttäuschung hervor und trugen zu seiner baldigen Auflösung bei.

Das Vaterland ist unzweifelhaft krank, aber ihm werden die allerkuenstlichsten Mixturen aus den konstitutionellen Offizinen[2] unserer Zeit nicht helfen. Ein geschickter Gärtner heilt den Baum an der Wurzel, nicht an seinen tausend Spitzen und Enden. Auch wir beduerfen irgend eines tuechtigen natuerlichen Radikalmittels, bewährt durch die Erfahrung aller Zeiten. Die wahre Ursache unserer Hinfälligkeit ist nicht Mangel an Preßfreiheit, Lehrfreiheit, Handelsfreiheit und anderen unzähligen Dingen dieser Art, sondern ein großartiger geschäftiger Mueßiggang oder Zeitverderb, und solcher verfehlt niemals, einzelne Menschen, einzelne Theile der Gesellschaft und ganze Voelker, vorzueglich aber sehr edel begabte Naturen mit sich selbst in Zwiespalt und in selbstmoerderische Richtungen zu bringen. Die einzige Arznei, welche das Vaterland herzustellen vermag, besteht daher nur in irgend einem großen nationalen Unternehmen nach Außen, welches den Massen Brot giebt, die umherfahrenden darbenden Geisteskräfte beschäftigt und nährt, und sittlich in den Augen der Welt und in unsern eignen hebt. [...]

Es bildet aber vor allem die Erhebung Preußens zu einer See- und Weltmacht eine allervortrefflichste Arznei, eine edelste Fassung fuer unsre erweiterten ständischen Rechte, einen großen wuerdigen passenden Stoff fuer den Vereinigten Landtag; auch liegt sie in den Grenzen des verliehenen Petitionsrechts, denn offenbar wuerde jene Erhebung alle innern Verhältnisse und jedes Atom des ganzen Vaterlandes, des Volkes und Staates beruehren, elektrisiren und beleben. Es liegt eine solche Erhebung im Interesse der Regierung, im Interesse des koeniglichen Hauses; sie steht, wie man glauben darf, nicht im Widerspruch mit dem erhabenen umfassenden Geist und den edlen Absichten des Koenigs.

Nach Erledigung der Allerhoechsten Propositionen wuerde daher folgende erste und, weil sie ein ganzes Heer untergeordneter Bitten in sich schließt, auch einzige Petition an den Stufen des Thrones niederzulegen sein:

Daß nämlich Se. Majestät der Koenig geruhen wolle, die baldigste Errichtung einer, der Wuerde der Krone und des Landes, wie ihren Interessen angemessenen Kriegsmarine, nebst allen dazu gehoerigen Einrichtungen zu verfuegen, daß ferner Se. Majestät der Koenig, zur Abwehrung von Uebervoelkerung, Verarmung und Unsittlichkeit, so wie Behufs nothwendiger Umgestaltung unsrer Handelsverhältnisse, die Gruendung entsprechender großer Kolonien, so wie die sofortige Bildung einer aus Mitgliedern des Landtags bestehenden Kommission, zu weitern Verhandlungen mit der Regierung, Allergnädigst befehlen wolle. [...]

[2] Apotheken

Die Moeglichkeit großer preußischer Kolonien ist [...] jetzt offenbar weniger vorhanden, als zur Zeit der ersten Entdeckungen; dennoch sind noch immer halbe Welttheile disponibel und die beschränktere Auswahl wird durch reiche Erfahrungen im Gebiete der Kolonisationen verguetet. Ohne hier auf eine Kritik aller kulturfähigen noch unbesetzten Räume der Erde einzugehn, weise ich sofort auf Afrika hin, diesen wundervollen Erdtheil, an welchem bereits England und Frankreich ihre Kulturkräfte ueben. Afrika hat mehr als 200 000 Quadratmeilen, muthmaßlich niemals von einem Weißen betreten; sie warten auf Deutschlands, auf Preußens bildende Hand. Die immense fabelhafte Fruchtbarkeit Afrikas ist bekannt, seine Produkte, eben so edel als eigenthuemlich, waren zu allen Zeiten ein Gegenstand des Staunens und der Bewunderung fuer die uebrige Welt. Afrika liegt da in ungeschwächter Urkraft, drei Tagereisen von dem deutschen Hafen Triest, gleich weit von Amerika, Asien und Indien, und daher in einer fuer den gesamten Welthandel hoechst guenstigen Lage, mit einer Kuestenbildung, welche feindliche Flotten nicht beguenstigt, während das in Afrika ueberall vorhandene Holz, Eisen und die Arbeitskräfte der Eingebornen, es nunmehr gestatten, vermittelst Eisenbahnen in das Innere zu dringen, und von den ungesunden Kuesten und Strommuendungen gänzlich zu abstrahiren. Afrika ist der Schluessel der Welt, muthmaßlich hat ihn die Vorsehung fuer Deutschland bestimmt.

Quelle: H.v.d. Oelsnitz, Denkschrift über die Erhebung Preußens zu einer See-, Kolonial- und Weltmacht. Dem ersten Vereinigten Landtage überreicht, Berlin 1847, Vorwort, S. 7 - 10, 33.

11. Die »Gründungsakte« für ein nationalstaatliches Flottenprogramm – Denkschrift des Prinzen Adalbert von Preußen über die Bildung einer deutschen Kriegsflotte, Mai 1848

Lebhafter als je empfindet ganz Deutschland in diesem Augenblick den Mangel einer eigenen Seemacht. Denn obschon sein siegreiches Heer bis an den Belt unaufhaltsam vorgedrungen ist, so steht es dennoch nicht in seiner Macht, denselben zu überschreiten. Der geschlagene Gegner hat sich auf die nahe gelegene Insel Alsen - ein *deutsches* Eiland - zurückgezogen, um unter dem Schutze einiger wenigen Kriegsfahrzeuge seinen Truppen Ruhe zu gönnen oder neue Kräfte zu sammeln – und wir können ihm dort nicht beikommen. In dieser Stellung ist er für uns unangreifbar, so lange er dieselbe behaupten will und seine Seestreitkräfte ihm beistehen.

Während ferner der Feind die Mittel besitzt, sich frei nach allen Richtungen hin zu bewegen, sind uns, mit Ausnahme eines Einfalls in Jütland, die Hände gebunden. Ja noch mehr, mit ein paar einzelnen Kreuzern blokirt der Däne unsere ausgedehnten Küsten, und es gelingt ihm, unserm blühenden Handel die empfindlichsten Wunden zu schlagen. Wir können es nicht hindern, nein, wir vermögen nicht einmal jene dänischen Kriegsschiffe, die sich das Recht anmaßen, als freie Gebieter auf unsern Rheden zu schalten, nur einen Augenblick aus ihrer Gemächlichkeit aufzustören.

Und das muß sich Deutschland – das einige Deutschland – ruhig gefallen lassen, gerade in dem großen Augenblick, wo es nach langer Zeit sich zum erstenmal wieder als ein Ganzes, als eine Macht von 40 Millionen fühlt! Doch das Vaterland erkennt das Drückende seiner Lage, es begehrt um so mehr schleunige Abhülfe, als es nach diesen Vorgängen sicher ahnet, wie viel peinlicher dereinst seine Stellung leicht einer der *großen* Seemächte gegenüber werden könnte, einer Macht, vor der die deutschen Schiffe selbst in den eigenen Häfen nicht einmal sicher sein würden, einer Flotte, die unsere Küsten mit Landungen in einem weit großartigeren Style bedrohen könnten, als dies unser gegenwärtiger Feind im Stande sein möchte.

Das einige Deutschland will aber die Integrität seiner Länder kräftig geschützt, seine Flagge geachtet, seinen Handel wieder blühend sehen und künftighin auch auf dem Meere etwas gelten.

Die gesammte Nation begehrt daher einstimmig eine deutsche Kriegsmarine; denn deutsch, ganz *deutsch* muß sie sein – eine ächte Repräsentantin der wiedergeborenen Einheit des Vaterlandes – das fühlt wohl jeder von uns, der es mit der neuen Schöpfung redlich meint; und das ist mithin als leitender Grundsatz obenan zu stellen.

Quelle: Jörg Duppler, Prinz Adalbert von Preußen. Gründer der deutschen Marine, Herford, Bonn 1986, S. 81 f.

12. »Deutsche Auswanderung und Colonieen« – Promemoria von Dr. Ernst Dieffenbach, vorgelegt der Deutschen Nationalversammlung in Frankfurt, 1848

Die Herstellung einer deutschen Seemacht ist jetzt in Aller Munde, und in ganz Deutschland werden patriotische Anstrengungen gemacht, die Gründung einer solchen zu beschleunigen. Wer möchte auch in Abrede stellen, daß es eine Schmach für Deutschland ist, daß unsere weit ausgedehnten Nordgränzen, unserer selbst in den traurigen Zeiten der Zerrissenheit und Willkürherrschaft wichtiger überseeischer Handel jedem, auch dem schwächsten Feinde preis gegeben sind, wer möchte läugnen, daß, wenn je Deutschland ein einiges Reich wird, ihm eine tüchtige Seemacht ein erstes unabweisbares Bedürfnis ist?

Aber nicht bloß der [sic] Schutz unserer Küsten, der [sic] Schutz unseres bis jetzt nur allein auf den atlantischen Ocean und das Mittelmeer beschränkten Handels halten wir für die Aufgabe einer Flotte, sondern wir glauben, daß sie auch der Auswanderung dienen, daß sie unter den gegebenen Verhältnissen Deutschlands die Verbindung zwischen den Auswanderern und dem Mutterlande unterhalten, die Auswanderer schützen, sie selbst befördern und der deutschen Flagge, die bis jetzt noch auf dem Meere unbekannt ist, Achtung verschaffen soll.

Soll Deutschland in Bezug auf Auswanderung eine richtige nationale Politik einschlagen, soll es auf der See mächtig werden, so bedarf es einer *Auswanderung* nach *eignen Colonien*, die unter dem Schutz und der Garantie des einigen Deutschlands stehen.

Nur durch eigne Colonieen wird dieser Zweck erreicht, nicht durch Zerstreuung der Auswanderer über die ganze Welt hin. Denn erst Colonieen gewähren uns die Theilnahme am Welthandel, die Ausbreitung unserer Schiffahrt, die Verpflanzung deutscher Sitte und Wissenschaft in die fernsten Länder, dadurch Hebung und Kräftigung unseres eigenen Nationalgefühls, wenn Deutschland mit Stolz auf Nationen blicken kann, die von ihm entsprungen sind. Die germanische Rasse ist von jeher durch ihre ureigne körperliche und geistige Kraft die Trägerin der Civilisation gewesen, sie hat ihre Herrschaft über die Welt verbreitet und mit derselben die Grundsätze wahrer bürgerlicher Freiheit, gute Gesetze und Einrichtungen, geläuterte Religionsbegriffe, ächte Humanität! Deutschland, die fruchtbare Mutter germanischer Völker hat nur indirect an dieser großen Mission Theil genommen, der Strom, der von ihm ausging, hat wohl Einöden befruchtet und Wüsten in blühende Gärten verwandelt, aber die Rückwirkung des neuen Lebens auf den alten Körper war abgeschnitten, wenn nicht gar feindselig - eine Folge der inneren Ohnmacht und Zerrissenheit von den Zeiten der Religionskriege an. [...]

Wo sollen wir also colonisiren? Da alle die wünschbaren Länder in den Händen anderer Mächte sind, so können wir nur durch Kauf und Vertrag uns festsetzen, und wir glauben nicht, daß dieß Schwierigkeiten haben wird.

Als solche Länder bieten sich dar die Ostküste des südlichen Amerika's, überhaupt vom Plataflusse weiter südlich, der Hafen von Bahia Blanca, die Mündung des Rio Negro bis gegen den 21. Breitegrad, von wo an die Beschaffenheit des Landes dem Anbau ein Ziel setzt. Die genannten Flußgebiete und Plätze gehören zur Argentinischen Republik, das fruchtbarste, an Häfen und Flüssen gelegene Land ist wohlfeil: ungeheure Länderstrecken mit allen Reichthümern, die ein fast noch jungfräulicher Boden hervorbringt, und von denen ich nur Paraguay nenne, liegen im Rücken, schiffbare Flüsse lassen fast durch das ganze Südamerika die leichteste Verbindung zu: wir glauben zu wissen, daß mit der Argentinischen Republik ein Uebereinkommen getroffen, daß von ihr gewisse sichernde Privilegien erhalten werden könnten; Bahia Blanca und der Rio Negro sind nur spärlich bewohnt, wie überhaupt die ehemaligen spanischen Colonieen keineswegs in fortschreitender Bewegung begriffen sind, und in ihnen, obgleich sie freisinnige Verfassungen haben, durch die Unstetigkeit der Völker selbst, wenig Keime der Größe und der Dauerhaftigkeit vorhanden sind.

Auf der westlichen Küste von Amerika liegt im 43. Breitegrad die große Insel Chiloë mit stattlichen Häfen, fruchtbarem Boden, mildem, fast gleichförmigem Klima. Es sind dort nur kleine armselige Niederlassungen von Spaniern und Indiern[1]; große Districte sind von ihren jetzigen Besitzern auf das Billigste zu erlangen, ja es dürfte nicht schwer fallen, durch Kauf die ganze Insel in deutschen Besitz zu bringen. Die Insel gehört gegenwärtig der Republik Chili; es müßte versucht werden, dieselbe zu einem Abtreten ihrer Souveränität zu vermögen, oder sonst günstige Bedingungen zu erhalten. Chiloë besitzt vortreffliches Schiffsbauholz, eine höchst günstige Lage in Bezug auf den benachbarten Continent und könnte ein Emporium[2] für den Wallfischfang [sic] und den Südseehandel werden, an dem unsere Seestädte sich wohl bald mehr wie seither betheiligen.

Neuseeland ist ein drittes Land, in welchem sich geeignete Stellen

[1] Indianer
[2] (griech. *emporos* Kaufmann) Handels- und Stapelplatz, v.a. des Seehandels

für deutsche Niederlassungen finden und für die das Land zu erlangen ist. Obgleich diese Inseln unter englischer Oberhoheit stehen, so würde dieß einer deutschen Niederlassung keine Hindernisse bieten, durch die Freiheit, auf welcher die Municipalangelegenheiten gegründet sind, durch die Liberalität, mit welcher fremde Schiffe in englischen Colonieen behandelt werden, durch die Garantie, die alle Länder unter englischer Oberhoheit vermöge ihrer unvergleichlichen Gesetzgebung darbieten. Die öffentliche Meinung ist in England einer deutschen Einwanderung nach englischen Colonieen höchst günstig, und seine erleuchteten Staatsmänner, die in dem Zufluß von Auswanderern mit Recht nur eine Vermehrung der Hülfsquellen und des Reichthums des Landes erblicken, würden zu jedem Arrangement die Hand bieten.

Ganz von demselben Gesichtspunkt der Unterordnung unter die englische Oberherrschaft würde auch eine etwa in Neuholland[3] zu gründende Colonie zu betrachten sein: doch hat sich mir aus eigner Anschauung die Ueberzeugung aufgedrungen, daß jenes Land keineswegs die großen Lobsprüche verdient, die ihm ertheilt werden, und daß, wenn auch das Klima in den südlichen Theilen durchaus mild und gesund ist, dort wenig Anlagen zu einer allseitigen Entwickelung eines staatlichen Organismus vorhanden sind, da das Land sich nur vorzüglich zur Vieh- und Schafzucht eignet, dem Ackerbau aber durch die Trockenheit des Klima's ganz bestimmte Grenzen gesetzt sind, und selbst die ersteren wegen der ungeheuren Landmenge, die sie erfordern, und wegen des Mangels aller Communicationsmittel durch schiffbare Flüsse bereits ihren Höhepunkt erreicht zu haben scheinen. Van Diemensland[4] würde in jeder Hinsicht den Vorzug verdienen, wenn nicht dort die übergroße Anzahl von transportirten und freigewordenen Verbrechern, denen nicht auszuweichen ist, alle gesellschaftlichen Verhältnisse vergiftet hätte.

Von allen diesen Orten würde ich für den Anfang der Argentinischen Republik den Vorzug geben wegen der Leichtigkeit der Verbindung mit Europa, der Wohlfeilheit des Landes, der inneren Möglichkeit für die Colonie, sich organisch zu entwickeln und zu erstarken, wegen des Vorhandenseins eines Marktes für Producte deutscher Industrie und von Rohproducten zum Austausch.

Sollte eine hohe Versammlung inmitten der bedeutungsvollen Auf-

[3] Australien

[4] Tasmanien, Insel im Südosten Australiens; wurde 1642 durch den Niederländer Abel Jansz. Tasman entdeckt und von ihm nach dem Generalgouverneur von Niederländisch-Indien, Antonio van Diemen, Van-Diemens-Land (bis 1853) benannt; diente den Engländern nach 1803 u.a. zur Ansiedlung von Strafgefangenen.

Beim Auswanderungs-Agenten. Nach einem Gemälde von Hans Pöck

gabe, die sie für das Vaterland lösen soll, der für unsere socialen Zustände so wichtigen und so sehr vernachlässigten Auswanderung ihre Aufmerksamkeit widmen können, sollte sie in der Gründung von Colonieen, wie sie für uns möglich sind, ein Mittel erblicken, das Gefühl, daß wir nur *Eine* Nation sind, zu beleben und zu stärken, das bei unsern überall in der Welt zerstreuten Landsleuten geschwundene Vertrauen auf die Wirklichkeit unseres nationalen Bewußtseins wieder herzustellen, und den deutschen Namen bei dem Auslande zu Ehren zu bringen, – sollte sie darin einen Weg sehen, den Leiden und Gefahren des Pauperismus und des Proletariats auf eine naturgemäße Weise vorzubeugen und sie zu lindern, so dürfte die Ernennung eines Ausschusses aus ihrer Mitte und dessen alsbaldige Wirksamkeit sich von selbst empfehlen, da die Vorarbeiten in den Ländern, in denen die Niederlassungen gegründet werden sollen, die Unterhandlungen mit ihren Regierungen über die Territorialrechte, mit den Besitzern über die Erlangung des Eigenthums eine geraume Zeit erfordern, und namentlich allem Andern eine gründliche Untersuchung durch erfahrene und Vertrauen verdienende Männer an Ort und Stelle vorangehen müßte.

Quelle: Der deutsche Auswanderer. Centralblatt der deutschen Auswanderung und Kolonisirung, 2. Jg. (1848), Nr. 23, S. 355–358.

13. Monarchischer Republikanismus und Weltmachtstreben – Rede Richard Wagners im Dresdener Vaterlandsverein am 15. Juni 1848

Sind wir nun in unseren republikanischen Bestrebungen soweit gelangt, auch diese wichtigste aller Fragen zum Glück und Wohlergehen der staatlichen Gesellschaft zu lösen, sind wir in die Rechte freier Menschenwürde vollständig eingetreten: werden wir nun am Ziele unseres tätigen Strebens angelangt sein? Nein! Nun soll es erst recht beginnen! Sind wir durch die gesetzkräftige Lösung der letzten Emanzipationsfrage zur vollkommenen Wiedergeburt der menschlichen Gesellschaft gelangt, geht aus ihr ein freies, allseitig zu voller Tätigkeit erzogenes neues Geschlecht hervor, so haben wir nun erst die Kräfte gewonnen, an die höchsten Aufgaben der Zivilisation zu schreiten, das ist: *Betätigung, Verbreitung* derselben. Nun wollen wir in Schiffen über das Meer fahren, da und dort ein junges Deutschland gründen, es mit den Ergebnissen unseres Ringens und Strebens befruchten, die edelsten, gottähnlichsten Kinder zeugen und erziehen: wir wollen es besser machen als die *Spanier*, denen die neue Welt ein pfäffisches Schlächterhaus, anders als die Engländer, denen sie ein Krämerkasten wurde. Wir wollen es deutsch und herrlich machen: vom Aufgang bis zum Niedergang soll die Sonne ein schönes, freies Deutschland sehen und an den Grenzen der Tochterlande soll, wie an denen des Mutterlandes, kein zertretenes unfreies Volk wohnen, die Strahlen *deutscher Freiheit* und *deutscher Milde* sollen den Kosaken und Franzosen, den Buschmann und Chinesen erwärmen und verklären.

Seht Ihr, hier hat unser republikanisches Streben kein Ziel und Ende, rastlos dringt es weiter von Jahrhundert zu Jahrhundert zur Beglückung des ganzen großen Menschengeschlechtes! Ist dies ein Traum? Ein Utopien? Es ist es, sobald wir darüber nur hin- und hersprechen, kleingläubig und selbstsüchtig die Möglichkeit abwägen und leugnen: es ist es *nicht,* sobald wir froh und mutig handeln, sobald jeder Tag eine neue gute Tat des Fortschrittes von uns sieht.

Quelle: Carl Fr. Glasenapp, Das Leben Richard Wagners in sechs Bänden, 2. Bd.: 1843 - 1853, Leipzig 1905, S. 460.

14. Bürgerlicher Nationalismus in der Paulskirche – Der Abgeordnete Friedrich Schulz/Weilburg am 20. Juli 1848 über Auswanderung und Seemacht

Meine Herren! Ich ergreife das Wort für das Gutachten der Minderheit des Verfassungsausschusses[1]. Zwar ist es anzuerkennen, daß auch die Mehrheit dieses Ausschusses gegen den bisherigen Gebrauch vieler Staaten die Auswanderung nicht mehr von Staatswegen beschränkt haben will, daß sie den Staat nicht mehr als ein Gefängnis, als einen Sclaven-Kerker ansieht, daß sie die landesherrliche Leibeigenschaft, welche selbst den römischen Kaisern unbekannt war, aufheben will. Es ist erfreulich, daß sie die bisherigen Abzugsgelder den Auswanderern erläßt und vom Staate verlangt, daß er nur durch die Fülle weiser Gesetze seine Bürger an sich fesseln soll. Aber dieses Alles genügt nicht den Anforderungen der Gegenwart, sowie der Würde einer großen Nation. Die Auswanderung muß, wie die Minderheit des Ausschusses will, und wie es bei allen großen, mächtigen, ehrliebenden Völkern der Fall ist, unter dem besonderen Schutze des Staates stehen, und zwar unter dem ausgedehntesten, umsichtigsten Schutze. Schwer haben die Regierungen seit langer Zeit hierin gefehlt. Mit Geringschätzung haben sie die Vorschläge vaterlandsliebender Männer über eine zweckmäßige Organisation der Auswanderung von sich gewiesen. Erst in neuerer Zeit wurden einige, aber ungenügende Gesetze zum Schutze der Auswandernden gegeben. Man überließ Alles der Privatthätigkeit, freien Vereinen, als sollte von ihnen alles Heilsame ausgehen. So zogen denn unsere Brüder und unsere Söhne, nicht, wie einst unsere Vorfahren, als die Herren der Welt, sondern als ihre Knechte, über alle Meere und durch alle Steppen. Sie waren fremden Völkern gut genug, ihren Colonieen zur Grundlage des Gedeihens zu dienen. Die Fremden machten Jagd auf sie, wie auf weiße Sclaven, und verhöhnten sie dann noch als lästige Eindringlinge. Wie viele Tausende sind in Elend und Schande am Strande der fremden Meere und auf den Straßen fremder Städte verkommen. Die Geschichte dieser Gräuel wird dem deutschen Volke ewig zur Schmach gereichen. Und doch hat ein Volk wohl dieselbe Pflicht, wie die Familie, daß es seine Söhne und Töchter nicht schutzlos, nicht hilflos in die Welt hinausgehen läßt. Es gehört ja zugleich zum Leben eines gesunden, tüchtigen Volkes, neue Volksindividuen zu begründen, welche frisch aufblühen, während es vielleicht selbst dahinwelkt. Doch hierüber und über die besondere Einrichtung der Auswan-

[1] Eine Minderheit aus zehn Mitgliedern des Verfassungs-Ausschusses hatte im Hinblick auf die Aufnahme der Auswanderungsfreiheit in den Grundrechtekatalog den Zusatz beantragt: »Die Auswanderung steht selbst unter dem Schutze des Staates.«

derung, sowie über die Vortheile, welche sie dem Mutterlande bringt, zu sprechen, ist hier nicht der Ort. Hier handelt es sich nur von dem persönlichen Wohlergehen des Auswanderers selbst, von dem Schutze, der ihm seiner selbst willen werden muß. Diesen Schutz verstehe ich in sehr ausgedehntem Sinne, nicht bloß, daß die Auswanderer gegen die Ränke der Seelenverkäufer[2] geschützt werden, gegen die tausend Mißhandlungen, welche ihnen auf der Wanderung zu Theil werden. Nicht bloß, daß sie geschützt werden gegen die Sclaverei, welche oft das Ziel der Wanderung war, sondern der Schutz muß dahin gehen, daß sie durch die Fürsorge des Mutterlandes in Länder geführt werden, deren Boden und Klima ihnen angemessen ist, wo sie nicht bloß das irdische Leben fristen, sondern auch ihre geistigen Kräfte entwickeln können, wo sie zusammen wohnen können, wo deutsche Sprache und deutscher Geist sich erhält. In diesem ihrem Heiligsten müssen sie geschützt werden. Sie sollen nicht etwa auf alle Zeit hinaus bevormundet werden, wie es bei manchen Völkern geschah; nein, der Auswanderer soll sobald als möglich auf seine eigenen Füße gestellt werden; aber bei dem Beginn ihrer Ansiedelung muß ihnen die unentbehrliche Unterstützung und Ausstattung zu Teil werden. Die verbesserten Transportmittel erleichtern diesen Schutz, diese Hilfe ja so sehr. Mit der Hälfte des Geldes, welches wir für die Armen verwendet haben, ohne ihnen wahrhaft und nachhaltig zu helfen, hätte man sie durch eine zweckmäßige Organisation der Auswanderung mit ihrer freien Einwilligung in gesunde, fruchtbare Länder bringen sollen, wo sie neue blühende Haushaltungen und neue blühende Staaten hätten gründen können. Die Auswanderung ist nicht etwas leichtsinnig Herbeigerufenes, sie hat ihren tiefen Grund in der verhältnismäßigen Ueberbevölkerung, sowie in der gesellschaftlichen Mißstimmung unserer Zeit, die auch durch unsere große, herrliche Umwälzung in den letzten Monaten nicht beseitigt werden wird. Diese und andere Gründe treiben den wanderlustigen Deutschen über die Meere, um seinen Kindern eine sorgenfreie Zukunft zu bereiten. In der neuen Welt wird die Erde noch einmal vertheilt. Da will der Deutsche nicht müßig stehen bleiben, nicht für sich und seine Nachkommen leer ausgehen, in dem Bewußtsein, daß er die herrliche Aufgabe der Menschheit erfüllt, die Wüsten der Erde zu einem Garten Gottes umzuschaffen. In diesem edeln Streben muß das wiedererstandene Reich seine Bürger schützen und unterstützen. Deutschland konnte freilich bisher diese erste Pflicht eines Staates, der auf seine Ehre hält, nicht erfüllen, weil es keine Seemacht hatte. Dies wird nun anders werden. In dieser freudigen Zuversicht bitte ich Sie, nehmen Sie das Gutachten der Minderheit des Ausschusses an; lassen Sie forschen, in welchen Gegenden der schönen Erde sich die Länder befin-

2 Anwerber

den, welche dem Charakter des Deutschen angemessen sind; sorgen Sie dafür, daß er nicht mehr zum Spotte und Hohn der Fremden, ohne Schutz die Welt durchirre, sorgen Sie dafür, daß der Deutsche überall geschützt, und darum geachtet sei; nehmen Sie dieses heiligste Recht unter die Grundrechte des deutschen Volkes auf! (Bravo!)

Quelle: Franz Wigard (Hg.), Stenographischer Bericht über die Verhandlungen der deutschen constituirenden Nationalversammlung zu Frankfurt a.M., Frankfurt a.M. 1848, Bd. 2, S. 1058.

15. »Neugermanien« in Patagonien – Eingabe »deutscher Patrioten« an den preußischen Staatsminister Otto von Bismarck-Schönhausen vom 17. November 1865

Sr. Excellenz
dem Königl. Preußischen Staatsminister
Freiherrn von Bismark-Schönhausen

Excellenz,
Hochgeborener Herr,
Hochgebietender Herr Staatsminister!

Bei der heutigen Weltlage concurriren deutsche Industrie und deutscher Handel überall mit denen der ersten Seemächte, obgleich ihnen in Folge der politischen Lage unseres Vaterlandes leider noch nicht der wünschenswerthe mächtige Schutz angedeihen kann, unter welchem sie noch weit besser prosperiren könnten. Wem anders als Preußen kommt aber nach der jüngsten Entwicklung unsrer heimathlichen Geschichte naturgemäß die hohe, ruhmvolle Mission zu, diesen Schutz auszuüben? Sollten nicht seine Adlerbanner auf allen Meeren neben dem britischen Löwen geachtet und gefürchtet werden? Dieses Ziel anzubahnen erscheint uns als eine heilige Pflicht und wir betrachten als das sicherste Mittel, es zu erreichen, die Gründung einer überseeischen großen Kolonie [...]

Zu einer solchen Kolonie würde sich nur ein solches Land eignen, dessen Besitzthum nicht leicht von einer Macht bestritten werden könnte, dessen Klima, Bodenverhältnisse, Producte und Ertragfähigkeit, sowie Bewohner und angrenzende Nachbarn der neuen Ansiedlung nicht im Wege stünden, sondern sie begünstigten. [...]

Dessenungeachtet ist uns ein Land bekannt, das allen obigen Anforderungen entspricht und nur durch Zufall bis jetzt der Aufmerksamkeit und Besetzung seitens einer Seemacht entgangen sein kann; wofern man sich aber nicht zur Besitzergreifung beeilte, dürfte bald eine dritte Macht zuvorgekommen sein.-

Dieses einzige Land ist das wenig bekannte *Nord-Patagonien* mit mildem Klima und herrlichen Häfen, der strategische Schlüssel zum Pacifischen, Südatlantischen und Indischen Ocean. (Seeweg nach China und Japan, fast in der Breite des Caps der guten Hoffnung.) [...]

Was die örtliche Beschaffenheit des Koloniegebiets anbelangt, so ist dasselbe fast gänzlich terra incognita, doch läßt sich das Nachfolgende darüber aussagen. Der Rio negro ist bis zum Fuße des Gebirges, d.h. da, wo er sich aus zwei Armen bildet, schiffbar. Diese Vorberge der Anden sind bewaldet, von Guanacos, Nicuñas und anderm Wilde[1] bewohnt, in den Ebenen befinden sich Strauße. - Die Flußthäler sind reich an Holz, Wiesen und Ackerfeld, das für den Anbau von Getreide, Mais, Hanf, Flachs, Taback, Obst, Wein und Südfrüchten geeignet ist. Es giebt viele Binnenseen und Flüsse, welche die Geographen noch nicht kennen. Westlich vom Golfo San Matias zieht sich ein Küstengebirg, das wahrscheinlich Kohlen birgt. Im Innern giebt es Adern reicher und ordinairer Metalle, welche hier gleich schätzbar sind. Ein großer Strom ist wahrscheinlich der Rio Chupat[2], welcher wol vorerst die Ausdehnung nach dem Süden limitiren dürfte. Hiernach wäre als Colonie zunächst der District vom Rio negro bis zum Chupat und vom Atlantischen Ocean bis zur Wasserscheide der Anden, oder dem Gebiete von Chile zu proklamiren. - Dieser Landesstrecke dürfte unvorgreiflich [?] hinfort der ominöse Name Patagonien in Neu Germania oder Neu Preußen umgewandelt werden und Patagonien möchte alsdann nur den äußersten Süden bis zur Maghelansstraße bezeichnen. [...]

Indem wir einem allerhöchsten Entschlusse mit der Hoffnung entgegensehen, welche eine gute Sache einflößt, verharren wir,

Eurer Excellenz unterthänigste Diener

Valparaiso, Chile, den 17 November 1865

Louis V. Doll | Carl Flach
Albert Chodowiecki | E.[duard] Ritter

Quelle: Bundesarchiv Berlin: R 1001/7154, fol. 6 - 13.

[1] *Guanako* (peruan.-span.): höckerloses Wildkamel der Grassteppen Südamerikas (»Lama guanicoë«) - *Nicuña:* richtig *Vicuña,* gleichfalls Lamaart (»Lama vicugna«)

[2] Gemeint ist der *Chubut* im heutigen Argentinien.

16. Eine deutsche Kolonie in Japan? – Das Hokkaido-Projekt des preußischen Geschäftsträgers, Max von Brandt, 1865/67

In jeder Beziehung geeigneter [als Taiwan] erscheinen dagegen die an der Ost-Küste Asiens mehr nördlich gelegenen Landstriche und Inseln und vor allen Dingen die Insel Yesso[1], die nördlichste der großen japanischen Gruppe. [...]

Die Insel Yesso wird von den Japanern als nicht zum eigentlichen Japanischen Reiche gehörig, sondern als eine auswärtige Colonie, wie die Insel Sachalin, die Kurilen und die Liu-Kiu Inseln[2] betrachtet. Sie gehört dem Sioguhn[3], der sie früher von einem Gouverneur verwalten ließ, sie dann einem zu diesem Behufe ernannten Prinzen von Matsumai als Lohn gab und seit 1854 wieder selbst in Besitz genommen hat. Um die Kosten der Verwaltung und der Besatzung zu vermindern, hat der Sioguhn sieben der im Norden Nippons ansässigen Daimios[4], die Prinzen von Shendai, Aidzu, Akita, Shonai, Tsugaru, Matsumai und Nambu mit bedeutenden Besitzungen auf der Insel belehnt, und sich selbst nur einige Landstriche zurückbehalten, deren größter das Gebiet von Hakodate umfaßt.

Die auf der Insel befindliche Truppenmacht ist sehr unbedeutend, zum Theil noch mit Luntenflinten bewaffnet, und ist aus schwachen Contingenten der oben erwähnten Prinzen und des Sioguhns zusammengesetzt. Bei Hakodate steht die Hauptmacht, ungefähr 800 Mann stark in drei oder vier Lagern, die mit Wall und Graben umgeben, aber nichts weniger als sturmfrei sind und außerdem, da die Kasernen der Besatzung in hölzernen mit Schindeln bedeckten Häusern bestehen, leicht in Brand geschossen werden können. [...]

Die Vertheidigungsmittel der japanischen Regierung sind daher gleich Null; eine Verstärkung derselben ist nicht zu erwarten, da die Regierung im Süden hinlänglich beschäftigt ist, und Demonstrationen Europäischer Mächte bis jetzt stets gegen Yeddo[5] und Osaka stattgefunden haben, und daher kaum im Norden erwartet werden dürften. [...]

[1] Auch Yezo, Ezo, war bis 1869 der Name für das heutige Hokkaido.

[2] Ryo-Kyo-Inseln zwischen Taiwan und Japan

[3] In Japan ursprünglich Titel eines kriegführenden kaiserlichen Feldherrn, dann erblicher Titel des Kronfeldherrn (Shogun), der jahrhundertelang an Stelle des machtlosen Kaisers die Regierung leitete.

[4] japanische Territorialfürsten

[5] Auch Edo, war bis 1868 der Name Tokios.

Was nun die Vortheile anbetrifft, welche die Insel einem Colonisations-Versuche darbietet, so sind dieselben sehr bedeutend.

Beinahe 1400 Quadrat-Meilen groß, mit einer ganz unbedeutenden Einwohnerzahl, würde sie im Stande sein, eine bis anderthalb Millionen Einwohner aufzunehmen und bei ihrem vortrefflichen Boden mit Leichtigkeit zu ernähren. Das Clima ist dem norddeutschen ähnlich, im Süden etwas wärmer, im Norden kälter. Im Süden gedeihen Reis, Mais, Kartoffeln, alle Getreide-Arten und Hülsenfrüchte; [...]

Die Insel ist reich an Gold-, Silber-, Blei-, Eisen- und Steinkohlen-Minen, Holz, hauptsächlich Tannen, Eiche, Esche, und Buche, Schwefel, Natron und anderen vulkanischen Producten, an den Küsten erscheinen jährlich Züge von Lachsen, Heringen (Nising), Sardinen (Iwasi) und Stockfischen, wie sie in früheren Jahrhunderten kaum an den schottischen Küsten sich gezeigt haben, Walfische sind ebenfalls sehr häufig, und eßbarer Seetang, Seethiere (biche de mer, Irico), Perlmuscheln (Awabi) bilden schon jetzt einen sehr bedeutenden Exportartikel, der bei Verwendung zahlreicherer und intelligenterer Arbeitskräfte noch sehr zunehmen könnte. Der einheimische Schlag Pferde ist klein, aber stark und ausdauernd, Rindvieh, welches allerdings nur in geringerer Anzahl vorhanden zu sein scheint, auffallend groß und schön, Schweine, Geflügel aller Art und Hammel, welche letztere aus Nord-China importirt worden sind, gedeihen vortrefflich, und würde sich bei den schönen Weideländern, besonders der Südküste der Insel, Viehzucht gewiß in großem Maßstabe und mit gutem Erfolge betreiben lassen. [...]

Sollte die Anlage einer Colonie auf der Insel Yesso ernstlich ins Auge gefaßt werden, so würde die Frage entstehen, auf welche Weise man sich am besten in den Besitz der Insel setzen könnte. Dies würde durch Kauf oder durch gewaltsame Besitzergreifung geschehen können. [...]

Am einfachsten und schnellsten würde eine gewaltsame Besitzergreifung zum Ziele führen, und einen Vorwand für diesselbe zu finden, dürfte bei der Haltung der Japanischen Regierung nicht schwer werden. [...]

Was die Stellung anbetrifft, welche die fremden Seemächte, d. h. die Vereinigten Staaten, England, Frankreich und Rußland einem derartigen Unternehmen Preußens gegenüber einnehmen würden, so läßt sich dieselbe zwar, weil zum Theil von der Lage der Europäischen Verhältnisse abhängig, nicht mit Gewißheit voraussagen, aber die Interessen und Aspirationen der verschiedenen Mächte in Ost-Asien wie die denselben in jenen Ländern zur Disposition stehenden Streitkräfte gestatten doch im Allgemeinen sich ein Urtheil über die voraussichtliche Haltung dieser Mächte zu bilden. [...]

Kurz zusammengefaßt dürfte die Lage der Sache eine solche sein, daß keine der erwähnten vier Mächte, die andern kommen gar nicht in Betracht, Lust oder Macht haben würde, einer geschickt eingeleiteten und schnell und energisch durchgeführten Unternehmung von Seiten Preußens ernstliche Hindernisse in den Weg zu legen. Am feindseligsten, aber auch am unfähigsten zu schaden würde Rußland sein; feindselig ebenfalls England, dem aber der Muth, einen entscheidenden Schritt zu thun, fehlen würde; die gefährlichsten Gegner könnten Frankreich und die Vereinigten Staaten sein, doch liegt kein Grund vor, warum die letzteren einer derartigen Preußischen Unternehmung entgegen sein sollten, und was das erstere anbetrifft, so dürfte sich vielleicht bei einer weiteren Entwicklung der orientalischen Frage[6], manche Gelegenheit finden, die Zustimmung desselben zu erlangen. Für Preußen aber dürfte die Entsendung der oben erwähnten Streitkräfte selbst für den Fall des Eintretens Europäischer Steitigkeiten ohne Gefahr sein. Die Abwesenheit von 5000 Mann Landtruppen würde kaum vermißt werden, und die Kriegsschiffe könnten in jenen Gewässern viel mehr nützen als in Europa, wo sie doch, wenigstens im Falle eines Krieges, in den heimischen Häfen blockirt gehalten werden würden. Auf England z. B. würde die Anwesenheit einiger schneller und gut armirter Dampfer in jenen nach allen Richtungen von englischen Kauffahrern durchzogenen Gewässern, einen viel tieferen und nachhaltigeren Eindruck machen, als die Concentration der ganzen Preußischen Escadre[7] in der Nord- oder Ostsee.

Berlin im Januar 1867

Quelle: Rolf-Harald Wippich, Japan als Kolonie? Max von Brandts Hokkaido-Projekt 1865/67, Übersee. Kleine Beiträge zur europäischen Überseegeschichte, H. 31, Hamburg 1997, S. 29–42.

[6] Als orientalische Frage werden die Probleme bezeichnet, die mit dem Rückzug der Türken aus Südosteuropa zwischen 1774 und 1923 zusammenhängen. Hauptursachen waren der innere Machtverfall des Osmanischen Reiches seit dem 18. Jahrhundert, der Nationalismus der von den Osmanen unterworfenen Balkanvölker seit Beginn des 19. Jahrhunderts und das Eingreifen der europäischen Mächte, besonders Rußlands und Großbritanniens. Im 19. Jahrhundert führte die orientalische Frage zu periodischen internationalen Krisen, die sich in russisch-türkischen Kriegen (Krim-Krieg) und in Aufständen der unterworfenen Völker entluden.

[7] Geschwader

17. Chusan als Handels- und Marinestation und die Philippinen als Pflanzungskolonie – Denkschrift des Geographen und China-Reisenden Ferdinand Freiherr von Richthofen über ein preußisch-deutsches Engagement in Asien vom 2. Januar 1869

[Abschrift]

An
Seine Excellenz Herrn Grafen Bismarck,
Kanzler des Norddeutschen Bundes, Kgl.
Preußischen Minister-Präsidenten,
Ritter der höchsten Orden
zu Berlin

Eurer Excellenz
beehre ich mich im Anschluß ein Memorandum betitelt: »Die Insel Chusan als deutsche Marine- und Handelsstation«[1], gehorsamst zu übersenden. Ich bitte ehrerbietigst die Freiheit zu entschuldigen, mit der ich dies unaufgefordert zu thun wage. Ich weiß nicht, inwieweit die hohe Bundesregierung an der vielfachen Besprechung der Frage betreffs einer Station für die norddeutsche Marine im östlichen Asien Interesse nimmt. Allein wenn ich selbst nur die Möglichkeit Ihrer Theilnahme voraussetze, halte ich mich für verpflichtet, meinen gegenwärtigen Aufenthalt an dieser Küste zu benutzen, um, soweit es in meinen Kräften steht, zu einer richtigen Beurtheilung der wichtigen Frage höheren Ortes beizutragen. Wer die steigende Bedeutung des deutschen Handels und der deutschen Schifffahrt [sic] an diesen Küsten wahrnimmt und in Betracht zieht, um wie viel beide noch zu wachsen fähig sind, den kann die geringe politische Bedeutung, welche Preußen in den Ländern des östlichen Asiens hat, nur schmerzlich berühren. Um einen festen Haltepunkt für die deutsche Macht zu gewinnen, ist seit längerer Zeit vielfach das Project einer Besitznahme von Formosa öffentlich besprochen worden. Allein es konnte nur aus der Unbekanntschaft mit der Insel und der Verkennung chinesischer Verhältnisse hervorgehen. [...]

Der einzige Punkt, welcher für eine derartige Station geeignet sein dürfte, und dies in außerordentlichem Grade, ist die Insel Chusan. Ich

[1] Chushan- (Tschusan-) Inseln (in chinesischer Pinyin-Umschrift Zhoushan Qundao), Gruppe mit über 500 Inseln unterhalb der Mündung des Jangtsekiang, südöstlich von Shanghai

habe kürzlich eine Bereisung des Chusan-Archipels ausschließlich im Hinblick auf die Gründung einer deutschen Marine- und Handels-Station ausgeführt. Die Insel Chusan hat den besten Hafen an der ganzen chinesischen Küste, und ihre Lage unweit des Ausflusses des Yang-tse-Kiang und nahe an den geöffneten[2] Häfen Ningpo, Fu-chan, Takao, Kilung, Shanghai, Chifu sowie auf dem Wege nach Peking und Japan, macht sie zum Schlüssel für das gesammte mittlere und nördliche China. Ein Freihafen auf Chusan unter fremder Flagge würde voraussichtlich nach und nach zum Entrepôt[3] und Brennpunkt des Import- und Export-Handels mit diesem unermeßlichen Handelsgebiet heranwachsen.

Die Erwerbung eines so ungemein günstig gelegenen Seehafens würde besonders im jetzigen Augenblick von großer Bedeutung sein, da die fast unzweifelhaft bevorstehende Öffnung der großen Kohlenminen und die, allerdings in größerer Ferne stehende Anlage von Eisenbahnen in China, einen großartigen Umschwung aller Verhältnisse, insbesondere eine Entwicklung der mercantilischen Interessen anbahnen, deren Größe sich noch nicht absehen läßt.

Einer der wichtigeren Gesichtspunkte, von denen man die Lage des Hafens von Chusan betrachten kann, ist der militärisch-nautische. Der Hafen kann ohne große Schwierigkeiten befestigt und in eine sichere Station für die Marine verwandelt werden und er würde dann den Zugang zu dem nördlichen China und Japan beherrschen wie kein anderer Platz. [...] Um einen Zweck wie den Ankauf von Chusan in Friedenszeiten zu erreichen, würde es wahrscheinlich der geeignetste Weg sein, sich zunächst der Zustimmung des betreffenden Vicekönigs zu versichern, was in China häufig durch Gewährung eines materiellen Interesses erreicht werden kann. Dann erst würden die Schritte bei der Central-Regierung zu erfolgen haben. Im Fall einer Bedrängniß des chinesischen Reiches durch Krieg mit irgend einer Macht würde hingegen die Anwendung eines Druckes unmittelbar auf die Regierung in Peking wahrscheinlich am schnellsten zum Ziel führen. [...]

Kann der Norddeutsche Bund durch Gründung einer Handels- und Marinestation von solcher Wichtigkeit wie Chusan sie gewähren würde, festen Fuß im östlichen Asien fassen, so dürfte es wohl dann auch an der Zeit sein, an die Gründung einer deutschen Pflanzungs-Colonie zu denken. Solche Colonien können nur in den Tropen von Werth sein. [...]

[2] Aufgrund der »ungleichen Verträge« (1842, 1858/60) nach den sog. Opiumkriegen mußten die Chinesen eine Reihe von Häfen für Ausländer »öffnen«.

[3] (franz.) zollfreier Stapelplatz

Java ist die Krone aller Colonialbesitzungen. Die übrigen holländischen Inseln Hinterindiens haben, mit Ausnahme von Sumatra, nur geringen Werth als Pflanzungscolonien. Aber von vielleicht gleichem Werth mit Java ist Manila oder Luzon, und es scheint, daß die anderen Inseln der Gruppe der Philippinen jener an Werth wenig nachstehen. Anstatt aber von den Inseln einen ähnlichen Gewinn zu ziehen, wie ihn Holland von Java erreicht, reducirt die große Mißverwaltung der spanischen Colonialregierung in den Philippinen die Einnahmen auf ein Minimum. Nur die Zölle auf Import und Export schützen vor einem Deficit. Sollte es nicht im Bereich der Möglichkeiten liegen, die Philippinen von Spanien käuflich zu requiriren? Gerade jetzt, wo eine so große Aenderung der Verhältnisse im Mutterland bevorzustehen scheint? Jede Capitalisirung des gegenwärtigen Nettogewinns von der Colonie wäre ein billiger Preis; denn die Revenüen[4] könnten außerordentlich gesteigert werden, wenn eine zweckmäßige Verwaltung wie in Java oder Indien eingeführt würde. Die Inseln bieten den seltenen Vortheil, eine Bevölkerung zu haben, welche, gleich der von Java, zum Arbeiten herangezogen werden kann, in Hinsicht auf Intelligenz und Bildungsfähigkeit aber derselben überlegen ist. Der Halt der Spanier in den Philippinen ist schwach. Ihre actuelle Herrschaft beschränkt sich auf ein kleines Gebiet und wird selbst hier nur durch die Priesterschaft aufrecht erhalten. [...]

Mit Chusan und Manila würde der Norddeutsche Bund die beiden besten Häfen im östlichen Asien besitzen, den zukünftigen Brennpunkt des chinesischen Handels und eine der besten tropischen Pflanzungskolonien der Welt. Seine politische Macht und Weltstellung würden dadurch in ebenso hohem Maße gefördert werden als sein Handel und Nationalwohlstand.

Da ich es gewagt habe, mich Eurer Excellenz als Unbekannter zu nahen, so beehre ich mich, mich auf Seine Excellenz Herrn Grafen zu Eulenburg zu beziehen, dessen ehemaliger Mission nach dem östlichen Asien ich als Geolog attachirt war[5]. Ich setze gegenwärtig meine damals angefangenen Reisen in China, wesentlich in wissenschaftlichen Zwecken, fort. Sollten Euere Excellenz weitere Berichte von mir befehlen, so stelle ich mich ehrerbietigst zur Verfügung. Ich würde mich glücklich schätzen, wenn ich meine geringen Kräfte dazu verwenden könnte, mich meinem Vaterland nützlich zu machen.

[4] (franz.) Einkünfte

[5] Preußische Ostasienexpedition 1860/62, in deren Verlauf Handelsverträge mit Japan, China und Siam geschlossen worden waren. Die Expedition, an der auch Vertreter der beiden mecklenburgischen Staaten und der Hansestädte teilnahmen, stand unter der Leitung des Grafen Friedrich von Eulenburg, nach 1862 preußischer Innenminister.

In tiefster Ehrfurcht verharre ich

Euer Excellenz
gehorsamster
gez. Bar. Richthofen

Shanghai, China
den 2. Januar 1869.

Quelle: Politisches Archiv des Auswärtigen Amtes Bonn: China 20, Geheim Nr. 1, Bd. 1.

18. Französische Kolonien als »Kampfpreis« – Ernst von Weber über Cochinchina als Kern eines deutsch-indischen Kolonialreiches, 17. September 1870

Vom französischen Staatskörper noch weitere Stücken, als die mit Recht uns zugehörigen deutschen Provinzen [Elsaß und Lothringen] loszutrennen, verbieten uns Klugheit und eigenes Interesse [...] Aber nach anderen Richtungen hin kann sich Deutschland einen glänzenden Siegespreis holen. Deutschland braucht Kolonien[I]. [...]

Frankreich besitzt seit wenigen Jahren eine Kolonie, deren Acquisition[1] für Deutschlands Zukunft von einer unberechenbaren Wichtigkeit sein würde. Ich meine die neue Provinz Cochinchina. Jeder, der die stetig fortschreitende großartige Zunahme des Handels in den ostasiatischen Meeren kennt und weiß, welcher ungeheuern Entwicklung derselbe noch in Zukunft fähig ist, muß Deutschland Glück wünschen, wenn es jetzt Gelegenheit hat, sich in den Besitz einer so günstigen, merkantilistisch und strategisch gleich wichtigen Position zu setzen, die zugleich (und wir sagen das ohne Schwärmerei) den Kern eines zukünftigen deutsch-indischen Kolonialreichs abgeben würde, welches sich naturgesetzlich nach und nach in derselben Weise um diesen Kern herumkrystallisiren würde, wie sich im Laufe der Zeiten aus den kleinen anfänglichen Besitzungen der Engländer und Holländer in Ostindien die beiden großartigen Kolonialreiche, das eine mit 195 Millionen, das andere mit 20 Millionen Unterthanen, gebildet haben. [...]

Die neue Kolonie Cochinchina wird in Zukunft einmal eine sehr bedeutende Stelle einnehmen und sich, wie fast sicher vorauszusehen ist, mit der Zeit mächtig ausbreiten und die sie umgebenden, von ca.

I Wie oft habe ich auf meinen Reisen in fernen Welttheilen aus dem Munde deutscher Landsleute die stereotype Klage vernommen: »Welcher Jammer, daß wir Deutschen keine Kolonien haben!«

1 (lat.) Erwerb

28 Millionen Menschen bewohnten, halbbarbarischen Nachbarländer an sich ziehen oder wenigstens unter ihren Einfluß bringen, ganz in der Art, wie sich die englischen und holländtschen Kolonien in Ostindien allmälig über ihre Nachbarländer ausbreiteten. Die unendlich reichen mineralischen und vegetabilischen Naturschätze dieser gesammten Ländergruppe des hinterindischen Festlandes werden einst derjenigen Macht, die sie besitzt, ungezählte Reichthümer liefern; die direkte Land- und Flußverbindung mit dem südlichen Theile des chinesischen Reiches, die jedenfalls in nicht zu langer Zeit geöffnet werden wird, wird einen mächtigen Handelsstrom durch diese Gebiete leiten. Der deutsche Handel wird eine ähnliche großartige Ausdehnung in diesen Gegenden gewinnen, wie der englische in den indischen Provinzen Großbritanniens gewonnen hat und auf diese Art mächtig zur Bereicherung des Mutterlandes beitragen. Die Hauptprodukte, welche die Kolonie liefern wird, sind Zucker, Baumwolle, Indigo, Reis, Pfeffer, Thee, Seide,[II] Droguen und feine Luxushölzer aller Art; die mineralischen Schätze des Innern sind fast noch ganz unaufgedeckt, doch wissen wir, daß Hinterindien im Allgemeinen eine wahre Fundgrube aller bunten Edelsteine ist und sich in keinem Lande so schöne Rubinen, Saphire, Topase etc. finden, desgleichen findet sich Gold in vielen Flüssen, und in den Gebirgen des Innern Silber, Eisen, Kupfer und Blei. Als strategische Position könnte Deutschland für seine politischen Beziehungen zu den verschiedenen ostasiatischen Ländern, mit denen sein ausgedehnter Handel es in Berührung bringt, gar keinen günstigeren Platz finden, nachdem alle anderen passenden Plätze bereits von anderen Nationen in Beschlag genommen sind. [...]

Was die übrigen Französischen Kolonien in Asien, Afrika, Amerika und Australien betrifft, so dürfte sich keine davon zur Acquisition für Deutschland eignen, und würde es auch vollständig genügend sein, wenn Deutschland sich unter den oben erwähnten Kolonien[2] eine oder ein paar abtreten ließe.

Dresden, den 17. September 1870.
Ernst von Weber

Quelle: Ernst von Weber, Der Kampfpreis, den wir von Frankreich fordern müssen, National-Zeitung Nr. 445 vom 20. September 1870, 3. Beiblatt.

[II] An Seide allein wurden in den letzten 3 Monaten des Jahres 1868 bereits für 500 000 Franken ausgeführt.

[2] Weber nennt neben Cochinchina die Gesellschaftsinseln (Tahiti), die Marquesas-Inseln und Réunion.

Kapitel II: Auf dem Weg zum Kolonialreich – Kolonialagitation, organisierte Kolonialbewegung und Handelsinteressen

Gegen Ende der 1870er Jahre setzte die öffentliche Diskussion über die Notwendigkeit einer deutschen überseeischen Expansion und Kolonialpolitik verstärkt ein. Obgleich sich die Debatte in einem breiten Umfeld bewegte, ragte doch eine Persönlichkeit aus dem Kreis der Kolonialpropagandisten heraus: der Missionsleiter, Expansionspublizist sowie Kolonial- und Sozialpolitiker Friedrich Fabri (1824–1891). Der nach zeitgenössischem und heutigem Urteil gemeinhin als »Vater der deutschen Kolonialbewegung« apostrophierte Fabri stand mehr als ein Vierteljahrhundert an der Spitze der größten deutschen Missionsgesellschaft, der Rheinischen Mission, bevor seine kolonialpropagandistische Betriebsamkeit ihn zum Abschied vom Barmer Missionshaus zwang. Er widmete sich desto intensiver seiner einzigartigen Stellung im Management der organisierten Kolonialbewegung, seiner Rolle als Vertrauensmann Bismarcks in kolonialen Fragen und nicht zuletzt seiner Berater- und Vermittlerfunktion zwischen Reichsregierung, kommerziellen Interessen und Missionsgesellschaften.

1879 veröffentlichte Fabri seine Aufsehen erregende und in Massenauflage verbreitete Broschüre ›Bedarf Deutschland der Colonien?‹, mit der er der Expansionsdiskussion in einer größeren Öffentlichkeit zum Durchbruch verhalf und in der er ein Kompendium zugkräftiger Argumente für die anhebende Kolonialdiskussion bot (Dok. 21). Nicht ganz neu war allerdings sein Vorschlag, die »Grimmigen« unter den Sozialdemokraten in »Verbrecher-« oder »Strafkolonien« zu transportieren. So war ein Jahr zuvor – im Jahr des Inkrafttretens des Sozialistengesetzes – in den ›Grenzboten‹ ein anonymer Beitrag erschienen, in dem ganz unmißverständlich die Verschickung der »mißratenen Söhne« Deutschlands in – noch nicht vorhandene – Verbrecherkolonien empfohlen wurde (Dok. 20). Nach dem Erwerb der Kolonien verschwand der Gedanke der Einrichtung von Strafkolonien zwar nicht aus der Diskussion, wenn jetzt auch weniger an politische Deportation gedacht war. Regierung und Reichstag verhielten sich jedoch skeptisch bis ablehnend. Hinzu kam die zumeist kategorische Ablehnung durch die Gouverneure, so daß der Deportationsgedanke schließlich von der kolonialen Diskussionsbühne verschwand.

Parallel mit der Kolonialpropaganda eines Friedrich Fabri und anderen verlief die Formierung der Kolonialbewegung. Als Keimzelle der ausgangs der 1870er Jahre entstehenden Kolonialvereine kann man die Geographischen Gesellschaften ansehen, die durch das neue Zeitalter der Entdeckungs- und Forschungsreisen seit den 1860er Jahren, vor allem in das Innere Afrikas, entstanden waren. Von Beginn an hat man in diesen Geographischen Gesellschaften, die sich neben der Forschungsförderung und -finanzierung schon immer mit Problemen der Auswanderung und Kolonisation beschäftigten, die »Vorarbeit« der »Pioniere der Forschung« für den deutschen Kaufmann und den deutschen Aussiedler hervorgehoben. Dieser Zusammenhang lag beispielsweise auch für die alljährlich mit Reichsmitteln von 100 000 RM zur Unterstützung der deutschen Afrikaforschung subventionierte »Deutsche Afrikanische Gesellschaft« vor, die sich 1878 mit der »Deutschen Gesellschaft zur Erforschung Äquatorial-Afrikas« zur »Afrikanischen Gesellschaft in Deutschland« zusammenschloß (Dok. 19).

Weitere Vereine mit einer Mittelstellung zwischen Geographischer Gesellschaft und Auswanderungs- und Kolonialverein entstanden in der Folge, so der am 9. Oktober 1878 in Berlin auf Initiative des Nationalökonomen Robert Jannasch im Verein mit einigen anderen Volkswirtschaftlern, Geographen, Redakteuren, Geschäftsleuten und Forschungsreisenden gegründete »Centralverein für Handelsgeographie und Förderung deutscher Interessen«. Ein Jahr später (1879) entstand unter maßgeblicher Mitwirkung von Friedrich Fabri der »Westdeutsche Verein für Kolonisation und Export«, in dem namhafte Repräsentanten der rheinisch-westfälischen Großindustrie und des Großhandels vertreten waren. An die Spitze der wie Pilze aus dem Boden schießenden kleineren und mittleren Kolonialorganisationen trat 1882 der »Deutsche Kolonialverein«. Unter den Mitgliedern überwogen mittlere Unternehmer, Kaufleute und Angehörige des Bildungsbürgertums. Während sich der »Kolonialverein« in erster Linie als ein Propagandainstrument für die Belebung des kolonialen Gedankens verstand, war die am 28. März 1884 von dem Kolonialpropagandisten und späteren Kolonialkonquistadoren Carl Peters und seinem Fördererkreis gegründete »Gesellschaft für deutsche Kolonisation« von vornherein mit der Zielsetzung an die Öffentlichkeit getreten, sich lediglich mit »praktischer Kolonisation« zu befassen und diese Absicht so bald wie möglich in die Tat umzusetzen (Dok. 27). In der mittelständisch-nationalistischen »Gesellschaft«, die durch die Ausgabe von Anteilscheinen bis herab auf die Höhe von 50 Mark selbst Kleininteressenten anzusprechen suchte, überwogen kleinere Gewerbetreibende, Offiziere, untere Beamte und Kaufleute. Somit artikulierten sich im »Kolonialrausch« der beginnenden 1880er Jahre neben gesellschaftlich und ökonomisch führenden Gruppen breitere Bevölkerungsschichten, die sich mit dem imperialen Nationalstaat identifizierten.

Der konkrete Einstieg in die Kolonialpolitik begann aus der Sicht der Kolonialverfechter und ihrer Propagandainstrumente allerdings mit einem Fehlschlag: dem Scheitern der Samoa-Vorlage. Im Jahre 1879 war das Hamburger Handelshaus Johann Cesar Godeffroy aufgrund unkluger Spekulationen, die es mit den hohen Gewinnen aus dem Südseehandel unternommen hatte, in Zahlungsschwierigkeiten geraten, nachdem die private Firma bereits ein Jahr zuvor in die »Deutsche Handels- und Plantagen-Gesellschaft der Südsee-Inseln zu Hamburg« umgewandelt worden war. Da zu einem Zeitpunkt, als sich sowohl die Handelsbeziehungen zu Samoa vertraglich gefestigt hatten (1879 Handelsvertrag im Verbund mit Engländern und Amerikanern mit Samoa) als auch die Marine in den Besitz eines Stützpunktes auf Samoa gelangt war, die Anteile der Gesellschaft in die Hände englischer Gläubiger zu gelangen drohten, war Bismarck bereit, die Firma mit Reichsmitteln zu unterstützen. Für die Kolonialenthusiasten spielte dagegen neben der Vision eines »konsumtions- und zahlungsfähigen Marktes« im Pazifik und in Australien die »politische Ehre der deutschen Nation« die erste Rolle, wohingegen die Anhänger des Wirtschaftsliberalismus in der Samoa-Vorlage nur den Auftakt für erste koloniale Experimente sahen. Ihre Argumente hat der nationalliberale Abgeordnete Ludwig Bamberger – der Ende 1880 vor allem wegen des politischen Kurswechsels zum Protektionismus die Partei verlassen sollte – am 22. April 1880 im Reichstag zum Ausdruck gebracht (Dok. 22). Freihändlerische Linksliberale im Verein mit dem katholisch-konservativen, stärker agrarisch orientierten Zentrum sowie 144 abwesende Reichstagsabgeordnete bei Zustimmung durch die Frei- und Deutschkonservativen und den rechten Flügel der Nationalliberalen (112:128) brachten die Vorlage am 27. April 1880 zu Fall.

Diese »Niederlage« Bismarcks, der allerdings keinen »Kolonialerwerb« im Sinn gehabt hatte, sondern eine unmittelbare Unterstützung des Außenhandels mit Reichsmitteln wollte, dürfte freilich dazu beigetragen haben, daß der Reichskanzler künftig in »kolonialen« Fragen noch vorsichtiger taktierte. Die »Deutsche Handels- und Plantagengesellschaft« erholte sich unterdessen infolge der Stützung dieses in der Substanz gesunden Handelsunternehmens durch ein Bankenkonsortium unter Führung Adolph von Hansemanns sowie Gerson von Bleichröders, Bismarcks Privatbankier. Adolph von Hansemann, Inhaber der Berliner Disconto-Gesellschaft, gehörte zu jenen Vertretern des Bankkapitals, die ihren Einfluß für einen Kolonialerwerb geltend zu machen suchten. Bereits am 9. September 1880, also nur wenige Monate nach dem Scheitern der Samoa-Vorlage, richtete der Finanzmagnat eine Eingabe an das Auswärtige Amt zugunsten des Erwerbs des nordöstlichen Teils von Neuguinea durch das Reich (Dok. 23).

Im allgemeinen trafen die von den Kolonialpropagandisten für den Erwerb von Kolonien vorgebrachten Argumente – Lösung der Auswandererfrage sowie Gewinnung von Rohstoff- und Absatzmärkten – beim »Finanzkapital« allerdings auf Zurückhaltung. Die gleiche vorsichtig-ablehnende Haltung nahmen anfangs auch die Hanseaten ein. Mit der Hoffnung auf Handelsgewinne nach Jahrzehnten oder gar erst für spätere Generationen ließen sich vor der definitiven Etablierung von deutschen Kolonien kaum Kaufleute für das koloniale Abenteuer gewinnen. Anders sah es im Hinblick auf den Schutz von Handelsniederlassungen aus, die unter die Aufsicht einer fremden Macht zu fallen drohten, wodurch möglicherweise Investitionen und Handel beeinträchtigt wurden. Betroffen waren neben dem Südseehandel vor allem eine Reihe von Kaufleuten, die vornehmlich Branntwein, Waffen und Schießpulver nach Afrika exportierten.

So richtete am 23. November 1882 der Bremer Kaufmann und Tabakhändler Adolf Lüderitz (1834 – 1886) ein Gesuch an das Auswärtige Amt, seine Geschäfte an der Südwestküste Afrikas unter den Schutz des Reiches zu stellen. Die Ehe mit einer reichen Bremerin hatte ihn finanziell unabhängig gemacht, so daß er sich überseeischen Unternehmungen zuwandte und im Frühjahr 1882 den Hauptanteil einer Handelsniederlassung in Lagos (Goldküste) erwerben konnte. Anschließend wandte er sich nach Südwestafrika. Aufschlußreich ist die Palette seiner Handelsprodukte, die er an der Küste Südwestafrikas anzubieten beabsichtigte (Dok. 25). Im Mai 1883 schloß sein Bevollmächtigter Heinrich Vogelsang mit dem Namakapitän Joseph Frederiks in Bethanien einen Vertrag, durch den die Bucht von Angra Pequena (Lüderitz-Bucht mit dem heutigen Lüderitz) mit Umgebung an den Bremer Kaufmann abgetreten wurde. Im August 1883 folgte ein weiterer Vertrag, durch den die Küste von der Mündung des Oranjeflusses bis 26° südl. Br. und 20 Meilen landeinwärts in den Besitz von Lüderitz gelangte. Nachdem dieser wiederholt vergeblich bei der Reichsregierung um den Schutz seiner Unternehmungen nachgesucht hatte, bedeutete die Erklärung des Reichsschutzes vom 24. April 1884 über seine Erwerbungen den definitiven Schritt zu einer deutschen Kolonialpolitik. Wahrscheinlich am 24. Oktober 1886 ertrank der »Gründer« von Deutsch-Südwest mit einem Begleiter während einer Forschungsfahrt in der Mündung des Oranje-Flusses.

Den Wechsel ins »koloniale Lager« vollzog auch der Inhaber des bedeutendsten Hamburger Westafrika-Hauses »C. Woermann«, Adolph Woermann (1847 – 1911). Woermann, der den westafrikanischen Handel weitgehend dominierte und der sich mit seinen Bank- und Versicherungsgeschäften, Reederei-Unternehmungen und sonstigen Aktivitäten eine überragende Position auch in der Politik – u. a. als nationalliberaler Abgeordneter im Reichstag - verschafft hatte, gelang es schließlich, die Hamburger Handelskammer zu einem Abgehen von ihrer jahrzehntelangen freihändlerischen Tradition zu bewegen. Die Ursachen dieses Gesinnungswandels liegen weniger in den wirtschaftlich und sozialpolitisch krisenhaften achtziger Jahren begründet, sie standen vielmehr in engem Zusammenhang mit politischen Bedrohungen deutscher Wirtschaftsinteressen in Westafrika. Diese hatten durch das Sierra-Leone-Abkommen vom 28. Juni 1882, das im März 1883 veröffentlicht wurde und in dem sich England und Frankreich gegenseitig gleiche Rechte in ihren Kolonien garantierten, sowie durch die beabsichtigte Interessenaufteilung im Kongo, die schließlich zur Berliner Westafrika-Konferenz von 1884/85 führte, Auftrieb erhalten. »Widerspenstige« afrikanische Zwischenhändler, die die eigenen Gewinnspannen reduzierten, spielten gleichfalls eine Rolle für das - vom Auswärtigen Amt veranlaßte - kolonialpolitische Gutachten über das Interesse der deutschen Händler an der Küste Westafrikas (»Woermann-Denkschrift«) vom 6. Juli 1883 (Dok. 26). Als Bismarck am 19. Mai 1884 Reichskommissar Dr. Gustav Nachtigal die Weisung erteilte, neben Angra Pequena Küstenstriche in der Bucht von Biafra anzulaufen, handelte es sich nicht zuletzt um den »Schutz« für Gebiete, die die Hamburger Handelskammer-Denkschrift in Vorschlag gebracht hatte.

Schließlich war auch bereits vor 1884 jenes Gebiet im Fernen Osten in den Blick geraten, das die »Eingangspforte« für den Handel mit China bilden sowie gleichzeitig eine strategische Basis für die Verbindung zum Südseeraum darstellen sollte: Kiautschou. Das erste Mal lenkte der Geograph und Geologe Ferdinand Frhr. von Richthofen (1833 - 1905), der zwischen 1868 und 1872 nicht weniger als 13 von den damals 18 Provinzen Chinas auf insgesamt sieben Reisen durchquert hatte, die Aufmerksamkeit auf diese günstig gelegene Bucht (Dok. 24). Darüber hinaus verwies er auf die Ausbeutung großer Kohlefelder und die ungeheuren Möglichkeiten, die sich für den Eisenbahnbau in China ergaben.

Daß Deutschland dann im Frühsommer 1884 in die Reihe der europäischen Kolonialmächte eintrat, geht letztlich auf die Entscheidung des politisch verantwortlichen Reichskanzlers, Otto von Bismarck, zurück. Über die Motive, warum sich Bismarck gerade 1884 auf eine offizielle Kolonialexpansion einließ, nachdem er doch nicht nur stets behauptet hatte, das Reich sei territorial »saturiert«, sondern auch nie einen Zweifel daran gelassen hatte, wie er über Kolonien dachte, ist viel diskutiert worden. Seine Beweggründe sind sicherlich nicht auf einen Aspekt zu reduzieren, auch nicht auf eindeutig prävalierende Bereiche wie die Außen-, Innen-, Wirtschafts- oder Sozialpolitik; vielmehr bietet sich als Erklärung ein Geflecht politischer Absichten an, für die das herrschende Kolonialfieber den Boden bereitete und die zugleich alle auf die Festigung der eigenen Position des Kanzlers hinausliefen. Insofern war der angebliche »Umschwung« von 1884 auch tatsächlich ein eher formaler Akt, dessen Folge – der Kolonialerwerb – allerdings sowohl aus nationalen und internationalen Prestigegründen als auch aufgrund der sich in den Kolonien entfaltenden Eigengesetzlichkeit nicht mehr rückgängig gemacht werden konnte. Jedenfalls hat Bismarck auch später immer daran festgehalten, daß die »Schutzgebiete« – ein eigens von ihm erfundenes Wort, um die überseeischen Territorien nicht »Kolonien« nennen zu müssen – möglichst weitgehend der Eigenverantwortlichkeit der kommerziellen Überseeinteressen überlassen bleiben müßten. Auf keinen Fall sollten die Kolonien eine finanzielle Belastung für das Reich darstellen (Dok. 28). An diesen Vorstellungen eines freihändlerisch-kommerziellen Expansionismus und einer *Laisser-faire*-Überseepolitik hielt er im Prinzip bis zu seiner Abdankung fest.

19. Von der »Entdeckung« Afrikas zur »deutschen Kultivation« – Die Gründung der »Afrikanischen Gesellschaft in Deutschland«, 1878

1) Es erscheint größere Konzentrierung der deutschen Afrikaforschung geboten, um zunächst auf räumlich beschränktem Gebiete die in den Satzungen der Afrikanischen Gesellschaft in Deutschland gesteckten Ziele zu erreichen.
2) Nach der durch die bisherigen deutschen und anderen Forschungsreisen erlangten Kenntnis des äquatorialen Afrika erscheinen die Congoländer, insbesondere das südliche Congogebiet als geeignet, um der intensiveren Forschung und Erschließung für deutsche Kultivation unterzogen zu werden.
3) Bei der Organisierung der zu diesen Zwecken zu unternehmenden Expeditionen ist die bloße Rekognoszierung von der eigentlichen Erschließung der Gebiete und der Anlage von Stationen auseinanderzuhalten. Erstere trägt nur einen vorbereitenden Charakter und kann von einzelnen oder wenigen Reisenden ausgeführt werden; letztere hat den Zweck der definitiven Festsetzung zur Durchführung deutscher Kultivation und bedarf des Einsetzens großer personeller Kräfte und materieller Mittel; der möglichst baldige Anschluß kaufmännischer Unternehmungen sowie die Mitwirkung deutscher Missionare

zur Anbahnung christlicher Kultur und Gesittung unter den Eingeborenen ist zu begünstigen.
4) In dem in's Auge gefaßten Gebiete ist eine Linie zwischen der bereits von Pogge[1] errichteten Station Mukenge und dem Kassai, resp. dieser letztere Fluß als Operationsbasis zu nehmen und von dort nach dem Congo vorzudringen. Überall, wo die topographischen sowie die agrikulturellen und die sonstigen Verhältnisse der Bevölkerung es angezeigt erscheinen lassen, sind deutsche Kulturstationen anzulegen, und zwar möglichst in der Nähe der schiffbaren Ströme. Die Stationen sind durch Privatverträge mit den Landesfürsten der deutschen Kultivation zu sichern.
5) Der Kassai und sonstige Nebenflüsse sind hinsichtlich ihrer Geeignetheit für Dampferverkehr auf's genaueste zu sondieren, da es notwendig ist, des baldigsten Dampfer in den Dienst der Stationen zu stellen.
6) Es ist durch Rekognoszierung so schleunig wie möglich ein guter und nicht zu weiter Weg von der am geeignetsten gelegenen Station nach der Congomündung ausfindig zu machen, auf welchem zerlegbare Dampfer nach dem Quango, Kassai oder einem schiffbaren Nebenfluß dieser Ströme geschafft werden können.
7) Es ist das Gebiet zwischen dem Benuë und Congo oder den nördlichen Nebenflüssen des letzteren zu rekognoszieren hinsichtlich seiner Geeignetheit für eine bequeme Verbindung mit dem mittleren Congo. [...]
9) Es ist die Reichsregierung zu bitten, ihren Einfluß dahin geltend zu machen, *daß Congo und Niger nebst ihren schiffbaren Nebenflüssen von keiner europäischen Nation annektiert werden, sondern neutrale Wasserstraßen bleiben, auf denen allen Nationen freie Fahrt und unbeschränkte Bewegung zusteht.*

Quelle: Mitteilungen der Afrikanischen Gesellschaft in Deutschland, Bd. IV, H. 4.

[1] Paul Pogge (1838 - 1884), Forscher und Afrikareisender, 1874 - 1876 Expeditionen in Angola und im Lunda-Reich; 1880 begleitete er Hermann von Wissmann auf einer Expedition in das Kongogebiet.

20. Sozialdemokraten und Verbrecherkolonien – Ein anonymer Beitrag in den ›Grenzboten‹ aus dem Jahr 1878

Vor allen Dingen aber würde uns ein Stück überseeisches Land von Nutzen sein, um diejenigen unterzubringen, welche sich außerhalb der heutigen gesellschaftlichen Ordnung stellen und für die der Name »Vaterland« nur ein hohler Klang ist. Wenn sie blos nach »menschenwürdigem« Dasein ringen, die Liebe zur Heimat nicht kennen, wenn sie den Umsturz aller Sitte und Ordnung mehr oder minder predigen und in ihren ganzen Bestrebungen Verbrecher gegen natürliche Gesetze sind, dann haben wir auch keinerlei zarte Rücksichten mehr auf sie zu nehmen und müssen uns, wenn ein Heilungsprozeß daheim nicht mehr möglich ist, ihrer zu entledigen suchen. Wir sind, so sagen uns die Sozialdemokraten ja selbst, erst in den Anfängen der großen Bewegung, der Umsturz muß kommen, gleichviel so oder so, friedlich oder mit Gewalt. Uns zwingt man daher die Notwehr auf und Staaten wie Gemeinden werden über kurz oder lang dazu greifen müssen, sich Leute vom Hals zu schaffen, welche für sie eine geradeso drückende Last werden, wie unverbesserliche Landstreicher, Diebe und andere Plagen der Gesellschaft. Wie gerne würde man oft das doppelte des Überfahrtspreises bezahlen, um der beständig durch sie verursachten Sorge überhoben zu sein. Der Staat, welcher Ruhe als die erste Bürgerpflicht betrachtet, gewinnt entschieden dadurch, daß die unruhigen Geister, welche zu Hause nicht gut thun, außer Landes gehen; denn erfahrungsgemäß erwachsen aus diesen später nicht nur brauchbare Glieder für die menschliche Gesellschaft überhaupt, sondern auch oft höchst nützliche Staatsbürger für das Heimatland, welches sie erst in dessen Kolonien schätzen und würdigen lernen.

Ein System, ähnlich wie es bei den Deportirten Australiens[1] in Anwendung kam und vortreffliche Frucht zeigte, erscheint uns als das geeignetste, wenn einmal die Frage an das Deutsche Reich herantritt, sich seiner mißrathenen Söhne zu entledigen. Freilich dürften die Deportationsorte nicht wie jene Frankreichs, Portugals, Spaniens bloße Naturkerker sein, welche nur aus Bequemlichkeitsgründen oder aus Sicherheitsrücksichten an die Stelle einheimischer Gefängnisse treten, sondern es müßte die landwirtschaftliche und die industrielle Entfaltung der Kolonie mit der sittlichen und geistigen Hebung Hand in Hand gehen und nach dem Grundsatze gewirkt werden: daß es keineswegs ein dem Menschen innewohnender, natürlicher Hang zum

[1] 1788 wurde Neu-Südwales in Australien von den Engländern als Strafkolonie eingerichtet.

Bösen, sondern daß es zumeist die Macht der Verhältnisse, Verführung, die Mangelhaftigkeit unserer sozialen Einrichtungen ist, welche ihn zum Uebeltäter und Sozialisten stempelt, und daß, sobald er sich in eine andere Lebenssphäre versetzt sieht, sich ihm Gelegenheit bietet, durch freie unbehinderte Bewegung aller physischen und geistigen Kräfte rechtschaffen seinen Lebensunterhalt zu gewinnen. [...]

Wir wollen hier nicht weiter auf die Einzelheiten des Deportationssystems und seine Kosten eingehen; mehr mag bei Holtzendorff [2] nachgelesen werden; aber uns erscheint dasselbe das schicklichste Mittel, um uns jener Sozialisten zu entledigen, die mit dem Strafgesetzbuche in Kollision gerathen. Täuschen wir uns doch nicht ! Wir stehen erst in den Anfängen dieser Bewegung und sie wird sicher noch höhere Wellen schlagen, auch wenn Staat und Gesellschaft noch so kräftig gegen diese Pest vorgehen. Damit aber bei Zeiten der nötige Abzugskanal vorhanden ist und nicht erst eine Ueberfüllung der Gefängnisse uns auf die richtigen Wege führt, muß das Reich schon jetzt zugreifen und sich einen überseeischen Besitz sichern, auf dem es seine mißrathenen Söhne unterbringen kann. Dort mögen auch alle die übrigen sozialdemokratischen Elemente eine Unterkunft finden, die mit dem alten Staate und der alten Ordnung unzufrieden sind.

So viel auch schon von der Welt vergeben ist, so groß der britische, französische, portugiesische Kolonialbesitz auch ist, so sind doch immer noch ungeheure Strecken vorhanden, die, ohne europäische Besitzer, produktenreich, gesund und in herrlicher Lage, sich zu einer deutschen Kolonisation und Besitzergreifung eignen. Dahin gehört ein Theil der ostasiatischen Inseln, dahin gehören die Neu-Hebriden, Salamonen [sic] und Santa Cruz-Inseln im Stillen Ocean, dahin gehören aber auch vorzüglich manche afrikanische Gebiete.

Quelle: Sozialismus und Deportation (anonym), Die Grenzboten. Zeitschrift für Politik, Literatur und Kunst Nr. 27 vom 27. Juni 1878, S. 45 f., 49.

[2] Franz von Holtzendorff, Die Deportation als Strafmittel in alter und neuer Zeit und die Verbrecherkolonien der Engländer und Franzosen in ihrer geschichtlichen Entwicklung und kriminalgeschichtlichen Bedeutung, Leipzig 1858

21. Frühimperialistische Krisenideologie und Expansionspropaganda – Friedrich Fabri: Bedarf Deutschland der Colonien? 1879

Doch indem wir die außerordentliche Bedeutung unserer deutschen Auswanderung nachdrücklich betonen, haben wir hier eigentlich die Folge besprochen, ohne zuvor die sie bewirkende Ursache beleuchtet zu haben. Diese aber liegt wesentlich in der *rapiden Zunahme der Bevölkerung Deutschlands*. [...]

Aber nehmen wir statt 80 nur gegen 65 Millionen für das Jahr 1900 an, so erweckt auch diese Wahrscheinlichkeit bedenkliche Aussichten. Denn selbst diese Annahme führt doch wohl mit unaufhaltbarer Folgerichtigkeit zu folgendem Prognostikon[1]: steigende Einfuhr von Getreide und Vieh, weil die deutsche landwirthschaftliche Produktion den eigenen Bedarf immer weniger zu decken vermag; infolgedessen steigende Theuerung der Lebensmittel und damit aller Preise; dazu stetiges Herabsinken des Arbeitslohnes, wegen alljährlich sich vermehrenden Angebotes von Arbeitskräften; Schwächung der industriellen und gewerblichen Produktion wegen zunehmender Schwächung des National-Vermögens, d.h. zunehmender Unmöglichkeit zu sparen und infolgedessen auch sinkender Kaufkraft, oder mit einem Worte: *rapides Wachsthum des Pauperismus*[2] *und der socialen Noth*. Ist es zu viel gesagt, wenn wir behaupten: hier liegt die Grundwurzel unseres socialen Nothstandes, und alle Versuche zur sogenannten Lösung der socialen Frage, die nicht hier energisch einsetzen, müssen jeden genügenden Erfolges verfehlen? [...]

Eine fühlbare Steigerung der landwirthschaftlichen Produktion kann sich nur sehr langsam und in eng bemessenen Grenzen vollziehen, viel zu langsam, um die wachsende Ueberbevölkerung irgendwie auszugleichen. Aber auch unsere industrielle Produktion dürfte hierzu völlig unvermögend sein. Nehmen wir an, sie sei in einem Jahrzehnt in langsamer und gesunder Entwicklung wieder so gehoben, daß sie ebenso viele Personen wie im Jahre 1873 zu beschäftigen vermöchte - eine Annahme, die zumal bei der gegenwärtigen allgemeinen Richtung auf Zollschutz und gegenseitige Absperrung der Märkte wahrscheinlich zu günstig gegriffen ist –, so werden in einem Jahrzehnt auch so und so viele Millionen Menschen mehr in Deutschland zu nähren, zu kleiden, zu unterrichten sein. Also auch Industrie und

[1] (griech.) wörtlich Vorzeichen, hier: Vorhersage
[2] (lat. *pauper* arm) Massenarmut

Gewerbe vermögen im günstigsten Falle den eingetretenen Nothstand nicht völlig wieder zu überwinden. So bedürfen wir notwendig noch eines weiteren [...] Weges: der Auswanderung. Ja wir müssen sagen: *die Organisation einer starken deutschen Auswanderung ist zu einer Lebensbedingung des Deutschen Reiches geworden*. [...]

Was heißt aber Leitung, Organisation unserer Auswanderung? Da man derselben unmöglich ihre Ziele vorschreiben kann, so besagt diese Forderung nichts anderes, als: wo möglich unter deutscher Flagge in überseeischen Ländern unserer Auswanderung die Bedingungen schaffen, unter welchen sie nicht nur wirthschaftlich gedeihen, sondern unter Wahrung ihrer Sprache und Nationalität auch in reger nationaler und ökonomischer Wechselwirkung mit dem Mutterlande verbleiben kann. Mit anderen Worten: die verständnisvolle und energische Inangriffnahme einer wirklichen Colonial-Politik ist das einzig wirksame Mittel, die deutsche Auswanderung aus einem Kräfteabfluß in einen wirthschaftlichen wie politischen Kräfte-Zufluß zu verwandeln. [...]

Unter den wirthschaftlichen Gründen, welche das Aufkommen und die rasche, mächtige Ausbreitung der *Social-Demokratie* bei uns reichlich gefördert haben, steht neben unserer ungesund schnell entwickelten Industrie mit ihrem Gefolge von Krisen, von Ueberproduktion und Arbeitslosigkeit die rasche Bevölkerungs-Zunahme (besonders in den Industrie-Bezirken) gewiß mit vorne an. Freilich sind die wirthschaftlichen Gründe längst nicht die einzigen, ja heute nicht einmal die vornehmsten für das Entstehen und die Entwicklung der socialdemokratischen Bewegung. Wie überall im Leben der Menschheit, sind auch hier die moralischen Faktoren, die an den wirthschaftlichen ihre Grundlage suchen und finden, die eigentlich entscheidenden. [...] Sollte nun die Colonialfrage, resp. eine Organisation und Leitung der deutschen Auswanderung, nicht auch nach dieser Richtung bedeutungsvoll wirken können? Ja, müßte sie dies nicht thun? Ist unsere Social-Demokratie nicht das geworden, was sie ist, gerade in der Zeit, in welcher mit dem Beginn unserer wirthschaftlichen Krisis die vorhandene Ueberbevölkerung sich nachdrücklich fühlbar zu machen begann? Ich meine aber nicht bloß die Auswanderung, als eine Art Sicherheitsventil. Viel höher schätze ich zunächst den psychologischen Eindruck, den eine gut geleitete, in größerem Style ausgeführte und in ihren Erfolgen günstige Auswanderung auf die Einbildungskraft – deren große Bedeutung in allen Gebieten des Denkens und Strebens meist viel zu wenig erkannt wird – unseres Volkes bald in weiten Kreisen erwecken würde. Wenn auch wohl nicht bei den Grimmigen, so doch bei der Mehrzahl der mehr Irregeleiteten und wirklich sich gedrückt Fühlenden würde solche Auswanderung ein neues, nicht unerreichbares Hoffnungsbild erwecken, und schon damit wäre der um sich fressenden Unzufriedenheit eine Schranke gesetzt. [...]

Es ist im neuen Reiche Vieles bereits so verbittert, von unfruchtbarem Parteihader versäuert und vergiftet, daß die Eröffnung einer neuen, verheißungsvollen Bahn nationaler Entwicklung wohl auf vieles wie befreiend, weil den Volksgeist nach neuen Seiten mächtig anregend, zu wirken vermöchte. Auch das wäre erfreulich und ein Gewinn. Gewichtiger freilich noch ist die Erwägung, daß ein Volk, das auf die Höhe politischer Macht-Entwicklung geführt ist, nur so lange seine geschichtliche Stellung mit Erfolg behaupten kann, als es sich *als Träger einer Cultur-Mission* erkennt und beweist. Dies ist zugleich der einzige Weg, der auch Bestand und Wachstum des nationalen Wohlstandes, die nothwendige Grundlage dauernder Macht-Entfaltung, verbürgt. Die Zeiten, in denen Deutschland fast nur durch intellektuelle und literarische Thätigkeit an den Aufgaben unseres Jahrhunderts mitgearbeitet hat, sind vorüber. Wir sind politisch und sind auch mächtig geworden. Aber die politische Macht, wo sie als Selbstzweck in den Vordergrund der Strebungen einer Nation sich drängt, führt zur Härte, ja zur Barbarei, wenn sie nicht den ideellen, den sittlichen wie ökonomischen Cultur-Aufgaben ihrer Zeit zu dienen bereit und willig ist.

Quelle: Friedrich Fabri, Bedarf Deutschland der Colonien? Eine politisch-ökonomische Betrachtung, Gotha 1879, S. 18, 20 f., 23 f., 26 f., 83 - 85, 106 f.

22. Das Scheitern eines Kolonialvorstoßes – Die Beratung der Samoa-Vorlage am 22. April 1880 im Reichstag

Abgeordneter Dr. Bamberger[1]: Meine Herren, ich will beginnen, womit der geehrte Herr Vorredner[2] geschlossen hat. Wenn das hohe Haus der Ansicht sein sollte, daß es nicht darauf ankommt, wofür und

[1] Ludwig Bamberger (1823 - 1899), 1871 - 1893 Reichstagsabgeordneter (Nationalliberale Partei, ab 1881 Freisinnige Volkspartei), war finanzpolitischer Berater Bismarcks, 1880 Bruch mit Bismarck, Gegner von Schutzzoll- und Kolonialpolitik.

[2] Hermann Fürst zu Hohenlohe-Langenburg (1832 - 1913), General und Politiker, 1871 - 1880 Freikonservativer Reichstagsabgeordneter, Mitbegründer der Deutschen Kolonialgesellschaft. In seiner Rede sprach sich Hohenlohe-Langenburg vor dem Hintergrund der starken deutschen Handelspräsenz in der Südsee für eine staatliche Unterstützung privater Gesellschaften aus, da es um »hochpolitische und handelspolitische Interessen« gehe und eine Gefährdung der deutschen Position nicht riskiert werden dürfe: »Ich meinesteils kann der Regierung durchaus keinen Vorwurf daraus machen, daß sie uns den Aufwand von jährlich 300000 Mark zumutet, um so große handelspolitische Interessen zu verteidigen, wie es hier geschieht.«

ob das deutsche Reich aus der Tasche seiner Steuerzahler 20 Jahre lang 300000 Mark bezahlt[3], daß es nicht lohne, lange nachzufragen, wofür, mit welchem Erfolge, mit welchem Grunde das geschehe, dann wird er seinen Prozeß vor diesem Hause leicht gewinnen. Ich weiß nicht, ich habe keine Fühlung darüber, wie die Stimmung im Reichstag nach dieser Richtung hin beschaffen ist. Ich sollte glauben, man wird sich doch nicht gegen eine solche Ausgabe absolut gleichgültig verhalten wollen. Selbst aber wenn das der Fall wäre, so würde die prinzipielle Frage, ob das Reich sich auf den Weg einlassen soll, Handelsgesellschaften in überseeischen Gegenden zu garantieren, auch noch abgesehen von den finanziellen Verpflichtungen, wohl einer gewissen Überlegung wert sein, wie mir scheint. [...]

Welcher Art sind denn hier in Sachen des Handels die nationalen Interessen? Wenn je ein Wort sich eingestellt hat, wo Begriffe fehlen, so hier gar oft das Wort »national«. Sage man mir doch – angenommen, es sei ein nationales Interesse, eine Gesellschaft zu unterstützen, es sei gerechtfertigt, dies mit Staatsunterstützung zu tun, angenommen, es seien die zehn Millionen Aktienkapital, die jetzt gebildet werden sollen, mit deutscher Staatshilfe ganz oder teilweise zu beschaffen –: ist denn auch das nationale Interesse noch vorhanden, wenn diese Millionen in Verlust geraten sollen? Soll die Nation sich auch dann dafür interessieren, wenn das Geschäft so gemacht wird, daß nach und nach die 10 Millionen Mark verarbeitet werden auf unproduktive Weise, so daß nichts übrig bleibt? Meiner Ansicht nach liegt das nationale Interesse darin, daß diese 10 Millionen Mark nicht hinausgeschickt werden zu solchen Spekulationen, die nicht geeignet sind, einen glücklichen Erfolg in Aussicht zu stellen. Ist einige Aussicht und Wahrscheinlichkeit vorhanden, daß dieses Kapital von 10 Millionen erhalten und auch sogar fruchtbar werden wird? Aus den Vorlagen, die der Herr Regierungsvertreter sehr vollständig genannt hat, – ich will nicht die Etymologie von lucus[4] darauf anwenden, – habe ich das nicht ersehen können; was von der Rentabilität dieser zu gründenden Gesellschaft zu erwarten ist, habe ich weder aus den heuti-

[3] Der dem Reichstag vorliegende Gesetzesentwurf zur Unterstützung der am 21.1.1880 als Aktiengesellschaft gegründeten »Deutschen See-Handels-Gesellschaft« sah vor, daß sich das Reich auf 20 Jahre für einen jährlichen Ertrag des Unternehmens von 4,5% des Grundkapitals verbürgen sollte, wobei der reichsseitig zu leistende Zuschuß weder 3% der auf das Grundkapital geleisteten Einzahlungen noch 300000 Mark jährlich überschreiten durfte. Diese Aktiengesellschaft sollte eine andere Gesellschaft (»Deutsche Handels- und Plantagen-Gesellschaft der Südsee-Inseln zu Hamburg«) auffangen, die von dem im Südseegeschäft tätigen Handelshaus Johann Cesar Godeffroy im Jahre 1878 gegründet worden, aber in finanzielle Schwierigkeiten geraten war.

[4] (lat.) heiliger Hain, dichter Wald

gen Vorträgen noch aus dem Material, welches uns, wie man sagt, so reichlich dargeboten ist, ermessen können. [...]

Es wird uns ferner in Aussicht gestellt, daß wir einen fruchtbaren Handel führen könnten mit den Bewohnern jener Gebiete, wenn nur erst die rechte Kultur des Landes hergestellt wäre. Nun, meine Herren, die Einwohner, die aus anderen Inselgruppen herbeigezogen werden können, um zu kultivieren, erfreuen sich bis jetzt so primitiver Gewohnheiten, daß, was wir als Gegenwert ihnen bringen könnten, sich auf sehr wenig reduziert. Der Importhandel nach jenen Inseln für die Verhältnisse der Einwohner, nicht für die wenigen Europäer, die sich dort hinexilieren, besteht aus Flinten, Pulver, Branntwein, Bier und etwas Kattun, der dem Kleidungsbedürfnis der Samoaner entspricht, indem sie ein Stück sich um die Lenden gürten. Meine Herren, welche besondere Blüte dem deutschen Handel, welche Vorteile dem Export dadurch bereitet werden können, das zu taxieren muß ich auch den Vertretern der Regierungsvorlage überlassen. [...]

Es wird uns auch vorgeführt, daß die anderen Länder so eifersüchtig seien auf das, was von Deutschland geschieht und daß, wenn wir nicht zugreifen, es die anderen tun werden. Auch das ist eine vollständig irrige Auffassung. Von verschiedenen Seiten ist versucht worden, die Samoaner bald unter englisches, bald unter amerikanisches Protektorat zu bringen, was aber jedesmal von beiden Regierungen mit Hartnäckigkeit abgelehnt worden ist. In Washington erschien im Weißen Haus ein Abgesandter von Samoa mit der Bitte, die Insel Samoa unter das Protektorat der Vereinigten Staaten zu nehmen. Er wurde abschlägig beschieden und mußte unverrichteter Sache zurückkehren, denn die Vereinigten Staaten, die vernünftigen Kenner dieser Geschäfte, erklärten, wir wollen Handel und keine Herrschaft haben. [...]

Meine Herren, es ist sehr leicht, wenn man eine nationale Begeisterung entfachen will, die Herrlichkeiten, das Gewinnbringende, den Reiz, die Vorteile, den Ruhm künftiger Erwerbungen in den Himmel zu erheben, aber für das Reich der Geschäfte gilt dies nicht. Ich glaube mir zusprechen zu können, daß ich für die Ehre und den Ruhm unserer nationalen Vertretung in den überseeischen Ländern gerade so lebhaft empfinde, wie irgend jemand in diesem Hause und die Herren am Regierungstisch. Aber die nationale Ehre besteht nicht bloß darin, daß man Geld ausgibt und repräsentiert, sondern wenn das Geschäft mißglückt, dann haben wir das Geld und die nationale Ehre in handelspolitischen Dingen zugleich verloren.

Quelle: Stenographische Berichte über die Verhandlungen des Reichstages, Bd. 59, Berlin 1880, S. 861–869.

23. Samoa im Osten, Neuguinea im Westen des Pazifiks – Eingabe des Finanzmagnaten Adolph von Hansemann an das Auswärtige Amt zugunsten des Erwerbs des nordöstlichen Teils von Neuguinea durch das Deutsche Reich vom 9. September 1880

Das freie, in der Südsee zur Begründung von Kolonien noch offenstehende Gebiet ist so umfassend, daß jede Nation, welche jetzt an der Produktion sowie an Handel und Schiffahrt der Südsee beteiligt ist, nach Verhältnis ihrer Berechtigung Raum genug finden wird. Die Berechtigung Deutschlands beruht in den zahlreichen, über viele Inselgruppen verbreiteten deutschen Ansiedelungen und Handelsniederlassungen, in dem erheblichen Anteil seiner Handelsflagge an der Schiffahrt der Südsee, in dem hohen Ansehen, welches seine Seemacht im Stillen Ozean genießt, und in den Häfen, die sich die deutsche Seemacht gesichert hat. Die nächste Aufgabe besteht darin, diese Berechtigung noch wesentlich zu verstärken, und falls dies gelingt, dürfte es dem Deutschen Reiche auch nicht fehlschlagen, mit geringen Ausgaben ein Gebiet in der Südsee zu erwerben, welches Dank dem deutschen Fleiße einst imstande sein wird, dem Mutterlande einen großen Teil seines Bedarfes von Kolonialprodukten zu liefern und außerdem mit seiner Produktion an dem Welthandel teilzunehmen. [...]

Die Deutsche Handels- und Plantagen-Gesellschaft[1], welche mit ihrem Unternehmen bisher die Samoa-Inseln beherrschte, darf ihre Stellung als gesichert betrachten, und werden daher hoffentlich auch die Samoa-Inseln für Deutschland gerettet sein. Diese zentrale Stellung der Samoa-Inseln genügt jedoch nicht für ein deutsches Kolonialunternehmen in der Südsee, welches einer größeren Entwicklung fähig sein soll, und dazu bedarf es eines Schwerpunktes an der westlichen Seite des bezeichneten Ringes, eines Landes mit weiterem Hintergrund, das nur Neu-Guinea sein kann. Die Engländer gehen von der Ansicht aus, daß die Inseln der Südsee Nebenländer von Australien und Neuseeland sind, und daß in der Hauptsache die Häfen von Sydney und Auckland die Vermittlung für den Südseehandel zu übernehmen haben. Tatsächlich besteht auch jetzt diese Vermittlung sowohl für den englischen wie den deutschen Handel, und wird sich dieselbe für den englischen naturgemäß erhalten. Dagegen ist es die

[1] Am 16.3.1878 als Aktiengesellschaft gegründet, betrieb die »Deutsche Handels- und Plantagen-Gesellschaft der Südsee-Inseln zu Hamburg« Faktoreien, Plantagen, Handel und Schiffahrt in der Südsee (vgl. Dok. 22, Anm. 3).

Aufgabe des deutschen Handels, sich von Sydney und Auckland zu emanzipieren, aus jenem Ringe ohne Vermittlung von fremden Häfen in den Welthandel zu treten und zu diesem Zwecke die besten Häfen an der Nordküste von Neu-Guinea aufzusuchen, deren Hinterland zugleich in reicher Natur ein weites Feld für die mannigfaltigste Kultur eröffnet. Je mehr Neu-Guinea durch die Untersuchungsreisen aufgeschlossen wird, desto bedeutender wächst die Insel aus ihrer Vergessenheit empor, und keinesfalls wird lange mehr die Besetzung ihrer Häfen anstehen, welche bestimmt sind, als Zentralpunkte der Südsee einst der Entwicklung eines Sydney und Auckland nachzustreben. Dabei darf nicht übersehen werden, daß Neu-Guinea in der Hand einer kolonisationsfähigen Macht außer dem Schwerpunkt in jenem Inselringe auch eine einflußreiche Stellung nach Westen in dem nahe liegenden malaiischen Archipel zu gewinnen vermag, wo die holländische Herrschaft nur auf der Insel Java ein glänzendes Beispiel der Kolonisation abgelegt hat, während das übrige von der Natur nicht minder reich ausgestattete Inselgebiet in der Kindheit der Entwicklung geblieben ist. [...]

Entweder wird Neu-Guinea das Schicksal haben, ganz in die Hände der Engländer zu fallen, wenn keine andere Macht sich des Landes annimmt, oder eine andere Macht, welcher es gelingt, sich an der Nordküste festzusetzen, wird sich mit England über die Teilung durch eine Gebirgsgrenze zu verständigen haben. Von diesem Gesichtspunkte ausgehend, kann ein deutsches Unternehmen nur auf die Nordostküste vom 141. Grad östlicher Länge bis zum Ostkap gerichtet werden. Vorzügliche Häfen bieten sich an dieser Küste dar; über das hinterliegende, bis zu gewaltigen Gebirgshöhen ansteigende Land ist alle Pracht einer erhabenen Natur und aller Reichtum der tropischen Vegetation ausgebreitet, und nach den Erfahrungen, welche gegenüber den englischen Missionaren an der Südküste die deutschen Missionare[2] in einer Reihe von Jahren in Dorej und Umgegend in dem sogenannten holländischen Gebiet an der Nordküste gemacht haben, scheint das Klima auf dieser Seite der Insel nicht die Bedenken zu erregen wie auf der anderen Seite. Kräftige Menschenstämme bewohnen die Nordküste, welche jedoch nicht alle dem Kapitän Moresby[3], als er zuerst diese Küste geographisch genau bestimmte, freundlich entgegengekommen sind. Gerade Deutschland mit der ihm zu Gebote stehenden militärischen Organisationskraft sollte es gelingen, bei Be-

[2] Missionare der Rheinischen Missionsgesellschaft

[3] John Moresby (1830 - 1922) entdeckte den nach seinem Vater, Admiral Sir Fairfax Moresby, benannten Hafen Port Moresby auf Neuguinea.

gründung einer Kolonie eingeborene Volksstämme mit kriegerischen Eigenschaften unter Disziplin zu bringen und aus diesen Eigenschaften für das Verteidigungssystem der Kolonie Nutzen zu ziehen.

Quelle: Ernst Adolf Jacob (Hg.), Deutsche Kolonialpolitik in Dokumenten. Gedanken und Gestalten der letzten fünfzig Jahre, Leipzig 1938, S. 30-34.

24. Forschungsreise und imperiales Programm – Der Geograph Ferdinand Freiherr von Richthofen über Kiautschou als »Eingangspforte« nach China, 1882

Wenn schon unter den gegenwärtigen Verhältnissen centrale Lage und günstiges Terrain für Verkehrsstrassen ganz und gar auf der Seite von Kiau-tshóu sind, so treten die Nachtheile von Tshifu in ein schärferes Licht, wenn wir die Chancen der zukünftigen Entwickelung in Betracht ziehen. Ein maritimer Ansatzpunkt für ein Eisenbahnnetz in Nord-China wird sich im Lauf der Zeit als dringende Nothwendigkeit herausstellen. Es kann kaum einem Zweifel unterliegen, dass Tshönn-kiang-fu, wegen seiner Lage an der Grenze der Strömungen von Ebbe und Fluth im Yang-tsze, einst einen solchen bilden wird. Aber daneben wird ein anderer gesucht werden, welcher möglichst nahe an guten Steinkohlengebieten liegt und zugleich bequeme Verbindung mit den nördlichen Theilen der Grossen Ebene gestattet. Diesen Bedingungen entspricht allein Kiau-tshóu. Es ist zwar vielfach von einer künftigen Eisenbahn gesprochen worden, welche Tshifu mit Tsi-nan-fu verbinden solle. Allein das Terrain ist in der ersten Strecke dieser Linie ausserordentlich ungünstig; die Bahn müsste über jenes System von Wellenbergen und Wellenthälern, deren Höhendifferenzen in steter Wiederholung mehrere hundert Fuss betragen, quer hinwegführen. Von Kiau-tshóu hingegen ist der Boden so günstig gestaltet, dass die Differenz der Kosten eines Schienenweges von diesem Ort nach Wéihsiën und eines andern von Tshifu nach demselben Platz allein hinreichen würde, um die Linie bis jenseits Tsi-nan-fu zu verlängern und die ganze Reihe der wichtigen Kohlenfelder an der Nordgrenze des Gebirgslandes in Verbindung mit Kiau-tshóu zu bringen. Zu der billigen Herstellung einer Bahn nach ungemein volkreichen und productiven Gebieten würde somit die Versorgung des Betriebes mit ausgezeichnetem und billigem Brennmaterial kommen, und zugleich könnte letzteres an dem Hafenplatz der Dampfschiffahrt und verschiedenen in deren Gefolge sich entwickelnden Industrien zugeführt werden. Eine Verbindung mit Tsi-nan-fu würde aber nur der Anfang eines viel weiter verbreiteten Eisenbahnnetzes sein, das in erster Linie eine Verlängerung nach dem übervölkerten Honan im Westen und Peking im Norden suchen würde, da letzteres im Winter seine Zufuhren nur zu Lande erhalten kann. Neben dem ausgedehnten Binnenverkehr, den jede Eisenbahn in China mit sich bringen wird, würde die Kohle von Shantung Millionen von Consumenten zugeführt werden. Es würde der Baumwolle, dem Eisen und anderen Producten des Nordens ein leichter Ausweg und den Importen ein billiger Zugang zu einigen der wichtigsten Gebiete verschafft werden.

In der Eröffnung des Hafens von Kiau-tshóu und in der Herstellung der genannten Verbindungen liegt die Zukunft der reichen Kohlenfelder von Shantung. Die in Tshifu angelegten Capitalien würden dadurch allerdings grossentheils verloren werden. Aber die Vortheile einer fremden Niederlassung in Kiau-tshóu sind, wenn wir über die engen Grenzen der Gegenwart hinwegsehen, so gross, dass dieser Nachtheil im Verhältniss verschwindend klein ist. Ist auch die Hebung von China in materieller, intellectueller und industrieller Hinsicht den Interessen Europa's, wie es scheint, direct zuwiderlaufend, so wird sie sich doch mit zwingender Nothwendigkeit vollziehen, und angesichts dessen haben sich die fremden Mächte die grösstmöglichen Vortheile bei dem bevorstehenden Aufschwung zu sichern.

Quelle: Ferdinand Frhr. von Richthofen, China. Ergebnisse eigener Reisen und darauf gegründeter Studien, 2. Bd., Berlin 1882, S. 265 f.

25. Handelsinteressen und ökonomische Expansion – Eingabe des Bremer Kaufmanns Adolf Lüderitz an das Auswärtige Amt vom 23. November 1882

Hohes Kaiserliches auswärtiges Amt!

Ich beehre mich meinen verbindlichsten Dank für den mir so rasch gewordenen Bescheid vom 19. des Monates, auf meine Eingabe vom 16. ej[1] auszusprechen und erlaube mir ganz ergebenst zu erwidern,

[1] (lat. *ejusdem*) desselben (Monats)

daß ich nicht zweifle, der Senat werde auf geneigte Anfrage von Seiten hohen Amtes in befriedigender Weise die gewünschte Auskunft erteilen.

Sodann gestatte ich mir, hinsichtlich der am Schlusse des geehrten Schreibens vom 19. des Monates angedeuteten Fragen, das Folgende zu bemerken.

Das von mir ins Auge gefaßte Land liegt zwischen dem großen und dem kleinen Fischflusse, also zwischen dem 26° und 29° südl. Breite.

Einen günstigen Landungsplatz muß mein Kapitän, welcher diese Küste, von Kapstadt bis Possession-Island, bereits befahren hat, aussuchen.

Von den besten Buchten haben die Engländer leider bereits Besitz ergriffen, und so muß ich eben mit einer irgend passenden Landungsstelle zufrieden sein.

Das Land ist auf einige Meilen, von der Küste in das Innere, sandig und steril, und zwar bis zu den Hügelreihen, welche auf ungefähr zehn englische Meilen Abstand von der Küste, parallel mit dieser laufen.

Hinter diesen Hügeln beginnt fruchtbares Land. Die Eigentümer desselben sind Namaquas, von deren Häuptlingen ich das Besitzrecht erwerben werde.

Ich nehme die hier fertig zum Aufstellen gemachten Gebäude für die Faktorei[2] an Bord und lasse sie an einem günstigen Platze in der Nähe der Küste durch meine Leute aufstellen.

Von dieser Faktorei aus lasse ich dann Reisen mit Ochsenwagen ins Innere unternehmen, um meine Importwaren gegen Landesprodukte umzutauschen.

Mein Bevollmächtigter, welcher die Kapkolonie bereits geschäftlich, von King-Williams-Town aus, bereiste, wird diese Reisen in das Innere persönlich leiten. Zwei andere Commis[3] verwalten, mit Hilfe der nötigen Arbeiter, inzwischen die Faktorei, und verkaufen von dort aus.

Wenn die Boers[4] und Eingeborenen erst wissen, daß sie, ohne den hohen englischen Importzoll bezahlen zu müssen, von meiner Faktorei gute Waren beziehen können, so werden sie bald selbst dorthin kommen und ihre Waren umtauschen.

Es ist eine bekannte Tatsache, daß Manufaktur- und teilweise Eisenwaren von England aus billiger nach Afrika geliefert werden können, als wie von Deutschland aus; ganz abgesehen davon, daß die Fracht von Bremen oder Hamburg teurer kommt wie von Liverpool.

[2] Handelsniederlassung
[3] Handlungsgehilfe
[4] Buren

Mein Bestreben geht dahin, deutsche Waren, unter deutschem Etikett von meiner Faktorei aus einzuführen.

Wollte ich diese nun in einem, von den Engländern bereits besetzten Hafen (z. B. Walfish Bay, Spencer Bay, Angra Pequena[I]), landen, so hätte ich an Importzöllen zu bezahlen:

Für Gewehre per Lauf	1 £
für Revolver p Stück	10 sh
für Spirituosen, Bier usw.	9 sh per Gallon
für Zigarren p Pfd.	3 sh 6 d
für Tabak p Pfd.	1 sh 6 d
für Pulver p Pfd.	2 sh 6 d
für Manufakturwaren	5 % vom Werte
	und 10 % Aufschlag darauf.

Da bei dem großen Wildreichtume Gewehre und Munition sehr gesuchte Artikel sind, so nimmt mein Schiff davon z. B. mit:

2000 früher hannoversche Gewehre
1000 früher österreichische Hinterlader
1000 preußische Zündnadelgewehre
300 Revolver

Allein für diesen kleinen Teil der Ladung hätte ich also 4 150 £ sterl. oder ungefähr 83 000 Mark Zoll in barem Gelde bei Landung in einem, von den Engländern besetzten, Hafen zu bezahlen. Außerdem müßte ich dann noch einen Erlaubnisschein zum Waffenhandel kaufen, dessen Erlangung für Ausländer schwierig ist. Daß ich daher vorziehe mir einen eigenen Hafen in freiem Lande auszusuchen, wo ich ohne englische Importzölle und Erlaubnisscheine meine Waren verkaufen kann, ist wohl erklärlich.

Würde ich mich nun, ohne den Schutz der deutschen Flagge, an der Küste niederlassen, so würden mir die benachbarten Engländer bald genug das Handwerk legen. Sie würden einfach das Land für England in Besitz nehmen, wie sie es an der Goldküste, wo ich in Lagos ebenfalls eine Faktorei habe, getan haben, und ein wahrscheinlich bedeutendes Absatzgebiet für deutsche Industrie ginge wieder verloren.

Mit welchem Vertrauen ich dieses Geschäft anfasse, wolle Ein hohes Amt daraus ersehen, daß ich ungefähr 150 000 Mark zum Beginne daran wende, welche zum weitaus größten Teile, den deutschen Industriellen zu Gute kommen, da ich, wie schon erwähnt, fast ausschließlich deutsche Waren gekauft habe.

Außerdem habe ich den betreffenden Fabrikanten Order erteilt, keine englischen, sondern deutsche Etiketten auf ihre Waren zu setzen, um von vornherein dieselben als deutsches Fabrikat einzuführen.

I Das Eigentumsrecht an Angra Pequena war damals noch ungeklärt.

August Lüderitz, Bruder und kaufmännischer Beauftragter des »Begründers« von Deutsch-Südwestafrika, Adolf E. Lüderitz

Wie ich ferner höre, sollen die im Namaqua-Lande liegenden Berge teilweise reich an Kupfer und Silber sein. Ich nehme deshalb vielleicht einen Geologen mit hinaus, um dieses zu erforschen.

Sollte sich dann ergeben, daß es der Mühe lohnte, auch auf den Gewinn von Erzen zu arbeiten, so würde ich bei dem gesunden Klima schon Arbeiter aus Deutschland heranzuziehen wissen, um Minen anzulegen und auszubeuten.

Jedenfalls muß ich aber, ehe ich ein derartiges größeres Unternehmen beginne, im festen Besitze passenden Landes sein, und dazu kann ich nur gelangen, wenn ich den Schutz der deutschen Flagge genieße, um welchen ich hierdurch wiederholt ergebenst bitte.

In baldiger Erwartung eines, hoffentlich günstigen, Bescheides, habe ich die Ehre zu verharren.

Quelle: Die Erschließung von Deutsch-Südwest-Afrika durch Adolf Lüderitz. Akten, Briefe und Denkschriften, herausgegeben von C.A. Lüderitz (Abhandlungen und Vorträge, hg. v. der Wittheit zu Bremen 16/I), Oldenburg 1945, S. 14 - 16.

26. Handelsexpansion und nationaler Schutz – Denkschrift der Hamburger Handelskammer vom 6. Juli 1883

Hamburg, den 6. Juli 1883

In dem Schreiben der Königlich preußischen Gesandtschaft hierselbst vom 16. April d. J. ist anläßlich des zwischen England und Frankreich geschlossenen Vertrages über die Grenzregulierung der beiderseitigen Kolonien an der Sierra Leone-Küste[1], - in welchem jene Staaten sich gleichzeitig zusichern, ihre beiderseitigen Angehörigen in allen ihren Kolonien an der Westküste Afrikas auf gleichem Fuße zu behandeln, - die Frage erhoben worden, ob, bezw. welche Wünsche der am Verkehr mit Westafrika beteiligte hanseatische Handelsstand bezüglich seines Schutzes und seiner Vertretung durch das Reich hege. In Erledigung des ihr bezüglich jenes Schreibens gewordenen Auftrages hat die Handelskammer sich verpflichtet gefühlt, bei der großen Bedeutung, welche das genannte Gebiet für den deutschen und speziell den Hamburgischen Handel besitzt, sowie in Rücksicht auf

[1] Vertrag vom 28.6.1882

die wichtigen Vorgänge, welche sich gerade jetzt dort zutragen, sich über die bezüglichen Wünsche des Handelsstandes eingehend zu unterrichten, und sie gestattet sich, dieselben nachstehend ausführlich darzulegen. [...]

Was speziell das Interesse Deutschlands an dem westafrikanischen Handel betrifft, so ist es ein mehrfaches. Einerseits gehen viele deutsche Waren – namentlich gedruckte und buntgewebte Baumwollenwaren, halbwollene und wollene Waren, Schießpulver, Glasperlen, Nürnberger Waren, Spirituosen, Steinsalz, Kochsalz, Eisen- und Messingwaren, Steinzeug –, und zwar nicht nur für deutsche, sondern auch für englische, französische etc. Häuser, über Hamburg nach Westafrika, was sowohl für die deutsche Reederei, als auch für den Hamburger Zwischenhandel und besonders für die deutsche Industrie von großem Nutzen ist. Andererseits haben [sic] eine verhältnismäßig große Zahl deutscher Firmen eigene Niederlassungen an der Westküste Afrikas, so daß ein nicht unbedeutender Teil des dortigen Handels in deutschen Händen liegt. [...]

Seitdem sowohl der Ogowe wie der Kongo die Aufmerksamkeit verschiedener Völker auf sich gezogen haben, insbesondere seitdem der französische Forscher de Brazza[2] von seinen verschiedenen Entdeckungsreisen am oberen Ogowe und am Kongo nach Paris zurückgekehrt ist, und in französischen Zeitungen und durch öffentliche Vorträge die Franzosen darauf hingewiesen hat, daß bisher keine einzige französische Firma in dieser französischen Kolonie etabliert sei, hat die Kolonialregierung Gaboons eine andere Haltung angenommen, indem sie den deutschen und englischen Firmen ernste Schwierigkeiten in den Weg gelegt hat. [...]

Die portugiesischen Kolonien Angola und Benguela sind wegen der Differenzialzölle[3], mit welchen die mit nicht portugiesischen Schiffen eingeführten Waren belastet sind, dem deutschen Handel so gut wie verschlossen. Eine Hamburger Firma, welche vor einigen Jahren eine Faktorei in Benguela und Umgegend etablierte, war infolge dieser Verhältnisse genötigt, dieselbe mit großen Verlusten wieder aufzugeben. Es wäre im Interesse des deutschen Exports und der deutschen Reederei gewiß wünschenswert, wenn bei etwaigen Verhandlungen mit

[2] Pierre Savorgnan de Brazza (1852–1905), franz. Afrikaforscher und Kolonialpionier ital. Herkunft, erkundete 1876–1878 den Oberlauf des Ogowe; 1880–1882 begab er sich erneut auf eine Ogowe-Expedition, überschritt die Wasserscheide zum Kongo und gründete Franceville und das spätere Brazzaville am Kongo als koloniale Außenposten Frankreichs gegen das für den belgischen König Léopold II. von Henry Morton Stanley erworbene Kongogebiet auf dem Südufer.

[3] differenzierte Zollbelastung durch Vergünstigungen oder stärkere Belastungen, die an bestimmte Bedingungen geknüpft werden

der portugiesischen Regierung in diesen Zuständen eine Änderung herbeigeführt werden könnte. [...]

Berücksichtigt man die große Bedeutung, welche die Kongo-Mündung und deren Umgebungen bei dem Umfange des Gebietes dieses Stromes und bei der nach allen Berichten großen Dichtigkeit der dort lebenden Bevölkerung erlangen muß, sobald die Schwierigkeiten des Zuganges zum Inneren überwunden sind, wozu jetzt bekanntlich unter Stanley's Leitung[4] *die energischsten Anstrengungen gemacht werden, so wird man nicht verkennen können, wie äußerst nachteilig es für den Handel der anderen Nationen sein würde, wenn die ganze Südwestküste von Gaboon bis Mossamedes in die Hände der Portugiesen und Franzosen gelangte.* [...]

Alle eingeborenen Negerstämme werden von einem Häuptling (Chief, King, oder wie er sich sonst nennen mag) beherrscht, welcher unumschränkte Macht hat, seinen Untertanen den Handel überhaupt, oder mit diesem oder jenem Kaufmann zu verbieten. Daher muß der fremde Kaufmann, bevor er den Handel beginnen kann, mit dem Häuptling einen Vertrag abschließen, in welchem dieser dem Kaufmann Schutz und Sicherheit für sein Eigentum zusagt, meistens auch die Haftung für seine Untertanen übernimmt, und in welchem andererseits dem Häuptling Abgaben (Geschenke) zugesichert werden. Wünscht nun ein Häuptling Extrageschenke zu erlangen, und glaubt er es ungestraft tun zu können, so verbietet er seinem Stamme, mit der betreffenden Firma Handel zu treiben, ihr Produkte zu bringen etc. Jeder Negerhäuptling weiß aber, daß der Engländer, welcher so behandelt wird, in der Lage ist, in kürzester Frist ein Kriegsschiff zur Stelle zu schaffen und die Aufrechterhaltung des geschlossenen Vertrages zu erzwingen. Den Deutschen steht ein gleich energischer Schutz nicht zur Seite. Die Häuptlinge wissen nichts von der Macht und dem Willen Deutschlands, seine Angehörigen zu schützen, und erlauben sich ihnen gegenüber daher die größten Willkürlichkeiten und Erpressungen. Dafür wurden in der stattgehaltenen Besprechung aus den verschiedensten Gegenden zahlreiche Beispiele angeführt.

Es ist aber nicht allein dieser stets bereite Schutz ihrer Kriegsschiffe, welcher den englischen und auch den französischen Kaufleuten eine begünstigte Stellung vor den Deutschen gewährt; er wird verstärkt und ergänzt durch das Bestehen zahlreicher Verträge dieser Länder mit eingeborenen Häuptlingen. [...]

Im Anschluß an die vorstehend wiedergegebenen Wünsche, und na-

[4] Henry Morton Stanley (1841 - 1904, eigtl. John Rowlands), Journalist und Afrikaforscher, erkundete von August 1879 bis Juni 1884 im Auftrag König Léopolds II. von Belgien das Kongobecken und richtete eine Kette von Stationen entlang des Kongo ein.

mentlich an den der Erwerbung Fernando Po's als deutsche Flottenstation, befürworteten endlich die in der mehrerwähnten Besprechung anwesenden Vertreter westafrikanischer Firmen lebhaft die Erwerbung eines Küstenstrichs am Festlande zur Begründung einer deutschen Handelskolonie, und sie empfahlen hierfür als besonders geeignet die Fernando Po gegenüberliegende [Küste]. [...]

Die Handelskammer schließt sich den im Vorstehenden mitgeteilten Wünschen der am westafrikanischen Handel beteiligten Firmen an und befürwortet ihrerseits lebhaft deren Berücksichtigung, namentlich auch in Bezug auf die Erwerbung einer Flottenstation und eines Küstenstriches zur Gründung einer Handelskolonie.

Die Handelskammer.

An
die Deputation für Handel und Schiffahrt
hierselbst.

Quelle: Stenographische Berichte über die Verhandlungen des Reichstags, Bd. 83, Berlin 1885, S. 116 - 122 (Auszug); die kursiv gesetzte Passage findet sich nur im Original der Denkschrift (Staatsarchiv Hamburg: Senat, Cl. VI Nr. 15, Vol. 6, Fasz. 4).

27. Die Anfänge der organisierten Kolonialbewegung – Der Aufruf der »Gesellschaft für deutsche Kolonisation« (Verfasser: Carl Peters), 3. April 1884

Deutsche Kolonisation.

Die deutsche Nation ist bei der Verteilung der Erde, wie sie vom Ausgang des 15. Jahrhunderts bis auf unsere Tage hin stattgefunden hat, leer ausgegangen. Alle übrigen Kulturvölker Europas besitzen auch außerhalb unseres Erdteils Stätten, wo ihre Sprache und Art feste Wurzel fassen und sich entfalten kann. Der deutsche Auswanderer, sobald er die Grenzen des Reiches hinter sich gelassen hat, ist ein Fremdling auf ausländischem Grund und Boden. Das Deutsche Reich, groß und stark durch die mit Blut errungene Einheit, steht da als die führende

Macht auf dem Kontinent von Europa: seine Söhne in der Fremde müssen sich überall Nationen einfügen, welche der unsrigen entweder gleichgültig oder geradezu feindlich gegenüberstehen. Der große Strom deutscher Auswanderung taucht seit Jahrhunderten in fremde Rassen ein, um in ihnen zu verschwinden. Das Deutschtum außerhalb Europas verfällt fortdauernd nationalem Untergang.

In dieser, für den Nationalstolz so schmerzlichen Tatsache liegt ein ungeheurer wirtschaftlicher Nachteil für unser Volk! Alljährlich geht die Kraft von etwa 200 000 Deutschen unserem Vaterland verloren! Diese Kraftmasse strömt meistens unmittelbar in das Lager unserer wirtschaftlichen Konkurrenten ab und vermehrt die Stärke unserer Gegner. Der deutsche Import von Produkten tropischer Zonen geht von ausländischen Niederlassungen aus, wodurch jährlich viele Millionen deutschen Kapitals an fremde Nationen verlorengehen! Der deutsche Export ist abhängig von der Willkür fremdländischer Zollpolitik. Ein unter allen Umständen sicherer Absatzmarkt fehlt unserer Industrie, weil eigene Kolonien unserem Volke fehlen.

Um diesem nationalen Mißstande abzuhelfen, dazu bedarf es praktischen und tatkräftigen Handelns.

Von diesem Gesichtspunkte ausgehend, ist in Berlin eine Gesellschaft zusammengetreten, welche die praktische Inangriffnahme solchen Handelns als ihr Ziel sich gestellt hat. Die Gesellschaft für deutsche Kolonisation will in entschlossener und durchgreifender Weise die Ausführung von sorgfältig erwogenen Kolonisationsprojekten selbst in die Hand nehmen und somit ergänzend den Bestrebungen von Vereinigungen ähnlicher Tendenzen zur Seite treten.

Als ihre Aufgabe stellt sie sich in besonderem:

1. Beschaffung eines entsprechenden Kolonisationskapitals.
2. Auffindung und Erwerbung geeigneter Kolonisationsdistrikte.
3. Hinlenkung der deutschen Auswanderung in diese Gebiete.

Durchdrungen von der Überzeugung, daß mit der energischen Inangriffnahme dieser großen nationalen Aufgabe nicht länger gezögert werden darf, wagen wir es, mit der Bitte vor das deutsche Volk zu treten, die Bestrebungen unserer Gesellschaft tatkräftig zu fördern! Die deutsche Nation hat wiederholt bewiesen, daß sie bereit ist, für allgemein-patriotische Unternehmungen Opfer zu bringen: sie möge auch der Lösung dieser großen geschichtlichen Aufgabe ihre Beteiligung in tatkräftiger Weise zuwenden.

Jeder Deutsche, dem ein Herz für die Größe und die Ehre der Nation schlägt, ist aufgefordert, unserer Gesellschaft beizutreten. Es gilt, das Versäumnis von Jahrhunderten gutzumachen; der Welt zu beweisen, daß das deutsche Volk mit der alten Reichsherrlichkeit auch den alten deutsch-nationalen Geist der Väter überkommen hat!

Quelle: Deutsche Kolonialpolitik in Dokumenten. Gedanken und Gestalten aus den letzten fünfzig Jahren. Herausgegeben und eingeleitet von Dr. Ernst Gerhard Jacob, Leipzig 1938, S. 85 - 87.

28. Die Strategie pragmatischer Kolonialpolitik – Reichskanzler Otto von Bismarck am 26. Juni 1884 im Reichstag

Was die Kolonialfrage im engeren Sinne anlangt, so wiederhole ich die Genesis derselben, wie ich sie damals angegeben habe. Wir sind zuerst durch die Unternehmung hanseatischer Kaufleute, verbunden mit Terrainankäufen und gefolgt von Anträgen auf Reichsschutz, dazu veranlaßt worden, die Frage, ob wir diesen Reichsschutz in dem gewünschten Maße versprechen könnten, einer näheren Prüfung zu unterziehen. Ich wiederhole, daß ich gegen Kolonien - ich will sagen, nach dem System, wie die meisten im vorigen Jahrhundert waren, was man jetzt das französische System nennen könnte -, gegen Kolonien, die als Unterlage ein Stück Land schaffen und dann Auswanderer herbeizuziehen suchen, Beamte anstellen und Garnisonen errichten -, daß ich meine frühere Abneigung gegen diese Art Kolonisation, die für andere Länder nützlich sein mag, für uns aber nicht ausführbar ist, heute noch nicht aufgegeben habe. Ich glaube, daß man Kolonialprojekte nicht künstlich schaffen kann, und alle Beispiele, die der Herr Abgeordnete Bamberger[1] in der Kommission als abschreckend anführte, waren darauf zurückzuführen, daß dieser falsche Weg eingeschlagen war, daß man gewissermaßen einen Hafen hatte bauen wollen, wo noch kein Verkehr war, eine Stadt hatte bauen wollen, wo noch die Bewohner fehlten, wo dieselben erst künstlich herbeigezogen werden sollten.

Etwas ganz anderes ist die Frage, ob es zweckmäßig, und zweitens, ob es die Pflicht des Deutschen Reiches ist, denjenigen seiner Untertanen, die solchen Unternehmungen im Vertrauen auf des Reiches Schutz sich hingeben, diesen Reichsschutz zu gewähren und ihnen gewisse Beihilfen in ihren Kolonialbestrebungen zu leisten, um denjenigen Gebilden, die aus den überschüssigen Säften des gesamten

[1] Ludwig Bamberger (1823 - 1899), 1871 - 1893 Reichstagsabgeordneter (Nationalliberale Partei, ab 1881 Freisinnige Volkspartei), war zuerst finanzpolitischer Berater Bismarcks, 1880 Bruch mit Bismarck, Gegner von Schutzzoll- und Kolonialpolitik (vgl. Dok 22).

deutschen Körpers naturgemäß herauswachsen, in fremden Ländern Pflege und Schutz angedeihen zu lassen. Und das bejahe ich, allerdings mit weniger Sicherheit vom Standpunkte der Zweckmäßigkeit – ich kann nicht voraussehen, was daraus wird –, aber mit unbedingter Sicherheit vom Standpunkte der staatlichen Pflicht. (Sehr richtig! rechts.) [...]

Ich habe nicht den Mut gehabt, diese Bankerotterklärung der deutschen Nation auf überseeische Unternehmungen den Unternehmern gegenüber als Reichskanzler auszusprechen. Wohl aber habe ich mich sehr sorgfältig bemüht, ausfindig zu machen, ob wir nicht in unberechtigter Weise in wohlerworbene ältere Rechte anderer Nationen eingriffen, und die Bemühungen, mich darüber zu vergewissern, haben mehr als ein halbes Jahr Zeit erfordert. Sie werden mir wohl erlassen, das auseinanderzusetzen, weil es ohne Kritik nicht abginge. Ich habe mich dann entschlossen, an die englische Regierung die Frage zu stellen, ob sie auf Angra Pequena[2] Rechtsansprüche geltend mache, und wie sie, im Fall daß es so wäre, glaube, diese begründen zu können. In Bezug auf andere Landstriche, wo ebenfalls deutsche Kaufleute sich in gleicher Weise zu etablieren beabsichtigen, konnte ich mich ohne Rückfrage bei anderen überzeugen, daß dort nur die eingeborenen Stämme bisher eine Souveränität ausüben, und daß da Zweifel nicht vorliegen. [...]

Es ist sodann von dem Herrn Abgeordneten Richter[3] darauf hingewiesen, daß unsere Kolonialunternehmungen ganz außerordentlich kostspielig und unseren notleidenden Reichsschatz in eine noch schlimmere Lage bringen würden als jetzt. Es ist das allerdings richtig, wenn wir, wie das früher bei ähnlichen Versuchen geschehen ist, damit anfangen wollten, eine Anzahl von oberen und unteren Beamten dorthin zu schicken und zunächst eine Garnison dorthin zu legen, Kasernen, Häfen und Forts zu bauen. Das ist aber nicht entfernt unsere Absicht, wenigstens die meinige nicht. Meine von Seiner Majestät dem Kaiser gebilligte Absicht ist, die Verantwortlichkeit für die materielle Entwicklung der Kolonie ebenso wie ihr Entstehen der Tätigkeit und dem Unternehmungsgeiste unserer seefahrenden und handeltreibenden Mitbürger zu überlassen und weniger in der Form der Annektierung von überseeischen Provinzen an das Deutsche Reich vorzugehen als in der Form von Gewährung von Freibriefen nach Ge-

[2] (port.) kleine Bucht; ursprünglicher Name des durch Adolf Lüderitz im Mai 1883 vom Namakapitän Joseph Frederiks erworbenen Küstengebietes, das 1896 in Lüderitz-Bucht umbenannt wurde.

[3] Eugen Richter (1838–1906), Reichstagsabgeordneter, seit 1884 Führer der Freisinnigen Partei, ab 1893 der Freisinnigen Volkspartei, linksliberaler Gegner Bismarcks

stalt der englischen Royal charters[4], im Anschluß an die ruhmreiche Laufbahn, welche die englische Kaufmannschaft bei Gründung der Ostindischen Kompagnie[5] zurückgelegt hat, und (Hört, hört! rechts) den Interessenten der Kolonie zugleich das Regieren derselben im wesentlichen zu überlassen und ihnen nur die Möglichkeit europäischer Jurisdiktion für Europäer und desjenigen Schutzes zu gewähren, den wir ohne stehende Garnison dort leisten können. [...]

Unsere Absicht ist, nicht Provinzen zu gründen, sondern kaufmännische Unternehmungen, aber in der höchsten Entwicklung, auch solche, die sich eine Souveränität, eine schließlich dem Deutschen Reich lehnbar bleibende, unter seiner Protektion stehende kaufmännische Souveränität erwerben, zu schützen in ihrer freien Entwicklung sowohl gegen die Angriffe aus der unmittelbaren Nachbarschaft als auch gegen Bedrückung und Schädigung von seiten anderer europäischer Mächte. Im übrigen hoffen wir, daß der Baum durch die Tätigkeit der Gärtner, die ihn pflanzen, auch im ganzen gedeihen wird, und wenn er es nicht tut, so ist die Pflanze eine verfehlte, und es trifft der Schade weniger das Reich, denn die Kosten sind nicht bedeutend, die wir verlangen, sondern die Unternehmer, die sich in ihren Unternehmungen vergriffen haben. Das ist der Unterschied: bei dem System, welches ich das französische nannte, will die Staatsregierung jedesmal beurteilen, ob das Unternehmen ein richtiges ist und ein Gedeihen in Aussicht stellt; bei diesem System überlassen wir dem Handel, dem Privatmann die Wahl, und wenn wir sehen, daß der Baum Wurzel schlägt, anwächst und gedeiht und den Schutz des Reiches anruft, so stehen wir ihm bei, und ich sehe auch nicht ein, wie wir ihm das rechtmäßig versagen können.

Quelle: Bismarck, Die gesammelten Werke, Reden, bearb. v. Wilhelm Schüssler, Bd. 12: 1878 - 1885, Berlin 1929, S. 479 - 482.

[4] Freibriefe des englischen Königs für (Handels-)Gesellschaften, die sich in Gebieten Amerikas, Afrikas, Asiens und Ozeaniens engagierten

[5] *East India Company*, bedeutendste britische Übersee-Handelsgesellschaft, gegründet 1600

Kapitel III: Das Kolonialreich – Erwerb der Kolonien, internationale Konflikte, innere Probleme

»Schutzverträge« und Herrschaftsaufrichtung

Im Jahre 1884 trat das Deutsche Reich in die Reihe der neuzeitlichen Kolonialmächte ein. Nachdem Reichskanzler Otto von Bismarck seine bis dahin konsequent kolonialabstinente Haltung aufgegeben hatte, erwarb das Reich in nur einem Jahr vier »Schutzgebiete« in Afrika (Deutsch-Südwest, Togo, Kamerun, Deutsch-Ostafrika) sowie Gebiete in der Südsee (»Deutsch-Neuguinea«). Bis zur Jahrhundertwende kamen nur noch einige weitere Südsee-Inseln (u. a. »Deutsch-Samoa«) und das »Pachtgebiet« Kiautschou in China hinzu. Damit besaß Deutschland ein Kolonialreich, das sich an Größe zwar nicht mit dem Englands, Rußlands und Frankreichs messen konnte, das aber immerhin fast sechsmal so groß war wie das Deutsche Reich selbst.

Was die regionale Verteilung dieses weitgestreuten Besitzes betraf, so war sie zum einen natürlich abhängig von dem Kolonialbesitz und vorrangigen Interessen anderer, älterer Kolonialmächte, zum anderen von bereits vorhandenen deutschen Einflußzonen. Diese resultierten vor allem aus den Aktivitäten deutscher Händler und deutscher Missionare, die sich – nicht nur im deutschen Fall – gewissermaßen als Vorläufer des Kolonialismus erwiesen. So sind in *Südwestafrika* seit 1842 Sendboten der Rheinischen Missionsgesellschaft aus Barmen tätig gewesen. Unruhen und Kämpfe im Nama- und Hereroland hatten die von Friedrich Fabri geleitete Mission seit 1868 zu wiederholten Schutzgesuchen an die britische und die preußisch-deutsche Regierung veranlaßt. Mehr Erfolg mit seinen Bitten um »Reichsschutz« sollte allerdings der Bremer Tabakwarenhändler F.A.E. Lüderitz haben, der sich bei seinen Landkaufsverträgen mit Nama-Häuptlingen im Gebiet zwischen dem portugiesischen Kunene und dem kapholländischen Oranje – insgesamt erwarb er ein Gebiet von 580 000 km^2 mit ca. 200 000 Einwohnern – der Mithilfe der Mission bediente.

Nach der Annexion haben die Missionare nicht nur als Dolmetscher oder Vermittler an den Verhandlungen mit den Einheimischen teilgenommen, sondern maßgeblichen Einfluß auf das Zustandekommen der »Schutzverträge« genommen. Ihre beständige Überredung zur friedlichen Unterwerfung, Anerkennung der weißen Oberherrschaft und zum absoluten Gehorsam gegenüber der neuen »Obrigkeit« trug wesentlich zum Erfolg der Okkupation bei. Während der militärischen Eroberung sorgten die Missionare für Informationen, übernahmen Führerdienste, dienten als Unterhändler, boten Unterkunft und Verpflegung und stellten ihre Stationen als Anlauf- und Stützpunkte dar. Es ist deshalb nicht verwunderlich, daß die Kolonialeroberer und Kolonialbeamten durchweg deren »guten Dienste« in der Phase der Kolonienahme und -sicherung betont haben (Dok. 29).

Größere Schwierigkeiten bei der Anerkennung und Durchsetzung der deutschen Kolonialherrschaft in Südwestafrika hatten Mission und Kolonialregierung mit dem Nama-Großkapitän Hendrik Witbooi von Gibeon (ca. 1830–1905). Während die bantusprachigen Hirtenstämme der Herero den Schutz des Reiches nicht zuletzt deshalb akzeptierten, weil sie in den Deutschen wirkungsvolle Verbündete gegen die auf eine Vormachtstellung gerichteten Absichten der Nama sahen, lehnte der überwiegende Teil der letzteren Vertragsabschlüsse ab, weil das deutsche Landfriedensgebot diesen kriegerischen Halbnomaden ihre Existenzgrundlage beschnitt.

Der neue Landeshauptmann bzw. Gouverneur, Major Theodor Leutwein, hat denn auch, nachdem in Berlin eine Herrschaftssicherung »ohne Blutvergießen« ins Auge gefaßt worden war, das kolonialstaatliche Gewaltmonopol in der Auseinandersetzung mit den Nama-Stämmen konsequent durchzusetzen versucht. Der Konflikt mit Hendrik selbst war begleitet von einem Briefwechsel zwischen dem Nama-Kapitän und Leutwein, in dem es um die grundsätzliche Berechtigung der deutschen Forderung nach Unterwerfung ging. Da Hendrik durch die europäischen Missionare nicht nur Bibelkenntnisse besaß, sondern auch mit christlichen Theorien legitimer Herrschaft vertraut war, suchte er in seinen Briefen – die zu den wenigen Zeugnissen schwarzafrikanischer Schriftlichkeit im vor- und frühkolonialen Zeitalter gehören – seinen Willen zur Unabhängigkeit selbst mit europäisch-christlichen Staatsvorstellungen zu begründen (Dok. 34). Gegenüber dem kolonialen Gewaltmonopol besaßen seine Argumente jedoch keine Realisierungschance.

Händler und Handelsinteressen waren in erster Linie für die deutsche Etablierung in Togo und Kamerun verantwortlich, wenngleich auch in *Togo* seit 1847 eine deutsche Mission – die Norddeutsche Missionsgesellschaft aus Bremen – unter den Ewe wirkte. So stellte der »Reichskommissar« Dr. Gustav Nachtigal am 5. und 6. Juli 1884 »zur Sicherung des nicht unbeträchtlichen Handels« – womit namentlich die Firma Wölber & Brohm gemeint war – das Togo-Gebiet bei Bagida und Lome ohne besondere Instruktionen unter kaiserlichen Schutz. Der vor Ort mit dem König Mlapa formulierte Vertrag – im

Original in englischer Sprache und unterzeichnet von einem Vertreter des zu diesem Zeitpunkt wahrscheinlich bereits verstorbenen Häuptlings einiger Togodörfer – sicherte die kolonialen Ansprüche des Deutschen Reiches in diesem Raum gegenüber den europäischen Konkurrenten, während es für die Afrikaner um ein Handels- und Schutzbündnis, keineswegs um eine Abtretung von Souveränitätsrechten ging (Dok. 30). Die Einschränkungen der Vertragsfreiheit und der wirtschaftlichen Dynamik des Togo-«Königreiches« durch die Zollabmachungen bedeuteten realiter freilich den ersten tatsächlichen Verlust souveränen staatlichen Handelns.

In dem Rahmen traditioneller Handelsverträge, die von der Gleichberechtigung und gleichwertigen Interessenlage beider Vertragspartner ausgingen, bewegten sich auch die Verhandlungen der deutschen Delegation mit den einheimischen Herrschern an der Küste von *Kamerun*. Hier hatten sich hanseatische Handelshäuser neben englischen und französischen Firmen eine führende Position erworben, allen voran das Hamburger Handelshaus C. Woermann[1]. Die Gewinne der hanseatischen Firmen waren außergewöhnlich hoch, da die zum Teil billigen Exportwaren – vor allem Spirituosen, daneben Waffen, Schießpulver, Salz, Tand – gegen hochbegehrte koloniale Erzeugnisse getauscht werden konnten. Es waren daher Woermann-Handelsagenten, die die Verträge Nachtigals und seiner Begleiter vorbereiteten. Bei ihren Bemühungen kamen ihnen einige Duala-*Kings* zu Hilfe, vor allem aus dem Clan der Bell und Akwa, die in Konkurrenz zu englischorientierten Häuptlingen standen (Dok. 31). Wenige Tage, bevor der englische Konsul Edward Hewitt (»*the too late consul*«) doch noch ein das Nigerdelta und die Kamerunküste umfassendes Protektorat errichten konnte, übernahm das Deutsche Reich die Schutzherrschaft über das Gebiet am Kamerunfluß (14.7.1884) bei gleichzeitiger Zusicherung der Bewahrung der Integrität des Duala-Territoriums.

Daß das Deutsche Reich erst zu Anfang des Jahres 1885 sein Kolonialgebiet in *Ostafrika* erwarb, hing nicht zuletzt mit dem Umstand zusammen, daß die dortigen deutschen Interessenten, die großen Hamburger Handelshäuser O'Swald & Co. und Hansing & Co. auf Sansibar, keinen Anlaß gesehen hatten, Berlin um den Schutz des Reiches zu bitten. Erst der Konquistadorenzug von Carl Peters und seinen Freunden im Auftrag der »Gesellschaft für deutsche Kolonisation« brachte eine Wende[2]. Innerhalb weniger Wochen schloß Peters gegen geringfügige Geschenke und wertlose Versprechen mit den lokalen Herrschern in Usagara »Verträge« ab und erwarb ein Gebiet von insgesamt 140 000 km^2 (Dok.

[1] Vgl. Dok. 26.
[2] Vgl. Dok. 27.

32). Da er zusagte, mit einer zukünftigen Charter-Gesellschaft »nach dem Vorbild der Ostindischen Kompanie«, der kurz darauf gegründeten »Deutsch-Ostafrikanischen Gesellschaft«, Bismarcks Vorstellungen von einem kaufmännischen Regime entgegenzukommen, erhielt er am 27. Februar 1885 einen Schutzbrief für seine »Erwerbungen«.

Im gleichen Zeitraum, in dem das Deutsche Reich seine afrikanischen Kolonien erwarb, entstand auch der Grundstock seines Südseeimperiums. Im Jahre 1882 hatte Adolph von Hansemann, zusammen mit Gerson von Bleichröder und weiteren Großfinanziers, ein »Neuguinea-Konsortium« gebildet, das seine Bestrebungen auf den Erwerb des nordöstlichen Teils von *Neuguinea* richtete[3], nachdem die kolonialen Ansprüche der Australier auf den Südteil der Insel als vorrangig anerkannt worden waren. Im Herbst 1884 schloß der Forschungsagent des Neuguinea-Konsortiums, Dr. Otto Finsch, mehrere Erwerbsverträge in diesem Bereich ab, durch die sich die Berliner Gesellschaft ein Gebiet von mehr als 200 000 km^2 sicherte.

Nachdem diese Erwerbungen den gleichen kaiserlichen Schutz wie die afrikanischen Investitionen der Hansestädte zugesichert bekommen hatten, erhielt der deutsche Generalkonsul in Sidney, Gustav von Oertzen, den Befehl, an der Nordküste von Neuguinea und über dem Archipel von Neu-Britannien die deutsche Flagge zu hissen. Ohne Schwierigkeiten gelangten im November 1884 auch die »unbestritten herrenlosen« mikronesischen Marshall-, Providence- und Browninseln in die deutsche Schutzsphäre. Im April 1885 wurde der Nordosten Neuguineas zusammen mit Neu-Britannien als das »pazifische« Schutzgebiet des Reiches von England anerkannt. Am 6. April 1886 grenzten schließlich England und Deutschland ihre beiderseitigen Interessensphären endgültig ab, wobei neben dem anerkannten Besitz von Nordost-Neuguinea (Kaiser-Wilhelmsland) und dem Archipel von Neu-Britannien (seit dem 19. Mai 1885 offiziell Bismarck-Archipel mit den Inseln Neu-Mecklenburg, Neu-Lauenburg und Neu-Pommern) die westlichen Salomonen mit den Eilanden von Buka, Bougainville, Choiseul und Isabella im deutschen Eigentum verblieben. Daß sich die einheimischen Ethnien im Zuge dieser Herrschaftsetablierung nicht nur in der Opferrolle sahen und durchaus auf ihren Gestaltungsmöglichkeiten beharrten, darüber gibt u.a. ihre eigene Überlieferung Aufschluß (Dok. 37), wenngleich ihre Sicht unzweifelhaft bereits durch die koloniale Erfahrung gefiltert ist.

Im Zusammenhang mit den Südsee-Erwerbungen von 1884/85 hatten auch die *Karolinen* die deutsche Kolonialpolitik beschäftigt. Nachdem das Berliner Auswärtige Amt schon Mitte der 1870er Jahre

[3] Vgl. Dok. 23.

im Verein mit dem Foreign Office exklusive spanische Zollrechte auf der Inselgruppe mit Erfolg zurückgewiesen hatte, bat genau zehn Jahre später (Januar 1885) die Firma Robertson & Hernsheim, die inzwischen ein Handelsmonopol auf den Karolinen besaß, wegen der englisch-australischen Konkurrenz um eine Ausdehnung des Reichsschutzes auf diese Gebiete. Da die Karolinen in den deutsch-britischen Verhandlungen zur deutschen Interessensphäre geschlagen wurden und Spanien bis dahin kein sonderliches Interesse an den von ihm entdeckten Inseln (*Carolinas* nach Karl II. von Spanien) gezeigt hatte, trug Bismarck keine Bedenken, die deutsche Flagge durch das Kriegsschiff »Iltis« auf den Palau- und Karolinen-Inseln hissen zu lassen. Als jedoch die Karolinen-Frage von einer nationalistischen Öffentlichkeit in Spanien hochgespielt wurde und die politischen und für Deutschland vor allem höchst vorteilhaften wirtschaftlichen Beziehungen ernstlich gefährdete, war Bismarck der Meinung, daß die Karolinenangelegenheit keine »Kolonialfrage« mehr sei, sondern eine politische (Dok. 33). Geschickt lancierte er das von Papst Leo XIII. ausgesprochene Karolinenurteil vom 22. Oktober 1885, das den Deutschen volle Handels- und Niederlassungsfreiheit auf den Karolinen sowie das Recht zur Errichtung einer Kohlenbunkerstation sicherte und dessen innenpolitischer Effekt zusätzlich auf eine Schwächung der Windthorstschen »katholischen Demokratie« zielte. Erst nach dem spanisch-amerikanischen Krieg von 1898 konnte das Reich die Karolinen-, zusammen mit den Marianen- und Palau-Inseln, für 25 Millionen Pesetas im Jahre 1899 vom Verlierer Spanien erwerben (Dok. 35).

Im selben Jahr kam es auch zu einer Entscheidung über *Samoa*. Zuvor war das Geschehen auf dieser Inselgruppe von rivalisierenden amerikanischen, englischen und deutschen Interessen bestimmt gewesen, das 1889 zunächst in eine von diesen drei Mächten gemeinsam ausgeübte Regierungsgewalt bei Wahrung der Fiktion einer autonomen samoanischen Königsgewalt übergegangen war. Dieses Tridominium funktionierte mehr schlecht als recht bis 1899, um dann in einer deutsch-amerikanischen Interessenteilung zu enden. Während die Engländer zum Ausgleich für die Aufgabe ihrer Rechte – unter dem Druck des Burenkrieges – den größten Teil der Salomon-Inseln (mit Ausnahme von Bougainville und Buka) und die Tonga-Inseln erhielten, teilten Amerika und Deutschland Samoa untereinander, wobei das Reich mit Upolu und Savaii den größeren Anteil in Besitz nehmen konnte (Dok. 36). Fast zwei Jahre, bevor der Samoa-Vertrag rechtswirksam wurde (14. November bzw. 2. Dezember 1899), hatte Deutschland schließlich noch »sein« Kolonialgebiet in Ostasien – *Kiautschou* – erworben[4].

[4] Siehe dazu unten den Abschnitt ›Das »Pachtgebiet« Kiautschou‹.

Bismarcks Idealvorstellung, das koloniale Regiment dem »regierenden Kaufmann« zu überlassen[5], erwies sich schon bald als funktionsuntüchtig. Während das Konzept der mit Hoheitsrechten ausgestatteten Handelsgesellschaften in Deutsch-Südwest und Deutsch-Ostafrika in eine ausgesprochene Raubbaupolitik mündete und bereits 1890 gescheitert war, mußten nach Togo und Kamerun sogar von Anfang an Beamte und Militärs geschickt werden. An der Spitze der Kolonien standen die zunächst »Kaiserlicher Kommissar« oder »Landeshauptmann« genannten Gouverneure, unter ihnen die zivilen oder militärischen Stationsleiter, die wahren »Könige im Busch«. Gerade in der entstehenden kolonialen Verwaltung haben junge Beamte, Assessoren und Subalternoffiziere über eine beachtliche Machtfülle verfügt, die nicht selten in eine ausgesprochene Willkürherrschaft ausartete. Markante Beispiele des sogenannten Assessorismus stellen das Regiment des Gerichtsassessors Wehlan und die Politik seines Vorgesetzten, des Stellvertretenden Gouverneurs (»Kanzler«) Heinrich Leist, in *Kamerun* dar, die zu einem der aufsehenerregendsten Skandale der deutschen Kolonialgeschichte führten.

In Deutschland sind die Vorgänge durch einen anonymen Tagebuch-Bericht bekanntgeworden (Dok. 38). Als Folge der allgemeinen Empörung in Reichstag und Öffentlichkeit ordnete die Reichsregierung, schon um ihr Prestige zu wahren, eine Untersuchung an. Der Urteilsspruch der Disziplinarkammer des Potsdamer Gerichts lautete für Leist allerdings nur auf eine Strafversetzung unter Belassung von 80 Prozent seiner Bezüge. Als selbst das Auswärtige Amt aufgrund dieses außerordentlich milden Urteils Berufung einlegte, wurde Leist in einem zweiten Verfahren seines Postens enthoben und aus dem Reichsdienst entlassen. Wehlan erhielt gar nur eine Geldstrafe und Strafversetzung in ein »gleiches Amt«. Ein ähnliches Aufsehen wie die »Fälle« Leist und Wehlan hat nur der »Fall Peters« erregt, der fast zur gleichen Zeit bekanntgeworden ist. Carl Peters hatte Ende 1891 als Kaiserlicher Kommissar für das Kilimandscharo-Gebiet aus persönlichen Motiven einen Afrikaner und eine Afrikanerin – seine Konkubine – hinrichten lassen. Die allerdings recht späte Folge war seine Entlassung aus dem Reichsdienst (1896).

Kamerun blieb vorerst eine von Skandalen und Unruhen geschüttelte Kolonie. Mit der Amtszeit Jesco von Puttkamers (1895 – 1907), Sohn des hochkonservativen preußischen Innenministers der achtzi-

[5] Vgl. Dok. 28.

ger Jahre, hatte die systematische Ausdehnung der deutschen Herrschaft begonnen. Nach der »Befriedung« des Kameruner Hinterlandes mit Hilfe der 1894 gebildeten »Schutztruppe« setzte 1895 auch – nach der anfänglichen spekulativen Phase – die systematische Inwertsetzung durch die Kapitalgesellschaften am Kamerunberg ein. Es handelte sich um ein Terrain, das bei Kriegsausbruch 1914 das umfangreichste zusammenhängende Pflanzungsgebiet Westafrikas bildete, in dem die zahlenmäßig größte Lohnarbeitergruppe in dieser Region Afrikas beschäftigt war. Hauptprodukt war Kautschuk – Folge der steigenden Nachfrage am Weltmarkt durch den hohen Bedarf der Elektro- sowie der Fahrrad- und Automobilindustrie.

Die Kehrseite dieses »Geschäfts« war die völlige Enteignung der Bevölkerung in diesem Gebiet und ihre zunehmende Proletarisierung[6]. Gouverneur von Puttkamer, selbst Aktionär der »Westafrikanischen Pflanzungsgesellschaft Victoria«, die mit einer Konzession für 20 000 ha (1904) besten Bodens im Wohngebiet der Bakwiri die größte der Pflanzungsgesellschaften in Kamerun war, versuchte nicht einmal einen billigen Interessenausgleich zwischen Weißen und Schwarzen zu finden, sondern ließ am 15. Juni 1896 per Verordnung alles »herrenlose Land« als »Kronland« deklarieren und beschränkte den lebensnotwendigen Besitz einer afrikanischen Familie auf weniger als zwei Hektar. Hinzu kam die zwangsweise Zusammenlegung der Dörfer der Eingeborenen im Interesse einer zusammenhängenden Anbaufläche und rationelleren Arbeiterrekrutierung. Letztlich gaben jedoch Puttkamers private Skandalaffären und die generellen Vorwürfe gegen seine Handhabung der Verwaltung und Rechtsprechung den Ausschlag für seinen Sturz (9.5.1907).

Seine Rechtsverletzungen waren besonders offenkundig geworden durch einen am 19. Juni 1905 an den Reichstag – nicht den Kaiser! – gerichteten und am 10. Februar 1906 in der sozialdemokratischen Presse im vollen Wortlaut abgedruckten Beschwerdebrief der Duala, unterzeichnet von King Akwa von Bonambela sowie 27 weiteren Häuptlingen und Unterhäuptlingen (Dok. 41). Die Anlage zu dieser Petition enthielt 24 Beschwerdepunkte, die sich u. a. gegen rechtsbeugende Handlungen des Gouverneurs oder des Gouvernements, Enteignungen und die Niederreißung von Häusern, Zwangsarbeiten ohne Vergütung, willkürliche Verhaftungen, drakonische Strafen (Anwendung der Sippenhaft und Prügelexzesse) und die entwürdigende Behandlung der *Kings* und Häuptlinge richteten. An eine Aufkündigung der Loyalität gegenüber dem Reich dachten die Duala jedoch nicht.

[6] Vgl. Dok. 95.

Ihre Treue zum Deutschen Reich geriet erst ins Wanken, als seit 1910 konkrete Pläne entstanden, diese Ethnie gegen eine minimale Entschädigung von ihren angestammten Wohnsitzen am linken Ufer des Kamerunflusses zu entfernen und, durch eine ein Kilometer breite freie Zone von dem alten Wohngebiet getrennt, außerhalb des Weichbildes der Stadt wieder anzusiedeln. Auf diese Weise sollte die Gemengelage von weißen und schwarzen Wohn- und Geschäftsvierteln (1913: 379 Weiße, 22 000 Afrikaner) beseitigt werden. Die Rassentrennung wurde »hygienisch« begründet (Ansteckung der Weißen durch malariaerkrankte Duala und Undurchführbarkeit einer Chininprophylaxe), hatte aber neben rassistischen Motiven - man sprach zeitgenössisch von weißer »Verkafferung« und afrikanischer »Afterkultur« - überwiegend wirtschaftliche Beweggründe: Die Verwaltung und die expandierende Industrie benötigten günstig gelegenes Bauland für eine raumintensive Infrastruktur (Hafen, Eisenbahn), zusätzlich sollten die Duala durch den Verlust der verkehrsgünstigen Uferlage noch stärker aus ihrer Rolle als Zwischenhändler gedrängt werden.

Gegen diese Enteignungspläne und -verfügungen wehrten sich die keineswegs antideutsch eingestellten Duala-Häuptlinge durch zahlreiche Petitionen an das Gouvernement und den Reichstag, durch Kontaktaufnahme mit deutschen Oppositionskräften und unter Zuhilfenahme von juristischem Beistand in Deutschland, durch Hilfsgesuche an die Missionen, schließlich durch passiven Widerstand (Dok. 42). Als ihr Anführer Rudolf Duala Manga jedoch in den Verdacht des »Hochverrats« geriet, weil erbitterte Äußerungen über eine mögliche Hilfsbitte an England oder Frankreich für die Tat genommen wurden und eine tatsächliche Aufforderung zur Revolte an einen befreundeten Sultan von diesem den Deutschen angezeigt worden war, wurde der Duala-*King* in einem wegen des Kriegsausbruchs beschleunigten Verfahren zum Tode verurteilt. Am 8. August 1914 wurden er und sein Sekretär und Verwandter Ngoso Din hingerichtet, während seine Stammesbrüder in eiliger Flucht Duala verließen.

Gegenüber dem von Skandalen, Mißständen, Raubbaupolitik der Konzessionsgesellschaften und ständigen Unruhen gekennzeichneten Kamerun galt das kleine *Togo* eher als »Musterkolonie«. Dieser Ruf entstand allerdings weniger als Folge der relativen Ruhe nach der anfänglichen Befriedungsphase und dem Fehlen von Erhebungen, wie sie Deutsch-Südwestafrika und Deutsch-Ostafrika erlebten, als vielmehr aufgrund des ausbalancierten Etats der Kolonie. Togo war als einzige Kolonie weitgehend unabhängig von Reichszuschüssen. Haupteinnahmen waren und blieben die Zölle bei verhältnismäßig geringen Ausgaben für Verwaltung, Pensionen und Militäraktionen. Im übrigen hatte eine Zweckkoalition aus Händlern und Missionaren das

Übergewicht der großen Pflanzungs- und Kapitalgesellschaften verhindert, während eine aufgeklärte Kolonialverwaltung unter dem Gouverneur Graf Julius von Zech (1905–1910), einem Bayern und Katholiken, für eine weitsichtige Politik der Diversifikation hinsichtlich der angebauten Kulturen sorgte. Daß es aber auch in Togo gravierende Mißstände im Hinblick auf die Eingeborenenbehandlung gab, belegt die Eingabe der Einwohner von Lome vom 12. Oktober 1913 an Kolonialstaatssekretär Wilhelm Solf, der zu diesem Zeitpunkt die Kolonie besuchte (Dok. 43).

Während sich in der »Handelskolonie« Togo – es haben sich nie mehr als dreihundertfünfzig Weiße in diesem deutschen Schutzgebiet aufgehalten – die Beziehungen zwischen Einheimischen und Europäern in einem relativ erträglichen Rahmen gestalteten, war die »Siedlungskolonie« *Deutsch-Südwest* geradezu geprägt vom »Rassengegensatz« zwischen Weiß und Schwarz. Ohnehin ist in der europäischen Expansionsgeschichte die Zielsetzung der Europäer in Siedlungskolonien selten auf ein Zusammenleben mit den Einheimischen ausgerichtet gewesen; vielmehr wurden in der Regel die ursprünglichen Bewohner vernichtet, verdrängt oder versklavt – letzteres in neuerer Zeit in Form der Bildung einer farbigen Arbeiterschicht. Darauf lief letztlich auch das radikale »Pulver- und Blei-Programm« vieler südwestafrikanischer Siedler hinaus, die sich dabei nicht nur gegen jede nationale Identität und persönliche Freiheit der Schwarzafrikaner richteten, sondern selbst die geringen Reformansätze des kolonialen »Fürsorgestaates« heftig attackierten.

Literarischer Ausdruck für die radikale Lösung der »Eingeborenenfrage« im Sinne des uneingeschränkten Herrschaftsanspruchs der weißen Rasse ist das Buch der südwestafrikanischen Farmersfrau Ada Cramer mit dem bezeichnenden Titel ›Weiß oder Schwarz‹. Ihr Mann, Ludwig Cramer, hatte, indem er sich auf das »väterliche Züchtigungsrecht« berief, mehrere Afrikaner so schwer mißhandelt, daß einige von ihnen bzw. die Kinder schwangerer Frauen an den Folgen dieser »Behandlung« starben. Das am 4. April 1913 in zweiter Instanz ergangene Urteil des Windhoeker Obergerichts gegen den Farmer lautete: vier Monate Gefängnis und 2 700 Mark Geldstrafe sowie die Übernahme der Hälfte der Gerichtskosten. Selbst gegen dieses skandalöse Urteil liefen die Ansiedlerschaft und die nicht minder rabiate Gattin mit ihrem Buch Sturm (Dok. 44)[7]. Das gegen die Kolonialverwaltung gerichtete Pamphlet der Ada Cramer verdeutlicht neben dem schrankenlosen Rassenhaß der Autorin jedoch noch einige weitere Aspekte: die nach dem Herero-Nama-Aufstand traumatische Züge annehmen-

[7] Vgl. auch Dok. 101.

de, geradezu pathologische Furcht der weißen Siedler vor der »anonymen Mehrheit« der Afrikaner, die allmähliche, von den Weißen nur erahnte Reorganisation der alten Stammesstrukturen sowie die keineswegs »totale« Unterwerfung der Einheimischen.

Einen ganz anderen Weg hinsichtlich der Eingeborenenbehandlung schlug der erste Gouverneur *Deutsch-Samoas*, Wilhelm Solf, ein. Der langjährige Gouverneur (1900 - 1911) und spätere Staatssekretär des Reichskolonialamts (1911 - 1918) war zwar ebenfalls von der kulturellen »Mission« der fortgeschrittenen Staaten Europas überzeugt. Aber seine eher an die spätere Idee einer »Treuhandschaft für die eingeborenen Völker« gemahnenden konservativ-paternalistischen Zivilisations- und Entwicklungsvorstellungen hatten nur wenig mit dem Rassen-Superioritätsgefühl südwestafrikanischer Siedler oder der Alldeutschen zu tun. Vielmehr sollten die Eingeborenen im kolonialen Prozeß nicht durch das fremde Regiment vernichtet werden, sondern unter ihm prosperieren. Auch sollte ihre kulturelle Identität weitgehend geschützt werden[8].

Das hieß freilich nicht, daß Solf gewillt war, die traditionellen Herrschaftsinstrumente Samoas, die gleichfalls für die Konflikte in der samoanischen Gesellschaft verantwortlich waren, wieder zu restaurieren. Die Abschaffung des samoanischen Königtums und die Brechung der Macht der »Adelsparlamente« auf den Inseln Upolu und Savaii waren für ihn ebenso selbstverständlich, wie die von ihm geschaffene Eingeborenen-Selbstverwaltung, deren Einrichtung er bei der feierlichen Übernahme der deutschen Oberherrschaft (14.8.1900) den samoanischen Häuptlingen verkündete (Dok. 39), nur noch ein Rudiment der bisherigen politischen Selbstverantwortlichkeit der Samoaner darstellte.

Nicht auf ähnlich friedliche Weise, aber zumindest um eine möglichst gewaltlose Konfliktregelung bemüht, verlief auch die Amtsführung des gleichfalls langjährigen Gouverneurs von *Deutsch-Neuguinea*, Albert Hahl (1902 - 1914). Hahls Eintreten für die Belange der eingeborenen Bevölkerung resultierte zwar vor allem aus der ökonomisch-motivierten Erkenntnis, daß, sollte das koloniale Engagement Deutschlands in diesem entlegenen Gebiet nicht ein nutzloses Unterfangen bleiben, der Eingeborene als Produzent und Arbeiter von Anfang an für den materiellen Fortschritt der Kolonie unabdingbar war, es entsprang aber sicherlich auch einem aufrichtigen Interesse für die Ureinwohner. Von daher entschloß sich der aus Niederbayern stammende Jurist Hahl - er war zeitweilig mit einer einheimischen Frau liiert und hatte ein Kind aus dieser Verbindung - zu einer konstrukti-

[8] Vgl. Dok. 98.

ven Eingeborenenpolitik. Sie bestand erstens aus einer Einbeziehung der neuen Untertanen in die Verwaltung; zweitens aus Vorkehrungen zum Schutz der indigenen Landbesitzrechte, und drittens aus Maßnahmen, die die Einheimischen enger in das wachsende Wirtschaftssystem der Kolonie integrieren sollten. Hinzu kam der Ausbau der medizinischen Versorgung und die Schaffung eines Schulsystems. Auf diese Weise hoffte Hahl, das Vertrauen der Einheimischen zu gewinnen, wobei er sich immer bewußt blieb, daß dies nur in einem langfristigen Prozeß des sozialen, wirtschaftlichen und vor allem religiös-kulturellen Wandels geschehen konnte (Dok. 46).

Die behutsamere »Eingeborenenpolitik« der Gouverneure Solf und Hahl hat möglicherweise dazu beigetragen, derartige gewaltsame Erhebungen zu verhindern, wie sie aus dem deutschen Regiment in den afrikanischen Kolonien resultierten. Zwar ist es auch in der Südsee in Einzelfällen zu gewalttätigen Protesten gekommen, wobei Landverkauf, Steuererhebung und der zwangsweise Einzug zum Straßenbau die Hauptursachen waren. Zumeist genügte jedoch bereits eine Demonstration der Stärke, wie sie das Auftauchen eines Kanonenbootes darstellte (Dok. 40). Davon abgesehen hat die Bevölkerung der deutschen pazifischen Kolonien jedoch im allgemeinen die Gegenwart der Weißen akzeptiert und sich auf deren Forderungen flexibel eingestellt, zumal Siedler nur in geringer Zahl nach Neuguinea und Samoa kamen. Auch diese Tatsache mag, neben der fehlenden wirtschaftlichen Attraktivität vieler Gebiete, den romantisierend-ethnozentrischen Vorschlag des Marinearztes und Ethnographen Augustin Friedrich Krämer mitveranlaßt haben, Palau unter Naturschutz zu stellen und in ein »lebendes« Völkerkundemuseum zu verwandeln (Dok. 45).

Die großen Aufstände

»Zusammenarbeit« und »Widerstand« waren die beiden Formen indigener Reaktion auf die Herausforderung fremder Herrschaft, wobei die politische Situation den Ausschlag für die jeweilige, gegebenenfalls in das andere Extrem umschlagende Verhaltensweise gab. In irgendeiner Form hat Widerstand jedoch die gesamte Kolonialphase begleitet, gelegentlich sich zu gewaltsamen Eruptionen verdichtend. Dieser sogenannte postprimäre Widerstand, dessen Brechung den politisch-sozialen Wandel durch den Kolonialismus definitiv machte, kennzeichnet vor allem die Entwicklung in den beiden großen deutschen Kolonien Deutsch-Südwest und Deutsch-Ostafrika.

Völlig überrascht standen Anfang 1904 die Deutschen der Erhebung der Herero in *Deutsch-Südwestafrika* gegenüber. Dieser erste und einzige Krieg des Deutschen Reiches zwischen 1870 und 1914 kostete über 1 400 Deutsche das Leben (und den Steuerzahler 585 Millionen Mark), führte zur Auflösung des Reichstags und zu vorgezogenen Wahlen unter der signifikanten Bezeichnung »Hottentottenwahlen« sowie zur Einrichtung eines Kolonialstaatssekretariats unter dem liberalen Bankier Bernhard Dernburg, der eine reformorientierte Kolonialpolitik einleiten sollte[9]. Hauptursachen für die Erhebung waren die verheerenden Folgen der großen Rinderpest von 1897, die Siedlungs- und Reservatspolitik, die zunehmende »Herrenpolitik« der weißen Siedler, das Händlerunwesen sowie insbesondere die allgemein wachsende Rechtsunsicherheit (Dok. 47c). Umstritten ist, ob der Aufstand spontan ausbrach oder lange vorbereitet war. Ohne die militärische Entblößung des Herero-Landes wegen einer Befriedungsaktion des Gouverneurs Leutwein im Süden und der Nachricht von seinem angeblichen Tod wäre er aber möglicherweise nicht ausgebrochen (Dok. 47a).

Was den kriegsgeschichtlichen Aspekt betrifft, d. h. die Kampfstärke beider Parteien und die Kriegführung, so ist zunächst anzumerken, daß sich die größte Ethnie des Landes, die von der deutschen Kolonialausbreitung noch weitgehend unberührten Ovambo im Norden, nicht am Aufstand beteiligte. Die Nama griffen erst im Oktober 1904 in die Kämpfe ein, wahrscheinlich als Folge der Kriegshysterie der Deutschen, die gedroht hatten, mit allen Schwarzen wie mit den Herero zu verfahren und alle Stämme zu entwaffnen und aufzulösen. Eine weitere Schwäche der Aufständischen war es, daß sie nicht planmäßig und systematisch vorgingen und das Überraschungsmoment konsequenter ausnutzten, sondern ihre Kräfte bei der Zerstörung von Farmen und Vieh zersplitterten. Mit einigen liebgewonnenen Legenden hinsichtlich der Herero-Kriegführung muß man allerdings aufräumen. So waren die Herero keine »wilden Horden«, die nur mit Speeren, Knüppeln usw. ausgerüstet waren, sondern sie bildeten disziplinierte, taktisch klug geführte Kampfverbände, die zum größten Teil über Feuerwaffen verfügten. Andererseits läßt sich belegen, daß sich bereits unter dem wegen seiner angeblichen Schwäche abgelösten Leutwein die Waagschale zugunsten der Deutschen geneigt hatte. Zudem hat Leutwein politische und wirtschaftliche Gesichtspunkte in seiner militärischen Planung nie außer acht gelassen und letztlich eine diplomatische Lösung des Konflikts angestrebt.

[9] Vgl. Dok. 84.

Demgegenüber hat sein vom Generalstab und vom Kaiser gedeckter Nachfolger, Generalleutnant Lothar von Trotha, in Kolonialkriegen in Deutsch-Ostafrika und in China »erprobt«, schließlich die völlige Vernichtung des Gegners angestrebt. Zwar beabsichtigte auch Trotha anfangs nur die militärische Vernichtung des Gegners – er wollte den Herero quasi ein militärisches »Sedan« bereiten –, worauf auch die Errichtung eines für 8000 Menschen dimensionierten Gefangenenlagers aus Dornbusch und Stacheldraht hinweist. Aber wenn dem General auch nicht von vornherein die Abdrängung der Herero in die wasserlose Omaheke als operatives Ziel vorschwebte, so paßte die physische Vernichtung des Gegners anstelle der militärischen doch als Alternativlösung genausogut in sein Konzept. Spätestens nach der Schlacht am Waterberg (11.8.1904), die – da der Durchbruch der Herero nicht verhindert werden konnte – alles andere als einen Triumph für die deutsche Kriegführung darstellte (was gegenüber Berlin vertuscht wurde), gehörte die Verfolgung des angeschlagenen Gegners und seine restlose Vernichtung zum strategischen Ziel Trothas. Sein berühmt-berüchtigter »Vernichtungsbefehl« vom 2. Oktober 1904 – kaum anders denn als Genozid-Befehl zu definieren – nahm den Herero überdies die Möglichkeit zu Unterwerfungsverhandlungen (Dok. 47b). Die weiteren Säuberungs- und Suchaktionen der Truppe sowie die Zustände in den »Konzentrationslagern« – Reichskanzler von Bülow gebrauchte am 11. Dezember 1904 erstmals offiziell diese Bezeichnung – erleichterten aber auch nach der Ablösung Trothas keineswegs die Situation für die Afrikaner. So ist eine große Zahl von Gefangenen, die auf die Haifisch-Insel gebracht worden war, dort infolge der klimatischen Bedingungen gestorben. Andere verloren ihr Leben als Folge ihrer Deportation nach Kamerun. Erst am 31. März 1907 wurde der Krieg offiziell für beendet erklärt. Zwischen 75 und 80 Prozent der Herero, deren Zahl vor dem Aufstand auf ca. 80 000 geschätzt wird, war im Krieg oder als Folge der anschließenden Gefangenenbehandlung umgekommen. Nicht sehr viel günstiger sah die blutige Bilanz für die Nama aus. Von den etwa 20 000 Angehörigen der verschiedenen Stämme lebte nur noch knapp die Hälfte.

Mit der Niederschlagung des Aufstandes und der totalen Pazifizierung der Kolonie schieden die Stammesverbände als politischer Machtfaktor aus, so daß sich mit Ausnahme des Ovambolandes und des Caprivizipfels sowie des Landes der – nicht am Aufstand beteiligten – Rehobother Bastards und Berseba-Nama ganz Südwestafrika in der Verfügungsgewalt der Deutschen befand. Alles Stammesvermögen und das Land wurden von der Kolonialregierung konfisziert – wobei man die französische Zwangsverwaltungsordnung für Algerien von 1845 als Vorlage nahm – und die Stammesorganisation bis auf wenige

Reste aufgelöst (Dok. 47d). Arbeitszwang, Dienstbuch und Paßpflicht unterwarfen den Eingeborenen einem System gesetzlicher Überwachungs- und Kontrollmaßnahmen und degradierten ihn zum besitzlosen Lohnarbeiter, während die Herrschaft der Weißen bis zu persönlicher Polizeigewalt Wirklichkeit geworden war.

Mit der Inwertsetzung der Kolonie verschärften sich auch in *Deutsch-Ostafrika* die Gegensätze. Sie eskalierten in unmittelbarem Zusammenhang mit der gerade erst eingeführten Baumwollkultur und der Pflichtarbeit auf den zu diesem Zweck eingerichteten Gemeinschaftsfeldern. Weitere einengende Vorschriften und Unterdrükkungsmaßnahmen kamen hinzu, so daß Gouverneur Graf Adolf von Götzen – schon um seine eigene Verantwortlichkeit zurückzuweisen – in einer Denkschrift vom 26. Dezember 1905 die ostafrikanische Erhebung auf den »allgemeinen kolonialen Wandel« reduzierte (Dok. 48a).

Ohne Zweifel besaß der Aufstand in erster Linie politisch-soziale Ursachen. Insofern stellte er, wie Götzen hervorhob, tatsächlich weder eine »Verschwörung« noch einen »religiösen Aufruhr« dar. Aber das im Zusammenhang mit der prophetischen Heilserwartungsbewegung des Koleo-Kults stehende *maji* – »Wasser« aus dem Rufiji-Fluß, vermischt mit Mais und Hirse, das über den Kopf gegossen und als »Medizin« eingenommen wurde und das vor den Kugeln der Weißen unverletzbar machen sollte – diente gleichwohl als verbindendes Element (Dok. 48b). Hatte diese religiös-chiliastische Utopie unzweifelhaft eher eine Restauration der tradierten Herrschaftsstruktur zum Inhalt, so ist der Maji-Maji-Aufstand im nachhinein doch – wie auch andere postprimäre koloniale Erhebungen – nicht zuletzt von den späteren Trägern der Dekolonisation und Emanzipation, den neuen Eliten, als »Geburtsstunde« des »nationalen Staates« definiert worden (Dok. 48d).

Die Folgen des Aufstandes waren ähnlich verheerend wie diejenigen des Herero-Nama-Aufstandes. Die Zahl der Toten lag nach offiziellen Angaben bei 75 000, wahrscheinlich jedoch weit darüber. Einzelne Ethnien wie die Pangwa wurden vor allem durch die Politik der verbrannten Erde nach dem Aufstand sowie nachfolgende Hungersnöte fast vernichtet (Dok. 48c). Gouverneur Albrecht Freiherr von Rechenberg, katholischer Württemberger und erster Zivilgouverneur von Deutsch-Ostafrika, verfolgte daher als Nachfolger Götzens eine Politik der Aussöhnung mit den Afrikanern, indem er Ostafrika zu einem »entwickelten Negerland unter deutscher Flagge« auszubauen beabsichtigte. Er scheiterte letztlich am Widerstand der Siedler und Pflanzer sowie der Opposition gegen seine Politik in Deutschland. Man warf ihm vor, Deutsch-Ostafrika zu einer »Beamten-, Neger- und Inderkolonie zu machen, wo selbst der deutsche Ansiedler nichts zu suchen« habe[10]. Unter seinem siedlerfreundlichen Nachfolger Friedrich von Lindequist (seit 1910) wurde aus der Kolonie daher zunehmend »ein Land des weißen Mannes«.

Das »Pachtgebiet« Kiautschou

Die hohen Erwartungen, die von allen imperialistischen Mächten seit der Mitte des 19. Jahrhunderts in das »Reich der Mitte« gesetzt wurden, galten neben den Handelsinteressen vor allem den Spekulationsgewinnen, die man sich aus dem Eisenbahnbau und der Erschließung der chinesischen Bodenschätze (Kohle) erhoffte. Seitdem Deutschland Kolonien im Pazifik besaß, richtete sich neben Handel und Großkapital zudem ein gesteigertes Interesse der Marine an einem Flottenstützpunkt (mit einer Kohlestation) auf die chinesische Küste. Der Erwerb eines Marinestützpunktes wäre aber das Äußerste gewesen, was Bismarck akzeptiert hätte. Er setzte auch in Ostasien in erster Linie auf die »Solidarität europäischer Interessen«.

Die eher zurückhaltende Politik des Reiches änderte sich jedoch 1890 nach dem Abgang des Altkanzlers. Ansatz für eine nunmehr aktivere Politik auch von seiten des Auswärtigen Amtes waren die alarmierenden Berichte des deutschen Gesandten in Peking, Max von Brandt, über eine verstärkte und zunehmend erfolgreichere Politik Frankreichs in China und Vietnam. Hinzu kam eine wachsende Bedeutung des deutschen Handels mit China. In der Tat besaß, wenn die Ausfuhr in die deutschen Kolonien überhaupt ins Gewicht fiel, allenfalls der deutsche Export nach China eine nennenswerte Bedeutung. Bis Anfang der 1890er Jahre stieg er auf etwa ein Prozent des deutschen Außenhandels an. Damit übertraf er alle anderen Kolonien Deutschlands in Afrika und im Pazifik zusammengenommen. Die Hoffnungen auf den chinesischen Absatz- und Rohstoffmarkt ließen daher in Deutschland Afrika und alle anderen deutschen Kolonien in den Hintergrund treten. Der anfängliche Wunsch nach einer Kohlestation weitete sich allmählich bis zur Forderung nach dem Erwerb eines Kolonialgebietes aus (Dok. 49).

Wie weit auch immer Auswärtiges Amt und Reichsmarineamt in der Stützpunktfrage differierten – beide suchten nur nach einem diplo-

[10] Stenographische Berichte über die Verhandlungen des Deutschen Reichstages, Bd. 231, Berlin 1908, S. 4068.

matischen Vorwand, um China zur Abtretung einer territorialen Enklave zu zwingen. Da der Versuch, sich nach dem chinesisch-japanischen Krieg durch die gemeinsame Demarche mit Rußland und Frankreich gegen den von Japan diktierten Frieden von Shimonoseki (1895) die »Dankbarkeit« Chinas zu erwerben, fehlschlug und die chinesische Außenpolitik aus machtpolitischen Überlegungen eine Anlehnung an das als stärkste Macht erachtete Rußland bevorzugte, blieb der deutschen Chinapolitik nur noch ein Vorwand aufgrund eines »Zwischenfalls«, um sich mit Waffengewalt zu holen, was man auf dem Verhandlungswege nicht erreicht hatte. Zwischenfälle »lieferten« aber in China in erster Linie die Missionen. Jeder Vorfall diente daher einzig der Überlegung – und dies galt für alle am »Wettlauf um China« beteiligten Nationen –, ob sich aus ihm Kapital schlagen ließ. Richard Wilhelm (1873–1930), ein protestantischer Missionar, der auf die europäisch-asiatische Begegnung eine liberale, sinophile Antwort zu geben versuchte, hat diesen Zusammenhang von Gewalt und Sühneforderungen kritisch beschrieben (Dok. 50).

Den langersehnten Vorwand erhielt die Reichsregierung schließlich durch die Ermordung zweier deutscher Missionare am 1. November 1897 durch Mitglieder der »Gesellschaft der großen Messer«. Am 6. November erfuhr Wilhelm II. von dem »Überfall« und ordnete sofort eine Flottendemonstration in Kiautschou an (Dok. 51). Die Okkupation der Kiautschou-Bucht am 14. November 1897 geschah deshalb auch unter der ausdrücklichen Begründung, daß sie als Ahndung für den Mord an den Missionaren zu gelten hatte. Sühneforderungen und die politische Amputation Chinas durch die europäischen Mächte haben die politische Situation in China weiter verschärft. Sie gipfelte schließlich im sogenannten Boxeraufstand von 1900/01, in dem sich eine anfangs »primitive« Rebellion sowie wirtschaftlich-sozialkonservative Protestbewegungen mit der reaktionären Hofkamarilla zu einer primär aus Fremden- und Christentumsfeindlichkeit genährten Abwehrbewegung gegen jeden westlichen Einfluß verbanden.

Insgesamt ist es während der Boxerwirren im deutschen »Interessengebiet«, der Provinz Shantung, weitgehend ruhig geblieben, da der nationalistisch-fortschrittliche, als deutschfreundlich geltende Gouverneur Yüan Shih-k'ai den Schutz der Fremden zu garantieren vermochte und das deutsche Gouvernement mit seinen, wenn auch geringen Truppen ein stabilisierendes Element darstellte. Nach der Ermordung des deutschen Gesandten in Peking, Klemens Freiherr von Ketteler, am 16. Juni 1900 trat das Deutsche Reich jedoch an die Spitze von europäischen Forderungen für eine gemeinsame Aktion gegen China. Bei der Verabschiedung des deutschen Kontingents am 27. Juli 1900 in Bremerhaven hielt Wilhelm II. seine berüchtigte »Hunnenrede« (Dok. 52). Überdies wurde China im sogenannten Boxer-Protokoll vom September 1901 zur Zahlung von 90 Millionen Taels (etwa 280 Millionen Mark) Kriegsentschädigung an das Deutsche Reich verpflichtet; das waren 20 Prozent der gesamten Reparationen, wobei der deutsche Anteil nur von dem russischen übertroffen wurde. Außerdem hatte China eine Bußgesandtschaft unter einem kaiserlichen Prinzen an den Berliner Hof zu schicken (Dok. 54).

Nach der Annexion von Kiautschou und dem hochstilisierten Rachefeldzug im Boxerkrieg legte das Primärziel wirtschaftlicher Expansion der deutschen Politik allerdings größere Zurückhaltung auf. Jedenfalls wollte das Reich nicht noch einmal eine antichinesische Führungsrolle übernehmen und als meistgehaßte fremde Macht in China dastehen. Schon während des Boxerkrieges hatte das Reichsmarineamt, dem die Verwaltung Kiautschous unterstand, das Prinzip der »offenen Tür« als die einzige sinnvolle Leitidee für eine wirtschaftlich orientierte deutsche Chinapolitik bezeichnet (Dok. 53).

Am Anfang des deutschen Engagements im »Pachtgebiet« Kiautschou und im »Interessengebiet« Shantung stand der Bau der Eisenbahnlinie von Tsingtao nach der Provinzhauptstadt Tsinan, während das geheime Endziel das – allerdings bereits außerhalb dieses Gebietes liegende – Jangtsetal war. Allerdings war die Bahn von Tsingtao nach Tsinan die einzige, die von drei projektierten Linien fertiggestellt wurde. Während die Eisenbahnpolitik immerhin teilweise den hohen Erwartungen entsprach, erwiesen sich die deutschen Bergbauunternehmungen in Shantung, auf die ja vor allem Richthofen gesetzt hatte[11], als ein völliger Fehlschlag. So erreichte die gesamte Kohleförderung in Shantung 1908 nur etwa ein Fünftel der Jahresförderung eines größeren schlesischen Bergwerkes. Tirpitz' Traum von einem ganz Ostasien beherrschenden Schwerindustriezentrum ging jedenfalls nie in Erfüllung.

Immerhin gelang es der Marine, aus Kiautschou ein »Schaufenster in Ostasien« zu machen, wie der mächtige und einflußreiche Marinestaatssekretär in seinen »Memoiren« schrieb (Dok. 56). Denn seit der Okkupation der Kiautschou-Bucht und ihrer »Pachtung« am 6. März 1898 betrachtete die Marineleitung diesen Stützpunkt (560 km^2) als ihr »Reich« und als Experimentierfeld für eine verbesserte Kolonialpolitik. Im Gegensatz zu den afrikanischen Kolonien, deren wirtschaftliche Ausnutzung sich bis dahin als wenig ertragreich erwiesen hatte und in denen es immer wieder zu Aufsehen erregenden Kolonialskandalen kam, sollte aus Kiautschou eine »Musterkolonie« werden, mit der die junge deutsche Marine zugleich ein Stück Emanzipation und

[11] Vgl. Dok. 24.

Selbstbestätigung zu erreichen suchte. Zwangsläufige Folge der enormen Investitionen und infrastrukturellen Maßnahmen war allerdings, daß Kiautschou zum teuersten Kolonialunternehmen Deutschlands wurde und bis 1914 Zuschußkolonie blieb. Bis zu diesem Zeitpunkt hatte die Verwaltung über 200 Millionen Mark investiert, von denen nur 36 Millionen Mark aus den lokalen Einnahmen stammten. Nicht zu Unrecht hat der Zentrumsabgeordnete Matthias Erzberger denn auch Kiautschou als nationales Verlustgeschäft bezeichnet (Dok. 55).

29. Gouverneur Theodor Leutwein über die Rolle der christlichen Mission bei der Aufrichtung der deutschen Schutzherrschaft in Südwestafrika

Ein entschiedenes Verdienst hat sich dagegen die Mission in Südwestafrika um die Aufrichtung der deutschen Schutzherrschaft erworben. War es doch überhaupt schon ein günstiger Umstand, daß wir im Lande gerade eine deutsche Mission[1] vorgefunden haben. Als die Frage, ob englische oder deutsche Schutzherrschaft an die Eingeborenen herantrat, waren es im wesentlichen die Missionare, die durch ihr Eingreifen die Entscheidung für Deutschland herbeigeführt haben. Auch später, als es galt, mit den zur Verfügung stehenden geringen Mitteln unsere nominelle Schutzherrschaft in eine tatsächliche umzuwandeln, waren es wieder die Missionare, die als Dolmetscher und Vermittler diese Frage in friedlichem Sinne lösen halfen. Ohne deren vermittelnde Aufklärung würde es vielleicht während des Zuges des Majors v. François[2] und von mir im Jahre 1894 durch das Namaland an manchem Platze lediglich aus Mißtrauen und Mißverständnis auf seiten der Eingeborenen zum Schießen gekommen sein. Eine nichtdeutsche Mission würde diese überaus wertvolle politische Mitarbeit nicht haben leisten können. Als Gegenwert hat die Mission in dem bisher durch Kriege zerrütteten Lande Ruhe und Frieden eingetauscht, aber auch das Zuströmen zweifelhafter weißer Elemente, die durch ihr bloßes Vorhandensein ihre Arbeit unter den Eingeborenen zu erschweren geeignet waren. Überhaupt ist eine starke weiße Einwanderung angesichts der ohnehin auf lockeren Füßen stehenden

[1] Gemeint ist die protestantische Rheinische Missionsgesellschaft (Sitz in Barmen), die seit 1842 in Südwestafrika arbeitete.

[2] Curt von François war seit März 1891 interimistischer kaiserlicher Kommissar, von November 1893 bis März 1894 Landeshauptmann in Südwestafrika.

Moralbegriffe der Eingeborenen der Missionsarbeit nicht förderlich. Da aber die Regierung für die weiße Rasse gleichfalls »Ellbogenfreiheit« zu schaffen hatte, kam es dem oft allzu starken Eintreten der Missionare für ihre Pflegebefohlenen gegenüber in der Folge auch zwischen diesen und der Verwaltung zu mancher Meinungsverschiedenheit, so in der Reservats- wie in der Landverkaufsfrage[3]. Meist aber wurden bei der auf beiden Seiten vorhandenen Neigung zum Entgegenkommen solche leicht wieder ausgeglichen.

Quelle: Theodor Leutwein, Elf Jahre Gouverneur in Deutsch-Südwestafrika, Berlin 1906, S. 279 f.

30. Die deutsche Etablierung in Togo – Vertrag zwischen Generalkonsul Gustav Nachtigal und dem König von Togo, Mlapa, vom 5. Juli 1884

Bagida, den 5. Juli 1884

Der Generalkonsul des Deutschen Reichs, Dr. Gustav Nachtigal, im Namen seiner Majestät des Deutschen Kaisers, und Mlapa, König von Togo, vertreten für sich, seine Erben und seine Häuptlinge durch Plakko, Träger des Stockes des Königs Mlapa, haben folgendes Übereinkommen getroffen:

§ 1. König Mlapa von Togo, geleitet von dem Wunsch, den legitimen Handel, welcher sich hauptsächlich in den Händen deutscher Kaufleute befindet, zu beschützen und den deutschen Kaufleuten volle Sicherheit des Lebens und Eigentums zu gewähren, bittet um den Schutz Seiner Majestät des Deutschen Kaisers, damit er in den Stand gesetzt werde, die Unabhängigkeit seines an der Westküste von Afri-

[3] Die Missionare traten für eine genügende Existenzsicherung (Reservate) der von einer extensiven Viehzucht abhängigen Herero und Nama (Ethnien in Südwestafrika) ein. Sie suchten daher den »Ausverkauf« des Landes zu hindern, beteiligten sich andererseits aber selbst am Landerwerb (letzteres meint Leutwein hier, da die Kolonialverwaltung nicht zuviel Land an die »tote Hand« vergeben wollte).

ka, von der Ostgrenze von Porto Seguro bis zur Westgrenze von Lome oder Bey Beach, sich erstreckenden Gebietes zu bewahren. Seine Majestät der Kaiser gewährt seinen Schutz unter Vorbehalt aller gesetzmäßigen Rechte Dritter.
§ 2. König Mlapa wird keinen Teil seines Landes mit Souveränitätsrechten an irgendeine fremde Macht oder Person abtreten, noch wird er Verträge mit fremden Mächten ohne vorherige Einwilligung Seiner Majestät des Deutschen Kaisers eingehen.
§ 3. König Mlapa gewährt allen deutschen Untertanen und Schutzgenossen, welche in seinem Lande wohnen, Schutz und freien Handel und will anderen Nationen niemals mehr Erleichterungen, Begünstigungen oder Schutz gewähren, als den deutschen Untertanen eingeräumt werden. König Mlapa wird ohne vorherige Zustimmung Seiner Majestät des Deutschen Kaisers keine anderen Zölle und Abgaben als die bis jetzt üblichen erheben, nämlich 1 Shilling für jede Tonne Palmkerne, 1 Shilling für jedes Faß Palmöl, welche an die Häuptlinge des betreffenden Ortes zu zahlen sind.
§ 4. Seine Majestät der Deutsche Kaiser wird alle früheren Handelsverträge zwischen König Mlapa und anderen respektieren und wird in keiner Weise den in König Mlapas Land bestehenden freien Handel belasten.
§ 5. Seine Majestät der Deutsche Kaiser wird in die Art und Weise der Zollerhebung, welche bis jetzt von König Mlapa und seinen Häuptlingen befolgt ist, nicht eingreifen.
§ 6. Die vertragschließenden Parteien behalten sich künftige Vereinbarungen über die Gegenstände und Fragen von gegenseitigem Interesse, welche nicht in diesem Vertrage eingeschlossen sind, vor.
§ 7. Dieser Vertrag wird vorbehaltlich der Ratifikation durch die deutsche Regierung sogleich in Kraft treten.

Zu Urkund dessen haben wir in Gegenwart der unterzeichneten Zeugen unsere Unterschriften hierunter vollzogen

S.J.J. Garber[I]	(als Dolmetscher)	Chief Plakko	+ sein Zeichen
J.B.A. Ahjevon[II]	(als Dolmetscher)	Chief Adey of Lome or Bey	+
H. Randad		Coodaycee	+
Josua Leuze		Hadji, 2nd Chief or Bey	+
Mandt, Leutnant zur See		Okloo	+
Dr. Max Buchner		Nukoo	+
Dr. G. Nachtigal		King Garsa of Bagida	+

[I] Die offizielle deutsche Lesart des Namens war Gacher.
[II] Die offizielle deutsche Lesart des Namens war Ahpevor.

Quelle: Peter Sebald, Togo 1884-1914. Eine Geschichte der deutschen »Musterkolonie« auf der Grundlage amtlicher Quellen, Berlin (O) 1988, S. 43 f.

31. Wie Kamerun deutsch wurde – Aus dem Tagebuch Eduard Woermanns, 8. – 25. Juli 1884

Das war einmal eine aufregende Woche. Die ganze Zeit Unterhandlungen, Bewirtungen und Demonstrierungen. Cameroons ist jetzt deutsch und wird es nun auch hoffentlich immer bleiben und bald durch diese Annektierung ganz bedeutend gewinnen. Dienstag, den 8. Juli 1884, abends, kamen wir glücklich noch bis in die Kamerunmündung hinein und gingen dort zu Anker, weil es spät und Ebbe war. Am Mittwoch morgen ganz früh brachen wir wieder auf und waren gegen 8 Uhr oben. Schmidt und Voß[1] kamen gleich an Bord. Der Kohlendampfer »Betty Sauber« lag noch hier, um aber bald wieder weiterzugehen. Schmidt und Voß hatten leider in der Kamerunangelegenheit wenig geschafft bis jetzt und waren ziemlich desparat. Die beiden Könige Bell und Aqua[2] wollten wohl das Schriftstück unterzeichnen, aber ihre mächtigen Untertanen wollten es nicht zugeben und opponierten heftig gegen jede Unterzeichnung eines Kontraktes mit dem Deutschen Reich. Überhaupt sind die Kamerunneger die frechsten und unverschämtesten Neger der ganzen Küste und ich kann nur nicht begreifen, wie die Weißen sich hier haben die Neger so schlecht erziehen können. Selbst der Einfluß der Könige auf das Volk ist gering und der berühmte King Bell kann sich nicht einmal zu einer Unterschrift bequemen, ohne seine Großen zu befragen. Den ganzen Mittwoch wurde nun noch palavert, und Schulze[3] und ich griffen jetzt kräftig mit ein. Mit der größten Gelassenheit kamen all die Schwarzen auf die Veranda, und schließlich kriegten wir denn die Leute etwas mehr herum. Sie wollten Freitag ein Meeting haben und sich dann entschließen. Zeit spielt bei den Leuten keine Rolle. Nach-

[1] am Ort ansässige Faktoristen des Handelshauses Woermann

[2] King Bell und King Aqua (Akwa), Duala-Chefs, die zusammen mit 19 Duala-Notabeln durch den Vertrag vom 14.7.1884 unter den Schutz des Deutschen Reiches traten.

[3] Emil Schulze, Agent der Firma C. Woermann, deutscher Kaufmann und Konsul in Gabun

mittags besuchten wir King Bell, der wirklich sehr hübsch wohnt. Er empfing uns, wollte aber nicht unterschreiben, ehe Aqua wiederkäme und seine Leute einverstanden seien. [...]

Ich erfuhr hier [auf der Hulk[4] des Faktoristen Voß am Freitag, den 11., nach Rückkehr von einer Fahrt nach Bimbia] also, daß der Engländer »Goshawk« nichts ausgerichtet habe. Er hatte wohl keine Instruktionen und hatte Bell und Aqua nur gesagt, sie möchten 8 Tage warten, dann käme der englische Konsul[5] und würde Cameroons nehmen. So hatte uns der gute »Goshawk« eigentlich nur genützt und wir konnten eifrig weiter agitieren und sagen: von den Engländern bekommt ihr Cameroonsleute gar nichts, aber wenn ihr uns Deutsche nehmt, gibt es einen großen Dash[6]. Abends um 12 Uhr kam der »M'Pongwe«[7] auch herauf, und Schmidt und ich gingen nun noch zu Bell, um ihn zu überreden. Er war schließlich auch gar nicht abgeneigt und sagte nur, morgen, Sonnabend, den 12. Juli, sollte ein Meeting aller Cameroonsleute sein und man würde sich dann schon einigen. Sonnabend, den 12., kam nun die »Möve« ganz nach oben; ein Triumph für uns Deutsche, ein Mahnzeichen für die Schwarzen, daß wir auch Kriegsschiffe haben. Das Staunen war auch allgemein: »that be German Man of War«[8], und entschieden nutzte uns dies wieder für unsere Seite. King Aqua, der aus Furcht vor seinen eigenen Leuten geflohen war, wurde per Boot vom Kriegsschiff aus geholt. Am Abend kam er, Bell auch, man unterschrieb und schloß den Akt mit einem begeisterten Wohl auf unseren deutschen Kaiser.

Generalkonsul Dr. Nachtigal[9] und Dr. Buchner[10] waren zugegen, beide wohnten sie bei uns. Sonntag, den 13., sollte Ruhe sein und Montag der feierliche Akt vorgenommen werden. [...] Montag morgen um 10 Uhr wurde nun die Feierlichkeit vorgenommen. In Bell, Aqua und Didotown war je eine Flaggenstange errichtet; auf jeder wurde eine Flagge unter einer Ansprache von Nachtigal und drei Gewehrsalven gehißt und, nachdem dies geschehen, salutierte die »Möve« unter 21

[4] auf Sand gesetztes und als Faktorei benutztes Schiff

[5] Edward Hewett, der im Hinblick auf die Errichtung eines englischen Protektorats über die Kamerun-Küste wenige Tage zu spät kam (spöttisch daher in England *»the too late consul«* genannt).

[6] Geschenke, zumeist in Form von Waren, die von den Europäern vor Beginn eines Handels oder der Aufnahme von Verhandlungen, teilweise auch bei erfolgreichem Abschluß, an die eingeborenen Partner zu entrichten waren (auch *»kumi«* oder *»coutumes«* genannt).

[7] einheimischer Dolmetscher

[8] ein deutsches Kriegsschiff

[9] Dr. Gustav Nachtigal, Reichskommissar

[10] Dr. Max Buchner, kaiserlicher Kommissar, im Status eines Konsuls vom 14.7.1884 bis 17.5.1885

Schuß die deutsche Flagge in Cameroons. Es war ein festlicher Augenblick; selbst alle Engländer kamen mit ihren Flaggen heraus und trotz der Regenzeit schien die Sonne wohlgefällig auf das neue deutsche Eigentum herab. Cameroons ist und bleibt nun hoffentlich deutsch.

Quelle: Hans Zache, Das deutsche Kolonialbuch, Berlin, Leipzig 1926, S. 261 - 263.

32. Vorgehen beim Kolonialerwerb – Carl Peters in Ostafrika, 1884/85

Nahten wir uns einem Kral[1], wo ein Kontrakt zu machen war, so pflegte ich mit dem Dolmetscher und denjenigen von meinen Leuten zusammen zu marschieren, welche irgend etwas von dem betreffenden Herrscher, seinem Charakter, seinen Schicksalen, seinem Besitzstand mitteilen konnten. Wir hielten uns dichter zusammen als an anderen Tagen, und der Einzug in den Kral geschah mit einer Art von Pomp. Waren Araber in der Nähe, von denen wir Gegenintrigen erwarteten, so ließ ich unsere Leute auf gut Glück ihre Büchsen abfeuern, um die »Kanaillen« einzuschüchtern. Ich selbst hatte mir, um den Sultanen ebenbürtiger zu erscheinen, eine Reihe von Fahnen mitgenommen, die ich aufziehen ließ, wo dies am Platz schien. Außerdem waren Gerüchte von meiner Macht und meinem Einfluß in Umlauf gesetzt, und schließlich hatte ich mir meine Haare glatt herunterscheren lassen und sah nun aus, da ich auch meinen Bart anders trug, wie ein alter, ehrwürdiger Mann.

Zogen wir in den Kral ein, so begaben Jühlke[2] und ich uns zu Seiner Hoheit und fragten, was sonst nie geschah, ob er gestatte, daß auch wir unser Lager aufschlügen. In Mbusine bei Mbuela knüpften wir sofort ein recht kordiales Verhältnis an, indem wir den Sultan zwischen uns auf ein Lager (Kitanda) nahmen, von beiden Seiten unsere Arme um ihn schlagend. Wir taten dann einen Trunk guten Grogs und brachten Seine Hoheit von vornherein in die vergnüglichste Stim-

[1] Rundlingssiedlung afrikanischer Stämme

[2] Dr. Carl Jühlke, Sohn des Berliner Hofgartendirektors und langjähriger Peters-Begleiter

mung. Als Graf Pfeil[3] erschien, meint er, das sei ja schon ein recht vielversprechender Anblick. Alsdann wurden die Ehrengeschenke ausgetauscht, und wir zogen uns zum Mittagessen in unser Lager zurück. Nach dem Essen machte uns der Sultan seinen Gegenbesuch, wobei wir ihn mit süßem Kaffee traktierten. Alsbald begannen dann auch die diplomatischen Verhandlungen, und auf Grund derselben wurde der Kontrakt abgeschlossen.

War dies geschehen, so wurden die Fahnen, wenn's ging, auf einer die Umgegend beherrschenden Höhe gehißt, der Vertrag im deutschen Text von Dr. Jühlke verlesen, ich hielt eine kurze Ansprache, wodurch ich die Besitzergreifung als solche vornahm, die mit einem Hoch auf Se. Majestät den Deutschen Kaiser endete, und drei Salven, von uns und den Dienern abgegeben, demonstrierten den Schwarzen ad oculos[4], was sie im Fall einer Kontraktbrüchigkeit zu erwarten hätten. Man wird sich nicht leicht vorstellen, welchen Eindruck der ganze Vorgang auf die Neger zu machen pflegte. In das Hoch auf den Kaiser stimmten sie kreischend und springend, die Sultane voran, mit ein; bei den Salven wichen sie scheu zurück.

Quelle: Carl Peters, Gesammelte Schriften, Bd. 1, München 1943, S. 302.

33. Der Karolinenstreit – Erlaß des Reichskanzlers Otto von Bismarck an den deutschen Gesandten in Madrid, Graf Eberhard zu Solms-Sonnenwalde, vom 31. August 1885

Varzin, den 31. August 1885

Graf Benomar[1] hat unter dem 19. d. M. auf dem Auswärtigen Amt eine Note vorgelesen und in Abschrift hinterlassen, welche ihm von seiner Regierung in der Angelegenheit der Karolinen- und Pelew- [Palau-] Inseln zugegangen ist. Die königlich spanische Regierung legt darin Ver-

[3] Joachim F. Graf Pfeil, Peters-Begleiter in Ostafrika, war Vorstandsmitglied der Deutschen Kolonialgesellschaft und des Alldeutschen Verbandes.

[4] (lat.) vor Augen

[1] Francisco Merry y Colon, Conde de Benomar, spanischer Gesandter in Berlin

wahrung gegen unser Vorgehen auf jener Inselgruppe ein und nimmt dieselbe als spanisches Gebiet in Anspruch. Sie behält sich vor, die Titel beizubringen, welche die spanische Souveränität über die Karolinen- und Pelew-Inseln nachweisen, und gibt der Überzeugung Ausdruck, daß die kaiserliche Regierung von einem Akt abstehen werde, der die Interessen Spaniens verletze.

Auf den genannten Inselgruppen bestehen seit langer Zeit in der Voraussetzung, daß dieselben herrenlos sind, deutsche Handelsniederlassungen in großer Anzahl. Es würde dies nicht der Fall sein, wenn diese Inseln einen Teil der spanischen Kolonialbesitzungen bildeten, da innerhalb der letzteren der auswärtige Handel mit Schwierigkeiten zu kämpfen hat, welche Niederlassungen der Art verhindern. Die auf den Karolineninseln ansässigen Reichsangehörigen, welche in fleißiger Arbeit mit erheblichen Geldopfern und nicht ohne Gefahr für ihre persönliche Sicherheit diese Inseln dem Verkehr mit der Außenwelt erschlossen haben, sind wiederholt bei der Kaiserlichen Regierung darin vorstellig geworden, die Inseln unter den Schutz des Reiches zu stellen. Sie hätten solche Anträge sicher nicht gestellt und sich dort überhaupt nicht niedergelassen, wenn sie an die Möglichkeit geglaubt hätten, daß die Inseln als spanisches Gebiet beansprucht und dem System der spanischen Kolonialverwaltung unterzogen werden könnten. Aus Anlaß dieser Anträge ist amtlich ermittelt worden, daß in den fraglichen Gebieten, außer den vorwiegenden deutschen, nur noch englische Interessen, aber keine spanischen vertreten sind. Die Kaiserliche Regierung würde diese Anträge deutscher Reichsangehöriger sofort zurückgewiesen haben, wenn sie hätte glauben können, daß ein Anspruch Spaniens auf jene Inseln bestände oder von Spanien auch nur behauptet würde. Für eine solche Annahme fehlte es indessen an jeder Unterlage. Es bestand auf den Inseln kein Anzeichen, welches die Ausübung der Herrschaft einer fremden Macht angedeutet hätte, und keine fremde Macht hatte bis zu diesem Jahre dort Souveränitätsrecht ausgeübt oder in Anspruch genommen. [...]

Noch weniger ist der Kaiserlichen Regierung eine tatsächliche Besitzergreifung der Inseln notifiziert worden, wie dies eventuell den Traditionen und den Verabredungen der Mächte auf den jüngsten Berliner Konferenzen[2] entsprochen haben würde. Die Kaiserliche Regierung war daher berechtigt, diese Inseln als unabhängig und im europäischen Sinne herrenlos anzusehen, und sie handelte im besten Glauben, als sie den Befehl erteilte, die dortigen deutschen Handelsin-

[2] Gemeint ist die Berliner Westafrika- bzw. Kongo-Konferenz 1884/85.

teressen unter den Schutz des Reiches zu stellen; wie das bezüglich jedes anderen herrenlosen Gebietes hätte geschehen können.

Soweit solchem Vorgehen wohlerworbene Rechte anderer entgegenstehen, ist die kaiserliche Regierung, wie Ew. Exzellenz in Ihrer an die königlich spanische Regierung gerichteten Mitteilung vom (...) schon hervorgehoben haben, stets bereit gewesen und noch heute bereit, dieselben zu achten. Sie ist daher auch bereit, in eine Prüfung der spanischen Ansprüche im Wege freundschaftlicher Verhandlung einzutreten und sieht der von der königlichen Regierung in Aussicht gestellten Mitteilung ihrer Rechtstitel entgegen. Sollte auf diesem freundschaftlichen Wege eine Verständigung nicht zu erzielen sein, so wird dann die Kaiserliche Regierung die Entscheidung der zwischen beiden Regierungen entstandenen Rechtsfrage dem Schiedsgericht einer beiden befreundeten Macht zu überlassen bereit sein. Die Frage, welche der beiden Mächte Hoheitsrechte auf den Karolinen-Inseln auszuüben bisher berechtigt sei, ist nicht von der Bedeutung, daß die kaiserliche Regierung behufs Lösung derselben versucht sein könnte, von den versöhnlichen und insbesondere für Spanien freundschaftlichen Traditionen ihrer Politik abzuweichen.

Ew. Exzellenz ersuche ich ergebenst, dem Herrn Staatsminister Marquis del Posa[3] de la Merced diese Mitteilung vorzulegen und ihm Abschrift davon zu hinterlassen.

von Bismarck.

Sr. Exzellenz dem kaiserlichen Gesandten Herrn Grafen zu Solms, Madrid.

Quelle: Das Staatsarchiv. Sammlung der officiellen Aktenstücke zur Geschichte der Gegenwart, 46.Bd., Leipzig 1886, Nr. 8807.

[3] Antonio Cánovas del Castillo, Marquis del Paso [!] de la Merced (1828 - 1897), spanischer Staatsmann und Schriftsteller, 1874 - 1897 sechsmal Ministerpräsident Spaniens

34. Kolonialeroberung, Recht und Macht – Ein Briefwechsel zwischen dem Nama-Kapitän Hendrik Witbooi und Gouverneur Theodor Leutwein, 1894

a) Theodor Leutwein an Hendrik Witbooi, 15. August 1894

Lager vor der Naauklof[1], den 15. August

An den Kapitän Hendrik Witbooi, Naauklof.

Dein zweimonatliches Nachdenken hat Dich also dahin geführt, daß Du die Anerkennung der deutschen Oberherrschaft abermals ablehnst. Das bedaure ich. Denn nach dem, was ich Dir bis jetzt über diese Sache geschrieben habe, mußt Du wissen, daß Deine Ablehnung einer Kriegserklärung gleichzuachten ist. (...) Zum Schlusse will ich Dir als Zeichen meines freundlichen Wohlwollens noch folgendes schreiben: Die Zeiten der unabhängigen Kapitäne im Namalande sind für immer vorbei, und diejenigen Kapitäne, die das rechtzeitig erkannt und sich offen der deutschen Regierung angeschlossen haben, das waren die klügeren, denn sie haben bei der Sache nur Nutzen und gar keinen Schaden gehabt. Ich halte Dich auch für einen klugen Mann, aber in dieser Sache hat Dich Deine Klugheit verlassen, weil Dein persönlicher Ehrgeiz Deinen Verstand verdunkelt hat. Du mißkennst die Verhältnisse bis auf den heutigen Tag. Dem Deutschen Kaiser gegenüber bist Du nur ein kleiner Kapitän. Ihm Dich zu unterwerfen würde für Dich keine Schande, sondern eine Ehre sein. (...)

gez. Leutwein

[1] Naukluft-Gebirge

b) Hendrik Witbooi an Theodor Leutwein, 17. August 1894

Naauklof, den 18. August 1894[2]

Mein lieber Hochedler Herr Leutwein, Major!

Sie sagen ferner, daß es Ihnen leid tut, daß ich den Schutz des Deutschen Kaisers nicht anerkennen will und daß Sie mir dies als Schuld anrechnen und mich mit Waffengewalt strafen wollen. Dies beantworte ich so: Ich habe den Deutschen Kaiser in meinem Leben noch nicht gesehen, deshalb habe ich ihn auch noch nicht erzürnt mit Worten oder Taten. Gott, der Herr hat verschiedene Königreiche auf die Welt gesetzt, und deshalb weiß und glaube ich, daß es keine Sünde und kein Verbrechen ist, daß ich als selbständiger Häuptling meines Landes und Volkes bleiben will, und wenn Sie mich wegen meiner Selbständigkeit über mein Land und ohne Schuld töten wollen, so ist das auch keine Schande und kein Schade, denn dann sterbe ich ehrlich über mein Eigentum. Es ist wahrlich keine Schuld, daß ich Ihnen nicht stehen will, denn ich habe wahrhaftig keine Schuld an all den Sachen, welche Sie mir in Ihrem Briefe als Verbrechen vorgetragen haben und welche Sie als Gründe gebrauchen, um über mich ein Todesurteil zu sprechen. Denn das sind Ihre eigenen Gedanken, die Sie zu Ihrem Vorteil ausgesonnen haben, die Sie selber ausgedacht haben, um vor der Welt die Ehre, das Recht und die Wahrheit auf Ihrer Seite zu haben. Aber ich sage Ihnen, lieber Freund, ich bin wahrhaftig frei und ruhig in meinen Gedanken, weil ich weiß, daß ich wahrhaftig unschuldig bin. Aber Sie sagen Macht hat Recht, und nach Ihren Worten handeln Sie mit mir, weil Sie mächtig in Waffen und allen Bequemlichkeiten sind, darin stimme ich überein, daß Sie wirklich mächtig sind und daß ich nichts gegen Sie bin. Aber, lieber Freund, Sie kommen zu mir mit Waffengewalt und haben mir erklärt, daß Sie mich beschießen wollen. So denke ich diesmal auch, wieder zu schießen, nicht in meinem Namen, nicht in meiner Kraft, sondern in dem Namen des Herrn und in Seiner Kraft, und mit Seiner Hilfe werde ich mich wehren. Weiter sagen Sie auch, daß Sie unschuldig sind an diesem Blutvergießen, welches nun geschehen soll, und daß Sie die Schuld auf mich legen; aber das ist unmöglich, daß Sie so denken können, da ich Ihnen gesagt habe, daß ich Ihnen den Frieden geboten habe und daß durch mich kein Blutvergießen geschehen soll. So liegt die Rechenschaft

[2] Muß wohl 17. August 1894 heißen (siehe die Antwort Leutweins im folgenden Brief).

über das unschuldige Blut, das vergossen werden soll von meinen Leuten und von Ihren Leuten, nicht auf mir, denn ich bin nicht der Urheber dieses Krieges. Ich ersuche Sie, lieber Freund, nochmals! Nehmen Sie den wahren und aufrichtigen Frieden, den ich Ihnen geboten habe und lassen Sie mich stehen in Ruhe. Gehen Sie zurück. Nehmen Sie Ihren Krieg zurück, gehen Sie von mir weg, dies ist mein ernstliches Ersuchen an Sie. Zum Schluß grüßt Sie

Ihr Freund und Kapitän

gez. Hendrik Witbooi

c) Theodor Leutwein an Hendrik Witbooi,
21. August 1894

Auf Deinen letzten Brief vom 17. d.M. antworte ich folgendes: Daß Du Dich dem Deutschen Reiche nicht unterwerfen willst, ist keine Sünde und keine Schuld, aber es ist gefährlich für den Bestand des deutschen Schutzgebietes.

Also, mein lieber Kapitän, sind alle weiteren Briefe, in denen Du mir Deine Unterwerfung nicht anbietest, nutzlos.

Ich hoffe indessen, daß Du mit mir darin einverstanden bist, daß wir den Krieg, der bei Deiner Hartnäckigkeit leider nicht zu vermeiden ist, menschlich führen, und hoffe ferner, daß derselbe kurz sein werde.

Ferner bin ich gern bereit, Dir auch während des Krieges jede Aufklärung zu geben, die Du wünschst, da ich dann hoffen kann, daß nicht mehr Blut vergossen wird, als durchaus notwendig ist.

gez. Leutwein

Quelle: Theodor Leutwein, Elf Jahre Gouverneur in Deutsch-Südwestafrika, Berlin 1906, S. 42 – 44.

Gouverneur Theodor Leutwein

Kapitän Hendrik Witbooi

35. Der Erwerb der Karolinen-, Marianen- und Palau-Inseln – Aus der Rede des Staatssekretärs des Auswärtigen, Bernhard von Bülow, über den Ankauf der Inselgruppen am 21. Juni 1899 im Reichstag

Ich habe die Ehre, meine Herren, der Beschlußfassung dieses hohen Hauses das Abkommen zu unterbreiten, das wir mit Spanien über die Abtretung der Karolinen-, Marianen-, und Palau-Inseln abgeschlossen haben[1]. Durch diese Erwerbung wird zunächst unser Besitz in der Südsee vervollständigt. Wie ein Blick auf die Karte zeigt, bildeten unsere Schutzgebiete im Großen Ozean bisher einen flachen Halbkreis, eine langgestreckte und unzusammenhängende Linie. Durch die Karolinen und Marianen wird der Kreis geschlossen. Die Marianen im Norden, die Palau-, die Karolinen- und die Marschall-Inseln in der Mitte, Kaiser-Wilhems-Land und der Bismarck-Archipel im Süden bilden nunmehr ein zusammenhängendes Ganzes.

Wenn diese Inseln aus spanischem Besitz in den Besitz einer anderen Macht als Deutschland übergegangen wären, so würde dadurch unser Schutzgebiet in der Südsee zerrissen und auseinandergesprengt, in seiner Entwicklung gehemmt und minderwertig geworden sein. Gerade im Hinblick auf die Nachbarschaft der Karolinen einerseits zu den Marschallinseln, andererseits zu Neuguinea, war deren Erwerbung, wie Sie wissen, seit langem in Aussicht genommen. Vom Standpunkte unserer allgemeinen politischen Interessen in der Südsee ist die jetzt erreichte Erweiterung unserer dortigen Machtsphäre nützlich und notwendig, die Lage der neu erworbenen Inseln eine besonders günstige. [...]

Unser neuer Besitz liegt an einer Straße, welcher Handel und Verkehr sich mehr und mehr zuwenden werden.

Indem ich mich im übrigen beziehen darf auf meine Denkschrift[2], die ich dem hohen Hause unterbreitet habe, möchte ich nur darauf hinweisen, daß alle Inseln sich in vorzüglichem Maße für den Plantagenbau eignen, schon wegen ihres großen Wasserreichtums. Die grö-

[1] Nach den Bedingungen des zwischen Spanien und den Vereinigten Staaten am 10.12.1898 zu Paris abgeschlossenen Friedens waren die im Stillen Ozean gelegenen Inselgruppen der Karolinen-, Marianen- und Palau-Inseln (bis auf die Insel Guam) nach dem verlorenen Krieg gegen Amerika zuerst in spanischem Besitz verblieben, wurden jedoch durch das Abkommen vom 12.2.1899 für 25 Millionen Pesetas an das Deutsche Reich verkauft.

[2] Stenographische Berichte über die Verhandlungen des Deutschen Reichstags, Bd. 174, Berlin 1900, Nr. 394, S. 2504 f. In der Denkschrift hielt Bülow abschließend fest: »Vom Standpunkte unserer politischen, wirtschaftlichen und maritimen Interessen erscheint die Erwerbung der Inselgruppen für uns gleich nützlich und notwendig.«

ßeren Inseln sind mit vortrefflichen Holzbeständen bedeckt. Auf allen Inseln gedeiht die Kokospalme, die das Kopra liefert, den hauptsächlichsten Handelsartikel dieser Zonen. Das Klima der Inseln ist verhältnismäßig gesund. Auf den Palau- und Marianeninseln liegen die Verhältnisse ähnlich wie auf den Karolinen; auch sie versprechen eine ergiebige wirtschaftliche Ausbeute.

Von besonderer Wichtigkeit ist, daß unsere neuerworbenen Inseln vorzügliche Häfen und Ankerplätze enthalten. Es ist das für uns von um so größerer Bedeutung, als es an solchen Häfen auf den Marschallinseln vollständig fehlt. Die Marschallinseln besitzen keinen einzigen Hafen, der sich für eine sichere Marinestation eignen würde. Zwischen Neuguinea und dem Bismarckarchipel einerseits, China und Japan andererseits besitzen wir jetzt keinen einzigen guten Hafen. Dagegen finden sich auf den größeren Karolinen, auf Ponapé und Kusaie, mehrere vortreffliche Häfen. Auch auf den Marianen und Palauinseln fehlt es nicht an solchen. Die Marianen können sich mit der Zeit zu Stützpunkten für den Schiffsverkehr zwischen Südostasien und Zentralamerika entwickeln, wie wir überhaupt durch unsere neuen Erwerbungen wichtige maritime und wirtschaftliche Stationen gewinnen auf dem Wege von Kaiser Wilhelms-Land nach Kiautschou. [...]

Wir hoffen, meine Herren, daß durch unsere Festsetzung auf den Karolinen und Marianen unsere Beziehungen zu unseren demnächstigen nächsten dortigen Nachbarn, den Amerikanern und Japanern, nur noch vertrauensvoller sich gestalten werden. Wir denken gar nicht daran, uns in der Südsee in Gegensatz stellen zu wollen zu den Amerikanern. Wir beabsichtigen ebensowenig die Amerikaner in der Südsee zu beeinträchtigen, wie wir annehmen können, daß dieselben ohne jeden Grund und Anlaß uns zu schmälern geneigt sein sollten. Dem rührigen und begabten japanischen Volke bringen wir aufrichtige Sympathie entgegen, und es ist uns niemals eingefallen, die aufsteigende politische Lebenslinie desselben feindlich durchkreuzen zu wollen. *An der großen Straße der Südsee ist Platz für mehr als ein Volk. Es ist gar kein Grund vorhanden, warum nicht auf der Basis gegenseitiger Billigkeit und gegenseitiger Achtung alle dort interessierten Mächte in friedlicher Kulturarbeit neben einander wirken sollten.* [...]

Der Herr Vorredner[3] hat auch darauf hingewiesen, daß die Zahl der Einwohner der Inseln und die Zahl der dortigen deutschen Ansiedler nicht im Verhältnis stünden zu dem für sie bezahlten Preise. *Meine*

[3] Otto Wiemer (1868 - 1931), 1898 - 1918 Abgeordneter der Deutschen Fortschrittlichen Volkspartei

Herren, in der großen Politik sprechen doch noch andere Erwägungen und andere Rücksichten mit als nur Erwägungen kalkulatorischer Natur.

(Sehr richtig! rechts.)

Man kann den Wert unserer neuen Erwerbung nicht bloß schätzen nach der Zahl ihrer Quadratkilometer und nach der Zahl ihrer Einwohner.

(Sehr richtig!)

Quelle: Fürst Bülows Reden nebst urkundlichen Beiträgen zu seiner Politik. Mit Erlaubnis des Reichskanzlers gesammelt und herausgegeben von Johannes Penzler, I. Band: 1897 - 1903, Berlin 1907, S. 73 - 86.

36. Entscheidung in der Samoa-Frage – Der Staatssekretär des Auswärtigen, Bernhard von Bülow, über den Erwerb Samoas am 11. Dezember 1899 im Reichstag

Meine Herren, ich habe die Ehre, unter Bezugnahme auf meine früheren Erklärungen in der Samoa-Frage[1] dem hohen Hause mitzuteilen, daß diese Frage durch ein am 14. November d. J. in London geschlossenes Abkommen zwischen dem Deutschen Reich und England geregelt worden ist. Durch dieses Abkommen fallen die Samoainseln Upolu und Sawaii an Deutschland, Tutuila und Manua an die Vereinigten Staaten, Tonga sowie ein Teil der Salomonsinseln an England. Gleichzeitig ist die sogenannte neutrale Zone im Hinterland von Togo zwischen Deutschland und England aufgeteilt, und endlich Bestimmung wegen Aufgabe unserer Exterritorialitätsrechte in Zanzibar für *den* Fall getroffen worden, daß auch die übrigen Nationen ihre exterritorialen Rechte daselbst aufgeben.

Neben dieses deutsch-englische Abkommen ist am 2. Dezember d. J. ein in Washington unterzeichnetes deutsch-amerikanisch-englisches Abkommen getreten, durch welches im Namen der drei bisher in Samoa beteiligt gewesenen Regierungen, unter förmlicher Aufhebung

[1] Vgl. Fürst Bülows Reden nebst urkundlichen Beiträgen zu seiner Politik, hg. v. Johannes Penzler, I. Bd.: 1897 - 1903, Berlin 1907, S. 64 - 67, 70 - 72.

der Samoa-Akte vom 14. Juni 1889, im Sinne des Londoner Abkommens die Samoainseln zwischen dem Deutschen Reich und den Vereinigten Staaten zur Aufteilung gebracht werden.

Endlich ist am 7. November zu Washington zwischen den drei Mächten eine Vereinbarung dahin getroffen worden, daß die Frage der Entschädigungsansprüche für alle in Samoa von Angehörigen der drei Mächte gelegentlich der letzten Wirren erlittenen Kriegsschäden einem Schiedsgericht unterbreitet werden soll, sofern diese Schäden infolge ungerechtfertigter militärischer Aktion von Offizieren des einen oder anderen der Vertragsstaaten entstanden sind.

Der Ratifikation der beiden Washingtoner Abkommen hat in den Vereinigten Staaten die Zustimmung des Senats vorherzugehen.

Dem hohen Reichstage wird der Text der drei Verträge mitgeteilt werden und nach erfolgter Zustimmung des Bundesrats die zur diesseitigen Ratifikation erforderliche Gesetzesvorlage zugehen. Ich würde es mit Dank erkennen, wenn bis dahin von einer Besprechung des Gegenstandes hier Abstand genommen würde[2]. (Sehr richtig! aus der Mitte)

Nach erfolgtem Austausch der Ratifikationen wird dem Reichstage ferner ein Ergänzungsetat für Samoa vorgelegt werden. Ich bin schon jetzt in der Lage zu bemerken, daß sich daraus Mehrforderungen für den nächsten Reichshaushaltsetat nicht ergeben werden.

(Bravo!)

Quelle: Stenographische Berichte über die Verhandlungen des Reichstages, Bd. 168, Berlin 1900, S. 3289.

37. *»Stori bilong waitman tru«* – Die Ankunft der Deutschen aus der Sicht der Papua

Ein Schiff fuhr auf dem Meer. Und wir, alle Frauen und alle Männer, saßen da und unsere Augen folgten dem Schiff und wir weinten und hatten Mitleid. Sie sagten ›Unsere Leute, die gestorben sind und die am Platz der Toten waren, kommen jetzt zurück. Mit einem unserer Kanus sind sie auf die Reise.‹ Sie wußten damals noch nichts von

[2] Diesem Wunsch wurde entsprochen.

Euch, weißen Leuten. Sie dachten, das wären wir, einfach wir Neuguinealeute. Sie seien gestorben und zum Ort des Teufels[1] gegangen und hätten sich dort aufgehalten und hätten dann eines unserer Kanus genommen und seien damit auf dem Meer herumgefahren. [...]

Unsere schauten nur und dachten ›Was können wir tun, damit wir mit jenen sprechen können? Sind das wirkliche Menschen oder was für Leute sind da mit dem Schiff gekommen?‹ Ein Mann aus Kap [Turubu] mit dem Namen Tibong machte Feuer. Er sagte den Frauen, sie sollten Feuerholz herbeiholen und am Strand zusammentragen, wo er es anzündete. Und er legte dort Kasuarfedern[2] in drei Stößen nieder. Und er stand dort, drehte eine Kasuarfeder und schrie: ›He, ihr da, kommt herbei. Was seid ihr für Menschen, die ihr mit diesem Kanu nur auf dem Meer herumfahrt? Kommt ein wenig hierher und schaut zuerst mich an.‹ Dann sprach er zu zwei Männern ›Setzen wir uns in ein kleines Kanu‹ und sie setzten sich ins Kanu und die zwei Männer ruderten. [Der das veranlaßte], das war der Mann mit Namen Tibong. Er saß vorne im Kanu und er machte ihnen Zeichen mit einem Speer, worauf er Kasuarfedern befestigt hatte. Und er machte so Zeichen während sich die drei vorwärtsbewegten. Da sahen die Weißen sie im Fernglas. Sie sahen sie kommen und sprachen zum Schiffsmaat ›He, halte das Schiff ein wenig an. Wir sehen ein Kanu, das hierher gerudert kommt und sie schreien [von dort]. Sind das wirkliche Menschen oder was, wer sind diese Menschen?‹ Das Schiff machte kehrt, der Motor stoppte und es hielt an. [...]

[Als das Kanu am Schiff festgemacht war,] fragte sie der Kapitän: ›Warum kommt ihr her? Was wollt ihr wirklich, was bringt euch her?‹ Die drei machten Handzeichen: ›Wir haben keine Arbeitswerkzeuge und arbeiten nur mit Stein. Da sahen wir euch kommen und sprachen, ihr seid gekommen, gute Werkzeuge zu verkaufen, die uns [besser] arbeiten lassen. Wir haben keine Messer, sondern wir arbeiten mit einem kleinen Stein, um kleines Holz zu beschneiden; [mit] einer harten Faser beschneiden wir den kleinen Stein. Mit einer etwas weicheren Faser beschneiden wir die Muschelschale. Aber ihr seid gekommen und wir lernen, daß ihr uns etwas gutes verkaufen wollt.‹ Und jener [der Kapitän] reagiert darauf: ›He, wie können wir mit ihnen Freundschaft schließen? Gut, bringt den Sack mit Salz her.‹ Und sie brachten den Sack Salz und er nahm ihn in seine Hand. Und jener Kapitän streckte seine Hand aus und sprach ›Schaut mir zu‹. Sie schau-

[1] wörtlich: *»ples bilong dewel«*

[2] Casuariidae: von Neuguinea bis Nord-Queensland verbreitete große Vögel mit verkümmerten Flügeln, hühnerartigem Schnabel, helmartigem Hornaufsatz auf dem Kopf und haarartiger Befiederung

ten ihn an und er aß, nahm etwas [Salz] in seine Finger und legte es auf seine Zunge. Dann sagte er: ›Mensch, ist das gut, so gut. Gebt eure Hände einmal her.‹ Er gab ihnen etwas Salz und forderte sie auf: ›Ißt auch, probiert.‹ Und als sie die Hand ausstreckten, um zu nehmen, sprachen die drei untereinander in ihrer eigenen Sprache: ›Wenn wir [davon] essen, werden wir sterben. Warum hast du uns nur aufgefordert mitzukommen? Was ist, wenn das etwas Böses ist, was sie uns geben und wenn wir sterben, wenn wir davon essen?‹ Tibong antwortete: ›Laßt es, ihr wartet, ich war es, der euch herbrachte, ich versuche es.‹ Und Tibong steckte darauf seine Hand, die das Salz hielt, an seine Zunge, um zu probieren. Er aß, fühlte es und sprach: ›Es ist gut, es ist Meerwasser, es ist nichts schlechtes, [es ist] Meerwasser. Das Salz ist wie Meerwasser.‹ Der Andere fragte: ›Wirklich wahr?‹ und Tibong antwortete: ›Ja.‹ Der Andere sprach: ›Na gut, auch ich habe die Hand ausgestreckt und empfangen, so will ich einmal sehen.‹ Und er aß genauso und sprach: ›Oh, das ist wirklich gut.‹ Und der Dritte versuchte es auch. Und es ging genauso und er sprach: ›Ah, das ist Salz.‹

Nun nahm der Kapitän Streichhölzer hervor und sprach: ›Diese Streichhölzer gebe ich euch, wenn ihr sie so streicht [wie ich], dann gibt es Licht.‹ Und als er es streichen wollte, hatten sie Angst und sagten: ›Nicht daß das Feuer uns verbrennt – was passiert mit dem Mann, der es [in der Hand] hält?‹ Und die zwei Männer traten zurück und sagten: ›Ja, wir haben es schon gesagt, aber du bliebst stur und hast uns hierhergebracht und jetzt werden wir sterben. Schau' nur, etwas, das wie Feuer leuchtet, wird uns verbrennen.‹ Aber Tibong antwortete: ›Nein, es wird uns nicht verbrennen, dieses Feuer hier. Früher kannten wir [nur] den Gebrauch von Feuerstock. Wir haben ihn gedreht und Kokosnußfaser darunter gelegt. Und wenn man am Feuerstock rieb, kam unten das Feuer hervor. Aber dies hier ist das Feuer der anderen, das sind die masta[3].‹ In unserer Sprache nennen wir es ›kuakual'[4]. Tibong sprach: ›Das ist das Kuakual ihrer Welt und dieser ist ihr Stock, mit dem man Feuer macht.‹ [...]

Nachdem er [der Kapitän] ihnen [das alles: Stahlaxt, Sichel, Fischhaken, Messer und Stoff] gegeben hatte, sprach er zu ihnen: ›Jetzt werde ich euch verlassen, aber nach drei Monaten[5] werde ich wiederkommen.‹ [...]

[Als das Schiff zurückkam und Waren ausgeteilt wurden, kam unter den Bewohnern von Turubu ein Gespräch folgendes Inhalts auf:]

[3] so im Original

[4] Offensichtlich Turubu-Entsprechung für das aus Polynesien als *»mana«* (Maori) bzw. *»mamalu«* (Samoa) bekannte Phänomen, das den Europäern gewisse übernatürliche Kräfte und Fähigkeiten zuschreibt.

[5] wörtlich: Monden

›Wahr, es ist wirklich wahr. Jedesmal, wenn das Kanu kommt, schauen wir uns das an. Was denkt ihr, das seien Menschen mit schwarzer Haut? Nein, ihre Haut ist weiß. Der eine Teil ihrer Augen schaut genau wie unserer aus. Der andere Teil ist weiß und wenn du das siehst, kriegst du Angst. Aber es sind gute Menschen, keine Teufel[6] oder so, obwohl ihre Haut weiß ist.‹ ›Wirklich wahr, ich denke, es sind einfach unsere Brüder.[7] Ich glaube, sie fühlten Mitleid mit uns, deswegen sind sie gekommen und wollen uns gut Dinge geben‹ [...], so sprachen sie. Jetzt wissen sie von Gott, damals kannten sie Gott nicht, wußten nichts von der Offenbarung des ewigen Gottes, nein [sie wußten es nicht].[8]

Quelle: Hermann Hiery, »Stori bilong waitman tru« - Erstkontakt in melanesischer Sicht, Geschichte und Kulturen 4 (1992), S. 66 - 70. - Der Text wurde Ende der 1970er Jahre in Turubu, Provinz Ostsepik/Papua-Neuguinea aufgezeichnet. Er behandelt den Erstkontakt mit den Europäern gegen Ende der achtziger, Anfang der neunziger Jahre des 19. Jahrhunderts an der Nordostküste Neuguineas. - Die Übersetzung stammt von Prof. Dr. Hermann Hiery, dem ich für die freundliche Erlaubnis zum Nachdruck des Textes danke.

38. Kolonialskandale in Kamerun – Die »Fälle« Leist und Wehlan, 1893/96

Am 13.III.93. Ich[1] erfahre interessante Einzelheiten über den Bakoko-Aufstand[2]. In den Berichten befinden sich zahlreiche Ungenauigkei-

[6] im Original: *»dewel«*; auffällig ist der Nichtgebrauch des Tok Pisin-Wortes für Geist/Geister: *»masalai«*.

[7] im Original: *»Oh tru, ating ol brata bilong yumi tasol.«*

[8] Der Rest des Textes behandelt die Anfänge des interkulturellen Handels in Turubu, wobei Tibong die Organisation der auszutauschenden Lebensmittel übernimmt. Daran schließt sich der Weg der beiden ersten Männer, ihre Arbeit auf der Missionsstation und der Bericht über ihre Erfahrungen an: »Wir hatten nur Arbeit, keine Ruhe. Wir mußten arbeiten, nichts als arbeiten, und nur an einem Tag, den sie Sonntag nennen, nur da hatten wir Ruhe. Alle anderen Tage waren Tage der Arbeit.« Dennoch folgen ihnen andere nach, und mit dem allgemeinen Anschluß an die Arbeitswelt der Weißen endet der Text.

[1] Verfasser dieser anonymen Tagebuchblätter war Dr. Wilhelm Vallentin.

[2] Die Unterwerfung des Bakoko-Stammes erfolgte in den Jahren 1892/93 unter Gerichts-Assessor Wehlan.

ten. Herr Assessor Wehlan, welcher die Expedition führte, soll beim Niederbrennen der Dörfer faktisch befohlen haben, einigen alten Weibern die Hälse abzuschneiden; Männer konnte er nicht gefangen nehmen. Statt der im betreffenden Bericht erwähnten 150 Gefangenen sollen es deren nur 12 - 15 gewesen sein. Matt, verwundet, halb verschmachtet, zerschlagen und geschunden wurden diese - meist alte Frauen, Greise und Kinder - an Land geschafft und unter Schlägen und Stößen in Ketten zum Gefängnis geführt. Drei sollen am Fuße des Flaggenmastes, unter der wehenden, deutschen Reichsfahne, vor Hunger gestorben sein.

Die in diesem »Feldzuge« gemachten Gefangenen, soweit sie eben noch vorhanden sind, leisten jetzt Zwangsarbeit beim Hafenbau. Sie sterben aber alle weg, größtenteils wohl infolge der veränderten Lebensweise.

Am 17.III.93. Aus dem unter Führung des Assessors Wehlan unternommenen sogenannten »Bakokofeldzuge« erfahre ich heute wieder verschiedene Einzelheiten. Es soll wirklich grauenhaft gewesen sein. Die Gefangenen sind tagelang in der glühendsten Hitze auf dem Schiffe (»Soden«) an die Reelings derartig festgeschnürt worden, daß in die blutrünstigen und aufgeschwollenen Glieder Würmer sich eingenistet hatten. Und diese Qual tagelang in der Tropenhitze und ohne jede Labung! Als dann die armen Gefangenen dem Verschmachten nahe waren, wurden sie einfach wie wilde Tiere niedergeschossen.

Die amtlichen Berichte, die natürlich von den Führern derartiger Expeditionen aufgesetzt werden, rühmen dann einen solchen Feldzug als eine der größten Heldentaten des Jahrhunderts. Nun ja! Papier ist geduldig, und niemand weiß oder bringt es an die Öffentlichkeit, was im dunklen Weltteil gefrevelt und verbrochen wird.

Und selbst wenn es in solchem Berichte heißt, daß einem Manne, der einen Fluchtversuch machte, sofort der Kopf vom Rumpf getrennt wurde, so läßt auch das schon tief genug blicken. [...]

Am 4.V.93. Gerichtstag, abgehalten von Assessor Wehlan!
Ich werde einige Beispiele zur Illustration der hiesigen Rechtsverhältnisse anführen.

Eine Frau (Schwarze) verklagt ihren Mann, weil er sie schlecht behandle. Ohne irgend welche Beweisaufnahme und Zeugenverhör wird der Mann zu 50 Hieben verurteilt und die Strafe sogleich vollstreckt.

Ein Schwarzer, Aug. Bell, ist beschuldigt, eine Uhr gestohlen zu haben. Er wird vorgeführt. Das erste, was ihm vorgehalten wird, ist: es gibt nur zweierlei Wege, entweder, er gesteht, er habe den in Frage stehenden Diebstahl begangen, oder er bekommt 50 Hiebe. Bell sagt aus: »Nein, ich habe die Uhr nicht gestohlen.« Sofort wird er abgeführt und erhält 50 Hiebe mit der Rhinozerospeitsche. Wieder vorgeführt, gesteht er auf weiteres Befragen, daß er die Uhr gestohlen habe. Er wird darauf zu 6 Jahren (schreibe und sage sechs Jahren) Gefängnis, 100 Mk. Geldstrafe und 15 Hieben am ersten Sonnabend jeden Monats verurteilt.

Aug. Bell soll während jener vorerwähnten Verhandlung ca. 80 Hiebe bekommen haben, sowohl dafür, daß er nicht gleich eingestand, daß er die Uhr gestohlen hätte, als auch wenn er, bei der Niederschrift des Protokolls, die verlangten Antworten nachsprechend, stotterte. Was aber 80 Hiebe an einem Nachmittag zu bedeuten haben, das kann nur der in vollem Umfange ermessen, der jemals einer derartigen Prozedur beigewohnt hat. Ein rohes, gehacktes Beefsteak ist nichts dagegen! -

Ein weiterer Fall! Herr Assessor Wehlan vermutet, daß sein Boy ihm Zigarren gestohlen habe. Auf Grund dieser *Vermutung* wird der Boy von *ihm* zu 20 Hieben verurteilt.

So geschehen im Jahre 1893 in Deutsch-Afrika! Eine derartige Bestrafung, welche der Bestohlene über den vermeintlichen Dieb, ohne Beweise zu haben, verhängt, gehört allerdings auch in Kamerun nicht zu den alltäglichen Dingen. Der Gouverneur[3] weiß von allen diesen Geschichten wohl kaum etwas. Leutnant Schröder entsetzte sich förmlich über diese Gerichtsverhandlung, die auch, infolge des rohen Benehmens des Assessors Wehlan, ein eigenartiges Gepräge trug. Es nimmt sich in der Tat seltsam aus, wenn der Vorsitzende nur in brüllendem Tone redet und sich andauernd grober Schimpfwörter, wie Aas, Hund, Luder, Schweinehunde bedient. [...]

Am 28.VI.93. Urlaubsantritt des Gouverneurs! Die Leitung der Geschäfte übernimmt Kanzler Leist[4]. [...]

Am 30.X.93. [...] Wie ich heute Morgen erfuhr (Dr. Plehn äußerte es gegen Leutnant Haering in meinem Zimmer), hat Kanzler Leist gestern Abend Weiber aus dem Gefängnis zum Tanzen holen lassen, aber nach beendigtem Tanz nicht alle zurückgeschickt.

Wenn Leist wüßte, was für Ärgernis er hierdurch bei Weißen und Schwarzen erregte, er würde zum mindesten vorsichtiger handeln. Aber trotzend auf seine Machtstellung in der Kolonie hält er eine Rücksichtnahme nicht mehr für nötig. Es ist bedauerlich, wenn ein sonst so befähigter Mann durch solche Geschichten das Ansehen des Reiches in den Kolonien untergräbt. [...]

[3] Eugen von Zimmerer, 15.4.1891 - 13.8.1895 Gouverneur in Kamerun

[4] Heinrich Leist war als Chef der Verwaltung (Kanzler) in der Zeit von Juni 1893 bis Februar 1894 Stellvertreter des beurlaubten Gouverneurs Eugen von Zimmerer.

Am 25.XII.93. Heute ist Weihnachten. Wie anders sieht es jetzt auf dem Kameruner Gouvernement aus, als damals, wo ich die letzten voranstehenden Zeilen niederschrieb. Zerstörung, Verwüstung, Tod und Verderben haben ihren Einzug gehalten und in einigen Tagen das vernichtet, was deutscher Fleiß in langen Jahren hervorgebracht hat.

Es war am Freitag, den 15. Dezember 1893 abends ca. 7 Uhr. Wir Beamten saßen alle in der Messe beim Abendessen, als plötzlich ein ungeheurer Lärm an unsere Ohren schlug. Das Getöse komme von einigen Soldaten her, so hieß es. Mit einem Male fielen Schüsse, und es dauerte nicht lange, so sausten uns in der Messe die Kugeln um die Ohren. Die Soldaten der Polizeitruppe[5] feuerten auf uns. Wir eilten in unsere Wohnung, um uns zu bewaffnen. Assessor Riebow fiel, tödlich in die Brust getroffen. Inzwischen wuchsen der Lärm und das Geschrei mit rapider Schnelligkeit an, die Schüsse fielen von allen Seiten hageldicht – die Soldaten-Revolte war da! [...]

Das war der denkwürdige 15. und 16. Dezember 1893. Eine Empörung nicht der eingeborenen Kameruner, sondern der eignen Leute! Aber es konnte nicht ausbleiben. Die Folgen der Mißregierung der Herren Assessor Wehlan und Leist kamen jetzt zum Vorschein. Kanzler Leist war schon lange unbeliebt, überall, bei den Beamten, den Kaufleuten und den Schwarzen. Die Form der Regierung war quasi Despotie.

So hatte es diesem Herrn auch am 15. Nachmittags gegen 5 Uhr gefallen, die Weiber der schwarzen Soldaten öffentlich peitschen zu lassen, weil sie ihm zu wenig gearbeitet hatten. Während die Soldaten zum Zuschauen in Reih und Glied angetreten waren, erhielten ihre Weiber jedes 10 Hiebe mit der Flußpferdpeitsche, und Herr Leist stand dabei und sah der Exekution zu. Weithin tönte das Geschrei und Geheul der Gezüchtigten. Es läßt sich denken, daß die Wut der Soldaten durch all dieses aufs Höchste gestiegen war, und der lang verhaltene Grimm darüber, daß sie keinen Lohn, sondern vom Gouverneur nur Schläge kriegten – so hatten sie sich wiederholt geäußert – kam endlich zum explosiven Ausbruch. Am Abend desselben Tages gegen 7 Uhr erbrachen sie die Munitionskammer und bemächtigten sich aller Munition sowie der vier Geschütze. Unteroffizier Steinecke,

[5] Die Kameruner Polizeitruppe wurde im Oktober 1891 geschaffen. Die Stammtruppe von lediglich 12 afrikanischen Polizeisoldaten wurde aufgrund des geringen Budgets durch die Einstellung freigekaufter Sklaven des Häuptlings Behanzin von Dahomey bis Dezember 1893 auf 100 erhöht. Die Bezahlung der als Soldaten verwandten Dahomey-Leute bestand allein in freier Beköstigung und Bekleidung. Die Unzufriedenheit über entwürdigende Behandlung und Schikanen durch das Gouvernement steigerte sich nach der willkürlichen Auspeitschung der Frauen der Dahomey-Leute durch Kanzler Leist am 15.12.1893 zum Aufstand.

der zur Zeit krank im Hospital lag, eilte auf den Lärm herbei, meinend, es handle sich um einige Betrunkene; er wurde aber von den Soldaten mit den Worten zurückgewiesen: go back, you are sick, we want kill only the governor!

Es war also von Anfang an nur auf Leist abgesehen. Auch aus späteren Äußerungen ging dasselbe hervor. So hat denn das öffentliche Durchpeitschen der Soldatenweiber den Anstoß zum Soldatenaufstand gegeben, der so verhängnisvoll für die Kolonie Kamerun geworden ist.

Quelle: Anonym [d.i. Dr. Wilhelm Vallentin], Tagebuchblätter eines in Kamerun lebenden Deutschen, Neue deutsche Rundschau, Jg. 5 (1894), 1. Halbbd., Berlin 1894, S. 336 f., 340 - 342, 347 - 351.

39. Deutsche Oberherrschaft und samoanische Selbstverwaltung – Ansprache des Gouverneurs von Samoa, Wilhelm Solf, an die samoanischen Häuptlinge in Mulinuu am 14. August 1900

Es ist ein freudiger Anblick für mich, die hohen Häuptlinge vor mir zu sehen, die Vertreter der großen Familien, die seit Alters her Herrscher waren auf den samoanischen Inseln von Upolu, Manono, Apolima und Savaii. Ihr alle wißt, daß die früheren Regierungen Samoas nicht gut und auch nicht mächtig waren. Und es herrschte kein Wohlwollen unter euch und keine Freundschaft zueinander, sondern Aufstände und Kriege beunruhigten das Land Jahr für Jahr.

Deswegen haben die Herrscher der drei großen Mächte beschlossen und bestimmt, daß Samoa der Fürsorge Seiner Majestät des Deutschen Kaisers anvertraut werde, auf daß Er mit Seinem starken Arm das schöne Inselreich beschützen möge. Und alle hohen Häuptlinge haben Seiner Majestät dem Kaiser, Ihrer Majestät der Königin von England und dem Präsidenten der Vereinigten Staaten von Amerika gedankt, dafür, daß nun die Grundlage geschaffen ist für eine ersprießliche und hoffnungsreiche Entwicklung der Inseln. Mit Genugtuung hat der neue Kaiserliche Herr die Versicherung der Treue und Loyalität von den hohen Häuptlingen Samoas entgegengenommen.

Seine Majestät der Kaiser hat Allergnädigst geruht, mich zum Gouverneur von Samoa zu ernennen, und ich verkünde Euch heut die Anordnungen der Kaiserlichen Regierung über die Verwaltung des Landes:

»Niemand hat im Lande zu befehlen außer dem Gouverneur; seine Macht erstreckt sich auf die weißen Bewohner der Inseln und auf Euch Samoaner.

Es ist nicht die Absicht der Deutschen Regierung, Euch zu zwingen, unsere Sitten und Gewohnheiten anzunehmen, die Regierung nimmt Rücksicht auf Euere alten Traditionen und achtet sie, soweit sie nicht verstoßen gegen die Gebote des Christentums und gegen die Wohlfahrt und die Sicherheit des Einzelnen.

Die Regierung setzt das Vertrauen in Euch, daß Ihr es vermögt, Euch selbst zu verwalten, unter der Aufsicht und Kontrolle des Gouverneurs, und es werden solche Gesetze und Verordnungen erlassen werden, wie sie zum Besten des Landes sind und übereinstimmend, soweit angängig, mit Eueren Anschauungen.

An der Spitze der samoanischen Selbstverwaltung soll ein hoher Häuptling stehen. Er soll den Titel führen »LE ALII SILI«[1]. Er soll die Vermittlungsinstanz bilden, durch welche die Wünsche und Befehle des Gouverneurs den Samoanern bekannt gegeben werden.

Der Alii Sili soll einen Rat – FAIPULE – haben.

Die Distrikte sollen verwaltet werden durch Häuptlinge, die den Titel »TAITAI ITU« führen.

Für jeden Distrikt wird die erforderliche Anzahl von Richtern – FAAMASINO – angestellt werden.

Für die Ordnung in den Dörfern sollen Dorfschultzen – PULE NUU – sorgen.

Zur Ausführung der Befehle der Verwaltungsorgane sollen Polizisten – LEOLEO – angestellt werden.«

Ich gebe meiner Zufriedenheit Ausdruck über die wohlgeordnete festliche Versammlung heut; laßt uns froh sein des Friedens, der nunmehr in Samoa herrscht durch die Gnade Gottes; laßt uns danken Seiner Majestät dem Kaiser, der mit seinem eisernen Willen Kriege unter Euch verboten hat; Er, der Deutsche Kaiser, der Tupu Sili[2] von Samoa, hat Euere Hände in Freundschaft geeint, Sein Kaiserlicher Wunsch ist, daß ganz Samoa glücklich sei und gedeihe im Gehorsam den Gesetzen der Deutschen Herrschaft, die jetzt und für alle Zeiten in Samoa eingesetzt ist.

Und nun ernenne und setze ich ein zum ALII SILI Dich, hoher Häuptling MATAAFA[3] und betraue Euch, Ihr hier versammelten Häuptlinge mit den aus Eueren Anstellungsurkunden ersichtlichen Posten.

[1] etwa »Hoher Herr«

[2] etwa »Oberster Herr«

[3] Mataafa Iosefo, Führer der – inzwischen – deutschfreundlichen Tupua-Partei, gestorben 1911

Ihr alle, Mataafa und die hier versammelten Häuptlinge werdet nun den Eid der Treue und des Gehorsams leisten.

Quelle: Samoanisches Gouvernements-Blatt, hg. v. Kaiserlichen Gouvernement, Bd. III - No. 4, Apia, den 5. September 1900, S. 15 - 17.

40. Demonstration der Stärke – Besuch des Stationskreuzers »Cormoran« in Korror/Palau-Inseln, 14. Januar 1902

Berlin, den 5. April 1902

Am 14. Januar stellten sich der König [von Korror] und die zu einer Versammlung einberufenen Häuptlinge an Bord ein. Mit ihnen waren ungefähr 100 Eingeborene an Bord zugelassen worden.

In einer Ansprache wurde ihnen die große Feuergeschwindigkeit, Treffsicherheit und Fernwirkung der modernen Schußwaffen klar gemacht und ihnen auseinandergesetzt, daß die Bestrafung von Ungehorsam gegen die Regierungsgewalt jedem Kriegsschiff mit diesen Machtmitteln ein leichtes sei. Dann wurde eine Gefechtsübung vorgeführt und dabei mit einem Maschinengewehr, einer 3,7-cm-Revolverkanone und einer 10,5-cm-Schnelladekanone vorgeschossen. Der Eindruck dieser Übung auf die Eingeborenen war ein großer und nachhaltiger.

Der König Abathul, ein Mann von etwa 60 Jahren, ist von einer solchen Fettleibigkeit, daß er stets in einer Art Sänfte getragen werden muß. Stumpfsinnig und gleichgültig würde er schon längst von seinem Ansehen eingebüßt haben, wenn ihn nicht sein lebhafter und intelligenter Bruder Arikoko unterstützte. Lezterer spricht englisch und ist vom Bezirksamtmann als Polizeiaufseher eingesetzt, was als ein besonders glücklicher Griff bezeichnet werden muß, zumal derselbe nach dem Erbrecht der Nachfolger seines älteren Bruders Abathul ist.

Arikoko hat schon im Jahre 1876 auf Euer Majestät Schiff »Hertha« Lotsendienste getan.

Wirtschaftlich zerfällt die Inselgruppe in zwei auffallend verschiedene Teile: Die südlichen unbewohnten Inseln sind steil, unzugänglich und von dichtem Urwald bedeckt, die nördlichen haben dagegen große Strecken fruchtbaren anbaufähigen Landes und können sicherlich ertragfähig gemacht werden.

Die auf etwa 3000 Seelen geschätzte Bevölkerung macht einen unfreundlichen, aber bildungsfähigen Eindruck. Bei vorsichtiger Behandlung ist zu hoffen, daß die Eingeborenen bald Vertrauen zu der neuen Regierung fassen. Unterstützt würde dies werden durch einen regelmäßigen Besuch der Inselgruppe durch den Stationskreuzer und durch Einsetzung eines Regierungsbeamten. Nach Ansicht des Kommandanten würde ein mit dem Vermessungswesen vertrauter Steuermann a.D. der kaiserlichen Marine diesen Posten am besten ausfüllen; derselbe würde Zeit genug übrig haben, um die sehr ungenaue Seekarte dieser Inselgruppe verbessern zu können.

Quelle: Willi A. Boelcke, So kam das Meer zu uns. Die preußisch-deutsche Kriegsmarine in Übersee 1822 bis 1914, Frankfurt a. M. 1981, S. 365-367.

41. Mißwirtschaft in »Puttkamerun« – Beschwerdebrief der Duala vom 19. Juni 1905 an den Reichstag über ihre Behandlung

An den allerdurchlauchtigsten allergnädigsten deutschen Reichstag Berlin.

Bonaku, Duala-Kamerun, den 19. Juni 1905.

Dem »Deutschen Reichstag« senden wir die unterzeichneten Häuptlinge von »Bonambla-Duala-Kamerun« dem heutigen Berichte beiliegend[1], unsere Beschwerden in nummerierten Bogen, um unsere hohen Herren des »deutschen Reichstag« in Kenntnis über sämmtlichen Unfug, der durch das Kaiserliche Gouvernement von »Kamerun« unter Leitung des Herrn Gouverneur *v. Puttkamer*[2] hier bei uns verübt wird, besonders, was er bisher an unseren »King« und Häuptlingen und dem ganzen Volke gethan hat.

Da solche Behandlungen, wie die beiliegenden Blätter schildern,

[1] Die Anlage enthält 24 Beschwerdepunkte, die sich u. a. gegen rechtswidrige Handlungen des Gouverneurs oder des Gouvernements, die Steuerbelastung, Enteignungen, Arbeits- und Steuerzwang, ungerechtfertigte Urteile und Bestrafungen sowie die exzessiven Auspeitschungen richteten.

[2] Jesco von Puttkamer, 13.8.1895 - 9.5.1907 Gouverneur von Kamerun

Unruhe im Lande erregen, und dem Volke leicht Reiz zu Ungeziemtheiten geben, und wir Häuptlinge sowie das ganze Volk dem »deutschen Reiche« *nicht abhängig*[3] oder in irgend einen bösen Zustand kommen möchten, wie andere ungebildeten Völker es gleich *gemacht hätten*, haben wir für geratener ersehen, unserem »allerdurchlauchtigsten allergnädigsten deutschen Reichstag« die Mitteilung zu machen, damit dortseits *befohlen* sein möchte, daß zur Vermeidung etwaiger Unregelmäßigkeiten, die Quälereien des hiesigen »deutschen Gouvernements« an uns und unserem »King« ein Ende nehmen möchten.

Derartigen Aufführungen des hiesigen »deutschen Gouvernements« erniedrigen das Land und verderben den guten Namen des »deutschen Reiches«!

Unser »King« ist für uns das *Oberhaupt des Landes*, wenn er nun so *viehisch* behandelt wird, so können die Gemüther des Volkes sich *niemals* beruhigen, und bringt eher nur *Zwietracht im Lande*!!!

Uns befriedigen Vorschlag über unsere Klagen, dürfen wir allerunterthänigst hier, wie folgt, unserem »allerdurchlauchtigsten allergnädigsten deutschen Reichstag« eröffnen, nämlich:

Den Herrn Gouverneur *v. Puttkamer*, dessen *Richtern, Bezirksamtmänner*, kurz *seine ganze Regierungsbesatzung* wollen wir *nicht* mehr hier haben.

Sämmtliche jetzige Gouvernementsbeamten des Schutzgebiets »Kamerun« bitten wir *fort räumen* zu wollen, denn ihre Regierung führen sie *nicht gut*, sie sind nicht gerechtfertigt, ihre Art und Weise explotieren das Land.

Als Ersatz-Gouvernement bitten wir allerunterthänigst, uns *Consulat* anstatt Assessorismus[4] senden zu wollen, *Assessorismus* wollen wir *nie wieder* haben, diese verderben die Regierung, und machen die *redliche »deutsche Macht«* zu einer *wucherischen* und *gäunerischen Macht*! – Also fort mit dem Assessorismus zum Ersatze: *Consulat*!

Da die schriftliche, die mündliche Vertretung nicht bis auf den letzten Punkt übernehmen kann, bitten wir unseren allerdurchlauchtigsten allergnädigsten »deutschen Reichstag« den von uns bevollmächtigten: *»Nyasam Akwa nya Bonambela«*, den Sohn unseres *»King Akwa von Bonambela«* zur Zeit wohnhaft in: *Altona (Elbe) Markstraße 2*, I zur Vervollständigung unserer Wünsche und mündlicher Erklärung unserer eingereichten Beschwerden vor den »deutschen Reichstag« laden zu wollen.

[3] Hier ist wohl *abgängig* gemeint.
[4] Meint als Vorwurf eine unerfahrene, bürokratische Herrschaft junger Beamter.

Wir bitten allergnädigst um Entschuldigung, daß unsere Beschwerden nicht früher gekommen sind, denn wir wußten die Adresse an den »deutschen Reichstag« noch nicht.

Vor Eröffnung der Untersuchung unserer eingereichten Beschwerden, bitten wir den »deutschen Reichstag« allerunterthänigst, die sämmtlichen hiesigen Beamten des Gouvernements sofort zu räumen, damit sie nicht vor Angst vor der ihnen bevorstehenden gerechten Gerichtsbarkeit noch etwas Argeres, das unseren gewünschten Frieden bricht, anrichten. [...]

Allerunterthänigst bitten wir, unseren allergnädigsten »Kaiser Wilhelm von *Deutschland und Kamerun etc. etc. etc.*« von uns höchlichst grüßen zu wollen, und »Ihm« mittheilen zu wollen, daß wir wiederholt sagen, wie damals, als Herr *»Dr. Nachtigall«*[5] »Seine« *»deutsche Flagge«* in unserem Lande aufhieß, gesagt haben, daß wir von da an *deutsch sind und deutsch bleiben* werden bis an das Ende der Welt; wir machen uns *nie* dem »deutschen Reiche« abhängig sondern wollen uns stets befleißigen, treue »deutsche Unterthane« zu bleiben. – Ebenso bitten wir unsere »Kaiserin Augusta Victoria« und den »Kronprinzen Wilhelm des deutschen Reiches« und »Seine« Braut »Herzögin Cecilie von Mecklenburg-Schwerin« allerunterthänigst grüßen zu wollen, und unserem »Kronprinzen Wilhelm des deutschen Reiches« unsere nachträglichen allerunterthänigsten Gratulationen zu »Seiner« Verlobung bestellen zu wollen; der liebe Gott segne »Ihn und Seine Braut.« –

Gleichzeitig senden wir unsere verbindlichsten Grüße an »Sie« unseren hohen Herren des »deutschen Reichstags« und zeichnen in Allerunterthänigkeit.

[Handzeichen des King Akwa von Bonambela sowie 27 weiterer Häuptlinge und Unterhäuptlinge]

Die Richtigkeit der Abschrift wird beglaubigt.
Bonaku, den 19. Juni 1905

G. A. a. Dibonge
»Mntiledi a Bonambela«[6]

Quelle: Stenographische Berichte über die Verhandlungen des Reichstages, Bd. 222, Berlin 1906, Anlage 294.

[5] Dr. Gustav Nachtigal unterzeichnete 1884 als Reichskommissar die ersten Schutzverträge mit den Duala (vgl. Dok. 31).

[6] »Dolmetscher in Bonambela«

42. Die Enteignung und Umsiedlung der Duala 1910/14 – Ein Beschwerdebrief der Duala-Häuptlinge aus dem Jahre 1913

Duala-Kamerun, den 20. Februar 1913

An
das Kaiserliche Gouvernement Buea
durch das Kaiserliche Bezirksamt Duala.

Betrifft:

Beschwerde gegen den Enteignungsbeschluß
des Kaiserlichen Bezirksamts Duala vom
15. Januar 1913.

Gegen den am 15. Januar dieses Jahres erlassenen, am 30. Januar an den Oberhäuptling *Duala Manga* (Rudolf Bell)[1] und an verschiedenen Tagen der vergangenen und der laufenden Woche an verschiedene Häuptlinge und Eingeborene teils zugestellten, teils in ihren Wohnhäusern gelassenen Beschluß über die Verleihung des Enteignungsrechts an dem ganzen im Besitz der Eingeborenen befindlichen Grund und Boden an den Fiskus des Schutzgebiets Kamerun wird hiermit im Namen der unterzeichneten Häuptlinge samt ihren Dorfangehörigen *Beschwerde* eingelegt. [...]

Obgleich es den Häuptlingen freistand, jede europäische Großmacht um Schutz anzugehen, faßten sie den Entschluß, sich an die deutsche Regierung zu wenden. Die bereits früher mit der englischen Regierung gepflogenen Verhandlungen wurden abgebrochen. Die mit den Vertretern der deutschen Firmen gepflogenen Verhandlungen führten zu dem Abschluß des genannten Vertrages[2]. Nach diesem übernahmen dieselben den Schutz des Machtbereiches der Häuptlinge, insbesondere auch ihres Handelsmonopols zwischen den europäischen Firmen und Binnenlandschaften gegen Erwerb der Hoheitsrechte der Duala-Häuptlinge, die in der Ausübung der Justiz und Verwaltung beschränkt bleibt. Die Rechte an Grundstücken haben die Häuptlinge den Kaufleuten *nicht* abgetreten. [...]

Wenn trotzdem die Regierung jetzt den Grund und Boden der Ein-

[1] Rudolf Duala Manga, Oberhäuptling von Bell-Town

[2] Gemeint ist der von Vertretern der Firmen C. Woermann und Jantzen & Thormälen vorbereitete und von Dr. Gustav Nachtigal am 12. Juli 1884 abgeschlossene, zwei Tage später feierlich unterzeichnete Vertrag (vgl. Dok. 31).

geborenen zu enteignen den Beschluß gefaßt hat, so macht sie sich des Vertragsbruches schuldig, und *das dürfte den Eingeborenen Veranlassung geben, in Erwägung zu ziehen, ob nicht nach dem Geschehenen von dem Vertrage zurückzutreten und der Vertrag mit einer anderen Macht abzuschließen wäre*. [...]

Wenn auch anzunehmen ist, daß es dem Kaiserlichen Gouvernement schwer fallen wird, dem Gedanken der Rückgängigmachung des einmal erwogenen und festgelegten Planes und der Einstellung der begonnenen Enteignungsarbeiten näherzutreten, so wenden sich doch die gehorsamst untertänigsten Häuptlinge vertrauensvoll an dasselbe mit der ehrerbietigsten Bitte, unter Würdigung der vorgetragenen Gründe von den dem Kaiserlichen Gouvernement zur Seite stehenden Befugnissen und Rechten hochgeneigtest Gebrauch machen und anordnen zu wollen, daß

1. der Beschluß des Bezirksamts Duala vom 15. Januar 1913 samt den noch zu erlassenden weiteren ergänzenden Beschlüssen aufgehoben,
2. die Enteignungsarbeiten eingestellt und
3. überhaupt sämtlichen in dieser Beschwerde gestellten Anträgen stattgegeben werde.

Sollte sich das Kaiserliche Gouvernement außerstande fühlen, die in dieser Beschwerde angegebenen Gründe anzuerkennen und nur zu der Ansicht neigen, die Beschwerde als unbegründet zurückzuweisen, so erlauben sich die gehorsamst Unterzeichneten, sich auf die persönliche Prüfung derselben durch seine Exzellenz den Herrn Reichskanzler (nicht Reichs-Kolonialamt) berufen zu dürfen. Doch wird gehofft, daß das Kaiserliche Gouvernement vorliegende Beschwerde einer sorgfältigen sachlichen Prüfung zu unterziehen geneigt sei, zumal es sehen wird, daß nicht nur die Regierung, sondern auch die Eingeborenen Wünsche haben, die ja im Grunde übereinstimmen.

Indem wir auch diesen Anlaß benutzen, dem Kaiserlichen Gouvernement vertrauensvoll den Ausdruck unserer Hochachtung zu versichern als

gehorsamste untertänigste

Duala-Häuptlinge.
(Unterschriften)

Quelle: Stenographische Berichte über die Verhandlungen des Reichstages, Bd. 305, Berlin 1914, S. 3325–3331.

43. Die deutsche »Musterkolonie«? – Eingabe der Einwohner von Lome/Togo an Kolonialstaatssekretär Wilhelm Solf, 12. Oktober 1913

An Seine Exellenz
den Staatssekretär des Reichs-Kolonialamts
Herrn Dr. Solf, Berlin
z.Zt. HIER

Lome, den 12. Oktober 1913

Eingabe der Eingeborenen von Lome.

Wir, die Eingeborenen von Lome beehren uns Ew. Exellenz herzlichst Willkommen heissen zu dürfen.

Ew. Exellenz wollen versichert sein, dass wir diesen hohen Besuch als eine grosse Ehre uns anrechnen. Anllässlich dessen, erlauben wir uns Ew. Exellenz Nachstehendes untertänigst zur hochgeneigten Berücksichtigung zu unterbreiten:

1. Bessere Organisation des Rechtswesens.
2. Beseitigung der Kettenhaft und der Prügelstrafe.
3. Bessere Gefängnisordnung.
4. Zulassung einer Vertretung der Eingeborenen in die Gouvernementsratssitzung.
5. Einführung eines allgemeinen Landesgesetzbuches.
6. Ermässigung der Steuer.
7. Frei-Handel für die Eingeborenen.

Punkt 1. Bessere Organisation des Rechtswesens.
Dieser Punkt bezieht sich hauptsächlich auf Rechtsstreit zwischen Europaer und Eingeborenen. Rechtsstreitigkeiten zwischen Europaern und Eingeborenen werden vielfach so derart gerichtet, dass der Eingeborene stets der Verlierende ist; und wird mit unangemessener Strafe belegt. Es ist leider sehr oft vorgekommen, dass der Eingeborene beim Nichtgrüssen eines unbekannten Europaers von diesem einfach tätlich angegriffen wird; ist der betreffende Europaer ein Beamter, so wird der Unglückliche ohne weiteres und ohne Rücksicht auf die Bildung zur Züchtigung auf das Bezirksamt oder die Station geführt. Ferner macht der angegriffene Eingeborene Gebrauch von der Selbstverteidigung einem Europaer gegenüber, so wird dieser noch obendrein zu Unrecht mit ungewöhnlich hoher Strafe belegt. Gleich-

zeitig bitten wir um Zulassung von Zuhörern zu den Gerichtsverhandlungen.

Punkt 2. Beseitigung der Kettenhaft und Prügelstrafe.
Was die Kettenhaft anbelangt, halten wir solche für nicht notwendig. In so einer christlichen Stadt wie Lome, die bereits auf eine gewisse Stufe der Kultur gestiegen ist, ist grundsätzlich das Anketten der Gefangenen unangebracht. Wir halten es für eine spielende Leichtigkeit für eine so große Macht wie das deutsche Reich, das mit kaum paar hundert Soldaten das ganze Schutzgebiet in Frieden und Ordnung hält, solche Sträflinge ohne Ketten in Sicherheit zu halten. Die Prügelstrafe bitten wir ebenfalls abzuschaffen. Hierzu bitten wir zu bemerken, dass die Bewohner der Nachbarkolonien uns zu unserer grössten Beschämung Kinder der Kette und des Prügels nennen.

[Punkt 3 ist nicht ausgeführt]

Punkt 4. Zulassung einer Vertretung der Eingeborenen in die Gouvernementsratssitzungen.
Es ist bisher leider unterlassen worden, die Eingeborenen zur Vertretung ihrer Interessen in die Gouvernementsratssitzungen zuzulassen. Dies ist angesichts des jetzigen Kulturstandes der Eingeborenen dringend notwendig.

Punkt 5. Baldige Einführung eines allgemeinen Landesgesetzbuches.
Die Einführung eines solchen in Anbetracht des Alters des Schutzgebiets ist nunmehr unentbehrlich.

Punkt 6. Ermässigung der Steuer.
Die bisherigen Steuersätze sind für unser noch in der Wirtschaft rückständiges Schutzgebiet unerträglich. Wir bitten daher Ew. Exellenz ganz untertänigst, dieselbe allgemein auf M. 6.-[1] herabzusetzen lassen zu wollen.
Wir beziehen uns auf den niedrigen Steuersatz der Eingeborenen in Kamerun.

Punkt 7. Freihandel der Eingeborenen im Schutzgebiet.
Wir die Eingeborenen von Togo sind von jeher grösstenteils Handelsleute. In den früheren Zeiten haben wir grossen Handels-Verkehr mit

[1] In Lome und Anecho bestand ein Steuersystem von 12 verschiedenen Steuerklassen, beginnend mit 6 Mark für die Steuerklasse I und endend mit 180 Mark für die Steuerklasse XII.

Europäern zum Nutzen unseres Landes unterhalten. Seit Einführung der Firmensteuer wurde dieser Verkehr derart eingeschränkt, dass man heute noch keinen selbständigen eingeborenen Kaufmann mehr findet.

Zum weiteren Gedeihen des Schutzgebiets erachten wir es für zweckentsprechend, den Eingeborenen Freihandel, abgesehen von Zollgefällen, zu gewähren.

Auf Grund dieser Ausführungen richten wir die recht dringende Bitte an Ew. Exellenz ganz gehorsamst untertänigst diese Eingabe in wohlwollende Erwägung ziehen und das Weitere veranlassen zu wollen.

Ew. Exellenz ganz untertänigst

für die Eingeborenen Lomes:
O. Olympio
Theo W. Tamakloe
John Alf Byll
Th. Assah
etc etc etc

Vorstehende Eingabe in die Landessprache übertragen, von den Unterzeichneten genehmigt und unterschrieben. Schreiber W. Mensah.

Quelle: Bundesarchiv Berlin: R 1001/4308, Bl. 149 - 150.

44. Weiß gegen Schwarz – Aus dem Buch der Ada Cramer, Farmersfrau auf Otjisororindi/Deutsch-Südwestafrika, 1913

Aus Zeitungsberichten habe ich ersehen, daß der derzeitige Gouverneur[1] in der Budgetkommission[2] die Äußerung getan hat, es würde noch Jahre dauern, bis die Frage entschieden sei, ob Südwest ein Land der Weißen oder der Schwarzen sein werde!

[1] Dr. Theodor Seitz, seit dem 28.8.1910 Gouverneur von Deutsch-Südwestafrika
[2] Budgetkommission des Reichstags

Das ist mir eine Bestätigung der diesseitigen Auffassung, daß der Kampf um das Land mit der Niederwerfung des Aufstandes nur äußerlich beendet ist und weitergeführt werden muß, bis der Schwarze sich auch innerlich überwunden bekennt. [...]

Wo liegt die Zukunft des Landes? In der Hand der bodenständigen Farmer oder der Beamten ohne Heimatsgefühl?

Und doch dieses Übergewicht des Beamten über den Farmer! Der Beamte hält das Schicksal des Farmers in Händen. In seiner Hand konzentriert sich eine Machtfülle, von der wir uns in Deutschland nichts träumen lassen! Alles, was der Farmer an Schutz und Unterstützung von der Regierung braucht, ist in die Form von Almosen und Gunstbezeugungen gekleidet. In der Kolonie herrscht der Absolutismus in den reinsten Formen. [...]

Untrennbar von der Beamtenfrage ist die Eingeborenenfrage; nur von noch einschneidenderer Bedeutung. Plastisch tritt aus dem Rahmen des Buches der dem Weißen feindseliger denn je gegenüberstehende, von Haß und von der Hoffnung sowie dem Wunsche nach Befreiung von dem Unterdrücker beseelte Eingeborene uns entgegen. Wir sehen sein Handeln, wir erkennen und begreifen seine Motive, die uns so natürlich erscheinen, daß wir betäubt der Haltung gegenüber stehen, welche Gesetz und Amt dagegen einnehmen. Wir sehen, wie im Ringen um die Herrschaft die weiße Behörde sich auf die Seite des Schwarzen schlägt und damit den Kampf zu Ungunsten des Weißen entscheidet, der Ehre, Vermögen und Leben dabei einzubüßen droht.

Das ist die Frucht Eurer Humanität, die Ihr im Mutterlande für Freiheit, Gleichheit und Brüderlichkeit mit den armen Eingeborenen schwärmt! Ich sage Euch, Ihr müßt noch viel mehr für die armen Unterdrückten tun. Gebt ihnen die Herrschaft über das Land und ihr Eigentum zurück; geht aus dem Lande, überlaßt sie ihrem Heidentum und ihrer Unkultur und gebt den Farmern, die Ihr verführt habt, ihr Lebensschicksal der Kolonie anzuvertrauen, ihr Geld und ihre Gesundheit wieder, die sie der Kolonisierung des Landes geopfert haben. Dann handelt Ihr konsequent.

Wollt Ihr das aber nicht tun; wollt Ihr die großen Opfer für die Kolonie nicht umsonst gebracht haben, wollt Ihr, daß die Kolonie dem Christentum und der Kultur erschlossen wird, dann müßt Ihr auch konsequent sein. Dann müßt Ihr den, der in Eurem Sinn schwere Pionierarbeit verrichtet, das ist der Farmer, im Kampfe gegen die sich der Kultur widersetzenden Schwarzen unterstützen, statt ihn der Bosheit und Niedertracht der Eingeborenen preiszugeben. Das ist wahre Menschlichkeit.

Mit schönen Worten und Vermahnungen, mit Beten und Bibelsprüchen allein impft man dem Schwarzen keine Kultur ein. Der Haupterziehungsfaktor ist der dauernde Zwang zu sittlichem Handeln, besonders zur Arbeit. Nicht *ora et labora*, sondern *labora et ora* muß die Richtschnur sein. Dadurch, daß der Eingeborene an sittliches Handeln gewöhnt wird, ebnet man ihm den Weg zu wahrem Christentum; nicht umgekehrt. [...]

Schon daß eine Polizeizone gezogen ist – das ist die Grenze, bis zu welcher (angeblich) polizeilicher Schutz gewährt wird – deutet an, daß hinter der Polizeizone Unsicherheit herrscht, der man sich nicht Herr fühlt. Wenn man aber daraus folgern wollte, innerhalb der Polizeizone sei alles pazifiziert, so ist das ein gewaltiger Irrtum. Innerhalb der Polizeizone treiben sich an allen Grenzen ungezählte Mengen von Eingeborenen in den Büschen und in den Bergen herum, die sich der Staatshoheit und der Zivilisation entziehen. Sie leben von den Früchten des Feldes (Feldkost), von der Jagd und dem Viehraub. Sie bilden die Zuflucht für alle Elemente, die aus irgend welchen Gründen sich der Kontrolle entziehen oder die lästige widerwillige Arbeit bei dem Weißen vorübergehend oder dauernd mit dem ungebundenen Feldleben vertauschen wollen. Sie bilden die Brennpunkte aller weißenfeindlichen Bestrebungen, und die Herde, von denen aus der Geist der Auflehnung und Widersetzlichkeit stets neue Nahrung gewinnt; eine unheimliche Gefahr für die Farmer.

Das sollte in einer Siedlungskolonie nicht möglich sein. Könnte die Schutztruppe nicht dazu verwendet werden, diese Anarchisten auszuheben und unschädlich zu machen?

Freilich, Hand in Hand damit müßte ein verschärftes Kontrollsystem[3] eingeführt werden. Das jetzige Verfahren wäre scherzhaft zu nennen, wenn es nicht so ernste Folgen hätte.

Diese im Busch lebenden Eingeborenen kommen, wenn es ihnen paßt, aus ihren Verstecken hervor; ihre alten Paßmarken und damit gleichzeitig ihre alten Namen legen sie ab. Der alte Viehräuber und Giftmörder Simon nennt sich Calvive und wird unter diesem neuen Namen registriert, nachdem er sich in einem fremden Bezirk von einem Farmer, der ihn trotz seiner dunklen Herkunft mit offenen Armen aufgenommen hat, hat anwerben lassen; dabei wird der Mann in seinem alten Bezirk steckbrieflich verfolgt.

Werden Feldwerften von der Polizei zwangsweise ausgehoben, ist das Verfahren nicht viel anders. Entweder werden die aufgefangenen Schwarzen leutehungrigen Farmern als Arbeiter angeboten oder man nimmt sie zunächst zur Abstrafung mit, um sie über ein Kurzes doch

[3] Zum bestehenden Kontrollsystem vgl. Dok. 47d.

auf die Farmer loszulassen. Namenwechsel findet auch in diesem Falle gleichzeitig mit der Neuregistrierung statt.

Diese Verwandlungsszenen können sich beliebig oft wiederholen. Die ganze Paßmarkenkontrolle wird dadurch zur Farce; sie versagt gerade da, wo sie am unentbehrlichsten ist.

Werden die Eingeborenen im Felde im Viehrauben zu übermütig, dann greift man, wie vergangenes Jahr in Rehoboth, zu dem extremen Mittel des Aufknüpfens; die nicht gewollte grausame Folge falsch angewandter Humanität.

Dieser die Sicherheit gefährdenden Elemente kann man nur Herr werden, wenn man sie durch ein unvertilgbares Mal kennzeichnet, sei es auch durch ein Brandmal. Das ist wahre Humanität. Denn dieses Mal schmerzt die Verbrecher weniger als die Wunden, welche gerade sie dem Weißen schlagen.

Quelle: Ada Cramer, Weiß oder Schwarz. Lehr- und Leidensjahre eines Farmers in Südwest im Lichte des Rassenhasses, Berlin [1913], S. 3 - 8. - Die hier wiedergegebenen Passagen wurden als Vorwort von Ada Cramers Schwager, dem in Deutschland wohnhaften Juristen Dr. Cramer, verfaßt.

45. Palau als Naturschutzpark – Ein Plädoyer des Ethnographen Augustin Friedrich Krämer aus dem Jahr 1914

Das ist eine endlose Wirrnis, ein Märchenland, dieses Palau. Drüben auf der Insel Goréor und auf dem großen Eiland Babeldáob sollen noch ganz andere Wunder sein! Dort ist vulkanisches Land! Die Tuffe[1] haben achatgebänderte Schichten von roten und gelben Erden. Damit malen die Eingeborenen ihre Häuser an. Wenn man landet, braucht man nicht ins Wasser zu steigen, um an Land zu waten. Allenthalten große, aus Steinen aufgehäufte Landungsbrücken, wo man fast so bequem aussteigt wie in Hamburg oder Bremen. An der Wurzel der Brücke, auf einem Steingeviert, steht schon eines der Klubhäuser: ein hoher Giebel trägt an der Stirnwand mehrere Reihen von Fi-

[1] nachträglich verfestigte vulkanische Auswurfmassen

guren, Booten, Fischen übereinander, im Holz gemeißelt, alles schwarz, weiß, rot und gelb bemalt. Durch die hochgelegene Tür werfen wir einen Blick ins Haus: an den Balken auch alles voll von Ornamenten und Bilderreihen. Welcher Kunstsinn bei einem Naturvolke! Ich habe ähnliche nur in den Grabkammern der ägyptischen Fürsten bei Luxor gesehen! Dort ist alles in einem öden, starren und heißen Gebirge versteckt tief unter der Erde; hier in Palau liegen die Kunstwerke in herrlichem Grün, am Meer im frischen Passat, auf Bergvorsprüngen mit schönen Ausblicken, und ein braunes Eingeborenenvolk belebt sie. [...]

In den beiden Zugängen vom Meere aus sind Bootshäuser mit riesigen Kriegsbooten und Segelfahrzeuge von einem Sprung[2], der seinesgleichen nirgends hat. Aber haben denn die Männerhäuser ähnliches auf dem Erdenrund? Seht doch, wie bei 20 m Länge und 5 m Breite alles Balkenwerk behauen und verzapft ist, in loser Fügung! Das ist ja ein Aufbau wie ein Bauspiel. Nichts ist gebunden oder genagelt, alles sitzt wie von selbst. Wenn man das Blätterdach abgenommen hat, kann man Stück für Stück ohne weiteres abtragen und in wenigen Stunden ist alles an einem anderen Ort wieder aufgebaut. Seht nur den glatten Plankenfußboden aus schwerem Holze gezimmert. Kommt, wir legen uns hinein in den kühlen windbestrichenen Raum und betrachten die Bildergeschichten an den Binderbalken[3]. Ja, wahrhaftig, das sind lauter Darstellungen von Sagen und Märchen, Begebenheiten und Schlachten! Die alten Häuptlinge kommen gern, und wenn man ihren Betelmund[4] mit ein bißchen Kautabak geöffnet hat, erzählen sie mit leuchtenden Augen, was die Friese alles darstellen sollen. Auf rotlackierten niedlichen Holztellern oder gepreßten Schildpattschalen[5] bringt man süße Speisen von Kokoskern, Taro[6] und Melasse, und der Durstige wird mit einer frischen Kokosnuß gelabt. Wie reizvoll ist es, wenn die aufrecht gehenden Frauen und Mädchen, nur mit einem Grasschurz vorn und hinten angetan, in sanfter Bewegung die Essensgaben bringen, die sie angefertigt haben. Ihnen liegt die Arbeit in der Küche und im Tarofelde ob; die Tätowierung ihrer Beine und Arme gemahnt an das mühselige Arbeiten im Schlamm. Aber sie haben ja einen eigenen Badeplatz und gebrauchen ihn flei-

[2] veraltete seemännische Bezeichnung für das allmähliche Ansteigen des Schiffsdecks von der Mitte nach Heck und Bug

[3] auf der Wand ruhender Balken, der den Dachstuhl trägt oder versteift

[4] Betelkauen ist in Süd-, Südostasien und Melanesien ein verbreiteter Genuß der Frucht der Betelnuß-Palme. Rote Gerbstoffe färben Zähne, Mund und Speichel.

[5] Schildpatt: getrocknete Hornplatten der Karettschildkröte

[6] Die Eßbare Kolokasie oder Taro, eine kopfgroße Knolle, gehört zu den Nahrungsmitteln in den asiatisch-australisch-afrikanischen Tropen.

ßig. Die Männer fischen und kriegen. Handeln und ihr Perlengeld umtreiben ist ihr Hauptberuf. Stolz, kerzengerade, hager wandeln die Alten einher, mit wallenden weißen Bärten, den Betelkorb unter dem Arm; nur eine dünne Binde schlingt sich um den Leib und durch den Schritt! [...]

Erhaltet Palau, liebe deutsche Landsleute! Es ist wirklich so schön, wie ich schrieb! Dem deutschen Geldsack geht hier nichts verloren! Wenn es wirtschaftlich aussichtsreich wäre, würden ja alle Beschlüsse nichts nützen! So ists möglich! Es ist ein tropisches gesundes Erholungsheim für Körper und Seele! Die Phosphatinsel Angaur (richtiger Ngeaûr geschrieben) außerhalb des Riffs im Süden gelegen, bringt ja an Erträgen mehr, als zurzeit die ganzen übrigen Karolinen. Laßts genug sein! Macht das Binnenmeer der Palauinseln zu einem Naturschutzpark, verbietet die Ansiedlung von Weißen auf Babeldáob und Goréor, verbietet Wellblech und Hosen! Eure Kindeskinder werdens euch danken!

Quelle: Augustin Krämer, Palau als Naturschutzpark, Deutsche Kolonialzeitung, 31. Jg., Nr. 10 vom 7. März 1914, S. 159 – 161.

46. Der Einbruch der »neuen Zeit« – Gouverneur Albert Hahl über die Kulturbegegnung in Neuguinea, 1937

Mit den Eingeborenen war ich in den verflossenen Monaten reichlich in Berührung gekommen. Die Begegnung mit den Paleava[1] hatte mich zum ersten Male mit Menschen zusammengeführt, die noch über keinerlei eiserne Werkzeuge und Geräte verfügten. Die ihnen dargebotenen Messer und Beile wurden aufmerksam in Härte und Schärfe geprüft und auch erprobt, worauf die Eingeborenen sofort Gegengeschenke in Feldfrüchten in reicher Menge herangeschleppt brachten. Der erkannte Vorteil bestimmte ihr Verhalten. Gesellschaftlich waren die Eingeborenen durch ihre Sippe gebunden. Meine Einblicke in ihr Zusammenleben und in ihr Benehmen zu der Umwelt hatten mich erkennen lassen, daß die gleichen Triebe des Handelns in die Erschei-

[1] Bergbewohner auf Neupommern (New Britain)

nung traten, wie bei uns selbst. Es gab ehrliche Menschen und Betrüger, aufrechte Männer und Schmeichler, Tapfere und Feige, Fleißige und Faule; Freundschaft und Feindschaft, beruhend auf Liebe und Haß, kamen unverhüllt zum Ausdruck. Die kulturellen Unterschiede zwischen Weiß und Schwarz hoben sich augenfällig hervor. Der wirtschaftliche Teil der Europäer ging in keiner Weise darauf aus, sich den Eingeborenen in Fragen der Lebenshaltung aufzudrängen. Das Werk der Mission bedingte bei aller Schonung der hergebrachten Sitten deren Änderung in Anpassung an die Lehren der christlichen Moral. Die Anforderungen deckten sich vielfach mit den Geboten der Verwaltung, wie Einstellung der Blutrache und friedliche Austragung von Streitigkeiten. Durch diese Eingriffe mußte eine Änderung der überlieferten Anschauungen über das Zusammenleben in der Sippe und in dem Verhalten gegenüber dem Sippenfremden bewirkt werden. Die Gewalt der Sippenhäupter erlitt Erschütterungen, die Macht der Wahrsager und Zauberer versank, eine neue sittliche Anschauung dämmerte herauf. Aus diesem Widerstand erwuchsen Spannungen, es war eine Zeit der inneren Gärung entstanden. Die Gegensätze verschärften sich durch das Eindringen der europäischen Waren; die Arbeitsweise und die Arbeitsordnung, in der Sippe festgelegt, wurden zersetzt und zerstört. Die »neue Zeit« mißfiel den Alten, die Jugend war vielfach haltlos und schwankend geworden, unschlüssig in der Entscheidung zwischen alter Sitte und neuer Erscheinung. Hierin lag eine Gefahr für den Frieden, gewaltsame Auflehnungen waren möglich. Mir sagte ein Sippenoberhaupt bei einer Begegnung einmal: »Deine Worte mögen für den Weißen passen, das geht mich nichts an. Aber wir wollen den Feind erschlagen und verzehren, das ist unsere Art, bei dieser will ich bleiben.« Ich habe diese Worte wohl im Gedächtnis bewahrt als Mahnung zur Vorsicht.

Quelle: Albert Hahl, Gouverneursjahre in Neuguinea, Berlin 1937, S. 45–47.

47. Der Herero-Nama-Aufstand 1904/07

a) Schreiben des Oberhäuptlings Samuel Maharero an Gouverneur Theodor Leutwein vom 6. März 1904 über die Ursachen des Aufstandes

An den großen Gesandten des Kaisers,
Gouverneur Leutwein.

Deinen Brief habe ich erhalten, und ich habe gut verstanden, was Du mir und meinen Großleuten geschrieben hast. Ich und meine Großleute antworten folgendermaßen: Der Anfang des Krieges ist nicht jetzt in diesem Jahr durch mich begonnen worden, sondern er ist begonnen worden von den Weißen; wie Du weißt, wie viele Hereros durch die weißen Leute, besonders Händler, mit Gewehren und in Gefängnissen getötet sind. Und immer, wenn ich diese Sache nach Windhuk brachte, immer kostete das Blut meiner Leute [nicht mehr, als] einige [Stück] Kleinvieh, nämlich fünfzig oder fünfzehn. Die Händler vermehrten die Not noch in der Weise, daß sie aus sich selbst meinen Leuten auf Borg gaben. Nachdem sie so getan, raubten sie sie aus, bis sie soweit gingen, sich bezahlen zu lassen, indem sie für 1 Pfund [Sterling] Schuld zwei oder drei Rinder gewaltsam wegnahmen. Diese Dinge sind es, die den Krieg in diesem Lande erweckt haben.

Und jetzt in diesen Tagen, da die Weißen sahen, daß Du, der Du Frieden mit uns und Liebe zu uns hast [nicht da warst], da begannen sie uns zu sagen: Der Gouverneur, der euch lieb hat, ist in einen schweren Krieg gezogen, er ist tot, und weil er tot ist[1], werdet ihr auch sterben. Sie gingen so weit, daß sie zwei Herero des Häuptlings Tjetjo töteten, bis Leutnant N. anfing, meine Leute im Gefängnis zu töten. Es starben zehn, und es hieß, sie seien an Krankheit gestorben, aber die starben durch die Arbeitsaufseher und durch die Knüttel. Zuletzt fing Leutnant N. an, auch mich schlecht zu behandeln und eine Ursache zu suchen, wegen deren er mich töten könne, indem er sagte: die Leute von Kambasembi und Uanja machen Krieg. Da rief er mich, mich zu befragen. Ich antwortete wahrheitsgemäß, nämlich »nein«. Aber er glaubte nicht. Zuletzt setzte und verbarg er in der Schanze [Feste] Soldaten in Kisten[2]. Und er rief mich, damit wenn ich käme, er mich er-

[1] Samuel Maharero und die Herero nahmen wirklich an, daß Gouverneur Leutwein im Namaland gefallen war.

[2] Bezieht sich wahrscheinlich auf die den Hereros zunächst unverständliche Verwandlung vieler Zivilisten durch die Einziehung der Reserve und die militärische Einkleidung.

schieße. Ich ging nicht hin; ich merkte [die Absicht], und deshalb entfloh ich. Darauf schickte Leutnant N. Leute mit Gewehren, mich zu erschießen. Darüber wurde ich zornig und sagte: »Jetzt muß ich die Weißen töten [sei es selbst, daß] ich sterbe.« Denn daß ich sterben sollte, habe ich gehört von einem Weißen mit Namen X. [...]

Ich bin der Häuptling Samuel Maharero!

Quelle: Paul Rohrbach, Deutsche Kolonialwirtschaft, Bd. 1: Südwest-Afrika, Berlin-Schöneberg 1907, S. 333 f.

b) Der Schießbefehl des Generals von Trotha vom 2. Oktober 1904

Abschrift. Osombo-Windhuk, 2.10.04
Kommando der Schutztruppe.
J. Nr. 3737

Ich der große General der Deutschen Soldaten sende diesen Brief an das Volk der Herero.
Die Herero sind nicht mehr Deutsche Untertanen. Sie haben gemordet und gestohlen, haben verwundeten Soldaten Ohren und Nasen und andere Körperteile abgeschnitten und wollen jetzt aus Feigheit nicht mehr kämpfen. Ich sage dem Volk: Jeder der einen der Kapitäne an eine meiner Stationen als Gefangenen abliefert, erhält tausend Mark, wer Samuel Maherero bringt, erhält fünftausend Mark. Das Volk der Herero muß jedoch das Land verlassen. Wenn das Volk dies nicht tut, so werde ich es mit dem Groot Rohr[3] dazu zwingen.

Innerhalb der Deutschen Grenze wird jeder Herero mit oder ohne Gewehr, mit oder ohne Vieh erschossen, ich nehme keine Weiber und keine Kinder mehr auf, treibe sie zu ihrem Volke zurück oder lasse auch auf sie schießen.

Dies sind meine Worte an das Volk der Herero.

Der große General des mächtigen Deutschen Kaisers.

[3] (kapholländisch) Geschütz, Kanone

Dieser Erlaß ist bei den Appells den Truppen mitzuteilen mit dem Hinzufügen, daß auch der Truppe, die einen der Kapitäne fängt, die entsprechende Belohnung zu teil wird, und daß das Schießen auf Weiber und Kinder so zu verstehen ist, daß über sie hinweggeschossen wird, um sie zum Laufen zu zwingen. Ich nehme mit Bestimmtheit an, daß dieser Erlaß dazu führen wird, keine männliche Gefangene mehr zu machen, aber nicht zu Grausamkeiten gegen Weiber und Kinder ausartet. Diese werden schon fortlaufen, wenn zweimal über sie hinweggeschossen wird. Die Truppe wird sich des guten Rufes der Deutschen Soldaten bewußt bleiben.

Der Kommandeur.
gez. v. Trotha
Generalleutnant.

Quelle: Bundesarchiv Berlin: R 1001/2089, Bl. 7.

c) Die Stimme eines Herero-Christen zum Aufstand, 1907

Der Krieg ist von ganz kleinen Dingen gekommen, und hätte nicht [zu] kommen brauchen. Einmal waren es die ›Stuurmann‹ [Kaufleute] mit ihrem schrecklichen Wucher und eigenmächtigem, gewaltsamen Eintreiben. Für 1 sh Schuld wollten sie nach Jahresfrist 5 sh und für 1 L [Pfund] nach 12 Monaten 5 L Zinsen haben, und wer nicht zahlen wollte oder konnte, den verfolgten und plagten sie. Dann ist es der Branntwein gewesen, der die Leute schlecht und gewissenlos gemacht hat. Wenn jemand trinkt, dann ist es ihm gleich, was er tut. Aber das schlimmste Übel ist, was viel böses Blut und Streit hervorgerufen hat, die Vergewaltigung unserer Frauen durch Weiße. Manche Männer sind totgeschossen [worden] wie Hunde, wenn sie sich weigerten, ihre Frauen und Töchter preiszugeben und drohten, sie mit der Waffe in der Hand zu verteidigen. Wären solche Dinge nicht geschehen, wäre kein Krieg gekommen, aber er ist bei solchen Vergewaltigungen ausgebrochen. Er war mit einem Male da, und da war kein Halten mehr, jeder rächte sich, und es war, als sei kein Verstand mehr unter den Massen.

Quelle: Missionar Joh. Neitz, Die Herero betreffend. Reise zu Samuel Herero, 8.11.1907, Archiv der Vereinigten Evangelischen Mission Wuppertal: A/k 5.

d) Die politischen, ökonomischen und sozialen Folgen des Aufstandes für die Afrikaner – Verordnung des Gouverneurs von Deutsch-Südwestafrika betreffend Maßregeln zur Kontrolle der Eingeborenen vom 18. August 1907

Auf Grund des § 15 des Schutzgebietsgesetzes (Reichs-Gesetzbl. 1900, Seite 813) sowie des § 5 der Verfügung des Reichskanzlers vom 27. September 1903, betr. die seemannsamtlichen und konsularischen Befugnisse und das Verordnungsrecht der Behörden in den Schutzgebieten Afrikas und der Südsee, wird hiermit für den Bereich des südwestafrikanischen Schutzgebiets verordnet, was folgt:

§ 1. Eingeborene können nur mit Genehmigung des Gouverneurs Rechte oder Berechtigungen an Grundstücken erwerben.

§ 2. Den Eingeborenen ist das Halten von Reittieren oder Großvieh nur mit Genehmigung des Gouverneurs gestattet.
Diese Vorschrift findet keine Anwendung auf die Bastards von Rehoboth[4], insoweit sie im Distrikt Rehoboth wohnen und ihr Vieh haben.

§ 3. Die Eingeborenen werden in ein von der Aufsichtsbehörde für Eingeborene (vgl. § 5) geführtes Eingeborenenregister eingetragen.
Sie haben den zu diesem Zweck ergehenden Anordnungen der Aufsichtsbehörde Folge zu leisten.

§ 4. Eingeborene, die herumstreichen, können, wenn sie ohne nachweisbaren Unterhalt sind, als Landstreicher bestraft werden.

§ 5. Namens des Gouverneurs wird bis zur Ernennung besonderer Eingeborenen-Kommissare die Oberaufsicht über die Werften[5] und die Lebensverhältnisse der Eingeborenen von dem zuständigen Bezirksamtmann geführt, der sich dabei unter seiner eigenen Verantwortung der Mitwirkung der ihm unterstehenden Distriktchefs und Stationsleiter bedient. In selbständigen Distrikten tritt an die Stelle des Bezirksamtsmanns der Distriktchef.

[4] (kapholländisch *Bastaards)* Mischlinge von weißen Einwanderern, v. a. Buren, und Namafrauen im Gebiet um Rehoboth. Die Rehobother Bastards hatten sich nicht am Aufstand beteiligt.

[5] allgemein die Siedlung einer nichtweißen Bevölkerung

§ 6. Von der Errichtung einer Werft auf einem Grundstück, das vom Eigentümer oder sonst Berechtigten bewohnt oder unter Bewirtschaftung genommen ist, hat dieser unter Angabe der Zahl der in der Werft wohnenden eingeborenen Familien oder Einzelpersonen der zuständigen Aufsichtsbehörde Anzeige zu machen.

§ 7. Mehr als zehn eingeborenen Familien oder einzelnen eingeborenen Arbeitern darf das Wohnen auf einem solchen Grundstück nicht gestattet werden. [...]

§ 8. Bezüglich der außerhalb bewohnter und bewirtschafteter Grundstücke lebenden Eingeborenen bestimmt die Aufsichtsbehörde den Ort der Niederlassung und die Zahl der Familien, die dort zusammen wohnen dürfen.

Hierunter fallen insbesondere die in der Nähe von größeren Ortschaften errichteten Werften.

Es bleibt der Aufsichtsbehörde überlassen, für größere Ortschaften ihres Bezirks oder Distrikts Bestimmungen zu treffen, wonach sich die dort wohnhaften Eingeborenen in der Zeit zwischen 9 Uhr abends und 4 Uhr morgens auf ihrer Werft zu befinden haben. [...]

§ 10. Die örtliche Aufsicht über Eingeborenen-Werften, die sich auf Regierungsland und solchem Land befinden, das noch nicht vom Eigentümer oder sonst Berechtigten bewohnt oder unter Bewirtschaftung genommen ist, wird von den Organen der Aufsichtsbehörde ausgeübt.

§ 11. Die örtliche Aufsicht über andere Werften (Privatwerften) ist Sache des auf dem Grunstücke ansässigen Dienstherrn der Eingeborenen oder dessen Stellvertreters.

§ 12. Derjenige, dem die örtliche Aufsicht über eine Privatwerft obliegt, hat für den Gesundheitszustand und für die Aufrechterhaltung der Ordnung auf der Werft sowie für die Beobachtung der Vorschriften dieser Verordnung durch die Eingeborenen Sorge zu tragen.

Er hat ein genaues Verzeichnis der seiner Aufsicht unterstellten Eingeborenen-Behausungen zu führen und darin die Namen und Beschäftigungen der Bewohner und die Nummern ihrer Paßmarken[6] anzugeben. [...]

§ 17. Diese Verordnung tritt am 1. Oktober 1907 in Kraft.

Quelle: Die deutsche Kolonial-Gesetzgebung. Sammlung der auf die deutschen Schutzgebiete bezüglichen Gesetze, Verordnungen, Erlas-

[6] Durch zwei weitere Verordnungen vom gleichen Tage hatten alle Eingeborenen über sieben Jahre eine Paßmarke zu tragen (die sich jeder Weiße vorzeigen lassen konnte!), und alle Dienstverträge von Schwarzen über vierzehn Jahren mußten in einem amtlichen Dienstbuch ausgewiesen sein.

se und internationalen Vereinbarungen mit Anmerkungen und Sachregister. Elfter Band. Jahrgang 1907. Auf Grund amtlicher Quellen herausgegeben von Dr. Köbner und Gerstmeyer, Berlin 1908, S. 345 - 347.

48. Der Maji-Maji-Aufstand von 1905/06

a) Aus der Denkschrift des Gouverneurs von Deutsch-Ostafrika, Graf Adolf von Götzen, über die Ursachen des Aufstandes, vom 26. Dezember 1905

Um den Rahmen der nachfolgenden Erörterungen enger zu gestalten, glaube ich zunächst eine Reihe von Gesichtspunkten ausschalten zu sollen, die in der Öffentlichkeit zu Unrecht mit dem Aufstand in Verbindung gebracht werden. Einmal ist es zweifellos, daß die Anregung und Schürung des Aufstandes nicht von außerhalb in das Schutzgebiet hineingetragen worden ist; zweitens hat der Aufstand sicherlich mit der sogenannten »Äthiopischen Bewegung«[1] keine Gemeinschaft. Die letztere mag in Südafrika heute schon zu ernsten Bedenken Anlaß geben, weil sie das Losungswort »Afrika für die Afrikaner« augegeben hat; sie kann aber schon im Hinblick auf ihren rein christlichen Charakter nicht mit dem gegenwärtigen Aufstand in Deutsch-Ostafrika irgendwie in Beziehungen gebracht werden. Stimmen, die gegenteilige Ansichten geäußert haben, vermögen sich auf keinerlei Tatsachen zu stützen und beruhen daher lediglich auf theoretischen und künstlichen Vermutungen. Drittens muß dem Aufstand der Charakter einer religiösen Bewegung abgesprochen werden, obwohl dem heidnischen Kriegszauber[2], wie bei den Kämpfen aller unzivilisierten Völker, eine bedeutende Rolle zufällt.

[1] Eine in Südafrika entstandene Bewegung , die ihr Eintreten für eine »schwarze« Kirche mit der politischen Forderung »Afrika den Afrikanern« verband. Der Name »Äthiopismus« ist aus einer Anwendung des griechischen Grundtextes von Apg 8,26 erwachsen, wo der in der Lutherbibel als »Kämmerer aus dem Mohrenlande« bezeichnete Mann »Aethiops« genannt wird.

[2] Zentrale Bedeutung für den »Kriegszauber« kam dem *maji*, dem Wasser aus dem Rufiji-Fluß, zu. Vermischt mit Mais und Hirse, wurde es in Anlehnung an die vorherrschenden Bantu-Rituale über den Kopf gegossen sowie als »Medizin« eingenommen, wodurch die Krieger gegen die Kugeln der Weißen unverletzbar gemacht werden sollten. Zudem diente es als politisches Kommunikationsmittel und wurde zum Symbol der gegenseitigen Bindung und Einheit.

Es ist also daran festzuhalten, daß wir einer durchaus internen Bewegung gegenüberstehen, die zirka ein Drittel des Schutzgebiets, also ein Areal etwa von der Größe des Königreichs Preußen betroffen hat, und zwar sind sowohl Bezirke in Mitleidenschaft gezogen worden, die von langgedienten Zivilbeamten verwaltet wurden, als auch solche, deren Verwaltung jahrelang in Händen von Offizieren lag. [...] Zur richtigen Beurteilung der Verhältnisse muß ferner die Tatsache berücksichtigt werden, daß es sich um eine rein heidnische Bewegung handelt, um ein Reagieren des »Buschnegers« gegen die vordringende Kultur. Das mohamedanische Element hat - mit wenigen Ausnahmen, die entweder gezwungen mitgingen oder irgend einen pekuniären Vorteil erhofften - sich teils vom Aufstand fern gehalten, teils der deutschen Sache bei seiner Bekämpfung gute Dienste geleistet; ein Gleiches taten bisher die kulturell etwas höher stehenden Völkerschaften, wie z. B. die Wayao, die Wabena, die Wanyamwesi, ferner solche Stämme, die bereits in früheren Jahren Bekanntschaft mit den Gewehren der Schutztruppe gemacht hatten, wie z. B. der größte Teil des Wahehevolkes. Bei all' diesen Stämmen dürfte indessen Furcht und Einsicht in die endgültigen Machtverhältnisse, aber nicht Liebe zu den europäischen Kulturträgern das Motiv zu freundschaftlicher Haltung gewesen sein. [...]

Wendet man sich nun den positiv erkennbaren Ursachen des Aufstandes zu, so könnte man mit vollem Recht ihn im Lichte ganz allgemeiner kolonialpolitischer Erwägungen betrachten und kurz aus der Völkerpsychologie heraus erklären; denn Kolonialpolitik ist noch immer Eroberungspolitik gewesen und nirgends in der Welt erfolgt die Besitzergreifung eines Landes durch ein fremdes Volk ohne Kämpfe. Kolonialkriege werden daher stets zu den notwendigen Folgen einer Kolonialpolitik gehören. [...]

Wenn es auch zweifellos ist, daß die Sehnsucht nach alter Selbständigkeit bei den Führern, ferner Zauberei und Ähnliches treibende Momente gewesen sind, so läßt sich deren starke Wirkung doch nur erklären aus einer gewissen Unzufriedenheit des Volkes mit der wirtschaftlichen Lage, welche die neue Herrschaft des weißen Mannes herbeigeführt hat. Eingriffe in das Leben der Eingeborenen, welche mit den aus örtlichen Verhältnissen und aus den Methoden der ausführenden Organe sich ergebenden Verschiedenheiten geeignet sind, lästig empfunden zu werden, sind die Beschränkungen der Sklaverei, die Hüttensteuer, die Waldschutzverordnung, die Jagdschutzverordnung, die Wegeunterhaltungspflicht, der an einzelnen Stellen ausgeübte Zwang zum Schulbesuch und zur Lohnarbeit auf europäischen Betrieben, die Pombesteuer[3], ferner der behördliche Druck auf vermehrten Anbau von Landesprodukten. [...]

[3] Steuer auf das selbstgebraute, einheimische Hirsebier

Die vorstehend geschilderten Beobachtungen und Untersuchungen kommen zu dem Ergebnis, daß keine einzelne Maßnahme oder Erscheinung als ausschlaggebendes Moment für den Aufstand anzusehen ist. Er stellt sich vielmehr dar als das Resultat einer Summe von Erscheinungen, unter denen erstens die im Verhältnis zur Größe des Landes und seiner Bevölkerungsziffer geringe militärische Macht, zweitens die unvermeidbare Unzufriedenheit des Naturmenschen mit der vordringenden Zivilisation und ihrer Forderung zur Arbeit, endlich die Unterschätzung der Macht altheidnischer Zaubersprüche die hervorstechendsten sind.

Quelle: Stenographische Berichte über die Verhandlungen des Reichstages, Bd. 222, Berlin 1906, Nr. 194.

b) Der 84-jährige Laurenti Fusi Gama aus Likuyu Fusi über Ursachen, Verlauf und Folgen des Aufstandes im Land der Ngoni, 17. Mai 1968

Maji Maji - Ursachen: (1) Die Leute waren in Schwierigkeiten. Als die deutschen Beamten kamen, nahmen sie die Ngoni-Häuptlinge gefangen und legten ihnen Holzblöcke an. Dann wurden sie nach Songea (Ruhuwiko) gebracht. Jeder Häuptling wurde gezwungen, mit seinen Leuten beim Bau der Boma[4] in Songea mitzuhelfen, und das für zwei Jahre, bis die Boma fertiggestellt war. Das war ungefähr 1897.

(2) Zur gleichen Zeit nahmen die deutschen Askari[5] [unsere] Frauen und machten sie zu den ihren. Es war wie Sklaverei. Die Ngoni-Häuptlinge, die sich an ihre einstige Macht erinnerten, begriffen, daß sie nun wie Sklaven behandelt wurden.

(3) Ebenso machten die deutschen Kolonialbeamten es den Ngoni-Führern unmöglich, weiterhin die Yao[6] zu attackieren, um sie in ihr Reich zu integrieren; stattdessen setzten sie gewaltsam ihre Macht durch.

Ankunft des Maji: Leute, die Indern und Deutschen als Träger von Songea zur Küste dienten, hatten bemerkt, daß die Wangindo[7] die Boma in Liwale mit allen Europäern und den von ihnen beschäftigten Afrikanern angegriffen hatten. (Die Europäer wurden Wapulupute genannt, was soviel hieß wie Leute, die nicht wie Afrikaner waren.)

4 Regierungsgebäude
5 farbige Soldaten der deutschen Schutztruppe in Ostafrika
6 Gruppe von Bantustämmen im Gebiet des heutigen Malawi, Tansania und Mosambik
7 Ethnie westlich der Matumbi-Berge, dem Ursprungsgebiet des Aufstandes

Dann erreichten Songea Nachrichten, daß an der Küste (in Kilwa) Krieg herrschte, der auf dem Maji[8] beruhte, einer gegen Kugeln schützenden Medizin.

Diese Neuigkeiten über das Maji waren von einem Mann namens Kinjala überbracht worden, der zuerst das Königreich Chabrumas[9] erreichte. Er informierte Chabruma, daß das Maji sehr wirksam sei und bereits viele Europäer an der Küste getötet worden seien. Deshalb war Chabruma der Meinung, daß er ebenfalls durch den Gebrauch des Maji die deutschen Beamten auf seinem Gebiet davonjagen und wie früher herrschen könne. Er nahm deshalb das Wasser. Das Wasser wurde in einer Flasche überbracht.

Einnahme des Maji: Das Wasser aus der Flasche wurde über Hände, Rücken und Brust gegossen. Dann nahm man Hirsestrünke oder *mbalika* und flocht daraus ein Gebinde in Form einer Krone, die man auf dem Kopf trug.

Miiko oder verbotene Dinge: Nach Verwendung des Maji war es für die Männer nicht erlaubt, mit Frauen zu schlafen. Alle rotfarbenen Hühner und Ziegen mußten geschlachtet werden. [...]

Beginn des Maji Maji-Aufstandes: Der Krieg begann in Kikole, wo [der Araber] Rashid Masud residierte. Er wurde angegriffen, weil er sich weigerte, das Wasser anzunehmen und weil er auf seiten der deutschen Beamten war. Die Ngoni-Krieger hatten bei diesem ersten Sturmangriff keinen Erfolg.

Dann versuchten sie es ein zweites Mal und stellten fest, daß das Maji nicht wirksam war, und viele Leute wurden getötet. Die Ngoni-Krieger zerstreuten sich. Rashids Askaris, die als »Warugaruga«[10] bekannt waren, besaßen Feuerwaffen und bekämpften die Ngoni an vielen Orten. [Deshalb] hielten es die Ngoni für notwendig, sich zu ergeben.

Bevor sie aufgaben, kämpften die Ngoni-Krieger bei Peramiho, wo sie eine Missionsstation niederbrannten. Sie kämpften auch bei Liganga und Namabengo, jedoch ohne Erfolg.

Die Ngoni dachten deshalb, daß ihr Scheitern dadurch bedingt war, daß einige Krieger mit Frauen geschlafen hatten, und auch, daß sie von der Maji Maji-Medizin betrogen worden waren.

Daraufhin beschlossen die Ngoni zu kapitulieren. Sie nahmen Vieh und Ziegen und gingen damit nach Songea und beugten ihr Haupt vor den deutschen Beamten als Zeichen der Aufgabe. [...]

[8] Vgl. Anm. 2.

[9] Oberhäuptling im Norden des Ngoni-Gebietes; Omari Kinjala war ein Ngindo.

[10] (Kisuaheli) afrikanische Hilfskrieger, die nicht von den Deutschen ausgebildet und entlohnt wurden, sondern von den einzelnen Stämmen bzw. Führern; ursprünglich: Leibwache der Häuptlinge.

Nach dem Aufstand: Viele gingen nach Mosambik [...] Mputa[11] und andere Anführer seines Königreiches wurden gefangengenommen und zur Boma (Songea-Stadt) gebracht, wo sie eingekerkert wurden. Im Januar 1906 wurden sie gehängt. Bei der ersten Exekution im Januar wurde Mputa zusammen mit 43 anderen Anführern gehängt. Im Februar wurden weitere 15 gehängt. Im März wurden weitere 20 gehängt. Im April wurden weitere 17 zusammen mit [Häuptling] Songea [Mbano] gehängt.

Diejenigen, die nicht gehängt wurden, wurden nach Tanga gebracht, wo sie beim Bau der dort beginnenden Eisenbahnlinie eingesetzt wurden.

Der Hunger war weitverbreitet. Die deutschen Beamten schleppten alle Nahrungsmittel fort und setzten viele Häuser in Brand. Das geschah auch durch die Soldaten des Rashid bin Masud. Auch lagen die Felder während des Maji Maji[-Aufstandes] brach. Viele starben daher vor Hunger. Andere flohen nach Matengo, Nyasa, oder an die Küste. Viele lebten in den Wäldern und ernährten sich von Baumwurzeln und wilden Früchten.

Quelle: Maji Maji Research Project 1968. Collected Papers, University College, Dar es Salaam, Department of History, 1968, Nr. 6/68/3/3/1.

c) Aufzeichnung des Missionars Wilhelm Neuberg über die Folgen des Maji-Maji-Aufstandes bei den Pangwa, Frühjahr 1907

Hunger, Krankheit und Bambusbier, diese drei Plagegeister haben uns im letzten Vierteljahr das Leben schwer [...] gemacht.

Das war ja vorauszusehen, daß nach dem unruhigen Kriegsjahr der Hunger seinen Einzug halten würde – afrikanische Kriege haben ja immer Hunger im Gefolge –, aber daß er in so entsetzlicher Weise auftreten würde, wie wir es hier täglich vor Augen hatten, das hatten wir doch nicht gedacht. [...]

Der Hunger hielt nun seinen Einzug und wurde von Tag zu Tag größer. Bald forderte er unter den Alten und Jungen die ersten Opfer. Es dauerte nicht lange, so sahen die vor kurzem noch wohlgenährten Gestalten mager und welk aus. Man suchte erst noch durch Maboga (eßbare Kräuter in Feld und Wald) den Hunger zu stillen. Man machte

[11] Oberhäuptling Mputa Gama im Süden des Ngoni-Gebietes

zuletzt förmlich Jagd auf Stellen, wo solche noch wuchsen. Dann griff man nach allem, was grün und nicht gerade giftig war, ja die stinkendsten Rankgewächse habe ich hereinschlingen sehen. Jeder suchte den schrecklichen Gast zu beruhigen. Die Zahl der Hungers Gestorbenen nahm von Tag zu Tag zu, das Elend wurde immer größer. Nur noch Haut und Knochen schlichen die Menschen umher. Wie vielen solcher Gerippe war der Tod nur eine Erlösung. [...]

Daß bei solcher Lebensweise bald böse Krankheiten ausbrechen mußten, war nur zu natürlich, zumal der geschwächte Körper nicht mehr die genügende Kraft und Energie besaß, bei den jetzt einsetzenden großen Regen für eine regensichere Behausung und genügend Brennholz zu sorgen, und so die meisten Hungernden noch der bittersten Kälte und Nässe ausgesetzt waren.

Zuerst brach in dem großen Dorf östlich von uns die rote Ruhr aus. Alle Absperrungsmaßregeln halfen nichts. Es dauerte nicht lange, und die garstige, sehr ansteckende Krankheit sprang auch auf die beiden Dörfer nördlich und westlich von uns über. [...] Es kam schließlich dahin, daß zum Begraben der Toten nicht mehr Anverwandte oder Freunde vorhanden waren. So ließ man denn die Toten einfach in ihren Hütten liegen oder warf sie vielleicht noch in das Gras vor der Tür der Hütte, den Hunden, Krähen und Aasgeiern zum Fraß. Man konnte vor Leichengestank oft kaum die Dörfer oder die daran vorbeiführenden Straßen passieren.

Von der Boma[12] aus wurden den Gesundgebliebenen oder Genesenen neue Plätze zugewiesen, auf denen sie sich neue Hütten errichten sollten. Aber niemand kam dem nach. Alles was noch gehen oder kriechen konnte, floh in die alte Heimat, zu den alten, einsamen Bambusbüschen. Sie sollten jetzt Hilfe und Rettung vor dem bösen Hunger, vor der garstigen Krankheit bringen. [...]

So kam es denn, daß sich die Geflüchteten trotz wiederholter Aufforderung und Warnung weigerten, zu kleinen Arbeitsleistungen, zu Trägerdiensten und Botengängen auf die Boma zu kommen. Doch der mbana mkuba[13], der Postenführer, verstand keinen Spaß. Er schickte seine Askari nach allen Richtungen der Windrose aus und ließ die Leute wieder einfangen. Wer fortlief, wurde erschossen. Der Krieg hat begreiflicherweise die Askari verroht. Manches Blutvergießen hätte sich wohl vermeiden [lassen] und viele betrunkene Pangwa [hätte man] gewißlich auch ohne Schießerei einfangen können. Aber so wurde nicht viel Federlesens gemacht. Wer sich weigerte mitzukommen, bekam seine Kugel. Viele Pangwa haben so ihr Leben lassen müssen.

[12] Verwaltungssitz
[13] (Kisuaheli) Großer Herr

Aber wohl noch mehr sind im betrunkenen Zustande den häufigen kalten Regen und Hagelschlägen zum Opfer gefallen. In der Nähe der Station fand ich des öfteren betrunkene Leute, durch den Regen völlig erstarrt, dem Tode nahe. Wie viele mögen fern von hier so zugrunde gegangen sein?

Quelle: Missionsberichte der Berliner Missionsgesellschaft, März 1908, S. 173 - 175.

d) Kolonialismus und afrikanischer Nationalismus – Der nachmalige Staatspräsident Julius K. Nyerere am 20. Dezember 1956 vor dem Treuhandschaftsrat der UNO

In meinem Gesuch um eine Anhörung sagte ich, daß ich gern über die Gegebenheiten in Tanganyika[14], besonders hinsichtlich verfassungsmäßiger Veränderungen, sprechen würde. [...] Wie Sie alle wissen, war unser Land einmal eine deutsche Kolonie. Die Deutschen begannen zuerst i. J. 1885, das Land zu besetzen. Fünfzehn Jahre lang, zwischen 1885 und 1900, kämpfte mein Volk verzweifelt mit Pfeil und Bogen, mit Speeren und Keulen, mit Messern und rostigen Flinten, um die Deutschen nicht hereinzulassen. Aber die Übermacht war auf der anderen Seite. 1905, in der berühmten Maji-Maji-Rebellion, versuchte es mein Volk ein letztes Mal, die Deutschen zu vertreiben. Wieder war die Übermacht auf der anderen Seite. Die Deutschen warfen mit – für sie charakteristischer – Unbarmherzigkeit die Rebellion nieder, indem sie schätzungsweise 120 000 Menschen niedermetzelten.

Es gab keine nationalistische Bewegung, keine nationalistischen Aufwiegler, keine Demagogen westlicher Prägung oder umstürzlerische Kommunisten, die im Land umhergingen und gegen die Deutschen Unruhe stifteten. Die Menschen kämpften, weil sie nicht an das Recht des weißen Mannes glaubten, die Schwarzen zu regieren und zu zivilisieren. Sie erhoben sich nicht aus Angst vor einer terroristischen Bewegung oder einem abergläubischen Eid in einer großen Re-

[14] Aus dem Hauptteil des ehemaligen Schutzgebietes Deutsch-Ostafrika hervorgegangen, seit 1920 britisches Mandatsgebiet, seit dem 9. Dezember 1961 souverän. Im April 1964 schlossen sich Tanganyika und Sansibar zur Vereinigten Republik von Tanganyika und Sansibar zusammen, die sich später den Namen Tansania gab.

bellion[15], sondern einem natürlichen Ruf folgend, einem Ruf des Geistes, der im Herzen aller Menschen aller Zeiten, ob gebildet oder ungebildet, ertönt, gegen Fremdherrschaft zu rebellieren. Es ist wichtig, dessen eingedenk zu sein [...], um den Charakter einer Nationalbewegung wie der meinen[16] zu verstehen. Ihre Funktion besteht nicht darin, den Geist der Rebellion zu schaffen, sondern ihn zu artikulieren und ihm eine neue Ausdrucksweise zu verleihen.

Der Kampf gegen die Deutschen bewies unserem Volk die Aussichtslosigkeit des Versuchs, ihre Herren mit Gewalt zu vertreiben. Es blieb ihm keine Hoffnung. Dann kam das Mandat unter dem Völkerbund. Die Ideale des Mandatssystems, wie sie in Artikel 22 der Völkerbundssatzung[17] zum Ausdruck kamen, hätten unserem Volk neue Hoffnung geben können. Aber die Versprechen des Mandats wurden dem Volk nicht erläutert, und, mit Ausnahme der Amtsführung unter Sir Donald Cameron[18], verwalteten alle britischen Gouverneure das Land, als ob es eine britische Kolonie wäre, und beuteten die Angst, die die deutsche Herrschaft dem Volk eingeflößt hatte, aus. Die Furcht vor gewaltsamer Rebellion war jetzt noch größer, da Tanganyika ja das einzige ostafrikanische Land gewesen war, auf dessen Boden während des Ersten Weltkrieges lange und erbitterte Schlachten geschlagen worden waren.

Nach dem Zweiten Weltkrieg kam das Treuhandsystem. Unter dem Mandatssystem wurde anerkannt, daß die Interessen der Ureinwohner Tanganyikas an erster Stelle standen, und Sir Donald Cameron hatte dies während seines Gouvernements im Überfluß deutlich gemacht. Aber der tanganyikanische Siedler, der an den Diskussionen, die zur Treuhand-Satzung führten, teilgenommen hatte, sorgte dafür, daß diese Vorrangigkeit der Eingeboreneninteressen keineswegs zu ihrem Charakteristikum wurde.

Quelle: Julius K. Nyerere, Freedom and Unity (Uhuru na Umoja). A Selection from Writings and Speeches. 1952 - 65, Oxford 1966, S. 40 f.

[15] Dies bezieht sich auf den Mau-Mau-Aufstand (1948 ff.), die Verschwörung einer Geheimorganisation der Bantu in Kenia zur gewaltsamen Vertreibung der Weißen aus der Kolonie.

[16] Die von J. K. Nyerere 1954 begründete *Tanganyica African National Union* (TANU) war lange Zeit die einzige nationale Partei Tansanias.

[17] Dorf hieß es u.a., daß das »Wohlergehen und die Entwicklung« derjenigen Völker, »die noch nicht imstande sind, sich unter den besonders schwierigen Bedingungen der heutigen Welt selbst zu leiten [...], »eine heilige Aufgabe der Zivilisation« bilden.

[18] 1925 - 1931 Gouverneur von Tanganyika; er bemühte sich um indirekte Herrschaftsformen und eine Modernisierung der Verwaltung.

49. Die Eskalation deutscher Interessenpolitik in China – Aus einer Denkschrift des Auswärtigen Amtes vom 19. März 1897

Es darf hierbei ein Rückblick auf die Entwicklung geworfen werden, welche die Stationsfrage im Laufe der Erörterungen genommen hat. Angeregt wurde dieselbe vor zwei Jahren durch ein Schreiben des Auswärtigen Amtes an das Reichsmarineamt, worin darauf hingewiesen wurde, daß es infolge des damals noch nicht beendeten chinesisch-japanischen Krieges[1] *möglicherweise* zu Territorialerwerbungen europäischer Mächte kommen könne und wir damit vielleicht Gelegenheit hätten, auch unsererseits eine Kohlenstation für unsere Marine zu erwerben. Aus der Kohlenstation wurde unter den Händen der Marine allmählich eine Flottenstation, dann ein Stützpunkt für unseren Handel. Der Gesichtspunkt des kommerziellen Stützpunktes wurde von der Marine immer mehr in den Vordergrund geschoben, hauptsächlich vermutlich aus Rücksichten der Gestaltung des Marinebudgets. Schließlich ist man dabei angelangt, einen Platz zu fordern, der als Ausgangspunkt für die Begründung eines deutschen Kolonialgebiets geeignet sei. Es unterliegt keinem Zweifel, daß durch diese Hineintragung weiterer Gesichtspunkte die Förderung der Sache erschwert und verlangsamt worden ist. Mehrere günstige Gelegenheiten, einen Punkt zu nehmen, haben versäumt werden müssen, weil die Platzfrage noch nicht geklärt war. Hätte man es bei dem ursprünglichen, bescheideneren Standpunkt des Auswärtigen Amtes belassen, d.h. sein Augenmerk nur auf eine Kohlenstation für die Marine gerichtet, so wäre dies Ziel wahrscheinlich längst erreicht worden.

Quelle: Die Große Politik der Europäischen Kabinette 1871 - 1914. Sammlung der Diplomatischen Akten des Auswärtigen Amtes. Im Auftrage des Auswärtigen Amtes herausgegeben von Johannes Lepsius, Albrecht Mendelssohn Bartholdy, Friedrich Thimme, Berlin 1927, Band 14, 1. Halbband, S. 46.

[1] Krieg zwischen Japan und China um den Besitz von Korea (1894 - 1895). Das unterlegene China verzichtete im Frieden von Shimonoseki (1895) auf seine Rechte in Korea, das selbständig wurde, und trat Taiwan, die Pescadores-Inseln und Liaotung (das später an Rußland verpachtet wurde) an Japan ab.

50. Über die »Provokation« zur »Annexion« – Der Missionar Richard Wilhelm über den *circulus vitiosus* von Gewalt und Sühneforderungen

Fragen wir nun nach den Erfolgen der Missionstätigkeit. Sie sind verschieden, je nach den Persönlichkeiten und den von ihnen angewandten Methoden. Es ist klar, daß, wenn ein noch so wohlmeinender Mann von beschränktem Gesichtskreis in ein hochkultiviertes Land wie China kommt und damit beginnt, die ganze, jahrtausende alte Kultur in Frage zu stellen und als Teufelswerk zu bezeichnen, er keinen Anhang unter den geistig hochstehenden Schichten finden wird. So waren es denn zunächst meist Menschen, die innerhalb des chinesischen Kulturzusammenhangs zu den Ausgestoßenen gehörten, die sich der Mission anschlossen. Die Mission bot finanzielle Vorteile, sie gewährte freie Verpflegung und Unterricht an ihre Zöglinge, oft bekamen die Eltern sogar noch eine Entschädigung, wenn sie ihre Kinder in die Missionsanstalten schickten. Auf diese Weise lassen sich überall Proselyten[1] machen! Man kaufte kleine Mädchen auf, die von heruntergekommenen Eltern verstoßen waren. Man richtete Findelhäuser ein, in denen die kleinen Mädchen ernährt, gekleidet, erzogen und verheiratet wurden, und bald wurden diese Findelhäuser zu einem beliebten Versorgungsmittel für die Mädchen mittelloser Eltern. Als Prediger und Evangelisten fanden Gelehrte oft zweifelhafter Güte eine, wenn auch recht dürftig bezahlte Anstellung. – Diese »Lehrer« bekamen in der Regel geringere Gehälter als ein Koch oder eine Kinderfrau. – Ferner mischte sich die Mission – oft im besten Glauben – in die Prozeßangelegenheiten ihrer Konvertiten ein. Diese wußten oft als Christenverfolgungen hinzustellen, was in Wirklichkeit Erpressungsversuche auf ihrer Seite waren. Der Missionar aber benutzte in der Unkenntnis des Tatbestandes seine Stellung als Fremder, hinter dem die Macht der fremden Kanonenboote stand, um die Lokalbeamten zu zwingen, gegen ihr besseres Wissen dem christlichen Teil recht zu geben. Das alles wirkte anziehend auf zweifelhafte Elemente in der Bevölkerung. [...]

Ich selbst wurde einmal im Innern gefragt, wieviel der Eintritt in die evangelische Kirche koste. Als ich den Mann erstaunt fragte, was er meine, sagte er, er sei in Verlegenheit, weil er einen Prozeß hängen habe, und müsse in eine Kirche eintreten; er sei sich aber noch nicht

[1] (griech. »Hinzugekommener«) der von einer Religion oder Partei zu einer anderen Übergetretene

klar, ob er in die Jesu Kiao (evangelische Kirche) oder die T'iäntschu Kiao (Himmelsherrn Kirche = katholische Kirche) oder die T'iälu Kiao (Eisenbahn Kirche) eintreten wolle. Er werde wohl die Eisenbahnkirche vorziehen, sie sei zwar etwas teurer als die anderen, aber auf der anderen Seite gehe sie auch viel rücksichtsloser vor (damals wurde in Schantung die Eisenbahn von Tsingtau nach Tsinanfu gebaut). Das zeigt die Gesinnung jener Kreise.

Natürlich kam auf diese Weise weder das chinesische Volk noch die Mission zur Ruhe. Es war ein *Circulus vitiosus*. Der Missionar bedrängte den Beamten zugunsten seiner Christen und drohte mit Kanonenbooten oder sonstigen diplomatischen Eingriffen. Der Beamte gab nach und drückte auf die Bevölkerung, daß die Christen recht behielten. Die Bevölkerung endlich brach, wenn sich die Mißhandlungen gehäuft hatten, in irgendeinem lokalen Aufstand los, brannte die Missionsstationen nieder und schlug wohl auch einen Missionar tot. Dann griffen die fremden Mächte ein, entsandten Kanonenboote, führten Sanktionen durch - die Besetzung Tsingtaus[2] war z. B. eine solche Sanktion -, und die Dinge begannen wieder von vorne.

Quelle: Richard Wilhelm, Die Seele Chinas, Berlin 1926, S. 221 - 224.

51. Die Annexion von Kiautschou – Telegramm Wilhelms II. an das Auswärtige Amt vom 6. November 1897

Ich lese soeben in der Presse die Nachricht von dem Überfall[1] auf die unter meinem Protektorat[2] stehende deutsch-katholische Mission in Schantung. Hierfür muß ausgiebige Sühne durch energisches Eingreifen der Flotte geschaffen werden. Das Geschwader muß augenblicklich nach Kiautschou fahren, dort befindliche chinesische Ortschaft besetzen und mit schwersten Repressalien drohen, wenn nicht augenblicklich seitens der chinesischen Regierung ein in Geld zu bemessender hoher Schadenersatz geleistet sowie Verfolgung und Be-

[2] Vgl. hierzu die folgende Quelle.

[1] Am 1. November 1897 waren zwei deutsche katholische Missionare in Süd-Shantung ermordet worden.

[2] Gemeint ist das seit 1890 bestehende, Frankreich entzogene »Katholikenprotektorat«, d.h. der diplomatische Schutz auch für deutsche katholische Missionare.

strafung der Verbrecher wirklich effektuiert wird. Ich bin fest entschlossen, unsere hypervorsichtige, in ganz Ostasien bereits als schwach angesehene Politik nunmehr aufzugeben und mit voller Strenge und wenn nötig mit brutalster Rücksichtslosigkeit den Chinesen gegenüber endlich zu zeigen, daß der Deutsche Kaiser nicht mit sich spaßen läßt und es übel ist, denselben zum Feind zu haben.

Bitte umgehend telegraphische Antwort des Einverständnisses, damit ich Admiral sofort telegraphisch anweisen kann.

Es ist das energische Auftreten um so mehr geboten, als ich dadurch meinen katholischen Untertanen inklusive der Ultramontanen[3] von neuem beweisen kann, daß mir ihr Wohl genauso am Herzen liegt und sie ebenso auf meinen Schutz rechnen können als meine übrigen Untertanen.

Quelle: Die Große Politik der Europäischen Kabinette 1871–1914. Sammlung der Diplomatischen Akten des Auswärtigen Amtes. Im Auftrage des Auswärtigen Amtes herausgegeben von Johannes Lepsius, Albrecht Mendelssohn Bartholdy, Friedrich Thimme, Berlin 1927, Band 14, 1. Halbband, Nr. 3686.

52. Die »deutsche Faust« in China – Rede Kaiser Wilhelms II. in Bremerhaven am 27. Juli 1900 (»Hunnenrede«)

Zum erstenmal, seit das Deutsche Reich wiedererstanden ist, tritt an Sie[1] eine große überseeische Aufgabe heran. Dieselben sind früher in größerer Ausdehnung an uns herangetreten, als die meisten Meiner Landsleute erwartet haben. Sie sind die Folgen davon, daß das Deutsche Reich wiedererstanden ist und damit die Verpflichtung hat, für

[3] (lat. *ultra montes* »jenseits der Berge«); ursprünglich nur im geographischen Sinn wechselseitig für Italiener bzw. Franzosen und Deutsche gebrauchte Bezeichnung, seit der Mitte des 18. Jahrhunderts Bedeutungswandel durch antirömische (antikatholische) Affekte; wurde in der Polemik gegenüber dem politischen Katholizismus in Deutschland synonym verwendet für antipatriotisch, reichsfeindlich, romhörig.

[1] Die Ansprache des Kaisers auf der Landungsbrücke in Bremerhaven richtete sich an die Offiziere und Mannschaften der deutschen Kontingente des alliierten Expeditionskorps zur Niederschlagung des Boxeraufstandes, die wenig später mit den im Hafen bereitliegenden Truppentransportern »Batavia«, »Dresden« und »Halle« in See stachen.

seine im Ausland lebenden Brüder einzustehen im Momente der Gefahr. Mithin sind nur die alten Aufgaben, die das alte Römische Reich nicht hat lösen können, von neuem hervorgetreten, und das neue Deutsche Reich ist in der Lage, sie zu lösen, weil es ein Gefüge bekommen hat, das ihm die Möglichkeit dazu gibt. Durch unser Heer, in 30jähriger angestrengter, harter Friedensarbeit, sind viele Hunderttausende von Deutschen zum Kriegsdienst herangebildet worden. Ausgebildet nach den Grundsätzen Meines verewigten großen Großvaters, bewährt in drei ruhmvollen Kriegen, sollt Ihr nunmehr auch in der Fremde drüben Zeugnis ablegen, ob die Richtung, in der wir uns in militärischer Beziehung bewegt haben, die rechte sei. Eure Kameraden von der Marine haben uns schon gezeigt, daß die Ausbildung und Grundsätze, nach denen wir unsere militärischen Streitkräfte ausgebildet haben, die richtigen sind, und an Euch wird es sein, es ihnen gleichzutun. Nicht zum geringsten erfüllt es uns alle mit Stolz, daß gerade aus dem Munde auswärtiger Führer das höchste Lob unsern Streitern zuerkannt wurde.

Die Aufgabe, zu der Ich Euch hinaussende, ist eine große. Ihr sollt schweres Unrecht sühnen. Ein Volk, das, wie die Chinesen, es wagt, tausendjährige alte Völkerrechte umzuwerfen und der Heiligkeit der Gesandten und der Heiligkeit des Gastrechts in abscheulicher Weise Hohn spricht, das ist ein Vorfall, wie er in der Weltgeschichte noch nicht vorgekommen ist und dazu von einem Volke, welches stolz ist auf eine vieltausendjährige Kultur. Aber Ihr könnt daraus ersehen, wohin eine Kultur kommt, die nicht auf dem Christentum aufgebaut ist. Jede heidnische Kultur, mag sie noch so schön und gut sein, geht zugrunde, wenn große Aufgaben an sie herantreten. So sende Ich Euch aus, daß Ihr bewähren sollt einmal Eure alte deutsche Tüchtigkeit, zum zweiten die Hingebung, die Tapferkeit und das freudige Ertragen jedweden Ungemachs und zum dritten Ehre und Ruhm unserer Waffen und Fahnen. Ihr sollt Beispiele abgeben von der Manneszucht und Disziplin, aber auch der Überwindung und Selbstbeherrschung. Ihr sollt fechten gegen eine gut bewaffnete Macht, aber Ihr sollt auch rächen, nicht nur den Tod des Gesandten, sondern auch vieler Deutscher und Europäer. Kommt Ihr vor den Feind, so wird er geschlagen, Pardon wird nicht gegeben; Gefangene nicht gemacht. Wer Euch in die Hand fällt, sei in Eurer Hand. Wie vor tausend Jahren die Hunnen unter ihrem König Etzel[2] sich einen Namen gemacht, der sie noch jetzt in der Überlieferung gewaltig erscheinen läßt, so möge der Name Deutschland in China in einer solchen Weise bekannt werden, daß niemals wieder ein Chinese es wagt, etwa einen Deutschen auch

[2] Attila, König der Hunnen (434 - 453)

nur scheel anzusehen. Ihr werdet mit Übermacht zu kämpfen haben, das sind wir ja gewöhnt, unsere Kriegsgeschichte beweist es. Ihr habt es gelernt aus der Geschichte des Großen Kurfürsten und aus Eurer Regimentsgeschichte. Der Segen des Herrn sei mit Euch, die Gedanken eines ganzen Volkes begleiten Euch, geleiten Euch auf allen Euren Wegen. Meine besten Wünsche für Euch, für das Glück Eurer Waffen werden Euch folgen! Gebt, wo es auch sei, Beweise Eures Mutes, und der Segen Gottes wird sich an Eure Fahnen heften und es Euch geben, daß das Christentum in jenem Lande seinen Eingang finde. Dafür steht Ihr Mir mit Eurem Fahneneid, und nun glückliche Reise. Adieu, Kameraden.

Quelle: Weser-Zeitung, Bremen, 28.7.1900. Text hier nach Bernd Sösemann, Die sogenannte Hunnenrede Wilhelms II. Textkritische und interpretatorische Bemerkungen zur Ansprache des Kaisers in Bremerhaven vom 27. Juli 1900, Historische Zeitschrift, Bd. 222 (1976), S. 342 - 358. Der Wortlaut weicht von den gängigen Versionen (Penzler, 2. Teil, S. 205 ff.; vgl. dazu Bülow, Denkwürdigkeiten Bd. 1, S. 358 ff.) ab.

53. Plädoyer für die *Open Door*-Politik – Schreiben des Reichsmarineamts an Wilhelm II. vom 20. August 1900

Abschrift zu A. III 3220
Der Staatssekretär
des Reichs-Marine-Amts. Berlin, den 20. August 1900
A. III 2905

Eurer Kaiserlichen und Königlichen Majestät melde ich alleruntertänigst, daß der Gouverneur des Kiautschou-Gebietes[1] unter dem 2. Juli 1900 über die Folgen, die der Aufstand[2] im Norden Chinas für die Kolonie haben wird, und über die politische Lage, wie folgt, berichtet:

Für die Kolonie ist dieser Aufruhr ein schwerer Schlag, ihre Entwicklung wird um viele Monate aufgehalten, aber er muß vorläufig

[1] Kapitän zur See Paul Jaeschke
[2] Boxer-Aufstand 1900/01

mit Geduld ertragen werden, denn mit den zur Zeit hier vorhandenen Truppen darf ein Vorstoß in das Aufruhrgebiet nicht unternommen werden, die chinesischen Truppen würden sofort mit den Aufrührern gemeinschaftliche Sache gegen uns machen. [...] So lange wie ich die Überzeugung habe, daß der Gouverneur[3] unsere vertragsmäßigen Rechte anerkennt, den guten Willen zeigt, die Ausführung der darauf basierenden Arbeiten nicht zu hindern und - soweit es in seinen Kräften steht - auch nicht hindern zu lassen, so lange müssen auch wir vermeiden, den Anschein zu erwecken, als ob wir über die vertragsmäßigen Rechte hinausgehen wollten.

Dieser Gouverneur muß durchaus anders behandelt werden, wie seine 3 Vorgänger, nicht allein deshalb, weil er bis jetzt guten Willen bewiesen hat, sondern auch, weil er über gute Truppen verfügt.

Es empfiehlt sich auch vom größerpolitischen Standpunkte aus nicht, uns den Anschein zu geben, als ob wir in der Provinz Schantung weiter um uns greifen wollten. Andere Teile Chinas, vor allem das Yangtsegebiet, sind für den deutschen Handel viel wichtiger; die Politik der offenen Tür ist für seine Förderung das einzige Richtige. England würde uns Schantung gern überlassen, wenn wir dafür auf den Yangtse verzichten wollten. Wir müssen unsern politischen Einfluß in ganz China ausbreiten und dürfen uns nicht auf diese kleine Ecke beschränken lassen. Schantung wird uns später sowieso als reife Frucht in den Schoß fallen, deshalb brauchen wir jetzt nicht die Hände danach auszustrecken. [...]

In Vertretung des Staatssekretärs.
gez. Diederichsen
Konter-Admiral und Direktor des technischen Departments
des Reichs-Marine-Amts

Quelle: Bundesarchiv-Militärarchiv-Freiburg i.Br.: 1 RM 5/5651.

[3] Yüan Shih-k'ai, wurde im Dezember 1899 zum Generalgouverneur von Schantung ernannt.

54. Chinesische Demütigung – Der Empfang des »Sühneprinzen« in Berlin, 1901

Der Empfang der chinesischen Sühnedeputation[1] ging in Potsdam vonstatten. Im Muschelsaal, dem wunderschönen weiten Raum zu ebener Erde des Neuen Palais, war an der Schmalseite ein Thronsessel aufgestellt worden, auf dem sich vor Eintritt der Chinesen der Kaiser, mit dem Helm der Gardedukorps auf dem Kopf, niederließ – umgeben von seinem gesamten Gefolge in Paradeuniform und einer stattlichen Zahl Würdenträger. Grumme[2] und ich verkürzten uns die Zeit mit allerhand zum Lachen reizenden Erzählungen, mußten aber diese Beschäftigung alsbald einstellen, da der Kaiser das Lachen auf die ungewohnte Situation zu beziehen schien und zu uns herüberrief: »Ich glaube gar, Ihr lacht über mich!« In diesem Augenblick öffneten sich die Flügeltüren und Prinz Tschun, ein junger, vornehm aussehender und sich ebenso bewegender Herr trat in seiner schönen und nicht übertrieben prunkvollen Nationaltracht bis dicht an die Stufen des Thrones heran. Er verneigte sich sehr tief, führte dann den von einem seidenen Umschlag umhüllten Brief seines Kaisers an die Stirn und übergab ihn dem unsrigen, sich abermals ehrfurchtsvoll verneigend. Der Kaiser nahm den Brief sitzend in Empfang und übergab ihn seinerseits dem chinesischen Botschafter zum Vorlesen des Inhalts in deutscher Übersetzung. Glücklicherweise waren wir durch den kurz zuvor drohend gegen uns erhobenen Zeigefinger des Kaisers gewarnt, sonst hätten wir sicher, diesmal nicht nur über die sich abspielende Handlung, sondern besonders darüber gelacht, daß aus dem Munde des Botschafters ein unverfälschtes, wenig vornehm klingendes Berliner Deutsch herauskam. Einen viel besseren Eindruck machte es, als unser deutscher Diplomat Freiherr von Seckendorff[3], damals Generalkonsul in Prag, der zufällig in Berlin anwesend und der chinesischen Sprache durchaus mächtig war, in formvollendeter Weise die Antwort des Kaisers auf die Entschuldigungsbitte seines asiatischen Kollegen vortrug. Damit war im Saal die Zeremonie beendet; der Besuch erhielt noch einen besonderen Abschluß dadurch, daß dem Prinzen Tschun beim Rückweg durch die Lange Galerie militärische Eh-

[1] China wurde im sogenannten Boxer-Protokoll vom September 1901 neben der Entsendung der Bußgesandtschaft zur Zahlung von 90 Millionen Taels (etwa 280 Millionen Mark) Kriegsentschädigung verpflichtet; das waren 20 Prozent der gesamten Reparationen.

[2] Karl Ferdinand von Grumme, einer der fünf diensttuenden Flügel-Adjutanten Wilhelms II.

[3] Edwin Freiherr von Seckendorff, vormals deutscher Konsul in Tientsin

ren durch die dort aufgestellte Schloßgarde-Kompagnie in ihrer historischen Tracht erwiesen wurden. Vor der Sühnehandlung war von ihm seitens der Truppe keine Notiz genommen worden.

Quelle: Heinrich Prinz von Schönburg-Waldenburg, Erinnerungen aus kaiserlicher Zeit, Leipzig 1929, S. 182 f.

55. Kiautschou: ein nationales Verlustgeschäft – Kritik des Abgeordneten Matthias Erzberger (Zentrum) am 21. März 1908 im Reichstag

Der Herr Staatssekretär hat in seiner Rede darauf hingewiesen, was wir in Kiautschou geschaffen haben. Auch die neueste amtliche Denkschrift, ein sehr interessantes Werk, zieht das Resultat der seitherigen zehnjährigen Tätigkeit der Deutschen in dem Kiautschougebiet, die aus dem chinesischen Drecknest ein hochmodernes Seebad geschaffen haben. Aber eins vermisse ich in der interessanten Denkschrift: alles ist aufgezählt an Entwicklung und Zunahme des Handelsverkehrs. Nur eine Zahl fehlt, die uns Deutsche so hart angeht, daß nämlich 110 Millionen Reichszuschuß geleistet worden ist.
(Hört! hört! in der Mitte.)
Es würde der Objektivität des Verfassers alle Ehre machen, wenn er uns die Zahl in der Denkschrift mitgeteilt hätte. Diese Gelder haben wir ausgegeben. Ich glaube, wenn man die 110 Millionen in Deutschland verwenden würde, so könnte man - um ein Wort des Abgeordneten Bebel zu gebrauchen - aus der Mark Brandenburg den schönsten Garten der Erde machen. Auch ganz ersprießliche Kulturarbeit könnte in der Heimat geleistet werden, wenn wir 110 Millionen auf ein Gebiet legen würden, das nicht so groß ist wie ein ordentlicher preußischer Landratsbezirk, auf ein Gebiet, das nur die Größe der Freien Stadt Bremen hat. Die Summe von 110 Millionen Mark müssen wir uns immer gegenüberhalten, wenn wir die Leistungen der Marineverwaltung, die ich durchaus anerkenne, richtig würdigen sollen.

Es ist angesichts dieser Ausgabe für Kiautschou nicht außer acht zu lassen, daß Kiautschou als Flottenstation, wie es ursprünglich geplant war, kaum in Betracht kommen kann. Wir müssen froh sein, wenn wir eine Flotte in Europa, in der Nord- und Ostsee halten können, die so stark ist, daß sich jeder Gegner Deutschlands hütet, mit uns anzubinden. Aber eine eigene große Flottenstation in Ostasien zu halten, ist, wenn der Plan je gehegt worden ist, prinzipiell aufgegeben worden.

Dafür sagt man jetzt: Kiautschou soll ein deutsches Kulturzentrum werden. Ja, meine Herren, wenn wir anfangen wollten, deutsche Kulturzentren überall in der Welt zu errichten, so würde das uns sehr teuer zu stehen kommen.
(Sehr richtig! in der Mitte.)
Was speziell die handelspolitische Entwicklung des Hafens betrifft, so leugne ich gar nicht, daß die Aus- und Einfuhr in dem Hafen sehr gestiegen ist, aber nicht zu unserem Vorteil, da wir alle Ausgaben, die wir für Kiautschou machten, im großen und ganzen den Japanern und Chinesen zu gute kommen lassen.
(Hört! hört! in der Mitte.)

[...] Was aber ist nun angesichts der großen Ausgaben für das Reich, die also 30 Millionen Mark im Jahr betragen, der ganze Handel nach China? - Im Jahre 1900 betrug die Ausfuhr 43,7 Millionen Mark, im Jahre 1902 37,9 Millionen Mark, 1904 52,9 Millionen Mark, 1906 [...] 67,8 Millionen Mark.

Wir stehen also vor folgendem Resultat: 50 Prozent der gesamten deutschen Ausfuhr von 1906 mit 67,8 Millionen, also rund 30 Millionen Mark, müssen wir à fonds perdu ausgeben, um diesen Ausfuhrhandel nach China schützen zu können. [...]

Man geht nicht zu weit, wenn man sagt: in diesem Etat zeigt sich eine Geldverschwendung in einem geradezu unerhörten Maße.

Quelle: Stenographische Berichte über die Verhandlungen des Reichstages, Bd. 231, Berlin 1908, S. 4174 f., 4195 f.

56. »Schaufenster in Ostasien« – Großadmiral Alfred von Tirpitz in seinen ›Erinnerungen‹ über die »Musterkolonie« Kiautschou, 1920

Das ganze Pachtgebiet wurde von uns enteignet. Ich hatte in Ostasien die großen Nachteile kennen gelernt, die eine schrankenlose Bodenspekulation in den dortigen europäischen »Settlements« mit sich gebracht hatte. Eine Frage, die ja auch in der Heimat des Studiums wert ist. Wir mußten uns für Tsingtau sofort entschließen. Ich kaufte daher den Leuten das Land zum damaligen Werte ab, vielleicht auch um eine Kleinigkeit teurer, um sie zufrieden zu stellen, was in Anbetracht der vorauszusehenden Wertsteigerung keine Bedeutung hatte. Die Leute konnten vertraglich auf dem Boden bleiben, solange sie wollten und wir das Land nicht brauchten. Außerdem hatten wir noch einen erweiterten Kreis um Tsingtau, die sogenannte neutrale Zone, durch welche wir Truppen marschieren lassen konnten, sodaß wir bei den Unruhen in Schantung unsere Hand über die nächste Umgebung gehalten haben.

Daß Tsingtau nicht dem Kolonialamt unterstellt wurde, habe ich grundsätzlich durchgesetzt. Die Sache mußte, wenn sie gedeihen sollte, in einer Hand bleiben. Die Marine hatte unmittelbare militärische Interessen dort, ferner Unterkunftsnotwendigkeiten, Docks, den Hafen usw. Reibungen mit einer besonderen Kolonialverwaltungsbehörde wurden besser vermieden. Da wir die Verantwortung für den ostasiatischen Stützpunkt übernommen hatten, war ich der Ansicht, daß wir geeigneter seien, auch die wirtschaftliche Entwicklung voranzutreiben. In demselben Sinne freilich, wie ich in meinem Brief an Stosch[1] die Verknüpfung aller Seeinteressen in der Hand des Reichsmarineamts nur für zeitweilig wünschenswert erklärte, bis sich diese Interessen zu voller Kraft ausgewachsen haben würden, so hielt ich es für möglich, daß auch Tsingtau, wenn es einmal »fertig« war, sich selber von der Marine ablösen würde. Aber der Zeitpunkt dazu war noch nicht gekommen. Die Reichsbürokratie war diesem eigenen Reich der Marine nicht unbedingt freundlich gesinnt. Das Auswärtige Amt zeigte eine gewisse Eifersucht; der schleunigst nach Tsinanfu gesetzte Konsul sorgte dafür, daß unser Einfluß nicht nach Schantung übergriffe.

Ich teile in wesentlichen Stücken Carl Peters'[2] Urteil über unsere ursprüngliche Kolonialbureaukratie. Ihr anfängliches Versagen ist doppelt bedauerlich, weil der Deutsche als solcher das Zeug zum Kolonisator in hohem Grade besitzt. Auch versteht er es, die Eingeborenen zu befriedigen. Ich erinnere daran, daß Lettow-Vorbeck[3] bei seinem Übertritt auf portugiesisches Gebiet von den Eingeborenen als Befreier begrüßt worden ist. Unsere Kolonien hätten sich jedenfalls in

[1] Albrecht von Stosch (1818 - 1896), preußischer General der Infanterie und Admiral, stand 1872 - 1883 als Chef der Admiralität, zugleich zum Staatsminister ernannt, an der Spitze der neuen deutschen Kriegsmarine.

[2] Carl Peters (1856 - 1918), deutscher Kolonialpionier und Publizist, erwarb Ende 1884 das Kernland des späteren Deutsch-Ostafrika, 1891 - 1895 Reichskommissar in Ostafrika, Ablösung und Skandal um seine Kolonisationsmethoden (vgl. Dok. 27 u. 96).

[3] Paul von Lettow-Vorbeck (1870 - 1964), seit 1900 im Militärdienst in Übersee, 1913 Kommandeur der Schutztruppe in Kamerun. Als Kommandeur der Schutztruppe in Deutsch-Ostafrika konnte er im Ersten Weltkrieg, zuletzt durch den Übertritt auf portugiesisches Kolonialgebiet, die Kapitulation bis Kriegsende vermeiden (vgl. Dok. 119).

mancher Hinsicht günstiger entwickelt, wenn sie anfänglich mit militärischen Heimatsbehörden vereinigt gewesen wären. Für die Marine selbst wäre das natürlich eine zu große Belastung geworden. Erst wenn einmal das Flottengesetz fertig ausgeführt war, wollte ich meinem Nachfolger die Aufgabe hinterlassen, dem Bau von Stützpunkten näher zu treten. Vom Kolonialamt wurden diese nicht beachtet, und doch waren sie Vorbedingung für die Entwicklung eines etwa notwendig werdenden Kreuzerkriegs und vor allem für die Verknüpfung des überseeischen Deutschtums. Aber was hätte man, hiervon abgesehen, z. B. für die Verteidigung von Deutsch-Ostafrika mit leichter Mühe tun können, wenn man sich im Frieden mehr darum gekümmert hätte! Die Marine hat ja auch für die anderen Kolonien Arbeit und Blut gegeben. Für Tsingtau hatten wir nun eine große Reihe von Technikern und Beamten zur Hand, die wir aus dem großen Topf der Marine nehmen und ohne weiteres dahin zurückgeben konnten, falls sie sich als ungeeignet erwiesen, während das Kolonialamt nur ein bürokratisches Kopfstück war. Wir waren imstande, den Hafen, die Stadt, die Anlagen usw. selber zu bauen.

Quelle: Alfred von Tirpitz, Erinnerungen, neue und durchgesehene Auflage, Leipzig 1920, S. 66 f.

Kapitel IV: Das »Größere Deutschland« – Visionen eines erweiterten Kolonialreiches

Ein »deutsches Indien« in Afrika

Neben dem bestehenden Kolonialbesitz gab es im Kaiserreich eine Reihe von »Blütenträumen«, die nicht reiften. Der Schwerpunkt dieser Kolonialprojekte lag eindeutig in Afrika. Hier hat der Traum von einem »deutschen Indien« am stärksten die Phantasie deutscher Kolonialenthusiasten, aber auch von Kolonialpolitikern bewegt. Bereits Adolf Lüderitz hegte die Vision eines südafrikanischen Großreiches vom Atlantik bis zum Indischen Ozean unter Einschluß der Buren-Republiken Transvaal und Oranje-Freistaat. Auch weiterhin wurden die Buren als Verbündete gesucht und ihre Gebiete als »zum deutschen Aktionsbereich« gehörig betrachtet, wie es einer der führenden deutschen Kolonialpropagandisten, Ernst von Weber, auf dem »Allgemeinen Kongreß zur Förderung überseeischer Interessen« im Jahre 1886 formulierte (Dok. 57).

Zu direkten Spannungen mit England kam es in diesem Zusammenhang Mitte der 1890er Jahre, als die weiterhin burenfreundliche Politik Berlins englische Interessen in *Transvaal* berührte (Dok. 58). Höhepunkt war die Krüger-Depesche vom 3. Januar 1896: Wilhelm II. beglückwünschte den Präsidenten der Südafrikanischen Republik (Transvaal), Paulus Krüger, zur erfolgreichen Abwehr des *Jameson Raid*, des Einfalls eines engen Vertrauten von Cecil Rhodes namens Leander Starr Jameson mit 500 rhodesischen Polizisten nach Transvaal. Die Krüger-Depesche sorgte in Großbritannien für eine starke politische Verstimmung, da Transvaal als zur vitalen Interessensphäre des Empire gehörend betrachtet wurde (»Kap-Kairo-Linie«). Schließlich ließ die Reichsregierung die ihrerseits bei Deutschland Rückhalt suchenden burischen Nationalisten fallen und gab die Ambitionen auf die umstrittene Delagoa-Bai zugunsten einer deutsch-britischen Verständigung auf. Südafrika insgesamt war nur noch ein Interessengebiet für eine deutsche ökonomische Betätigung, während Pläne einer territorial-kolonialen Abrundung auf die Randbereiche einer sentimentalen Sympathie für die »niederdeutschen Stammesbrüder« beschränkt blieben.

Zentraler Aspekt für den Verzicht einer Intervention in der Burenfrage war die Hoffnung auf eine Kompensation in Form einer englischen Unterstützung beim Erwerb portugiesischer Kolonien. Den tatsächlichen afrikanischen Kolonialbesitz zu erweitern, dienten ja immer wieder Pläne, anderen, macht- oder wirtschaftspolitisch schwächeren Nationen ihren »Anteil an Afrika« abzukaufen. Das galt vor allem hinsichtlich der *portugiesischen* Kolonien. 1898 kam es, angesichts notorischer Finanznot Portugals, zu kolonialen Verhandlungen zwischen Lissabon und London. Berlin hatte am 6. Juni 1898 von den englisch-portugiesischen Verhandlungen erfahren und in Lissabon über den deutschen Botschafter, Christian Graf von Tattenbach, interveniert: Friedliche Beziehungen seien nur aufrechtzuerhalten, wenn die deutschen Interessen angemessen berücksichtigt würden. Konkret wurden diese am 8. Juni 1898 dem deutschen Botschafter in London, Paul Graf von Hatzfeldt, genannt (Dok. 59). Der Vertrag vom 30. August 1898, der durch eine anschließende »geheime Konvention« und eine »geheime Note« ergänzt wurde, markierte die jeweiligen Interessensphären bei einem Zusammenbruch des portugiesischen Kolonialreiches. Er erhielt indessen nie politische Wirksamkeit, da England nicht auf seinen alten Juniorpartner verzichten wollte, das Deutsche Reich zu exorbitante Forderungen stellte und Portugal auf eine Anleihe bei Deutschland verzichtete, womit die Ausgangsbestimmung des Vertrags außer Kraft blieb. Da der Vertrag überdies nicht veröffentlicht wurde, herrschte bei den kolonialen Propagandisten in Deutschland einmal mehr der Eindruck, vom »perfiden Albion« übervorteilt worden zu sein, wohingegen in England die koloniale Mißstimmung als Folge der Transvaalfrage beseitigt schien.

Eine antideutsche Position nahm England dagegen wieder in der Marokkofrage ein. *Marokko* als »Absatzmarkt« war durch deutsche Kaufleute bereits in den 1860er Jahren entdeckt worden. Neben den systematischen Anstrengungen interessierter Kreise des deutschen Handels-, Schiffahrts- und Industriekapitals seit den achtziger Jahren, in Marokko handelspolitisch Fuß zu fassen – was 1890 zum deutsch-marokkanischen Handelsvertrag führte –, betrachteten die Alldeutschen seit den neunziger Jahren vor allem das südliche und westliche Marokko als ein bevorzugtes Objekt ihrer Siedlungspropaganda. Auftrieb erhielten diese Erwartungen im Zusammenhang mit den Marokkokrisen von 1905 und 1911, in deren Gefolge die alldeutschen Blätter in lärmenden Kampagnen für eine Aufteilung des Scherifischen Reiches eintraten, wobei Deutschland seinen Anspruch auf Westmarokko richten sollte (Dok. 60).

Für die offizielle deutsche »Weltpolitik« und die an den – überschätzten – Erzreichtümern interessierte Montanindustrie blieb Marokko vorerst ein Gegenstand der Politik der »offenen Tür« und des Verlangens nach gleichberechtigter Behandlung. Als sich jedoch Großbritannien und Frankreich im Rahmen der *Entente Cordiale* vom 8. April 1904 in Ägypten auf eine britische, in Marokko auf eine französische Vorherrschaft einigten und Frankreich überdies, der britischen Unterstützung sicher, sich mit Spanien Marokko teilte, ohne Deutschland zu berücksichtigen, suchte das Deutsche Reich mit einem Besuch des Kaisers in Tanger gegen die französische Politik Stellung zu beziehen. Die Folge war die erste Marokkokrise (1905). Die zu ihrer Regelung vom Reich geforderte Konferenz von Algeciras (1906) brachte Deutschland indes eine diplomatische Niederlage; denn außer Österreich-Ungarn standen alle Großmächte auf der Seite der *Entente*. Formell blieb Marokko zwar unabhängig, praktisch geriet es aber immer stärker in französische Abhängigkeit.

Als die Franzosen schließlich 1911 aufgrund von ausländerfeindlichen Unruhen in Marokko die Stadt Fez militärisch besetzten und gleichzeitig spanische Truppen in Larrache landeten, protestierte die Reichsregierung in Form einer Entsendung des Kanonenboots »Panther«, um ihren Mitsprachewillen zu demonstrieren. Verantwortlicher Initiator des »Panthersprungs nach Agadir« war der um persönliche Profilierung bemühte neue Staatssekretär im Auswärtigen Amt, Alfred von Kiderlen-Waechter (Dok. 61). Teilweise auf Anregung Kiderlen-Waechters verfaßte Heinrich Claß, Vorsitzender des Alldeutschen Verbandes, Anfang Juli 1911 seine Flugschrift ›Westmarokko deutsch‹, um für eine Annexion dieser Gebiete Stimmung zu machen (Dok. 62). Der koloniale Gewinn aus der Agadir-Aktion nahm sich indessen mehr als bescheiden aus: Für die Anerkennung des französischen Protektorats über Marokko erhielt Deutschland eine eher unbedeutende Vergrößerung seiner Kolonie Kamerun (»Neukamerun«), wofür es überdies den sogenannten Entenschnabel an der Nordostspitze Kameruns an Frankreich abtreten mußte.

Die erlangte Kompensation stellte nur ein verhältnismäßig geringes Zugeständnis gegenüber den eigentlichen Zielen Kiderlen-Waechters dar: der Erweiterung des deutschen Kolonialbesitzes durch die gesamte französische Kongo-Kolonie als einen Schritt zur Verwirklichung der bereits seit den 1880er Jahren erträumten großen Kolonie *Deutsch-Mittelafrika*. Diese sollte nach den Vorstellungen Kiderlens nicht nur Kamerun, den französischen Kongo und Deutsch-Ostafrika zusammenschließen, sondern durch eine Vereinbarung über Belgisch-Kongo und Portugiesisch-Angola auch Deutsch-Südwestafrika mit diesem deutschen mittelafrikanischen Großreich verbinden.

Vorstellungen von einem im mittleren Afrika zu schaffenden kolonialen Großreich als einem »deutschen Indien« in Afrika waren bereits in der vorkolonialen Propaganda aufgetaucht. Sie finden sich ferner bei den Kolonialkonquistadoren Carl Peters und Emin Pascha, schon um auf diese Weise den englischen Kap-Kairo-Bestrebungen einen Riegel vorzuschieben. Immer wieder waren es Teile der portugiesischen, belgischen oder französischen afrikanischen Kolonien, die als Ergänzungsräume für das »deutsche Indien« in Afrika dienten. Ende 1911/ Anfang 1912 suchte beispielsweise die freikonservative »Post« in einer Artikelserie unter dem Titel »Mittelafrika deutsch!« mit diesem Programm der stagnierenden Kolonialpolitik ein neues nationales Ziel zu geben (Dok. 63). Während des Ersten Weltkrieges wurde »Mittelafrika« schließlich als koloniale Entsprechung zu dem kontinentalen Kriegsziel »Mitteleuropa« in die deutschen Kriegszielprogramme einbezogen[1].

Nach dem Scheitern der deutschen Marokko-Politik diente »Mittelafrika« indessen einer einflußreichen Gruppe deutscher Politiker und Wirtschaftsvertreter auch als Mittel der Verständigung mit England. Anstelle einer Rivalität in der Flotten- und Nahostpolitik plädierten sie unter der Devise »deutsche Weltpolitik und kein Krieg« für einen deutsch-englischen Kolonialinteressenausgleich in Afrika. Die Hoffnungen auf deutscher Seite richteten sich auf den belgischen Kongo und die portugiesischen Kolonien. Einer der Exponenten dieser »liberalen Imperialisten« war der deutsche Botschaftsrat in London, Richard von Kühlmann. In einer Depesche vom 8. Januar 1912 hat er dem Reichskanzler seine Gedanken dargelegt (Dok. 64). Für Bethmann Hollweg, der ein politisches Übereinkommen mit England zustandebringen wollte, gleichzeitig aber eine aus der Kampfstimmung geborene Flottennovelle und Wehrvorlage zu verabschieden hatte, kam diese Aufgabe der »Quadratur des Kreises« gleich, während Wilhelm II. keineswegs bereit war, für das »Wahngebilde eines afrikanischen Kolonialreiches« die Flottenrüstung einzuschränken. Zwar wurde am 20. September 1913 noch ein deutsch-englischer Vertrag paraphiert, der weit über das Abkommen vom 30. August 1898 hinausging und dem zufolge Deutschland in den Besitz eines großen südwestafrikanischen Reiches vom Kongo bis zum Oranje gelangt wäre. Jedoch wurde dieses Abkommen nicht mehr ratifiziert.

[1] Vgl. Dok. 111 – 113.

Das deutsche Interesse am Nahen Osten stand in engem Zusammenhang mit der von Romantik und Erweckungsbewegung zu Anfang des 19. Jahrhunderts hervorgerufenen Palästina-Begeisterung und der Pilgerfahrt dorthin. Der Ruf nach einer »Wiedergewinnung« des Heiligen Landes erhielt zusätzliche Nahrung, als in den 1830er Jahren im Zuge der ägyptisch-türkischen Auseinandersetzungen die »Öffnung« Palästinas die politischen Voraussetzungen für die europäisch-amerikanische »friedliche Durchdringung« schuf. Während die Errichtung eines anglo-preußischen Bistums in Jerusalem 1841 und das Eintreffen des preußischen Konsuls in der Heiligen Stadt 1843 als erste Manifestationen deutscher Präsenz im »Heiligen Land« gelten können, gelangten auch »politische« Projekte zur Diskussion. So vertrat der preußische Militärberater in der Türkei und spätere Sieger von 1870/71, Helmuth Graf von Moltke, zwischen 1841 und 1844 in den Beilagen der renommierten ›Augsburger Allgemeinen Zeitung‹ die Ansicht, daß die Gebiete, die das Osmanische Reich durch europäische Hilfe von dem ägyptischen Usurpator Muhammed Ali zurückgewonnen hatte – also Syrien und Palästina – in Wirklichkeit »Geschenke« der Europäer an den Sultan seien, die am besten vor einer erneuten kriegerischen Verwicklung bewahrt werden konnten, indem Palästina als Pufferstaat zwischen Syrien (französischer Einfluß) und Ägypten in ein christliches Staatswesen unter einem deutschen Fürsten verwandelt würde (Dok. 65).

Der Gedanke, Palästina, ja den gesamten Nahostbereich, zu einem Außenposten deutscher Zivilisation, aber auch einer großräumigen Besiedlung zu machen, tauchte von nun an immer wieder auf. Siedlungsgebiete im Donauraum, in der Türkei und im Mittleren Osten galten – nicht zuletzt unter dem bekannten Aspekt der Erhaltung des Deutschtums – als »natürliche Achse« zukünftiger deutscher Volksentfaltung. Aber auch an Vorschlägen, die dem Bereich phantastischer Projektemacherei zuzuordnen sind, fehlte es nicht.

Dazu gehörte das Memorandum, das der »Ausschuß für Sammlung des Volkes Gottes« im Jahre 1859 an den Deutschen Bund richtete. Hinter diesem »Ausschuß« standen württembergische Pietisten, die dann 1861 die Tempel-Gesellschaft (»Deutscher Tempel«) begründeten. Die »Templer« gingen von einem buchstäblichen Verständnis der alttestamentlich-prophetischen Weissagungen aus und bezogen diese auf die konkrete politische Situation, indem sie Syrien und Palästina als deutsche Schutzgebiete sowie den gesamten Donauraum und Nahen Osten als österreichisch-deutsche Domäne propagierten (Dok.

66). Ende der 1860er Jahre betraten die ersten bäuerlich-mittelständischen »Templer« den Boden Palästinas, wo sie neben der Siedlung vor allem im Tourismus eine vorherrschende Stellung erwarben. Sie erwiesen sich später als besonders anfällig für die alldeutsche Propaganda, so daß schließlich der Nationalgedanke ihre religiösen Vorstellungen überwältigte.

Einen tatsächlichen politischen Stellenwert erhielt der Nahe Osten erst in den »weltpolitischen« Konzepten der wilhelminischen Ära. Namentlich Wilhelm II., in dessen Person sich sowohl das religiöse, biblisch-archäologische und wissenschaftliche Interesse seiner Zeit am Heiligen Land als auch die vielfältigen Morgenlandsehnsüchte und alldeutschen Nahostträumereien wie in einem Brennspiegel sammelten, faszinierte mehr als alle anderen überseeischen Unternehmungen die Möglichkeit einer Erweiterung des deutschen Einflusses im Nahen Osten. Sein Besuch in Begleitung der Kaiserin in Palästina im Jahre 1898, der unzweifelhaft auch Züge eines »Theatercoups« (Dok. 67) besaß, spiegelt am anschaulichsten den komplexen religiös-politischen Charakter der deutschen Beziehungen zu diesem Gebiet in allen seinen außen-, innen-, konfessions- und religionspolitischen Verästelungen.

Wenn die Fahrt des »Reisekaisers« via Konstantinopel nach Jerusalem, Damaskus und Beirut (12.10. - 26.11.1898) auch in erster Linie dem vorherrschenden französischen Einfluß in diesem Raum zu begegnen suchte, so war das in der historischen Rückschau bemerkenswerteste, von den Zeitgenossen freilich nur am Rande zur Kenntnis genommene Ereignis der Kaiserfahrt ins Heilige Land sicherlich das scheinbar zufällige Zusammentreffen Wilhelms II. mit dem Begründer des organisierten Zionismus, dem Wiener Journalisten Theodor Herzl. Wie seine Landsleute Victor Adler, Gustav Mahler, Sigmund Freud oder Arthur Schnitzler bewunderte Herzl das deutsche nationale Einigungswerk unter preußischer Führung und sah in dem Aufstieg Preußen-Deutschlands so etwas wie ein Vorbild seiner eigenen Vision eines künftigen Nationalstaates der Juden. Er wandte sich daher an Wilhelm II. (Dok. 68), der sich zunächst auch von den Ideen der Zionisten angezogen fühlte, wenn auch eher aus antisemitischen und monarchisch-staatlichen Gründen. Spätestens in Jerusalem schlug jedoch die Stimmung des Kaisers um, ganz abgesehen von der von Anfang an zurückhaltenden Einstellung des Auswärtigen Amtes und vor allem der gänzlich ablehnenden Haltung des Sultans Abdul Hamid II. dem zionistischen Projekt gegenüber. Die politische »Bagdad-Konzeption« blieb somit der idealistisch-nationalistischen »Jerusalem-Konzeption« übergeordnet, und wo beide außen- und weltpolitischen Konzepte in Widerspruch gerieten, zog die Berliner Politik die türkische Partnerschaft vor.

Dennoch knüpften in der Folgezeit Großmachtträume und Kolonisationsprojekte an die Palästinareise Wilhelms II. an, die von alldeutscher, adelig-konservativer und christlich-nationaler Seite vorgetragen wurden (Dok. 69). Aber selbst durch die verheißungsvollste Propaganda konnte nur eine ganz unbedeutende Anzahl von Siedlern motiviert werden. Eine für die hochgeschraubten Erwartungen nach der Palästinareise ebenso enttäuschende Entwicklung nahmen auch die Wirtschafts- und Finanzvorhaben.

Wichtigstes Prestigeobjekt im Rahmen der Nahost-Politik war und blieb so nur die Bagdadbahn, das wohl bedeutendste Unternehmen deutscher »Weltpolitik« überhaupt. Hinter dem Vorhaben standen jetzt auch deutsche Banken, die vor Investitionen in den afrikanischen Kolonien zurückschreckten. Eine Bahnlinie bis Ankara und Konia existierte bereits, als Wilhelm II. seine Palästinareise antrat. Es ging fortan um die Fortsetzung dieser Bahnlinie bis Bagdad und zum Persischen Golf, wodurch die deutschen Ambitionen allerdings in die Interessensphäre der Engländer - als Vorfeld des »Kronjuwels« Indien - vorstießen. Kompromißbereite deutsche Politiker - wie etwa der deutsche Botschafter in Konstantinopel, Adolf Freiherr Marschall von Bieberstein - sahen darin allerdings eher eine Chance für eine deutsch-englische Verständigung, zumal für einen finanziellen Alleingang die deutsche Kapitaldecke ohnehin zu kurz war (Dok. 70). Nationale Empfindsamkeiten, von denen die deutsche Politik ebenso bestimmt war wie die englische, französische und russische, verhinderten indes bis kurz vor dem Ersten Weltkrieg eine Einigung. Erst 1911 kam es zu einer Verständigung mit Rußland - das Reich verzichtete auf den Bau einer Zweigbahn der Bagdadlinie zur russisch-persischen Grenze -, und 1914 gestand man in Berlin den Engländern gegenüber zu, die Bagdadbahn nicht über Basra hinaus zu bauen.

Unterdessen träumten die Alldeutschen weiterhin davon, entlang der künftigen Bagdadbahn-Trasse »Zehntausende oder gar Hunderttausende unserer Bauern auf osmanisches Territorium übersiedeln zu lassen«. Solche Ideen, wie sie z. B. der Alldeutsche Albert Ritter in seiner vielgelesenen Broschüre ›Berlin-Bagdad‹ vertrat (Dok. 71), bestimmten indes nicht die offizielle deutsche Außenpolitik. Immerhin hatte man sich jedoch vorsorglich - aber erstmals 1913 - Gedanken über die engere und weitere deutsche Interessensphäre im Fall des »plötzlichen Todes« des »kranken Mannes am Bosporus« gemacht (Dok. 72).

In Fortsetzung der Auswanderungsagitation der 1840er Jahre existierten auch weiterhin auf Südamerika gerichtete Annexionspläne alldeutscher Heißsporne, die von der »staatsbildenden Kraft« des Deutschtums ausgingen und die durch eine gelenkte Auswanderung vor allem in den Süden Brasiliens (Rio Grande do Sul) und in die La-Plata-Länder die Voraussetzungen für eine »germanische Großkolonisation« schaffen wollten. Namentlich im Zuge der deutschen Kolonialetablierung in Afrika und in der Südsee stand ein »Deutsch-Brasilien« wiederholt auf der kolonialen Tagesordnung. Diese Pläne erhielten neue Nahrung, als im Jahre 1896 das sog. von der Heydtsche Reskript von 1859, das die gewerbsmäßige Auswanderungsbeförderung nach Brasilien untersagte, für die drei südlichen Provinzen Rio Grande do Sul, Santa Catarina und Paraná aufgehoben wurde (Dok. 73).

Bereits Bismarck hatte auf diese und ähnliche Spekulationen grundsätzlich ablehnend reagiert. Und auch die offizielle Politik nach ihm hat derartiger kolonialer Projektemacherei kritisch gegenübergestanden, schon, um dem aus solchen Erwägungen und Entwürfen erwachsenen Schlagwort von der »deutschen Gefahr« entgegenzutreten. Diese Befürchtungen hatten zuletzt anläßlich der Venezuela-Krise 1902/03 neue Nahrung erhalten, als das Deutsche Reich – allerdings im Verbund mit Italien und England – angesichts säumiger venezolanischer Zahlungsverpflichtungen auf eine »Kanonenbootdiplomatie« setzte. Ansonsten trat Südamerika aber immer mehr in den Hintergrund kolonialer Ambitionen. Der Nationalökonom Robert Jannasch warnte auf dem Kolonialkongreß 1902 geradezu eindringlich vor »politischen Annexionsgelüsten« (Dok. 74). Das deutsche Engagement in Südamerika ging fortan nicht über eine wirtschafts- und militärpolitische Betätigung hinaus.

57. Koloniale Partnerschaft mit den Buren – Eine Forderung des Kolonialpropagandisten Ernst von Weber, 1886

Um nun zum Schlusse zu rekapitulieren, meine Herren, so halte ich es also für ein eminent deutsches Interesse, daß erstens die Unabhängigkeit der Transvaalrepublik und aller aus ihr noch künftig herauswachsenden neuen Tochter-Republiken gegen alle Angriffe englischer Kolonialfreibeuter geschützt werde und daß unsere kolonialen Gesellschaften unsere Regierung ersuchen, ein wachsames Auge darauf zu haben, daß die Chauvinisten der englischen Kap-Kolonie, die schon den blutigen Transvaalkrieg[1] auf dem Gewissen haben, nicht noch weiteres Unheil in Süd-Afrika anrichten durch rechtloses Überfallen aller neugebildeten Burenstaaten[2], namentlich der neuen Republik in Zululand, der Republik Uppingtonia und der im Entstehen begriffenen Republik in Matabeleland. Die deutsche Regierung kann es durch einen freundschaftlichen Wink in London sicherlich leicht durchsetzen, daß bezüglich der Bildung solcher neuen Buren-Staaten, die noch sehr mannigfaltig erfolgen wird, von England streng das Nichtinterventionsprinzip eingehalten werde, daß namentlich auch den englischen Kap-Politikern es nicht gestattet werde, in den im Rücken der deutschen Südwest-Küste gelegenen Hinterländern der Ovambos, Hereros und wie sie alle heißen, neue Annexionen vorzunehmen. Denn diese Binnenländer müssen unbedingt später einmal zum deutschen Aktionsbereiche gehören, und wir können unmöglich auf sie verzichten. Schon die willkürliche, wenn auch ohne Blutvergießen ausgeführte Inbesitznahme der neuen englischen Provinz Betschuanaland[3], die wir ruhig haben geschehen lassen, war unseren deutschen Zukunftsinteressen entschieden schädlich, da sich diese Provinz wie ein Keil in einen Länderkomplex hineindrängt, der naturgemäß den Buren gehören sollte, die in Zukunft sicher die allerbesten und treuesten Freunde und Verbündeten Deutschlands und seiner afrikanischen Kolonien sein werden. Auch ist in Transvaal die Gründung eines deutschen Konsulates dringend wünschenswert, das die Vorgänge hinter den Grenzen der Transvaal-Republik unausgesetzt scharf zu beobachten und vom Standpunkte der deutschen Interessen zu überwachen, nebenbei auch die Pflege und freundschaftliche Beziehungen zu den Buren als eine seiner Hauptaufgaben zu erfassen haben würde.

Quelle: Bericht über die Verhandlungen des Allgemeinen Kongresses zur Förderung überseeischer Interessen vom 13. bis 16. September 1886 in Berlin, Berlin 1886, S. 38.

[1] Als Folge der Annexion Transvaals durch die Briten kam es 1880 zum großen Burenaufstand. Nach der Niederlage der Briten bei Majuba Hill am 27.2.1881 mußten diese am 3.8.1881 in der Konvention von Pretoria die teilweise noch eingeschränkte, am 28.8.1884 im Abkommen von London die uneingeschränkte Autonomie Transvaals anerkennen.

[2] Transvaal und Oranje

[3] Errichtung des englischen Protektorats am 31.3.1885

58. Deutsch-englischer Konflikt um Transvaal – Aufzeichnung des Staatssekretärs des Auswärtigen, Adolf Freiherr Marschall von Bieberstein, vom 15. Oktober 1895

Eigenhändig

Berlin, den 15. Oktober 1895

Nach dem gestrigen Diner des Herrn Reichskanzlers[1] sprach mich der englische Botschafter Sir Edward Malet an, indem er zunächst in sehr freundlichen Worten mir für die Unterstützung bei Ausübung seines Amtes dankte; er fuhr dann, das politische Gebiet betretend, fort: er hinterlasse bei seinem Abgange[I] im ganzen[II] freundliche Beziehungen zwischen England und Deutschland; nur ein schwarzer Punkt bestehe, das sei unsere Haltung bezüglich des Transvaalstaates. Wir encouragierten die Buren zu einer feindlichen Haltung gegen England, das werde für letztres auf die Dauer unerträglich. Auf meine Frage, ob wir etwa den Transvaalstaat zu einer dem internationalen Rechte zuwiderlaufenden Haltung encouragierten, antwortete Sir Edward ausweichend mit der Bemerkung, die Regierung von Transvaal werde in zunehmendem Maße feindlich gegen England, weil sie des deutschen Schutzes sicher zu sein glaube; vor kurzem habe sie die direkten Eisenbahntarife nach dem Kap gekündigt bzw. Tarife eingeführt, welche den Handel dorthin vollständig unterbänden. Für England entstehe daraus ein unerträglicher Zustand, und er wolle mir ganz offen sagen, daß die Fortsetzung der deutschen Haltung gegenüber Transvaal zu ernsten Verwicklungen führen könne[III].

Ich entgegnete dem Botschafter, die englische Regierung habe kein Recht, für die wenig freundliche Gesinnung, die gegenwärtig in Transvaal gegen England herrsche, Deutschland verantwortlich zu machen; viel näher läge die Frage, ob nicht England durch eigene Handlungen die Erbitterung der Boers hervorgerufen habe[IV], z. B. durch die Annexion des südlichen Amatongalandes, auf welches Transvaal auf Grund

[1] Chlodwig Fürst zu Hohenlohe-Schillingsfürst (1819 - 1901), war 1894 - 1900 Reichskanzler.

[I] Sir Edward Malet war im Herbst 1895 von seinem Berliner Posten abberufen worden; sein Nachfolger wurde Sir Frank Lascelles, bisher Botschafter in St. Petersburg.

Randbemerkungen Kaiser Wilhelms II. auf der Reinschrift der Aufzeichnung:

[II] So? Nur?

[III] auch das noch! drohen, wo sie uns in Europa so nöthig haben! Uns für die Ueberhebung von Rhodes verantwortlich machen!

[IV] richtig

früherer Abmachungen mit Sicherheit gerechnet habe, um einen Zugang zum Meere zu erlangen; auch seien die Treibereien des Herrn Cecil Rhodes[2] derart, daß sich England nicht wundern dürfe, wenn allmählich alle Elemente in Südafrika[V], welche nicht unter Mr. Cecil Rhodes' Abhängigkeit gelangen wollten, durch gemeinsame Erbitterung zusammengeführt werden. Da Sir Edward mir so offen gesprochen, so wolle ich ihm in gleicher Weise antworten. Wiederholt hätten wir der englischen Regierung mitgeteilt, daß das Endziel unserer Politik in Transvaal ausschließlich die Erhaltung des status quo sei, und wir bei dieser Politik durch gewichtige Interessen vornehmlich kommerzieller Natur geleitet würden. Wir beabsichtigten nicht, an dem Verhältnisse Transvaals, wie es durch den Vertrag vom Jahre 1884 mit England fixiert sei, zu rütteln, wir müßten es aber allerdings als eine schwere Verletzung unserer Interessen[VI] betrachten, wenn es die Selbständigkeit, die ihm in jenem Vertrage garantiert sei, verliere und zu einem Bestandteil des großen »Rhodesia« herabsinke[VII]. Wir könnten es ebensowenig dulden, daß die Linie Pretoria-Lorenzo-Marquez, welche die Einbruchstelle für unseren in erfreulichem Aufschwunge befindlichen Handel nach dem Transvaal bilde, in die Hände des Herrn Cecil Rhodes gelange. Unser Vorgehen zum Schutze dieser Interessen habe seinerzeit die unbedingte Billigung in ganz Deutschland gefunden, und ich müsse dem Botschafter erklären, daß ein Sturm der Entrüstung über ganz Deutschland sich verbreiten werde, wenn wir hier vor englischen Drohungen den Rückzug antreten würden[VIII]. Ein solcher Rückzug sei unmöglich. Auch werde England zu bedenken haben, ob es wohl auf der Welt so viele Freunde besitze, daß es leichthin dem Bruche mit Deutschland zutreiben könne[IX]. Der Botschafter entgegnete, er wisse wohl, daß England außer in Italien nirgends Freunde besitze, und daß auch in Deutschland die englischen Sympathien, die früher bestanden, verschwunden seien. Aber England besitze die Mittel, manche seiner Feinde zu befriedigen und zu beruhigen[X]. Ich wisse, daß eine Meinung in England bestehe, man solle Ägypten preisgeben[3]; diese Meinung gewinne an Ausdehnung.

[2] Cecil Rhodes (1853–1902), britischer Kolonialpolitiker, gewann in Südafrika durch die Erwerbung von Diamantenfeldern großen Reichtum und politischen Einfluß, seit 1890 Ministerpräsident der Kapkolonie, setzte sich für die Angliederung der Burenrepubliken ein und war ein Verfechter der sogenannten Kap-Kairo-Linie.

[V] richtig
[VI] gut
[VII] gut
[VIII] gut
[IX] richtig
[X] darauf haben wir schon gerechnet

Ich erwiderte, die Drohung, daß England Ägypten preisgeben werde, um sich Frankreichs Zuneigung zu erwerben, sei nicht neu[XI], sie werde in regelmäßiger Wiederkehr an uns gerichtet, um uns auf kolonialem Gebiete englischen Wünschen und Forderungen gefügig zu machen. Die Drohung werde heute so wenig wirksam sein, wie sie es bisher gewesen. Glaube England, daß es durch Opfer die Zahl seiner Feinde vermindern und sich den Rücken decken könne, um ungestört seine bisherige Kolonialpolitik gegen Deutschland fortzusetzen, so möge man das versuchen; man möge Ägypten, die Dardanellen, Gibraltar, Malta, Zypern, den kürzesten Seeweg nach Indien usw. aufgeben, auf uns werde dies keinen tiefen Eindruck machen[XII], und ob man die dauernde Freundschaft Rußlands und Frankreichs damit erlange, bleibe dahingestellt. Die Bemerkung des Botschafters über den Rückgang englischer Sympathien in Deutschland sei nicht unbegründet; ich fände die Ursache dieser Erscheinung vornehmlich in der Art, wie England uns in kolonialen Fragen gegenübertrete. Überall mißgönne man uns den kleinsten territorialen Fortschritt; in Witu[4] habe man durch Entthronung des Sultans unser Abkommen vom Jahre 1890 verletzt, ohne bisher die verlangte Remedur eintreten zu lassen, im Togogebiet, im Hinterlande des Niger und anderswo scheitere jede Verhandlung an der englischen Weigerung, uns irgendeine Konzession zu machen. Die Besorgnis, daß einige Interessenten in der englischen Presse über Beeinträchtigung ihrer Interessen Lärm schlagen könnten, beeinflusse die englische Regierung offenbar mehr als der Wunsch, sich die Sympathien Deutschlands zu erhalten[XIII].

Der Botschafter machte noch einen Versuch, die Transvaalfrage mit den von mir erwähnten Streitpunkten in Ost- und Westafrika in Verbindung zu bringen, brach aber dann das – ziemlich lebhaft, aber in

[3] England hatte Ägypten 1882 annektiert.

[XI] richtig

[XII] sehr gut

[4] Die deutschen Reisenden Clemens und Gustav Denhardt hatten im April 1885 mit dem Sultan von Witu (nördlich der Schutzgebietsgrenze Deutsch-Ostafrikas im Küstengebiet zwischen Mombasa und Jubamündung gelegen) einen Vertrag über ein Stück Land geschlossen und die Reichsregierung um Schutz für ihre Erwerbung gebeten. Die geringe wirtschaftliche Bedeutung des Gebietes und anderweitige Interessen der Reichsregierung führten jedoch dazu, daß das Witu-Gebiet mit dem zwischen dem Deutschen Reich und England abgeschlossenen Helgoland-Sansibar-Vertrag vom 1.7.1890 aus der deutschen Interessensphäre ausschied.

[XIII] gut

Schlußbemerkung des Kaisers:

Sehr gut abgefertigt! W.

Die Bemerkung bezüglich Egyptens war absurd, aber sie sollte ein Fühler sein, um zu erfahren, was wir eigentlich mit [dem russ. Außenminister Alexei Fürst] Lobanoff oder dem Czaren abgemacht haben? Darüber sind die Briten sehr intriguirt. W.

freundschaftlichen Formen geführte - Gespräch mit der Bemerkung ab, daß mache Dinge, die uns heute sehr schwarz vorkommen, späterhin in einem helleren Lichte erscheinen.

Marschall

Quelle: Die Große Politik der Europäischen Kabinette 1871 - 1914. Sammlung der Diplomatischen Akten des Auswärtigen Amtes. Im Auftrage des Auswärtigen Amtes herausgegeben von Johannes Lepsius, Albrecht Mendelssohn Bartholdy, Friedrich Thimme, Berlin 1927, Band 11, Nr. 2578, S. 5 - 7.

59. Deutschlands »Anteil« am portugiesischen Kolonialbesitz – Der Staatssekretär des Auswärtigen, Bernhard von Bülow, an den deutschen Botschafter in London, Paul Graf von Hatzfeldt, 8. Juni 1898

Konzept von der Hand des Vortragenden Rats von Lindenau

Berlin, den 8. Juni 1898

Nr. 513
Ganz vertraulich

Ew. haben in dem gefälligen Bericht Nr. 440[I] sich dahin ausgesprochen, daß - wenn es sich für uns darum handele, in kolonialer Hinsicht von England Konzessionen zu erhalten - Ew. in der Lage seien, die Punkte zu bezeichnen, die Ihres Erachtens in London mit Aussicht auf Erfolg würden zur Sprache gebracht werden können.

Ew. beehre ich mich zu bitten, hierüber mich mit einem sehr gefälligen Berichte zu versehen.

Hier sind von kolonialer Seite streng vertraulich besondere Wünsche in denjenigen Richtungen geäußert worden, über welche Anlage I[II] Aufschluß enthält.

Ich ersuche Ew. ergebenst, die in der Anlage bezeichneten Desiderata bei Ihrer Berichterstattung gefälligst mit berücksichtigen zu wollen.

[I] Siehe Kap. XCI, Nr. 3801 [vom 3.6.1898].
[II] Siehe Anlage.

In besonderer Weise muß unsere Aufmerksamkeit gegenwärtig auf die Entwicklung gerichtet werden, die - infolge der portugiesischen Finanzverhältnisse - die portugiesische Kolonialfrage nimmt, und worüber Sie das Nähere aus dem in Anlage II beigefügten Telegramm aus Lissabon[III] ersehen wollen.

Bei Gelegenheit der Besprechungen, die Ew. seinerzeit bezüglich des portugiesischen Ostafrika mit Lord Kimberley, Lord Rosebery und mit Lord Salisbury[1] geführt haben, ist die englische Regierung bereits von unserem Standpunkte unterrichtet worden, wonach eine Entäußerung portugiesischer Kolonialrechte - und sei es auch im Wege einer Verpfändung wichtiger Rechte an Privatgesellschaften mit fremdem Kapital - nicht ohne vorherige Verständigung zwischen England und uns als den meistinteressierten Nachbarstaaten sollte erfolgen dürfen. Die gleichen Gründe, welche uns bezüglich Mosambiques zu jenem Standpunkt führten, sind - angesichts vitaler Interessen unseres südwestafrikanischen Schutzgebiets - auch für die portugiesische Provinz Angola maßgebend.

Indem ich Ew. ergebenst ersuche, die in dem Telegramm des Grafen Tattenbach enthaltenen Mitteilungen des englischen Gesandten in Lissabon[IV] baldmöglichst mit Lord Salisbury zu besprechen, bitte ich, hierbei der Erwartung der Kaiserlichen Regierung Ausdruck zu geben, daß einer jeden - direkten oder verschleierten - englischen Inbesitznahme portugiesischen Kolonialbesitzes in Ost- oder Westafrika eine vertrauliche und freundschaftliche Verständigung zwischen dem Londoner Kabinette und uns vorhergehen werde.

Aus den kaiserlichen Marginalien zu Ew. Bericht Nr. 440 [...] werden Ew. entnehmen, daß nach der allerhöchsten Willensmeinung Seiner Majestät unsere Kompensationsobjekte für eventuelle englische Gebietserweiterungen in Afrika nicht notwendig in Afrika zu liegen brauchen.

Bülow

[III] Nach einem Telegramm des Gesandten Grafen von Tattenbach vom 6. Juni 1898 (Nr. 50) war der portugiesische Gesandte in London Luiz de Soveral vor wenigen Tagen mit dem Auftrag nach England geschickt worden, durch Verpfändung der Einnahmen von Mosambique und Angola bzw. anderer portugiesischer Kolonien in Westafrika Geld zu beschaffen.

[1] John Wodehouse Kimberley, Earl of Kimberley (1826 - 1902), britischer Kolonialpolitiker, war 1870 - 1874 und 1880 - 1882 Beamter im Colonial Office, 1882 - 1886 und 1892 - 1894 Staatssekretär für Britisch-Indien.

Archibald Philip Primrose, Earl of Rosebery (1847 - 1929), britischer Kolonialpolitiker, war 1886 im Kabinett Gladstone Außenstaatssekretär, 1892 Außenminister.

Robert Arthur James Gascoyne-Cecil, Marquess of Salisbury (1830 - 1903), war 1886 - 1892 und 1895 - 1902 britischer Premierminister.

[IV] Sir Hugh Mac Donell

Bemerkung Kaiser Wilhelms II. am Kopf einer Abschrift: Einverstanden 15/VI 98 W.

Anlage

Geheim

In Westafrika:
1. eine Marinestation auf den Kanarischen oder den Kap Verdischen Inseln,
2. Fernando-Po,
3. als Grenze zwischen Togo und der Goldküstenkolonie der Volta bis zur Mündung,
4. Angola bzw. die südlichen Teile Mossamedes und Benguela,
5. Walfischbai.

In Ostafrika:
1. Sansibar mit Pemba,
2. als Südgrenze von Deutschostafrika der Sambesi und der Schire.

In Asien:
1. Portugiesisch Timor,
2. der Suluarchipel,
3. mindestens eine der Philippineninseln (Mindanao).

In der Südsee:
1. die Karolineninseln,
2. die Samoainseln.

Bemerkung Kaiser Wilhelms II. am Kopf einer Abschrift: Ja 15/VI 98 W.

Quelle: Die Große Politik der Europäischen Kabinette 1871 – 1914. Sammlung der Diplomatischen Akten des Auswärtigen Amtes. Im Auftrage des Auswärtigen Amtes herausgegeben von Johannes Lepsius, Albrecht Mendelssohn Bartholdy, Friedrich Thimme. Berlin 1924, Band 14, 1. Halbband, Nr. 3806, S. 259 – 261.

60. »Zur marokkanischen Frage« – Aus einem Artikel in den ›Alldeutschen Blättern‹ vom 18. Juni 1904

Das deutsche Volks-Interesse an Marokko finden wir darin, daß

1. das deutsche Volk Neuland für seinen Bevölkerungsüberschuß braucht, daß als solches Volksbesiedelungs-Gebiet nur Marokko in Betracht kommt und daß es nach maßgebenden Urteilen hierzu geeignet ist;
2. die deutsche Flotte Stützpunkte, Kohlen- und Kabel-Stationen braucht, und daß die atlantische Küste nach maßgebenden Urteilen hierzu sehr wohl geeignet ist;
3. daß wir, um vom Ausland unabhängig zu werden, eigenen Baumwollanbau treiben müssen, und daß Marokko sehr wohl hierzu geeignet ist;
4. daß wir, um vom Ausland unabhängig zu werden, neue Erz-Lager erwerben müssen, und daß solche in Marokko zu finden sind;
5. daß unserer Ausfuhr bei dem sich stets verengernden Weltmarkt neue Absatzgebiete bei Zeiten eröffnet werden müssen, und daß Marokko hierzu nach den vorhandenen Anfängen sehr wohl in Betracht kommt.

Wir fragen nun: liegen diese Notwendigkeiten für das deutsche Volk vor? – und glauben, daß kein politisch Denkender sie verneinen wird [...] Nun wissen wir, daß andere Mächte – nicht von des Gedankens Blässe angekränkelt – im Zugreifen sich als schnell und tatkräftig erwiesen haben: wir müssen also, wenn wir die Vorhand haben wollen, eine vollendete Tatsache schaffen. Dazu kommt, daß die allgemeine Weltlage für uns von größter Gunst ist.

Quelle: [Heinrich] Claß, Zur marokkanischen Frage, Alldeutsche Blätter, 14. Jg., Nr. 25 vom 18. Juni 1904.

61. »Panthersprung nach Agadir« – Aufzeichnung des Staatssekretärs des Auswärtigen, Alfred von Kiderlen-Waechter[I], vom 3. Mai 1911

Reinschrift

Berlin, den 3. Mai 1911

Die Macht der Tatsachen wird aller Voraussicht nach über kurz oder lang dahin führen, daß das Bestehen der Voraussetzungen der Algecirasakte[1] sich auch bei gewaltsamster Fiktion nicht mehr behaupten lassen wird[II]. Ein Sultan, der nur, gestützt auf französische Bajonette, seine Regierung im Lande aufrechtzuerhalten vermag, bietet nicht mehr die Garantien für die Selbständigkeit seines Landes, deren Erhaltung der ganze Zweck der Algecirasakte war. Es wird demnach nichts anderes übrig bleiben, als dieser durch die Macht der Tatsachen vollzogenen Wandlung Rechnung zu tragen und eine neue Einstellung unserer Politik in bezug auf Marokko vorzunehmen.

Hierbei würde sich folgende Möglichkeit darbieten: Sobald die Franzosen in Fes eingetroffen sind und angefangen haben, sich dort einzurichten, würden wir nach einer Weile unter Hinweis auf die Erklärung der französischen Regierung, daß man nicht daran denke, in Fes zu bleiben, in freundlicher Form in Paris anfragen, wie lange die französische Regierung ein Bleiben ihrer Truppen in Fes noch für erforderlich halte. Frankreich würde kaum anders können, als uns eine Frist zu nennen. Natürlich würde nach ihrem Ablauf unter irgendwelchen

I Die Aufzeichnung ist eine gemeinsame Arbeit des Dirigenten der Politischen Abteilung [Alfred] Zimmermann und des Marokkoreferenten [Heinrich] Freiherrn Langwerth von Simmern. Aus der sorgfältigen Behandlung, die Kiderlen gerade der Motivierung der schon im Zimmermann-Langwerthschen Entwurf vorgesehenen eventuellen Aktion angedeihen ließ (er hat hier Einschaltungen vorgenommen, die im Druck durch Sperrung kenntlich gemacht sind), geht hervor, daß er der eigentliche Träger des Agadirgedankens war. Der eigentliche Zweck der Denkschrift vom 3. Mai war, wie aus einem Schreiben Kiderlens an Reichskanzler von Bethmann Hollweg vom 19. Juli (E. Jäckh, Kiderlen-Wächter, der Staatsmann und Mensch, II, 133) hervorgeht, die Zustimmung des Kaisers [...] zu dem Marokkoprogramm des Auswärtigen Amtes herbeizuführen. Die Denkschrift ist dem Kaiser am 5. vom Reichskanzler vorgelesen worden und fand die Zustimmung des Monarchen, der auch damit sich einverstanden erklärte, daß man zunächst die Franzosen mit dem Kompensationsgedanken herauskommen lasse. [...]

1 Schlußakte der Konferenz von Algeciras (16.1.-17.4.1906), in der die ökonomische Internationalisierung Marokkos bei Aufrechterhaltung der Souveränität des Sultans vereinbart war. Faktisch ergab sich jedoch eine Festigung der Machtposition Frankreichs in Marokko.

II Eine völlig gleiche Auffassung kommt auch in den Berichten des belgischen Gesandten in Berlin Baron Greindl zum Ausdruck. [...]

Vorwänden der Rückmarsch weiter hinausgezögert werden. Dann wäre für uns der Moment gekommen, den Signatarmächten zu erklären, daß wir vollstes Verständnis dafür hätten, daß die Ereignisse Frankreich zwängen, in Fes zu bleiben, wir könnten indessen einen Sultan, der nur noch mit Hilfe französischer Truppen regiere, nicht mehr als den von der Algecirasakte vorgesehenen selbständigen, souveränen Herrscher anerkennen. Die Akte sei damit durch die Macht der Tatsachen zerrissen und sämtlichen Signatarmächten die volle Freiheit des Handelns zurückgegeben. *Es würde dann für uns in Frage kommen, welchen Gebrauch wir von dieser Freiheit machen. Die Besetzung von Fes würde die Aufsaugung Marokkos durch Frankreich anbahnen. Wir würden durch Proteste nichts erreichen und würden damit eine schwer erträgliche moralische Niederlage erleiden. Wir müssen uns daher für die dann folgenden Verhandlungen ein Objekt sichern, das die Franzosen zu Kompensationen geneigt macht. Wenn sich die Franzosen aus »Besorgnis« für ihre Landsleute in Fes etablieren, haben auch wir das Recht, bedrohte Landsleute zu schützen. Wir haben große deutsche Firmen in Mogador und Agadir. Deutsche Schiffe könnten sich zum Schutz dieser Firmen in jene Häfen begeben. Sie könnten dort ganz friedlich stationiert werden – nur um das Zuvorkommen anderer Mächte in diesen wichtigsten Häfen Südmarokkos zu hindern*[III].

Für die Wahl gerade dieser Häfen, deren große Entfernung vom Mittelmeer Schwierigkeiten seitens Englands wenig wahrscheinlich macht, würde ins Gewicht fallen, daß sie ein äußerst fruchtbares Hinterland besitzen, in dem auch nennenswerte Minenschätze vorhanden sein sollen. So hat zum Beispiel die Hamburger Firma Warburg & Co. dort in der letzten Zeit Kupferlagerungen von angeblicher Bedeutung feststellen können. Hinzu kommt, daß die mächtigen Kaids[2] der Gegend seit langen Jahren mit der deutschen Firma Weiß & Mauer in Mogador in freundschaftlichsten Beziehungen stehen, so daß es möglich sein dürfte, bei geschickter Behandlung der Angelegenheit jede Aufregung im Hinterlande der beiden Häfen hintanzuhalten. Bezüglich Agadirs darf noch bemerkt werden, daß dieser Ort bislang nicht zu den »offenen« Häfen Marokkos gehört hat, daß er aber der beste Hafen des Landes an seiner atlantischen Küste sein soll.

[III] Statt des im Druck gesperrten Passus, der eine Einschaltung des Staatssekretärs von Kiderlen war, sah der ursprüngliche Entwurf folgende Fassung vor: »Gleichzeitig mit dieser Erklärung würden wir einige Schiffe nach Mogador und Agadir senden, um diese wichtigsten Häfen Südmarokkos uns als Faustpfand zu sichern.«[...]

[2] einheimische Ortsvorsteher mit Rechtsprechungsbefugnis

Im Besitz eines solchen Faustpfandes würden wir die weitere Entwicklung der Dinge in Marokko in Ruhe mitansehen und abwarten können, ob etwa Frankreich uns in seinem Kolonialbesitz geeignete Kompensationen anbieten wird, für die wir dann die beiden Häfen verlassen könnten.

Seine Majestät haben wiederholt allergnädigst darauf hinzuweisen geruht, welchen Wert es für uns haben würde, wenn die Franzosen tiefer und tiefer in das marokkanische Abenteuer verstrickt und dadurch bis zu einem nicht unerheblichen Maße festgelegt würden. Der gegenwärtige Gang der Dinge bei Fes scheint in der Tat es zu einer solchen Festlegung kommen zu lassen. Andererseits aber eröffnet sich der Kaiserlichen Regierung die Möglichkeit, durch das Nehmen eines Faustpfandes der Marokkoangelegenheit eine Wendung zu geben, die die früheren Mißerfolge vergessen machen könnte[IV].

Auch für die weitere Entwicklung der innerpolitischen Verhältnisse bei uns würde es von Bedeutung sein, wenn es gelingen sollte, bei der schwerlich noch aufzuhaltenden Liquidation der marokkanischen Frage für Deutschland greifbare Vorteile herauszuschlagen.

Unsere öffentliche Meinung würde mit alleiniger Ausnahme der Sozialdemokratischen Partei das einfache Geschehenlassen der Dinge im Scherifenreiche[3] der Kaiserlichen Regierung zu schwerem Vorwurfe machen, während andererseits mit Sicherheit angenommen werden darf, daß praktische Ergebnisse manchen unzufriedenen Wähler umstimmen und den Ausfall der bevorstehenden Reichstagswahlen vielleicht nicht unwesentlich beeinflussen würden.

Kiderlen

[IV] Merkwürdig ist, daß in der Kiderlenschen Denkschrift gar nicht die Frage aufgeworfen wird, ob das Nehmen eines Faustpfandes in Marokko nicht Schwierigkeiten mit England als der Macht, die a priori zu einer diplomatischen Unterstützung Frankreichs in der Marokkofrage verpflichtet war und die außerdem einer Festsetzung Deutschlands an der atlantischen Küste kaum gleichgültig gegenüberstehen konnte, heraufführen müsse. Dabei war sich Kiderlen durchaus klar darüber, daß »wir, solange die Marokkofrage in der Luft schwebt, überall auf der ganzen Welt in allen Fragen England auf Frankreichs Seite finden werden«. [...] Es ist außerdem bezeugt (Graf E. zu Reventlow, Deutschlands auswärtige Politik 1888 bis 1914, 4. Aufl., S. 400), daß Kiderlen vor der Entsendung des »Panther« sich zu der Absicht bekannt hat: er glaube, »daß Großbritannien genau ebenso zu Frankreich halten werde wie 1905, schon um den Franzosen nicht als unzuverlässig zu erscheinen, also die entente cordiale zu gefährden«. [...] Im Gegenteil, man unternahm die Agadiraktion, obwohl man voraussah, daß England sich auf Frankreichs Seite stellen werde. Man unternahm sie, gerade weil man durch Liquidierung der Marokkoaffäre das *eine* Haupthindernis einer Verständigung mit England hinwegräumen zu können hoffte. [...]

[3] Scherifen bzw. Sharifen: (»dem Hause des Propheten zugehörig«) Titel der Nachkommen von Hasan und Husain, der beiden Enkel des Propheten Mohammed. Scherifischen Ursprungs sind auch die bis heute in Marokko herrschenden Hasaniden.

Quelle: Die Große Politik der Europäischen Kabinette 1871 - 1914. Sammlung der Diplomatischen Akten des Auswärtigen Amtes. Im Auftrage des Auswärtigen Amtes herausgegeben von Johannes Lepsius, Albrecht Mendelssohn Bartholdy, Friedrich Thimme, Berlin 1927, Band 29, Nr. 10549, S. 105 - 108.

62. »Westmarokko deutsch« oder »Abrechnung« mit Frankreich – Heinrich Claß, Vorsitzender des Alldeutschen Verbandes, in einer Flugschrift von Anfang Juli 1911

Wenn das Deutsche Reich sich um Marokko bemüht, so geschieht es aus zwingenden Gründen wegen der Zukunft unseres Volkes - nicht um eine »Prestige-Politik« zu betreiben, wie sie in Frankreich gang und gäbe ist, auch nicht um unsere erfreulichen und jedenfalls sehr ausdehnungsfähigen Handelsinteressen zu wahren. *Der treibende Anlaß ist die oben dargelegte Notwendigkeit, für unseren Bevölkerungsüberschuß ein Gebiet zu sichern, in dem die abfließenden Volksgenossen als Deutsche unserm Vaterlande erhalten bleiben.* Dieser Notwendigkeit kann eine tropische Kolonie nicht dienen - solcher haben wir genug, und wir lehnen den tropischen Kongo dankend ab; daß ein oder mehrere Häfen dem gedachten Zwecke nicht genügen, braucht gar nicht erörtert zu werden. [...]

Inwiefern soll eine deutsche Kolonie Westmarokko England gefährlich sein?

Wir verfolgen doch dort im wesentlichen wirtschaftliche Ziele: die Gewinnung eines geeigneten Siedlungsgebietes, das gleichzeitig unserer schweren Industrie Erze liefern soll, in dem wir Baumwolle erzeugen wollen, das zum Absatzmarkt unserer heimischen Erzeugnisse entwickelt werden soll. [...]

Es ist klar, daß die englische Furcht vor einer Störung des Gleichgewichts zur See gar nicht ernst zu nehmen ist - *sie ist nur ein Vorwand* und soll eine neue Hemmung unserer kolonialen Entwicklung begründen, wie wir sie von England gewohnt sind seit dem Tage, wo Bismarck uns die ersten Gebiete über See gewonnen hat.

Aber England darf nicht darüber im unklaren gelassen werden, daß die deutsche Geduld auch ein Ende haben kann, daß sie ganz gewiß ein Ende haben wird[1]*, wenn man unser Vaterland an dem Erwerb einer Kolonie verhindern will, die unser Volk zur Sicherung seiner Zukunft gebraucht.*

Jedenfalls wird Frankreich, wenn es sich, für seinen wahren und dauernden Vorteil blind, von England zu englischen Zwecken mißbrauchen lassen will, darüber nicht im Zweifel sein können, daß das Deutsche Reich gegebenenfalls sich zuerst an das benachbarte Frankreich halten wird[1]. [...]

Und allen denen, die eine lange Fortdauer des Friedens wünschen, sei gesagt, daß das Deutsche Reich, jetzt 40 Jahre lang seine Friedensliebe beweisend, nur einen Anlaß zum Angriffskriege haben kann, *dann, wenn seine Grenzen* zu enge geworden sind und wir Land haben müssen für unsere Volkszahl; wenn unser Landhunger dann nicht befriedigt wird, müßte das Schwert helfen. Not bricht Eisen. *Wer uns heute dazu hilft, in Marokko ein Siedlungsgebiet für unseren Bevölkerungs-Überschuß zu bereiten und auszubauen, schafft die sicherste Gewähr dafür, daß in absehbarer Zeit die Welt vom deutschen Volke keinen Angriffskrieg zu befürchten hat.*

Quelle: Heinrich Claß, Westmarokko deutsch, München 1911, S. 21, 28 f.

63. Vision eines größeren Kolonialreiches: »Mittelafrika deutsch!« – Eduard von Liebert, Ziele deutscher Kolonialpolitik, 5. Januar 1912

Mittelafrika deutsch!

Die von uns bereits mehrfach erhobene Forderung, unser afrikanisches Kolonialreich dergestalt auszudehnen, daß man in nicht allzu ferner Zeit von einem deutschen Mittelafrika sprechen können würde, hat in kolonialen Kreisen des In- und Auslandes weitgehende Beachtung und, soweit es sich um deutsche Kolonialpolitiker handelt, lebhaften Widerhall gefunden. Wir haben im Anschluß an jene Artikel

[1] Im unveröffentlichten Teil der Flugschrift hatte Claß das von Frankreich durch einen Krieg zu erwerbende Gebiet näher bezeichnet, nämlich einen Landstrich »etwa von Nancy nordwestlich über Toul, Verdun bis an die Mündung der Somme, und von Nancy südlich über Besançon, Grenoble, bis Toulon [...], wobei vom Rhônetal mitzunehmen wäre, was militärisch notwendig erscheint«. Gleichzeitig sollte »mit dem Grundsatz gebrochen [werden], die ansässige Bevölkerung im abgetretenen Land zu belassen« (Lothar Berthold u.a. (Hg.), Geschichte der deutschen Arbeiterbewegung, Bd. 2, Berlin (O) 1966, S. 392 f.).

aus diesen Kreisen eine ganze Reihe von Zuschriften erhalten, welche die zur Debatte gestellte Frage von den verschiedensten Seiten aus beleuchtet und von denen wir verschiedene ihres großen allgemeinen Interesses wegen wiedergeben werden. Heute geben wir einem unserer erfahrensten und verdienstvollsten Kolonialpolitiker, dem früheren Generalleutnant und Gouverneur von Deutsch-Ostafrika, Exzellenz *von Liebert*, zu diesem Thema das Wort.

Ziele deutscher Kolonialpolitik.

Von E. von Liebert.

Das Programm der »Post« ist mit Freuden zu begrüßen, was die Hauptsache ist, es lehrt uns, *auf ein großes Ziel losgehen*. Die Krankheit der deutschen Politik seit dem verhängnisvollen 20. März 1890[1] war ihre Ziellosigkeit, der beständige Wechsel der Projekte, das niemalige Durchführen eines Gedankens. Die großen Erfolge der anderen Nationen in den letzten zwanzig Jahren, die völlige Verteilung der Welt unter die übrigen und die traurige Rolle des Aschenbrödels für Deutschland haben eine tiefgehende Mißstimmung in unserem Volke erzeugt. Dasselbe sieht seine eigenen Fortschritte nach jeder Richtung und daneben seine Zurückdrängung und Kaltstellung ohne die leiseste Berücksichtigung bei Austeilung der Gaben. Gegenwärtig soll es sich mit der Zuteilung von Landstrichen Innerafrikas *ohne Küste* zufriedengeben. Die Entladung des so lange aufgespeicherten Grolls wird ganz von selbst kommen.

Das neue Programm lautet also: *Mittelafrika deutsch*. Es ist zu billigen, weil

1. nichts anderes in der Welt mehr für uns zu haben ist;
2. die deutschen Gebiete an der Ost- und Westküste das Innere bereits stark einschließen;
3. wir Ansprüche geltend zu machen haben auf den heutigen portugiesischen Kolonialbesitz.

Diese Ansprüche in die Wirklichkeit umzusetzen, muß nunmehr das Ziel der deutschen Kolonialpolitik sein, und die Darlegung in Nr. 603 der »Post« zeigt deutlich, daß dies Ziel zu erreichen ist. Die Finanzlage des Mutterlandes und die Zustände in den portugiesischen Kolonien sprechen beiderseits dafür, daß bald ein Wandel eintrete. Seit vierhundert Jahren ist da draußen so ziemlich alles beim alten geblieben, es ist die höchste Zeit, daß die geistlose, korrumpierte Herrschaft der

[1] Tag der Entlassung Bismarcks als Reichskanzler

Romanen durch ein gesundes, wirtschaftlich aufstrebendes germanisches Volk abgelöst werde. Die »Waschensi ja Uleia« (die Wilden aus Europa), wie die Portugiesen von den Negern bezeichnet werden, haben ihre Unfähigkeit zum Kolonisieren und zum Emporheben der Eingeborenen auf eine höhere Stufe gründlichst erwiesen. Im Jahre 1899, als der deutsch-englische Vertrag über die Teilung der portugiesischen Kolonien abgeschlossen war[2], hatten wir in Deutschostafrika bereits alle Vorbereitungen getroffen, um den Rowuma zu überschreiten und Mozambique von Norden her zu besetzen. Wie eine Seifenblase wäre die nominelle portugiesische Herrschaft dort zu Lande verschwunden. Aber der erwartete Befehl aus Berlin traf nicht ein, die deutschen Diplomaten hatten sich wieder einmal von den britischen wickeln lassen, der ganze Vertrag geriet in Vergessenheit. Das Wort Sir Greys[3], daß Großbritannien sich der natürlichen Expansion Deutschlands nicht entgegenstellen wolle, sollte jetzt doch dazu führen, jenen Vertrag auszugraben und ihn in London vorzuzeigen

Leider müssen wir mit der Tatsache rechnen, daß von der Regierung und von der Diplomatie in bezug auf politische Initiative wenig oder nichts zu erwarten ist. Oben kann man sich nicht entschließen, unten wagt niemand eine schneidige Tat zu tun, weil er rücksichtslos »desavouiert« wird, während englische Diplomaten wissen, daß ihnen stets der Rücken gedeckt wird. Exempla docent. Ein Fall vornehmen Zurücktretens von seiner Stellung, wie ihn Herr v. Lindequist gezeigt hat[4], steht einzig da im deutschen Beamtentum.

Unter solchen Umständen muß die Nation mitwirken, um jenes Zukunftsprogramm zu verwirklichen. Die Deutschen müssen die Gebiete, die wir als deutsches Zukunftsland ansprechen, nach berühmten Mustern »friedlich durchdringen«. Wir müssen Forschungsreisen dorthin ausrüsten, wirtschaftliche Unternehmungen, Pflanzungen dort anlegen, Handelsfaktoreien, Missionsstationen gründen, Eisenbahnen bauen, genug so verfahren, wie die Amerikaner in Mexiko u.[nd].a.[n anderen] O.[rten] vorgehen, wo sie später herrschen wollen. Die übrigen Nationen werden dann unsern Expansionstrieb kennen und würdigen lernen, sie werden zugleich unsere wirtschaftliche Stärke begreifen. Durch die in Einzelfällen entstehenden Schwierigkeiten wird die deutsche Regierung sich genötigt sehen einzugreifen. Es

[2] tatsächlich am 30.8.1898

[3] Sir Edward Grey, Viscount of Fallodon (1862–1933), war 1905–1916 britischer Außenminister.

[4] Friedrich von Lindequist, seit dem 9.6.1910 Staatssekretär des Reichskolonialamts, trat am 6.11.1911 wegen des Marokko-Abkommens, das er als konservativ-nationalistischer Siedlungspolitiker wie die Alldeutschen ablehnte, demonstrativ von seinem Amt zurück.

bleibt zu hoffen, daß wir dann kein zweites Marokkoabkommen erleben!

Zu derartigem Vorgehen aber ist die Mitwirkung der nationalen Presse, der gesamten Öffentlichkeit, der deutschen Handelswelt, der Deutschen Kolonialgesellschaft und der sonstigen in dieser Richtung treibenden Kräfte dringend notwendig. Hier ist ein Ziel gegeben, das die Verärgerten und ingrimmig beiseite Stehenden von ihrem Pessimismus abbringen und wieder wacker ins nationale Fahrwasser hineintreiben sollte. Unter keinen Umständen darf dies Thema wieder aus der öffentlichen Erörterung verschwinden.

Quelle: Die Post Nr. 7 vom 5.1.1912.

64. »Mittelafrika« versus »Flottenrüsten« – Depesche des deutschen Geschäftsträgers in London, Richard von Kühlmann, an Reichskanzler Theobald von Bethmann Hollweg vom 8. Januar 1912

Ausfertigung

London, den 8. Januar 1912

Zwei Wege stehen uns augenblicklich offen. Entweder Deutschland benützt unter Vermehrung der Machtmittel zu Lande und voller Beibehaltung des Flottengesetzes, aber ohne Änderung des Bauplanes[1], die gegenwärtig in England herrschende Stimmung, um sich Großbritanniens Zustimmung zu Arrangements zu sichern[I], welche Deutschland eine Zukunft als koloniale Großmacht verbürgen, führt damit zugleich eine Entspannung zwischen beiden Ländern herbei und leitet eine Epoche freundlicher diplomatischer Beziehungen ein, oder aber es vergrößert, dem Druck eines Teiles der Presse folgend[II], sein Flottenprogramm, sei es durch eine Novelle zu dem bestehenden Flottengesetz, sei es durch beschleunigten Ausbau unter Abänderung des

[1] Im Mai 1912 wurde eine Flottennovelle verabschiedet, die den Bau von 15 statt der zunächst geplanten 12 Schlachtschiffe bis 1917 vorsah.

Randbemerkungen Kaiser Wilhelms II.:

[I] Brauchen wir nicht! Laßen uns auch nichts schenken

[II] Ungezogenheit die ich mir verbitte

Flottenbauplanes, und zerstört dadurch sowohl die Möglichkeit einer kolonialen als einer allgemeineren politischen Verständigung mit England und erhöht zugleich die Wahrscheinlichkeit eines bewaffneten Zusammenstoßes mit den Mächten der Tripelentente[III].

Kein gewissenhafter Beobachter der in maßgebenden englischen Kreisen augenblicklich herrschenden Stimmung wird leugnen, daß sich hier stärker als je nach der gefährlichen Spannung dieses Sommers[2] der Gedanke durchgesetzt hat, die Verhältnisse wären unhaltbar und trieben zu einer Katastrophe, falls nicht England Deutschland weiter entgegenkomme und insbesondere auf kolonialem Gebiete der stärksten Kontinentalmacht in weitgehendster Weise Ellbogenfreiheit gewährt[IV]. Dieser Gedanke ist hier in den verschiedensten Kreisen und in den verschiedensten Formen erörtert worden und hat fast übereinstimmend zu dem Resultat geführt, daß es zwei große Gebiete seien, in welchen England ohne Schädigung eigener vitaler Interessen koloniale Ausbreitung Deutschlands in großem Stile befürworten könne: die portugiesischen Kolonien und das Kongobecken[V].

Daß die portugiesischen Kolonien für uns eine außerordentlich erwünschte Erwerbung darstellen würden, braucht nicht besonders dargelegt zu werden, hat doch das Reich mit England einen noch jetzt durchaus bindenden Vertrag[3] über die eventuelle Teilung dieser Gebiete zwischen England und Deutschland getroffen. [...]

Es bedarf nur eines Blickes auf die Karte, um zu sehen, daß dann nur ein unentbehrlicher Schlußstein im Gewölbe fehlt, um das große deutsche Kolonialreich in Zentralafrika zu realisieren, und das ist die Erwerbung des Kongobeckens[VI]. Daß dieser Erwerb wünschenswert ist, bedarf wohl keines Nachweises; es ist das gewaltigste und nach allen bisherigen Forschungen auch reichste Stück des mittleren Afrikas. Die Erwerbung des Kongostaates, als internationales Problem in Umrissen besprochen, bedingt Zustimmung Englands und Frankreichs[VII]. Technisch müssen ja alle Signatare der Berliner Akte[4] zustimmen, aber nach Gewinnung der genannten Mächte würde das nur eine

[III] gut von [Botschafter Paul Graf Wolff von] Metternich auswendig gelernt [am 9.5.1912 auf Betreiben von Tirpitz abgelöst]

[2] Gemeint ist die Marokkokrise von 1911.

[IV] nein! Colonien haben wir genug! Wenn ich welche haben will, kaufe ich sie oder nehme ich sie ohne England

[V] gehören beide nicht an England! Es will uns Dinge verschenken, die ihm nicht gehören! wie Marokko!

[3] 30.8.1898; vgl. Dok. 59.

[VI] wer soll denn das verwalten und aufschließen woher kommt das Geld!

[VII] das hat schon das Vorkaufsrecht!

[4] Schlußakte der Berliner Westafrika-Konferenz vom 26.2.1885

untergeordnete Wichtigkeit haben. Auch hier hat die englische Politik in nicht mißzuverstehender Weise zu erkennen gegeben, daß sie geneigt ist, uns freie Hand zu gewähren[VIII] unter der Bedingung, daß im Süden gewisse Grenzberichtigungen vorgenommen werden (Katanga), und daß ein zur Erbauung der Kap-Kairo-Bahn nötiger Streifen abgetreten wird. Maßgebende englische Kreise haben auch keinen Zweifel darüber gelassen, daß sie unter Umständen bereit seien, diese ihre Haltung in diplomatisch bindender Form niederzulegen. Der Gedanke ist aufgetaucht, ob ein Eisenbahnabkommen zweckmäßig als Einleitung zu einem solchen Pakte verwendet werden könnte, in welchem sich die beiden Mächte diplomatische gegenseitige Unterstützung zusagen zur Etablierung einer Nord-Süd- bezw. Ost-West-Verbindung im Kongobecken. (Kap-Kairo-Bahn englisch, Kamerun-Ostafrika-Bahn deutsch.) [...]

Voraussetzung für die oben geschilderte Politik ist ein wenigstens zeitweiliges Festhalten am Bauplan des Flottengesetzes. Ändern wir *jetzt* den Bauplan, wie dies in manchen Blättern befürwortet worden ist, etwa, indem statt zwei nunmehr drei Schlachtschiffe pro Jahr auf Stapel gelegt werden sollen, so ist mit Sicherheit zu erwarten, daß der alte deutsch-englische Streit, welcher seit Jahren tobt, neue Nahrung erhalten wird; die alten Kontroversen über die Flottenfrage mit all ihren Begleiterscheinungen von Entstellung und Verhetzung werden in voller Kraft wieder aufleben, und England wird noch mehr, als das gegenwärtige Kabinett dies zu tun schon gewillt ist, jedes Opfer bringen, um die Tripelentente fester zu schmieden[IX], eventuell sogar, was es bisher nie getan hat, seinen Einfluß auf Italien ausüben, um es zum Verlassen des Dreibundes zu bewegen[X], kurz gesagt, die Linien der feindlichen Gruppierung würden tiefer eingegraben, die Möglichkeit einer freundlichen Verständigung vielleicht für unabsehbare Zeit hinausgeschoben und die Wahrscheinlichkeit einer kriegerischen Entladung bedeutend vergrößert. [...]

Es wäre ein schwerer Fehler für die deutsche Politik, statt einzuheimsen und festzulegen, was uns die jetzige Stimmung in England erreichbar vor die Hand stellt: die Gründung eines mächtigen deutschen Kolonialreiches und die Anbahnung besserer Beziehungen zu England, um einer an sich geringfügigen Vermehrung unserer maritimen Machtmittel willen vielleicht für immer zu verscherzen[XI]. Das

[VIII] um uns mit Frankreich über den Congo ebenso zu balgen wie über Marokko! Wie gnädig!

[IX] olle Camellen ist schon fest genug!

[X] thut es schon seit lange!

[XI] !

Ziel, in friedlichem Einvernehmen mit England Deutschland zur kolonialen Großmacht zu erheben, sollte jedem berechtigten Ehrgeiz der gegenwärtigen Generation genügen können.

Klar und scharf getrennt liegen die beiden Wege jetzt vor der deutschen[XII] Politik. Auf der einen Seite liegt die Möglichkeit ehrenvollen Friedens, kolonialer Ausbreitung und erfolgreicher Kulturarbeit mit wachsendem Reichtum, auf der anderen Seite Neubelebung alten Haders, Stärkung jeder uns feindlichen Politik und die Heraufbeschwörung ernster Gefahren[XIII].

R. v. Kühlmann

Quelle: Die große Politik der Europäischen Kabinette 1871 - 1914. Sammlung der Diplomatischen Akten des Auswärtigen Amtes. Im Auftrage des Auswärtigen Amtes herausgegeben von Johannes Lepsius, Albrecht Mendelssohn Bartholdy, Friedrich Thimme, Berlin 1927, Band 31, Nr. 11345, S. 87 - 91.

65. Ein christliches deutsches Fürstentum Palästina – Vorschlag des preußischen Militärberaters in der Türkei, Helmuth Graf von Moltke, in der ›Augsburger Allgemeinen Zeitung‹, 1841

Begeisterung für das Land, wo der Erlöser geboren ward, wo er gelebt, gelehrt und gelitten hat, ließen einst Millionen frommer Christen ihre Heimat aufgeben und unsägliche Beschwerden erdulden, um den geweihten Boden Palästinas zu betreten. Die Blüthe der abendländischen Ritterschaft verspritzte ihr Herzblut, um die heiligen Stätten der Herrschaft der Ungläubigen zu entreißen. Wie sehr hatte sich dieser religiöse Sinn abgekühlt, als gerade 800 Jahre seit dem ersten

[XII] Englischen!

[XIII] umgekehrt! Dieser letzte Satz geht auf *England* nicht auf uns! Kühlmann ist ein gelehriger Schüler Metternichs und bringt drum den ganzen Quatsch vor, der Mir seitdem ich meine Flotte baue, immer vorgekaut worden ist; nur niemals Eindruck gemacht hat. Ich verzichte darauf dies Zeug zu widerlegen. Ich will keine Colonialen Geschenke von England, da sie stets auf *Kosten anderer* gemacht werden und zu Konflikten die Keime bergen, deren Ende gar nicht abzusehen ist. Die Stärkung, die ich für nöthig halte, soll und wird gefördert werden.

Kreuzzuge der große Feldherr[1] eben der Nation, welche den Titel einer Beschützerin des katholischen Glaubens im Orient[2] führt, nach der Eroberung Aegyptens ganz trocken sagen konnte: »Jérusalem n'entre pas dans ma ligne d'opération!« Die gegenwärtige Stimmung liegt zwischen jenen beiden Extremen mitten inne, und der Gedanke, Palästina unter christlichen Schutz zu stellen, scheint in Europa nicht ohne Anklang zu bleiben. Indessen dürfen religiöse Gefühle allein in der Politik nicht entscheiden. Ein christliches Fürstenthum Palästina müßte in seiner ersten Abrundung auch gleich die Möglichkeit seines Fortbestehens enthalten. Wollte man nach dem Beispiel Krakaus[3] Jerusalem mit den heiligen Orten seiner Umgebung allein zu einem Staat konstituiren, so würde dieser Staat, in einer öden, unfruchtbaren Gegend, abgeschnitten vom Meer, fern von seinen Beschützern, umgeben von arabischen Räuberstämmen, bedroht von muselmännischen Nachbarn und zerrissen im Innern durch wüthenden Sektenhaß, gewiß eine sehr unglückliche Schöpfung werden. Wahrlich, ein Glück ist es, daß bisher die duldsamen Moslem das Heft der Gewalt in Händen hatten, und nicht eine der Sekten, welche am Grabe des Erlösers so ganz die Lehre milder Duldung und Nächstenliebe vergessen haben, daß man vor den Ungläubigen erröthet. So viel läßt sich von vornherein überschauen, daß zu der neuen Schöpfung ein weiteres Gebiet, ein Theil der Meeresküste, ein fester Platz geschlagen werden müßte. Wie sollte man auch den so günstig gelegenen Hafen und die starken Mauern von Acre[4] den schwachen Händen der Türken ausliefern, die sie im nächsten Augenblick wieder verlieren würden!

Es läßt sich ferner behaupten, daß die Leitung des neuen Staates einem unumschränkten Fürsten deutscher Nation und echt toleranten Sinnes übertragen werden sollte. Die ausschließliche Bevorzugung irgend einer christlichen Kirche würde gleich im Entstehen des Staates die Keime zu seinem Untergange ausstreuen. Wir sagten, einem *deutschen* Fürsten, weil Deutschland den negativen Vorzug hat, keine Seemacht zu sein, aber durch die Beschiffung der Donau und durch die österreichischen Häfen des Adriatischen Meeres ihm der nächste Handelsweg mit dem Orient geöffnet ist. Endlich einem *unumschränkten* Fürsten, weil nur diese Regierungsform für halbbarbarische Zustände

[1] französischer Ägyptenfeldzug (1798 – 1801) des Generals Napoléon Bonaparte

[2] Gemeint ist das französische Religions- und Kultusprotektorat, das seit dem 16. Jahrhundert bestand.

[3] Der Wiener Kongreß schuf 1815 den neutralen Freistaat Krakau, der aber 1846 Österreich (Galizien) einverleibt wurde.

[4] Akko(n), alte Hafenstadt an der Küste Palästinas

paßt, weil sie für dieselben unter einem gerechten, klugen und energischen Regenten die beste aller Formen ist, und weil nur ein solcher Regent überhaupt etwas aus der neuen Schöpfung machen kann. [...]

England hat sich in allen Welttheilen und auf allen Meeren einen Schauplatz geschaffen, wo es die nachgeborenen Söhne seines Adels versorgt, den kriegerischen Muth seiner Jugend erprobt, seinem Handel neue Kanäle, seinem Gewerbfleiß neue Märkte eröffnet. Frankreich suchte in Algier[5] den Ableiter für den oft krankhaften Ueberfluß seiner Kraft, und wenn ihm die Kolonisation bisher schlecht genug gelungen, so wünschen wir seinem Streben im Interesse der Civilisation den besten Erfolg. Sollte aber Deutschland nicht begierig zugreifen, wenn sich ihm eine Möglichkeit bietet, deutsche Gesittung und Thatkraft, Arbeitsamkeit und Redlichkeit über die deutschen Marken hinaus zu verbreiten?

Quelle: Gesammelte Schriften und Denkwürdigkeiten des General-Feldmarschalls Grafen Helmuth von Moltke, Berlin 1892, Bd. II, S. 283 - 285, 288.

66. Syrien und Palästina als deutsche Schutzgebiete – Memorandum des »Ausschusses für Sammlung des Volkes Gottes in Jerusalem« an den Deutschen Bund, April 1859

Deutschland ist so gut wie die andern Nationen der Christenheit von der sozialen Krankheit angesteckt, welche in der Herrschaft des Geizes und der Genußsucht in der großen Masse der Menschen aller Stände besteht, und welche im Börsenspiel, in dem zügellosen Luxus der Hauptstädte, in dem Überhandnehmen der Laster und Verbrechen, der Wahnsinns- und Selbstmordfälle und in andern Gräueln zu Tage kommt. Dieser Zustand in Deutschland unter allen Konfessionen beweist, daß die christlichen Kirchen von ihrer Aufgabe, die Menschen zu reinigen und zum Heiligtum zu machen, abgekommen sind. Auf die Mehrzahl der Menschen findet jetzt die Beschreibung des Apostels Anwendung: sie lästern, davon sie nichts wissen; was sie aber natürlich erkennen, darinnen verderben sie, wie die unvernünftigen Tiere [...]

[5] wurde 1830 annektiert

Die Zustände unserer Zeit beweisen, daß der von den Aposteln geweissagte Abfall vorhanden ist; wir stehen also in der Zeit, welche dem Siege des Reiches Gottes über die Hindernisse, die bisher die richtige Entwickelung der Menschheit gehemmt haben, vorangeht. Für diese Zeit verkündigt die Weissagung das Erscheinen einer neuen verderblichen Weltmacht und eines verkehrten religiösen und sozialen Systems, das von dem falschen Propheten ausgeht. Es ist aller Grund, zu glauben, daß die geweissagte verderbliche Weltmacht oder das Tier aus dem Abgrund in Frankreich wirklich aufgestiegen ist. In dieser drohenden Gefahr ist es unsere Pflicht und der Hauptzweck dieser Denkschrift, die hohe Bundesversammlung und die Könige und Fürsten Deutschlands auf die Warnung aufmerksam zu machen, welche der König der Könige in der Offenbarung hat verkündigen lassen: So jemand das Tier anbetet und sein Bild, und nimmt sein Malzeichen an seine Stirn oder an seine Hand, der wird von dem Wein des Zornes Gottes trinken, der eingeschenkt und lauter ist in seines Zornes Kelch, und wird gequält werden mit Feuer und Schwefel vor den heiligen Engeln und vor dem Lamm, und der Rauch ihrer Qual wird aufsteigen von Ewigkeit zu Ewigkeit, und sie haben keine Ruhe Tag und Nacht, die das Tier haben angebetet und sein Bild, und so jemand hat das Malzeichen seines Namens angenommen. Offb. 14, 9 - 11. [...]

Es ist eine Notwendigkeit für das deutsche Volk, daß ihm die planlose Auswanderung in ferne Weltteile durch einen Raum zur naturgemäßen Ausdehnung erspart, daß mit Einem Wort die Grenze der Bewegung der deutschen Nation bis zu den Donaumündungen vorgeschoben werde. Die Angelegenheit, womit sich der französische Kaiser[1] für das Schicksal der Länder an der untern Donau interessiert, ist für die Deutschen eine Hinweisung auf den Wert dieser Länder für Deutschland.

Es wäre zu kleinlich anzunehmen, daß der Herr mit der jetzigen Bewegung der Völker nur beabsichtige, Frankreich durch eine zweite Koalition zu erdrücken oder auch Frankreich wieder die Diktatur in Deutschland zu verschaffen. Die Absicht des Herrn bei der Erschütterung der Welt geht vielmehr laut der Weissagung dahin, daß das gelobte Land seiner heiligen Bestimmung als Aufenthalt des Volkes Gottes zum Muster für die Nationen zurückgegeben, daß Jerusalem wieder zur heiligen Stadt hergestellt, daß der Tempel Gottes daselbst gebaut werde und das göttliche Gesetz als die Grundlage echter Zivilisation die Völker beherrsche. [...]

Die Ausführung dieser göttlichen Aufgaben, Durchführung des Gesetzes und Evangeliums und Bau des Tempels in Jerusalem, ist die Lösung der deutschen und der orientalischen Frage. [...]

[1] Napoléon III.

Die Aufgabe Deutschlands und Österreichs ist innere Hebung der deutschen Nation und ihrer Bundesverwandten durch Gesetz und Evangelium, und eine selbständige Politik nach außen, die der Größe des Ländergebiets dieser Nation würdig ist. [...]

Wenn Deutschland und Österreich in diesem Sinne selbständig auftreten, so werden dabei zwar vielleicht Opfer notwendig sein. Scheut man aber diese Opfer, so hört die Selbständigkeit der deutschen Fürsten und Völker auf, und das Vasallensystem des Rheinbundes[2] mit seinen wahrlich nicht leichteren Opfern tritt ein.

Gestützt auf die Warnung der Offenbarung, gestützt darauf, daß die Weissagung erfüllt werden wird, müssen wir den Fürsten Deutschlands und der hohen Bundesversammlung ans Herz legen, weder von Kongressen, noch von irgend einem andern Auskunftsmittel ein befriedigendes Resultat zu erwarten, sondern das Heil für die Thronen und für die Völker in einem selbständigen Vorschreiten im Sinne des Herrn im Innern und nach außen zu suchen.

Ehrerbietig verharrt
der Ausschuß für Sammlung des
Volkes Gottes in Jerusalem.

Quelle: Fr.[iedrich] Lange, Geschichte des Tempels, Jerusalem 1899, S. 208–213.

67. Die »Wallfahrt« Wilhelms II. zum »Platz an der Sonne« – Frank Wedekinds ›Simplicissimus‹-Gedicht ›Im heiligen Land‹, 1898

Willkommen, Fürst, in meines Landes Grenzen,
Willkommen mit dem holden Eh'gemahl,
Mit Geistlichkeit, Lakaien, Exzellenzen,
und Polizeibeamten ohne Zahl.
Es freuen sich rings die historischen Orte
Seit vielen Wochen schon auf deine Worte,
und es vergrößert ihre Sehnsuchtspein
Der heiße Wunsch, photographiert zu sein.

[2] 1806 gegründeter Bund von 16 süd- und westdeutschen Fürsten, die sich souverän erklärten und vom Reich lösten. Er stand unter dem Protektorat Napoléons I., zerfiel 1813.

»Wird Wilhelm in Jerusalem auf dem Rücken eines Esels einziehen?«
Karikatur in ›Humoristické Listy‹ Prag 1897

[...]
Der Menschheit Durst nach Taten läßt sich stillen,
Doch nach Bewund'rung ist ihr Durst enorm.
Der du ihr beide Durste zu erfüllen
Vermagst, sei's in der Tropen-Uniform,
Sei es in Seemannstracht, im Purpurkleide,
Im Rokokokostüm aus starrer Seide,
Sei es im Jagdrock oder Sportgewand,
Willkommen, teurer Fürst, im Heil'gen Land!

Quelle: Christian Schütze, Facsimile-Querschnitt durch den Simplicissimus, eingeleitet von Golo Mann, Bern, Stuttgart, Wien 1963, S. 12 f. (zweite und letzte Strophe).

68. Ein Protektorat des Deutschen Reiches über einen Judenstaat in Palästina? – Brief des Begründers des Zionismus, Theodor Herzl, an Wilhelm II. vom 18. Oktober 1898

Konstantinopel, 18. Oktober 1898.

Nach den Mitteilungen, die S.K.H. der Herr Großherzog von Baden am vorigen Sonntag in Potsdam mir zu machen die Gnade hatte[1], wage ich es, mich an E.K.M. mit der untertänigsten Bitte um Gewährung einer wenn auch nur kurzen und geheimen Audienz noch in Konstantinopel zu wenden. Die Gründe hierfür sind die folgenden.

Der Empfang der zionistischen Abordnung im Heiligen Lande wird zweifellos der öffentlichen Meinung Europas Stoff zu Diskussionen geben. Wird mit dieser Manifestation zugleich ein - wenn auch nicht in seinem ganzen Umfange bekanntzugebendes - fait accompli gesetzt, so kommen die etwa feindselig gemeinten Interventionen anderer zu spät, und alle werden sich darein finden müssen. Gerade im gegenwärtigen Augenblick ist Frankreich innerlich so geschwächt, daß es sich nicht rühren darf. Für Rußland bedeutet die zionistische Lösung der Judenfrage eine ungeheure Erleichterung; zudem wird ja

[1] Herzl war am 9. Oktober 1898 morgens von Großherzog Friedrich [I. von Baden], um 12 Uhr von [Reichskanzler Chlodwig Fürst zu] Hohenlohe und [Staatssekretär des Auswärtigen Bernhard von] Bülow im Stadtschloß Potsdam empfangen worden. Herzls Bericht: Tgb. II S. 154ff.

die Frage der heiligen Stätten einfach ausgeschaltet. Auch von der englischen Politik ist ein wirksamer Einspruch nicht zu befürchten, da die englische Krone notorisch für uns ist. Alles hängt also von der Form des zu schaffenden fait accompli ab.

Die Bewilligung einer »Jüdischen Landgesellschaft für Syrien und Palästina« unter deutschem Protektorate wäre meines bescheidenen Erachtens für den Augenblick genügend. Diese Landgesellschaft würde die weiteren Organe der Durchführung allmählich differenzieren. Die Wahrnehmung der allgemeinen politischen Lage wird es dann ergeben, wann und wo, in welchem Augenblick, in welchem Umfange das deutsche Protektorat nach außen hin stärker betont werden kann.

Selbst wenn S.M. der Sultan[1] nicht gleich einsehen sollte, welche Hilfe seinem verarmten, verfallenden Staate durch die Zionisten gebracht würde, so wird er bei einer unmittelbaren Aussprache den Rat E.K.M. annehmen, wie man seine Administration und Finanzen regenerieren könnte.

Morgen Vormittag um 10 Uhr geht der russische Dampfer nach Alexandrien ab; es ist das letzte Schiff, das ich benützen kann, wenn ich zur rechten Zeit in Palästina sein soll, um die dahin befohlene Abordnung der europäischen Zionisten dem Kaiser im Lande Israels vorzustellen. Wenn E.M. mir daher die Gunst gewähren wollen, mich noch vor der Manifestation insgeheim anzuhören, ist der Zeitpunkt ein begrenzter. Ich könnte mich unauffällig auf der Deutschen Botschaft einfinden und dort die Befehle erwarten[II].

Gottes Geheimnis liegt über diesen weltgeschichtlichen Stunden. Es gibt kein Bangen, wenn Er mit uns ist.

Quelle: Großherzog Friedrich I. von Baden und die Reichspolitik 1871 - 1907, 4. Band: 1898 - 1907, hg. v. Walther Peter Fuchs, Stuttgart 1980, Nr. 1899.

[1] Abd Al (Abdul) Hamid II. (1876 - 1909)

[II] Herzl wurde noch am gleichen Tage von Wilhelm II. empfangen (Tgb. II S. 183 ff).

69. Alldeutsche Propaganda – Das Deutsche Reich als Erbe des »kranken Mannes« am Bosporus, 1898

Zwischen zwei Dingen haben wir nur die Wahl: Völkerdünger wie bisher zu sein oder Völkerbeherrscher zu werden. Daß unsere Sandbüchsen in Afrika verzweifelt wenig Wert haben, wird allmählich selbst von den Kolonialschwärmern zugegeben. [...] Nur die Türkei kann das Indien Deutschlands werden. [...] Der Sultan muß unser Freund bleiben, natürlich mit dem Hintergedanken, daß wir ihn ›zum Fressen gern‹ haben. Zunächst freilich kann unsere Freundschaft völlig selbstlos sein. Wir helfen den Türken, Eisenbahnen und Häfen anzulegen. Wir suchen, eine Industrie bei ihnen zu erwecken. Wir stützen sie mit unserem Kredit. Wir liefern ihnen Schiffe und Kanonen samt den Offizieren, die ihnen das Manövrieren dieser Schiffe und das Richten dieser Geschütze beibringen. Wir leihen ihnen deutsche Beamte und deutsche Militärs, die die höchsten Stellen in der Zivil- und Militärverwaltung besetzen, zunächst natürlich zum Nutzen des türkischen Reichs. Der ›kranke Mann‹ wird gesund gemacht, so gründlich kuriert, daß er, wenn er aus dem Genesungsschlaf aufwacht, nicht mehr zum Wiedererkennen ist. Man möchte meinen, er sehe ordentlich blond, blauäugig germanisch aus. Durch unsere liebende Umarmung haben wir ihm soviel deutsche Säfte einfiltriert, daß er kaum noch von einem Deutschen zu unterscheiden ist. So können und wollen wir die Erben der Türkei werden, von ihr selbst dazu eingesetzt. Wir pflegen den Erblasser getreulichst bis zu seinem Tod. Selbst nach seinem tatsächlichen Verscheiden wollen wir ihn als einen scheinbar Lebenden behandeln. Die äußeren Formen sollen dieselben bleiben. Die Sultane sollen genauso regieren, wie der Bey von Tunis noch heute unter französischem oder der Khedive von Ägypten unter englischem Schutz regiert[1]. Den Schein der Macht lassen wir ruhig den andern, wenn wir die Macht selbst haben. Ein reiches Erbe steht uns bevor. Die Türkei bietet unendliche Absatzgebiete für deutsche Industrie und deutsches Kapital, aber auch für landwirtschaftliche Ansiedler. Das Osmanische Volk stellt die besten Untertanen, die sich ein Staat wünschen kann.

Quelle: Welt am Montag vom 21.11.1898.

[1] Tunesien stand seit 1881 unter französischem, Ägypten seit 1882 unter englischem Protektorat.

70. Die Bagdadbahn: Kooperation oder Konflikt mit England? – Aus dem Bericht des deutschen Botschafters in Konstantinopel, Adolf Freiherr Marschall von Bieberstein, an Reichskanzler Bernhard Fürst von Bülow vom 27. Mai 1906

Die Stellung der Engländer zu der Bagdadbahn läßt sich dahin präzisieren: »Am liebsten wäre es uns, wenn sie nicht gebaut würde; geschieht dies aber trotzdem, so müssen wir dabei sein.« Daraus ergeben sich zwei wichtige Konsequenzen, einmal, daß jede Initiative unsererseits, die Engländer zur Teilnahme zu bestimmen, nicht nur erfolglos bleiben, sondern auch die entgegengesetzte Wirkung haben muß, weil sie den Eindruck erweckt, daß wir ohne England nichts machen können; und zweitens, daß wir selbst diejenigen Handlungen vornehmen müssen, welche in England die Überzeugung hervorrufen, daß die Bagdadbahn trotz der englischen Abneigung gebaut werden wird. [...]

Wir haben jedenfalls noch keinen Anlaß, von der Linie abzuweichen, die im vorigen Jahre für unser Verhalten gezogen worden ist: Bereitwilligkeit, jeden Faden der Verständigung aufzunehmen, den die Engländer uns anbieten, aber gleichzeitig energischer Weiterbau. Daß die Engländer uns schließlich kommen werden, wenn wir bei diesem Programme bleiben, ist nach wie vor meine feste Überzeugung.

Wenn bei Einhaltung dieser Linie der Eintritt in ernste Verhandlungen verschoben wird, so ist dies kein Unglück. Denn solche Verhandlungen würden uns sofort in eine Diskussion über die letzte Teilstrecke, die am Persischen Golfe endet, führen. Das scheint etwas verfrüht, solange wir noch mehr als 2000 Kilometer vom südlichen Ausgangspunkt entfernt stehen. Aber dort liegt für die Engländer der entscheidende Punkt. Sie sagen – und von ihrem Standpunkt nicht mit Unrecht –: »Ihr Deutschen besitzt den Schlüssel zu der einen Tür der Bagdadbahn, denn Haidar-Pascha–Konia steht unter Eurer ausschließlichen Kontrolle. Da ist es nicht mehr als billig, daß wir den Schlüssel zu der anderen Tür erhalten. Das ist für uns gleichzeitig eine politische Notwendigkeit, denn der Persische Golf gehört zu unserer Interessensphäre, und dort können wir keinen anderen zulassen.« Aus dieser Argumentation wird dann die englische Kontrolle über die Bahn vom Golfe bis Bassorah, vielleicht bis Bagdad gefolgert. Das wäre für uns kaum annehmbar, für die Türkei aber vollkommen inakzeptabel.

Angesichts dieses Dilemmas drängt sich der bei der bisherigen russischen Haltung gegenüber der Bagdadbahn etwas paradoxe Gedanke auf, ob wir nicht in Rußland einen natürlichen Bundesgenossen haben, um extreme englische Wünsche zu mildern? Bei den schwebenden englisch-russischen Verhandlungen bildet die Verständigung über die Abgrenzung der beiderseitigen Interessensphären in Persien den für uns wichtigsten Punkt. Der Gegensatz der beiden Staaten in dieser Beziehung bestand bisher – summarisch ausgedrückt – darin, daß Rußland die Abteilung mittels einer senkrechten, zum persischen Golf führenden Linie anstrebte, England dagegen mittels einer waagerechten, die von Afghanistan ausgehend an der türkischen Grenze endet. Die senkrechte Linie ist durch den ostasiatischen Krieg und das englisch-japanische Bündnis definitiv beseitigt[1]. Rußland wird sich mit der waagerechten Linie begnügen müssen und dahin streben, dieselbe möglichst nach Süden zu schieben. Aber der Drang Rußlands nach dem südlichen Meere ist heute, nachdem der Ausgang zum Gelben Meere ihm verschlossen ist, stärker als je. Da liegt für die russischen Staatsmänner der Gedanke nahe, daß die bisher von ihnen angefeindete Bagdadbahn, die unter Beteiligung Frankreichs von den Deutschen gebaut wird und durch türkisches Gebiet führt, einen gewissen Ersatz dafür zu bieten vermöchte, daß Rußland der Weg durch das südliche Persien verschlossen ist. Das wäre natürlich nur dann der Fall, wenn es nicht in Bagdad oder Bassorah auf eine ausschließlich englische Kontrolle bis zum Meere stößt. Diese Fragen werden sicherlich bei den russisch-englischen Verhandlungen berührt werden. Da aber die türkische Herrschaft bis zum Persischen Golf reicht, die Deutschen bis dorthin sich im definitiven Besitze der Bahnkonzession befinden und an der letzteren auch Frankreich finanziell beteiligt ist, so erscheint es undenkbar, daß Rußland und England jene Frage ohne die Zustimmung der genannten Staaten lösen. Eine internationale Ordnung der Frage scheint unumgänglich zu sein, und Rußland wird dabei sicherlich nicht auf der Seite übertriebener englischer Ansprüche stehen.

Quelle: Die Große Politik der Europäischen Kabinette 1871–1914. Sammlung der Diplomatischen Akten des Auswärtigen Amtes. Im Auftrage des Auswärtigen Amtes herausgegeben von Johannes Lepsius, Albrecht Mendelssohn Bartholdy, Friedrich Thimme, Berlin 1925, Band 25, 1. Halbband, Nr. 8633, S. 207, 210.

[1] Der Bündnisvertrag zwischen England und Japan (1902) sah die Aufrechterhaltung des Status quo in China und Korea vor, während die Niederlage der Russen im japanisch-russischen Krieg (1904/05) die Anerkennung Koreas als japanisches Interessengebiet bzw. Protektorat brachte.

71. Die »Achse« Berlin-Bagdad – Alldeutsche Siedlungspläne für den Nahen Osten, 1913

Die entscheidende Stelle unserer politischen Lage ist der Südosten[I], die Abschneidung des Balkanweges bedeutet für Mitteleuropa die Blockade und die Aushungerung, wenn uns nicht das Unwahrscheinliche gelingt: die englische Flotte niederzuringen. [...]

Wohl würde Mesopotamien kein eigentliches Bauernland, aber Raum für solches ist auf dem übrigen Boden Vorderasiens genug, der, ohne Arabien, nur 15 Millionen Bewohner zählt, während er wohl einmal die sechsfache Zahl ernähren wird. *Sollen das Asiaten sein, Menschen der gelben oder gar der schwarzen Rasse? Ist es nicht eine Sache Europas, daß der Weiße dieses Land noch rechtzeitig in die Hand nimmt, damit die Grenze der Rassen nach Osten und nicht nach Westen bis an den Bosporus gerückt wird. Ist es nicht ein Verbrechen am Europäertum, wenn England lieber Hindus, Kulis und Fellachen in das Zweistromland einführen will, als daß es den Deutschen einen Anteil an der Erde gönnt?* [...]

Berlin-Bagdad, das wäre die Losung und das Ziel; viele, viele haben das Wort schon aufgenommen, Männer aller Parteien, aber es sollte wie ein Sturmruf durch die ganze Nation gehen, damit sie endlich ein festes Ziel hat und weiß, was sie wollen und tun soll. *Es ist ja der Friede, der süße Friede, der uns so teuer ist, den diese Losung bringt.* Kann die *friedliche* Einigung, *der Zusammenschluß des Deutschen Reiches, Österreichs, der nördlichen Balkanstaaten und der Türkei* zu einem politischen und wirtschaftlichen Bund führen, und gelingt dieses Werk, so werden Europas Völker sich nicht mehr zerfleischen, die deutsche Macht ist unangreifbar. [...] Da Rußland, England und Frankreich es lediglich auf deren Auszehrung abgesehen haben, muß die Türkei das Anerbieten dieser führenden Hand durch Mitteleuropa als das letzte Mittel zur Rettung unter allen Bedingungen annehmen. Unter dem Titel eines gleichwertigen Bundesgenossen würde sie angegliedert, ihr ganzes Gebiet aber der deutschen Arbeit offen, ihre militärische Macht Mitteleuropa zur Verfügung stehen, das ihrerseits [sic] der Türkei Schutz gewährt. [...]

Bauern-Neuland, ein großes Wirtschaftsgebiet, Rettung des Deutschtums in der Donaumonarchie, Rettung der Donaumonarchie selbst, Einigung des Gesamtdeutschtums, offene Türe im Südosten und

[I] Zu dieser Einsicht war schon Windthorst gelangt, ebenso Viktor Aimé Huber, Konstantin Frantz u.a. W. Lochmiller betitelte neuestens eine gehaltvolle Schrift ›Unsere Zukunft liegt auf dem Balkan!‹

freien Weg für das Deutschtum auf seinen alten Pfaden, Schutz den nichtslawischen Südostvölkern vor dem Panslawismus – kurzum Berlin-Bagdad, das Wort, das alles in sich birgt, das ist unsere Losung.

Ihre endgültige Vernichtung hieße nichts anderes, als daß wir Deutsche in alle Zukunft Ambos sind und die andern der Hammer.

An der Durchführung der Aufgabe Berlin-Bagdad hängt das Schicksal unserer Rasse.

Verfehlen wir sie, so gibt es kein Wohnland mehr in der Welt, das der Teutone als Herr betreten kann, unser Los bleibt es dann, Kulturdünger zu sein.

Quelle: K. von Winterstetten [d.i. Albert Ritter], Berlin-Bagdad. Neue Ziele mitteleuropäischer Politik, München 1913, ^{8}1914, S. 32, 62, 68 f.

72. Vom informellen Imperialismus zum Anteil an der »Aufteilung« der Türkei? – Memorandum des deutschen Botschafters in Konstantinopel, Freiherr Hans von Wangenheim, vom 21. Mai 1913

Die *asiatische Türkei kann sich aus eigener Kraft nicht mehr erhalten.* Daß die Katastrophe dort wie in der europäischen Türkei einige Hunderte von Jahren auf sich warten lassen wird, ist kaum anzunehmen, nachdem die Balkanstaaten mit dem heiligen Dogma der Integrität der Türkei aufgeräumt haben. Die Dinge werden vielmehr, wenn keine Hilfe von außen kommt, in Kleinasien einen weit rascheren Lauf nehmen. Schon wenn Mahmud Schewket[1] fallen sollte, dürfte in Konstantinopel eine vollkommene Anarchie eintreten, die in Kleinasien zur Auflösung führen würde. Mahmud Schewket aber kann leicht gestürzt werden, wenn ihm zugemutet werden sollte, eine Kriegsentschädigung oder den Verlust der Inseln vor dem Volke vertreten zu müssen.

Bürgerkriege und Anarchie in der Türkei werden unbedingt zu einer Intervention der Mächte und zur Aufrollung der Teilungsfrage Veranlassung geben. Nun liegt es aber, wie ich bereits in einem früheren Berichte ausführlich nachzuweisen versucht habe[2], durchaus nicht im

[1] türkischer Großwesir und Kriegsminister

[2] Schreiben Freiherrn Hans von Wangenheims an Reichskanzler Theobald von Bethmann Hollweg vom 21.1.1913, in dem er die Grundzüge der deutschen Haltung gegenüber Plänen für eine Aufteilung der asiatischen Türkei skizzierte

deutschen Interesse, wenn das Teilungsproblem schon in der nächsten Zeit angeschnitten würde. Wir haben in der Türkei zwar immer nur wirtschaftliche Interessen verfolgt. Das deutsche Volk würde es aber nicht verstehen, wenn diese Interessen und die Werte, welche wir geschaffen haben, unter die Kontrolle anderer, uns feindlich gesinnter Mächte übergingen. Nicht das wirtschaftliche, sondern das politische Prestige Deutschlands steht bei einer Teilung Kleinasiens auf dem Spiele. Nun würden wir aber durch eine Festsetzung in Kleinasien zu einer Mittelmeermacht werden. Wir müßten, um unseren neuen Besitz an den Weltverkehr anzuschließen, einen Hafen erwerben, der mit der Zeit zu einem Flottenstützpunkte sich entwikkeln würde. Bei der gegenwärtigen Weltlage wird England kaum bereit sein, uns die militärische Etablierung in der Nähe Ägyptens zu konzedieren. Die Teilung der Türkei könnte uns daher leicht in einen schweren Konflikt mit England verwickeln, den wir unter für uns sehr ungünstigen Verhältnissen auszufechten hätten. Ferner sind wir bisher nicht im geringsten für eine Etablierung in Kleinasien vorbereitet. Wir wissen noch nicht einmal genau, wo wir uns eigentlich festsetzen sollten. Rußland, Frankreich und England haben ausgesprochene Interessensphären. Unsere Interessen laufen längs der Bagdadbahn und durchziehen ganz Kleinasien. Sie sind aber in Wirklichkeit mehr kapitalistischer als reeller Natur. Was wir an Schulen, Ordensniederlassungen etc. in der Türkei besitzen, kann sich nicht mit dem vergleichen, was Frankreich, Rußland und England im Laufe der Jahrhunderte sich hier an bodenständigen Werten geschaffen haben, und liegt außerdem in Gebieten, die zum großen Teil einmal anderen Ländern zufallen müssen. Unsererseits ist vieles nachzuholen, und dazu brauchen wir eine lange Zeit emsigster Arbeit. Das Ziel unserer Politik kann daher nur sein, die Auflösung der Türkei so lange als nur möglich, wenigstens aber vorläufig aufzuhalten. [...]

Vom hiesigen deutschen Arbeitsfelde aus betrachtet, erscheint die englisch-deutsche Kooperation als die ideale, ja als die allein mögliche Lösung des kleinasiatischen Problems. [...]

Es wäre nun gewagt, unsere Politik auf den günstigsten Fall einzustellen. Wir müssen vielmehr damit rechnen, daß noch Jahre vergehen werden, bevor die Abneigung Englands gegen eine politische Geschäftsverbindung mit uns völlig geschwunden ist. Daraus folgt, daß wir uns vorläufig auf die schlimmste Eventualität vorbereiten müssen, das heißt auf die Teilung der Türkei, die unvermeidlich wird, wenn England und Deutschland noch lange getrennt marschieren.

Wir werden gezwungen sein zu prüfen, welche Gebiete innerhalb der kleinasiatischen Türkei eventuell als unsere Interessensphäre in Betracht kommen. Die nachfolgenden Ausführungen sollen einen ersten Versuch der Orientierung auf diesem Gebiete darstellen.

Unsere wirtschaftlichen Interessen dehnen sich zwar fast über die gesamte asiatische Türkei aus. Als unsere eigentliche Interessensphäre können aber naturgemäß nur solche Gebiete in Betracht kommen, wo noch keine wichtigen Interessen maßgebender Konkurrenten bestehen. Nach dieser Formel scheidet für uns von vornherein aus

1) das Küstengebiet des Schwarzen und Marmara-Meeres, wo wir mit Rußland kollidieren würden,

2) das westliche Küstenland Anatoliens, soweit es hauptsächlich von Griechen bewohnt ist,

3) Syrien und Palästina, wo französischer Einfluß überwiegt,

4) das Gebiet, welches England mit Rücksicht auf seinen ägyptischen und indischen Besitz gegen fremde Einflüsse verschließt, also Arabien und die Umgebung des Persischen Golfes.

Nach Abzug dieser Gebiete bliebe für uns ein Landstreifen, welcher sich von der Linie Eski-Schehir-Adalia in ungefährer Breite von 400 Kilometern nach Osten bis zur persischen Grenze erstreckt, also ausschließlich solche Gegenden, welche durch Bahnbauten unter deutscher Führung erschlossen worden sind oder demnächst erschlossen werden. Sein Kernpunkt ist das nach dem Golf von Alexandretta gravitierende Gebiet. Hier haben wir schon so viel Kulturarbeit geleistet, so viele Werte investiert, daß unsere Interessen stellenweise wie in Cilicien und der Koniaebene schon einen monopolähnlichen Charakter annehmen. Nach Fertigstellung der Bagdadbahn könnte bei entsprechendem Unternehmungsgeist das ganze übrige Hinterland des Golfs von Alexandretta ebenso unter den deutschen Einfluß gebracht werden. [...]

Ein möglichst weites Vorschieben unserer Interessensphäre nach Nordosten ist andererseits aus zwei Gründen geboten: In dem Gebirgsland nördlich der mesopotamischen Ebene befinden sich überaus reiche Erzlager. Bei Arghana nordöstlich Diarbekr sind Kupferlager gefunden worden, welche wahrscheinlich Rio Tinto und Katanga an Mächtigkeit und Gehalt übertreffen. Am Großen Zab und im persischen Randgebirge findet sich Petroleum und Holz, zwei Artikel, deren Beschaffung für die Bagdadbahn geradezu eine Lebensfrage ist.

Nach sorgfältiger Prüfung und genauer Besprechung mit sachverständigen Interessenten bin ich daher zu dem Resultat gekommen, daß das auf der Karte[1] rot schraffierte Gebiet als unsere *engere* Interessensphäre behauptet werden und bei einer eventuellen Liquidation der Türkei uns zufallen muß.

Der Rest des Landstreifens – auf der Karte durch blaue Schraffierung kenntlich gemacht – kann als unsere *weitere* Interessensphäre

[1] Nicht überliefert.

bezeichnet werden. Diese umschließt zwei sehr wertvolle Gebiete: das für europäische Ansiedler geeignete westanatolische Hochland und das als Baumwolland einer glänzenden Zukunft entgegengehende mittlere Mesopotamien. Ob und wie weit wir unsere engere Interessensphäre einmal in diese Gegenden vorschieben können, wird von unserer wirtschaftlichen Expansionskraft und von unserer Stellung zu unseren Konkurrenten abhängen.

Quelle: Die große Politik der Europäischen Kabinette 1871 - 1914. Sammlung der Diplomatischen Akten des Auswärtigen Amtes. Im Auftrage des Auswärtigen Amtes herausgegeben von Johannes Lepsius, Albrecht Mendelssohn Bartholdy, Friedrich Thimme, Berlin ²1927, Band 38, Nr. 15312, S. 43 - 48.

73. »Deutsch-Brasilien«, eine verspätete deutsche Kolonie? – Alldeutsche Hoffnungen, 1896

Die neuere deutsche Kolonialbewegung hat bekanntlich nicht mit den Bemühungen von Lüderitz, Peters und anderen um den Erwerb deutscher Kolonien in *Afrika* begonnen, sondern sie ging seit dem Jahre 1878 von Bestrebungen aus, die deutsche Auswanderung oder wenigstens einen namhaften Teil derselben von Nordamerika ab und nach Südamerika, insbesondere nach Südbrasilien und den Laplataländern, hinzulenken. Diese Bestrebungen wurden getragen von H. Lange, F. Fabri, Hübbe-Schleiden, R. Jannasch, A.W. Sellin, E. Hasse[1] und sie verkörperten sich in den *vor* der deutschen Kolonialgesellschaft begründeten Vereinen für Handelsgeographie in Berlin, Leipzig, Stuttgart und Jena, dem Westdeutschen Verein für Kolonisation und Export, der Südamerikanischen Kolonisationsgesellschaft in Leipzig, der Siedlungsgesellschaft Hermann in Berlin u.a.

[1] Henry Lange, Kartograph und Verfasser des Werkes ›Südbrasilien und die deutsche Kolonisation‹ (2.Aufl. 1885); Friedrich Fabri, Missionsleiter und Kolonialpropagandist (vgl. Dok. 21); Wilhelm Hübbe-Schleiden, Jurist, Diplomat, Kaufmann, Reiseschriftsteller und Kolonialpropagandist; Robert Jannasch, Nationalökonom (vgl. das folgende Dok.); Albrecht W. Sellin, Koloniegründer in Brasilien und Reiseschriftsteller, 1900 - 1908 Direktor der Hanseatischen Kolonisationsgesellschaft; Ernst Hasse, Direktor des Leipziger Statistischen Büros, nationalliberaler Politiker (1893 - 1903) und seit 1894 Vorsitzender des Alldeutschen Verbandes.

Die durch ein Jahrzehnt mit großem Aufwand an Kraft, Zeit und Geld fortgesetzten Bemühungen dieser Männer und Körperschaften sind bekanntlich nahezu ergebnislos geblieben. Sie scheiterten an dem Festhalten der preußischen Regierung, an dem, die Auswanderung nach *ganz* Brasilien so gut wie untersagenden Reskript des Ministers von der Heydt vom 3. November 1859[2], an dem mangelnden Verständnis der deutschen Bureaukratie gegenüber neuen Ideen, an der Teilnahmlosigkeit der deutschen Rhederei, die damals ihre Rechnung in der Beförderung der Massenauswanderung nach Nordamerika fand und an der Gleichgültigkeit des großen Publikums, das derartigen Bestrebungen ein »es nützt doch nichts« entgegenzusetzen pflegt.

Inzwischen sind 18 Jahre vergangen. Der deutschen etwa 200 000 Köpfe betragenden Bevölkerung Südbrasiliens sind neue deutsche Säfte und Kräfte *nicht* zugeführt worden, sie ist dadurch in der Bewahrung ihrer deutschen Eigenart geschwächt und um die Möglichkeit gebracht worden, in den staatlichen Umwälzungen Brasiliens der letzten Jahre den ihr kulturell gebührenden Einfluß auszuüben, und vor allem sind die ursprünglich den Deutschen vorbehaltenen Siedelungsstellen inzwischen von mehr als einer Million Italienern besetzt worden. [...]

Jetzt im Jahre 1896 ist nun endlich das in Tausenden von Kundgebungen deutscher Kolonialfreunde verurteilte v.d. Heydt'sche Reskript durch die preußische Regierung für Südbrasilien außer Wirksamkeit gesetzt worden, und es steht offenbar in Zusammenhang damit, daß der Hamburger Kolonisationsverein von 1849, wie es heißt unter Beteiligung der »Hamburg-Südamerikanischen Dampfschifffahrtsgesellschaft« und des »Norddeutschen Lloyd«, in der Provinz Santa Catharina in Südbrasilien große Ländereien erworben hat, welche er zur Anlage einer deutschen – hoffentlich rein deutschen – Siedelung verwenden will.

Wir freuen uns über diesen Umschwung und Fortschritt auf das lebhafteste. Aber wir fragen, ob es denn wirklich nötig war, diese 18 Jahre ungenützt vorübergehen und inzwischen eine Menge von Schwierigkeiten neu entstehen zu lassen, deren Beseitigung nunmehr einen großen Kraftaufwand erheischt, vor allem aber, ob es nunmehr nicht *zu spät* sein dürfte, mit der Belebung der deutschen Auswanderung

[2] Übliche Kurzform für den ›Circular-Erlaß [des preußischen Handelsministers August Frhr. von der Heydt] vom 3. November 1859 betreffend den Widerruf der seither auf Grund des Gesetzes vom 7. Mai 1853 an Auswanderungsunternehmer mit oder ohne Beschränkung erteilten Erlaubnis zur Beförderung von Auswanderern nach Brasilien‹; er wurde am 4.6.1896 für die drei südbrasilianischen Provinzen Rio Grande do Sul, Santa Catarina und Paraná aufgehoben.

nach Südbrasilien alle die nationalen und wirtschaftlichen Ziele zu erreichen, die jenen Kolonialpolitikern vorschwebten?

Wir fragen weiter, ob es nötig war, jene Begeisterung der Jahre 1878 bis 1884 ungenützt verrauchen und jene Männer in ihren vaterländischen Opfern verbluten zu lassen, statt alle diese Kräfte *sofort* in nationales Kapital umzusetzen?

Wir fragen endlich, ob dafür gesorgt ist, daß die Staatsmänner und Verwaltungsbeamten der kommenden Generation in Anschauungen auferzogen und mit Kenntnissen ausgerüstet werden, die sie befähigen, gute, neue Gedanken in einem längeren Zeitraume, als dem von 18 Jahren, in sich aufzunehmen, und statt sich schieben und drängen zu lassen, die Initiative zu ergreifen gegenüber den Aufgaben, die ihnen »das deutsche Weltreich« stellt, eine Führung, deren Uebernahme ihre verdammte Pflicht und Schuldigkeit ist?

Quelle: An., Zu spät? Alldeutsche Blätter. Mitteilungen des Alldeutschen Verbandes (Berlin), Jg. 1896, S. 178.

74. Auswanderung und Handel ja, »politische Vieilletäten« nein – Der Nationalökonom Robert Jannasch auf dem Kolonialkongreß von 1902 über die »praktischen Aufgaben der deutschen Auswanderungspolitik«

Unter den überseeischen Gebieten, nach welchen unsere Auswanderung abfließt, sind zu nennen die Vereinigten Staaten, Australien und die subtropischen Gebiete von Südamerika, speziell Südbrasilien. Daß die nach den Vereinigten Staaten wandernden Deutschen schon in der zweiten Generation in dem Yankeetum aufgehen, ist eine bekannte Tatsache. Wir tragen die Erziehungskosten unserer künftigen Konkurrenten, wir stärken die wirtschaftliche Kraft der Union, indem wir ihr zahlreiche und tüchtig ausgebildete Arbeiter, sowie gute Bürger senden. [...]

Die einzigen Gebiete, in welchen – nun bereits in der vierten Generation – das Deutschtum sein vaterländisches Kulturbewußtsein erhalten hat, ist das subtropische Südamerika und zwar speziell Südbrasilien, d. h. die Staaten Rio Grande do Sul, Santa Catharina und Paraná. In diesen Ländern leben jetzt ca. 200 000 Personen deutscher Abstammung. Prachtvoll entwickelte Gemeinwesen haben sie geschaffen, mit

12 000 und mehr Einwohnern, die kräftige Kristallisationspunkte für die deutsche Ansiedelung und wertvolle Etappen für das Vordringen nach dem Far-West abgeben. Südbrasilien hat eines der besten Klimate der Welt, sein Boden, sowohl im Hochlande wie in den Terrassenländern und Flußtälern, ist reich und fruchtbar. Zahlreich sind die Wasserkräfte für technische Zwecke, mehrere deutsche Dampferlinien mit an die 100 000 t Gehalt vermitteln in regelmäßiger Fahrt den Verkehr zwischen den deutschen Küsten und diesen Gebieten, und der deutsche Handel daselbst steht in erster Reihe. Seine herrschende Stellung in anderen Teilen des Kontinents, so u. a. im Kaffeegeschäfte von Santos, ist bekannt; aber überall, auch in Rio, Montevideo, Buenos-Aires, ist er von hervorragender Bedeutung, Hunderte von Millionen deutschen Kapitals sind im Kaffeehandel, in den Salpetergruben, in dem Bergbau von Bolivien und Peru angelegt, und auch auf dem Markte von Guayaquil vertritt der deutsche Handel hochwichtige Interessen. Man sieht, die Pioniere fehlen unseren deutschen wirtschaftlichen Interessen dort nicht, und wenn wir diese ausgedehnten Beziehungen und diese vortreffliche Fundamentierung unserer Interessen methodisch weiter ausbauen, so vermögen wir im Handel mit dem ganzen südamerikanischen Kontinente an die erste Stelle zu rücken. [...]

Durch die Aufhebung des Reskriptes[1] ist dem deutschen Kapital und Unternehmergeiste ein ausgedehntes, reiches Gebiet der Betätigung erschlossen worden. Nehmen wir an, daß es uns gelingt, alljährlich nur 5000 Auswanderer von dem großen nach Nordamerika abfließenden Auswanderungsstrome nach Südbrasilien abzuleiten, so könnten dort in 16 bis 20 Jahren ca. 100 000 neue deutsche Ansiedler ansässig gemacht werden, deren Konsum an deutschen Industrieerzeugnissen, pro Kopf mit 100 Mk. jährlich veranschlagt – ein Betrag, welcher für neue Ansiedler keineswegs zu hoch bemessen erscheint – einen jährlichen Export von 10 Millionen Mark nach jenen Gegenden sichern würde. Dadurch aber würden die deutschen Warenvorräte so zahlreich und mannigfaltig werden, daß auch die vorher angesiedelten Deutschen sowie die eingeborenen Brasilianer notwendigerweise Käufer der deutschen Ware in immer umfangreicheren Maße werden, und alle anderen fremdländischen Erzeugnisse verdrängt würden. Südbrasilien zählt ca. zwei Millionen Einwohner – wo in der Welt gäbe es für die deutsche Ware ein konsumtions- und zahlungsfähigeres

[1] Übliche Kurzform für den ›Circular-Erlaß [des preußischen Handelsministers August Frhr. von der Heydt] vom 3. November 1859 betreffend den Widerruf der seither auf Grund des Gesetzes vom 7. Mai 1853 an Auswanderungsunternehmer mit oder ohne Beschränkung erteilten Erlaubnis zur Beförderung von Auswanderern nach Brasilien‹; am 4.6.1896 für die drei südbrasilianischen Provinzen Rio Grande do Sul, Santa Catarina und Paraná aufgehoben.

Absatzgebiet in überseeischen Gebieten mit verhältnismäßig geringen Kosten und sicherer Aussicht des loyalen Handels auf Erfolg zu gewinnen?! Arbeiten wir daher methodisch auf die Gewinnung dieses lohnenden Marktgebietes hin, veranlassen wir unsere großen Geldinstitute, dort Bankfilialen zu gründen, drängen wir unsere Versicherungsgesellschaften, dort Zweiganstalten anzulegen, dringen wir vor allem in das deutsche Kapital, sich an den dortigen Eisenbahnbauten deutscher Unternehmer zu beteiligen, unterstützen wir die technische Verwertung der vorhandenen Wasserkräfte - kurz, kultivieren wir den Far-West von Südbrasilien in ähnlicher Weise, wie die Nordamerikaner den Westen ihres Landes kultiviert haben. [...]

Und nun noch eins: Wir sehen, welche großartigen ausgedehnten handelspolitischen Perspektiven sich uns eröffnen. Hüten wir uns, sie durch politische Vieilletäten[2] und Hintergedanken zu zerstören und zu untergraben. Leider existieren ja bei uns in Deutschland Leute, - wenn auch nur vereinzelt - welche meinen, leichten Kaufs in Südamerika politische Annektionsgelüste befriedigen zu können. Diese Ansichten müssen auf das Allerentschiedenste bekämpft werden.

In Südamerika würden derartige Bestrebungen zunächst mit der Monroe-Doktrin[3] in Kampf geraten, sodann aber auch sehr entschlossene Gegner in den einzelnen Ländern von Südamerika selbst finden. Die Verletzung der politischen Sicherheit auch nur eines dieser Staaten würde sofort unseren handelspolitischen Ausschluß und die handelspolitische Gegnerschaft aller anderen südamerikanischen Länder zur Folge haben. Auch glaube man nicht, daß die in Amerika angesiedelten Deutschen Neigung und Lust verspüren, an einen europäischen Staat angegliedert zu werden. Die Auswanderer und deren Nachkommen, die ihre Arbeit, ihre ganze Lebenskraft und ihren ganzen Lebenszweck in die Erschließung des Urwaldbodens legen, wollen unabhängige Menschen bleiben und streben nach Selbstverwaltung. Wir vermögen in Südamerika niemals politisch so viel zu gewinnen, als wir handelspolitisch verlieren können! Die Selbstständigkeit und Konsolidierung der südamerikanischen Staaten stärken zu helfen, liegt nur in unserem Interesse, namentlich gegenüber Nordamerika.

Quelle: Verhandlungen des Deutschen Kolonialkongresses 1902 zu Berlin, Berlin 1903, S. 587-592.

[2] (franz. *vieux/vieille* alt) hier: überholte Ansprüche

[3] Erklärung des amerikanischen Präsidenten James Monroe vom 2.12.1823, nach der den europäischen Mächten die weitere Erwerbung amerikanischer Kolonialgebiete (Nichtkolonisationsprinzip) und die Einmischung in die inneren Angelegenheiten unabhängiger amerikanischer Staaten (Nichtinterventionsprinzip) verwehrt sein sollte.

Kapitel V: »Neger, Kanaken und Chinesen zu nützlichen Menschen erziehen« – Herrschaftsideologie und koloniale Praxis

Ziel der Kolonisation und Herrenstandpunkt

Großmachtstreben, Siedlungspolitik und wirtschaftlicher Gewinn standen zweifelsohne im Vordergrund jeder kolonialen Expansion. Darüber hinaus hat es nicht an sendungsideologischen und kulturmissionarischen Rechtfertigungen gefehlt, die koloniale Herrschaft mit dem moralischen »Auftrag des weißen Mannes« begründet haben, weniger entwickelten Völkern die Segnungen europäisch-westlicher Zivilisation zu bringen. Zumeist vermochten diese Argumente jedoch die tatsächlichen nationalideologischen, rassistischen und wirtschaftsegoistischen Zielsetzungen und Strategien nicht zu verdecken. Namentlich sozialdarwinistische Motive, denen zufolge der organische Überlebenskampf in den Bereich der Nationen und Völker übertragen wurde und die im Sinne eines »Naturgesetzes« verstanden wurden, dienten als ideologische Erklärungsgrundlage für den Expansions*trieb*. Die Anschauungen vom Überleben des Stärkeren, von der Teilung der Welt in »lebende« und »sterbende«, in niedergehende und aufstrebende Nationen, von der Alternative »Weltmacht oder Untergang«, Wachsen oder Verkümmern, alle diese Varianten sozialdarwinistischer Axiomatik beherrschten das Denken des intellektuellen Naturwissenschaftlers ebenso wie das des gemeinen Mannes. Der Sozialdarwinismus vermischte sich zugleich mit älteren, kulturanthropologischen Vorstellungen, denen zufolge »Entwicklung« von den niedrigstehenden »Natur-« zu den höherwertigen »Kulturvölkern« stattfinde. Aus dem Gedankengut der evolutionären Kulturanthropologie und des axiomatischen Sozialdarwinismus ergab sich mithin die Rechtfertigung der Herrschaft der »weißen Rasse« und die Legitimierung der bevorzugten Stellung des eigenen Volkes (»Herrenvolk«), was selbst – wie dies der Kolonialpropagandist Wilhelm Hübbe-Schleiden formuliert hat – für die »Plebejer« dieser Rasse gegenüber den Angehörigen unterlegener Rassen galt[1].

In radikaler Form hat August Bebel (SPD) Ende der 1880er Jahre im Reichstag den Rassismus als Verdeckungsideologie für vorherrschen-

[1] Ethiopien. Studien über West-Afrika, Hamburg 1879, S. 294.

de materielle Ziele entlarvt (Dok. 75). Im konkreten Fall handelte es sich um einen Ende August 1888 im deutschen Schutzgebiet Ostafrika ausgebrochenen Aufstand, der sich gegen die brutalen Methoden der dortigen »Deutsch-Ostafrikanischen Gesellschaft« richtete. Reichsregierung und Kolonialinteressenvertreter erkannten jedoch »plötzlich« die positive Seite der von dem französischen Kardinal Charles M. A. Lavigerie im gleichen Zeitraum initiierten, europaweiten Antisklavereibewegung, um den »christlichen Kreuzzug« in Afrika für den im Reichsinteresse und für das Reichsprestige notwendigen Abwehrkampf in Deutsch-Ostafrika zu nutzen. Eine ähnlich ablehnende Haltung gegenüber der Kolonialpolitik, wie sie die Sozialdemokratie – zumindest anfänglich – vertrat, nahmen auch einige Kolonialkritiker aus dem linken bürgerlichen Lager ein. Die gesamte europäische Kolonialpolitik als »Humanitätsschwindel« zu bezeichnen und auf den eklatanten Widerspruch zwischen dem hehren Anspruch der Kolonialpolitiker, Händler und Missionare und der kolonialen Wirklichkeit hinzuweisen, wie es der Kulturkritiker der linksliberalen ›Neuen Rundschau‹, Franz Giesebrecht, tat, zu einem solchen Schritt haben sich freilich nur wenige entschlossen (Dok. 77).

Sammelbecken derjenigen, für die Deutschland beim kolonialen Verteilungskampf zu kurz gekommen war und die zudem nach der nationalen Einigung auf eine »Weltstellung« für das Deutsche Reich pochten, war der 1891 gegründete »Allgemeine deutsche Verband«, der sich am 1. Juli 1894 als »Alldeutscher Verband« konstituierte (Dok. 76). Er war der aggressivste imperialistische Interessenverband des Zweiten Kaiserreichs. In der Außenpolitik vertrat er einen dezidiert englandfeindlichen Kurs, innenpolitische Themen waren der »Kampf« gegen Sozialdemokraten, Juden und andere Minderheiten sowie Germanisierungsbestrebungen im Zuge der »Ostmarkenpolitik«. In der Kolonialpolitik propagierten die Alldeutschen die Vorherrschaft der »deutschen Edelrasse«, befürworteten folglich in der Eingeborenenpolitik Zwangsmaßnahmen und vertraten gegenüber dem Großkapital mittelständisch-nationalistische Siedlerinteressen[2]. Bis 1914 hatte der vor allem von Akademikern, Verwaltungsbeamten und Lehrern geprägte Verband 35 000 Mitglieder erreicht. Im Ersten Weltkrieg trat der Alldeutsche Verband für ein »Mitteleuropa« unter deutscher Vorherrschaft und ein großes Kolonialreich in Afrika ein.

Sicherlich nicht die Brisanz für die deutsche Außenpolitik wie die martialischen Pamphlete der Alldeutschen besaß die triviale deutsche Kolonialliteratur. Sie tendierte eher zum Niveau der »Gartenlaube« und anderer Unterhaltungsblätter des Kaiserreichs. Der Rechtferti-

[2] Vgl. u.a. Dok. 60, 62, 63, 69, 71, 108.

gung deutscher Expansionsbestrebungen und Verbreitung des kolonialen Gedankens dienten die nach der Jahrhundertwende den Markt erobernden Kolonialromane, Kolonialerzählungen und Kolonialgedichte aber allemal. Ein Beispiel ist Emil Sembritzkis Nachdichtung von Ernst Moritz Arndts berühmtem, patriotisch-germanistischem Gedicht ›Des Deutschen Vaterland‹ von 1813. Das 1870/71 realisierte nationale »Vaterland« sollte – so die wenig künstlerische Botschaft – seine weltpolitische Ergänzung in den »Töchtern« – den Kolonien – in Übersee finden (Dok. 87). Während Erzeugnisse wie dasjenige Sembritzkis die Blut-und-Boden-Ideologie späterer Zeiten vorwegnahmen, zielte der Münsteraner Zoologe und Mundartschriftsteller Hermann Landois in eine ganz andere Richtung. Der anerkannte Wissenschaftler, der als überzeugter Demokrat in der 1848er Tradition stand, hatte für den ganzen »Kolonialrummel« nur Spott und Ironie übrig. Bis zu einem gewissen Grad spiegelt sein ›Kongolied‹ (Dok. 82), das sich souverän über den tatsächlichen Bestand deutschen Kolonialbesitzes hinwegsetzte, zugleich regionale Vorbehalte wieder, wie sie etwa im ländlich-katholischen Milieu bestanden.

Insgesamt hat auch die christliche Mission die deutsche Kolonialpolitik begrüßt und propagandistisch unterstützt; war diese doch, wie es Joseph Schmidlin, Inhaber des ersten katholischen, im Zuge der Zusammenarbeit mit dem Kolonialstaat geschaffenen Missionslehrstuhls in Münster freimütig eingestand, in hohem Maße eine zeitliche Begleiterscheinung des deutschen Kolonialismus (Dok. 89). Missionare haben daher – trotz mitunter heftiger Kritik an einzelnen Methoden des Vorgehens – den Kolonialismus durch das christliche Untertanengebot (Röm 13) und die christliche Arbeitsethik (*ora et labora*) ideologisch und rituell abgesichert.

Die vorherrschende Sichtweise hinsichtlich der »Behandlung der Eingeborenen« manifestierte sich in einem patriarchalischen Standpunkt, wie ihn etwa der Afrikareisende und Kolonialoffizier Hermann von Wißmann in einem »Ratgeber« für den »Aufenthalt und Dienst« in den afrikanischen Schutzgebieten vertrat (Dok. 78). Wißmanns propagierter Devise des »streng, aber gerecht« lag die von der Evolutionstheorie beeinflußte Vorstellung zugrunde, der zufolge sich die Afrikaner noch im entwicklungsgeschichtlichen Stadium der »Kindheit« befänden – was sich nicht zuletzt in der gebräuchlichen Bezeichnung *boy* für Afrikaner jeden Alters niederschlug. Daß diese »paternalistische« Erziehung allerdings auch der weißen »Herrin« zufallen konnte, darüber legen selbst die Anweisungen beredtes Zeugnis ab, die sich in dem »praktischen Kochbuch« der Henriette Davidis finden, dem wohl meistbenutzten Lehrbuch für die bürgerliche Küche des wilhelminischen Deutschland (Dok. 88). Selbstverständlich gingen auch die Vertreter eines gemäßigt-paternalistischen Standpunktes in der Eingeborenenbehandlung von den geistigen und charakterlichen Defiziten der Afrikaner aus. Während sie aber immerhin auch »positive« Eigenschaften bei ihnen entdeckten und letztlich am »zivilisatorischen Auftrag« festhielten, wurden bei alldeutsch-rassistischen Kolonialpolitikern selbst widerwillig zugestandene musisch-künstlerische und gewisse »funktionale« Fähigkeiten der Afrikaner von dem Stereotyp des rohen, gewalttätigen und geistig bedürfnislosen »Wilden« überdeckt (Dok. 85).

Wenn derartige Vorstellungen auch hauptsächlich auf die Bewohner afrikanischer Kolonien gemünzt waren – Afrika stand eindeutig im Vordergrund der kolonialpolitischen Diskussion –, sind doch auch die Samoaner – die bereits zu Anfang des 19. Jahrhunderts eine umfassende Missionsschulausbildung genossen hatten und mit fast 30 Prozent die höchste Scholarisationsquote der deutschen Kolonien aufwiesen – dem rassistischen Verdikt der begrenzten Bildungsfähigkeit nicht entgangen; ließ sich doch auf diese Weise koloniale Herrschaft als notwendig und geradezu zwangsläufig legitimieren (Dok. 80)[3]. Schließlich setzte sich selbst im Hinblick auf die sogenannten alten Kulturvölker wie die Chinesen, deren von den Reisenden des 18. Jahrhunderts gerühmte Kultur und Staatlichkeit zu einer wahren China-Begeisterung des Westens geführt hatte, der rassenideologische Gedanke politisch-kultureller Stagnation gegenüber der Dynamik Europas durch (Dok. 90). So waren auch die Chinesen im »Pachtgebiet« Kiautschou erniedrigenden Bestimmungen unterworfen (Dok. 81).

Klischeevorstellungen und Stereotype hinsichtlich der kolonisierten Völker blieben indes keineswegs auf alldeutsche Publizisten und die koloniale Trivialliteratur beschränkt. Vielmehr lieferten große Teile der Wissenschaften – wie die Völkerkunde, Kulturanthropologie, Geographie und Medizin – die scheinbar wissenschaftlichen Grundlagen für die rassistische Ideologie der biologischen, geistigen und kulturellen Überlegenheit der weißen Rasse. Deshalb blieb für den Geographen und Schulbuchautor Alfred Kirchhoff (1838–1907), Vorstandsmitglied der »Deutschen Kolonialgesellschaft« und einer der »Flotten-Professoren«, für die angeblich lebensuntüchtigen »Naturvölker« nur die Alternative des Untergangs oder eines Helotendaseins im Dienst der »weißen Rasse«. Der »Daseinskampf« und das »Recht des Stärkeren« rechtfertigten für den körperlich debilen Kirchhoff die Unterdrückung der kolonialeroberten Völker, deren Untergang die »Herrenrasse (...) kühl bis ans Herz hinan« (Dok. 86) zu verkraften habe – eine Formulierung, mit der bekanntlich Heinrich Himmler eine ähnliche

[3] Vgl. dagegen Dok. 98.

Haltung von den »germanischen« Vollstreckern an der jüdischen »Rasse« verlangte. Umgesetzt haben solche ideologisch-rassistischen Theoreme »Praktiker« wie der Kolonialsöldner und Plantagenbesitzer August Boshart. Der vormalige bayerische Offizier stand im Dienst Léopolds II. von Belgien, der am Kongo ein besonders eingeborenenfeindliches Ausbeutungssystem errichtet hatte (»Kongogreuel«). Boshart stellte die Afrikaner letztlich auf die Stufe von »Tieren« und besaß – anders als etwa Wißmann – nicht mehr den geringsten emotionalen Bezug zu den Einheimischen; sein rassistisches Programm lief eindeutig auf die Vernichtung der kolonialeroberten Völker hinaus (Dok. 79)[4].

Gegen dieses radikale Programm der Plantagenunternehmer und Siedler, die von ihrem Herrenstandpunkt aus die »Zivilisierung« der Eingeborenen mit Gewehr und Peitsche verlangten, richtete sich die Opposition einer auf Handel und christliche Unterweisung gerichteten, sich erst allmählich Gehör verschaffenden Gruppe. Namhaftester Verfechter dieses humanitär-paternalistischen Standpunktes in der Eingeborenenbehandlung war der Bremer Afrikahändler Johann Karl Vietor (1861 – 1934). Der Westafrikahändler, der in enger Beziehung zur Norddeutschen Missionsgesellschaft stand, lebte selbst von 1884 bis 1896 in Togo und beschäftigte als »christlicher Kaufmann« in seinen Faktoreien nur freiwillige und verhältnismäßig gut bezahlte Arbeiter. Eine gedeihliche Zukunft für die Kolonien sah er nur in einem »konsumfähigen«, d. h. wirtschaftlich freien einheimischen Bauern- und Händlerstand (Dok. 83)[5]. Innerhalb der Kolonialwirtschaftsinteressen repräsentierte Vietor gegenüber der radikal-rassistischen Plantagen- und Konzessionspolitik den – schwächeren – Flügel, der sich für eine aufgeklärte »Eingeborenen(schutz)politik« einsetzte. Er beabsichtigte sogar, eine eigene politische Partei zu gründen, die die humanitären Gesichtspunkte in den Kolonien zu einem zentralen Programmpunkt machen sollte. Seiner humanitär-paternalistischen Einstellung läßt sich auch die Haltung der meisten Missionare zuordnen, die – trotz grundsätzlicher Bejahung des Kolonialismus – auch immer wieder die Rolle der »Anwälte der Eingeborenen« wahrgenommen haben.

Den »Systemwechsel« in der Kolonialpolitik, den Vietor 1906 im eigenen kolonialen Interesse Deutschlands angemahnt hatte, sollte der Reformkurs Bernhard Dernburgs (1865 – 1937) einleiten. Der dem

[4] Ein anderer Plantagenunternehmer vom Schlage Bosharts, Julius Scharlach, der Besitzungen in Kamerun hatte, formulierte es ebenso : »Kolonisation [...] bedeutet nicht, die Eingeborenen zivilisieren, sondern sie zurückdrängen und schließlich vernichten« (Koloniale und politische Aufsätze, hg. v. H. v. Poschinger, Berlin 1903, S. 27).

[5] Vgl. auch Dok. 95.

Linksliberalismus nahestehende vormalige Bankier, erster Staatssekretär des 1907 neugeschaffenen Reichskolonialamts, vertrat in der Eingeborenenpolitik den rational-utilitaristischen Standpunkt, indem er fiskalisch-kolonialstaatliche Interessen und eine die Eingeborenen »erhaltende« Politik in Einklang zu bringen suchte. Nach den für die koloniale Entwicklung verheerenden Aufständen in Deutsch-Südwest und Deutsch-Ostafrika suchte er daher eine Eingeborenenschutzpolitik zu initiieren und setzte den auf kurzfristige wirtschaftliche Ausbeutung gerichteten Interessen die Ziele einer auf langfristige Verwaltung eingestellten Kolonialherrschaft gegenüber (Dok. 84). Realisiert werden konnte das Dernburgsche Reformprogramm allerdings nur teilweise.

»Erziehung zur Arbeit« und Strafjustiz

»Afrika den Afrikanern, aber uns die Afrikaner!« So hat es der Afrikaforscher Eugen Zintgraff formuliert, und in diesem Sinne hat der Kolonialarzt Ludwig Külz diese Aussage beifällig kommentiert. Seinem Diktum vorangestellt hatte Külz, dessen Schriften im Dritten Reich wieder Beachtung finden sollten, die Frage: »Wozu wollen wir den Neger erziehen?« und gleich unter Heranziehung des sozialdarwinistisch-rassistischen Gedankenguts die bündige Antwort mitgeliefert: »Zur Arbeit für uns« (Dok. 97). Die Diskussion, die sowohl einen theoretischen als auch einen praktischen Aspekt besaß, vollzog sich vor dem Hintergrund der deterministisch aufgefaßten christlich-biblischen Arbeitsethik sowie dem Leistungsdenken der frühkapitalistischen Gesellschaft, während die auf Subsistenz und unmittelbaren Bedarf ausgerichtete indigene Naturalwirtschaft abgewertet wurde. So stellte nach dem Ende der Sklaverei die Suche nach einem effektiven, indirekten »Zwang« zur Arbeit das erste Ziel praktischer Kolonisation dar.

In der Tat war die »Erziehung zur Arbeit« der Fundamentalsatz der deutschen Kolonialideologie und Kolonialpädagogik schlechthin. Daß die Angehörigen der »Naturvölker« zur Arbeit erst »erzogen« werden mußten, darüber herrschte praktisch ein Konsens zwischen allen kolonialen Gruppen bis hin zu den Missionaren. Während allerdings ideologische Verfechter eines rassistischen Herrenmenschentums und reine Ausbeuter wie August Boshart und Carl Peters die kolonialeroberten Völker auf Dauer dem Schicksal von »Muskelarbeitern« überantworten wollten (Dok. 96), »Praktiker« wie der Kolonialarzt Otto Dempwolff die »Erziehung zur Arbeit« durch die schrittweise Wekkung von »Bedürfnissen« zu erreichen beabsichtigten (Dok. 93), dachten die Missionare – unter Gleichsetzung von Arbeit und europäischer Zivilisation – durch die »Erziehung zur Arbeit« die »Naturvölker« zumindest für eine ferne Zukunft zu einer selbständigen Produktion für den Markt zu befähigen; bot doch – diese Erfahrung hatten die christlichen Sendboten im industrialisierten Europa mit den aus den Kirchen ausziehenden Arbeitern gemacht – ein Plantagenproletariat wenig Aussicht für eine an christlicher Unterweisung interessierte Bevölkerung.

Konkretes Anschauungsmaterial stellte nicht zuletzt die Enteignungs- und Proletarisierungspolitik durch die großen Konzessions- und Spekulationsgesellschaften in den Kolonien Kamerun und Togo dar[6]. Von daher kam es hier zu einem Zweckbündnis von Handels- und Missionsinteressen, dessen Ziel der »Arbeitserziehung« es war, anstelle eines proletarisierten Plantagenarbeitertums einen freien, leistungs- und konsumfähigen Handels-, Handwerker- und Bauernstand zu schaffen (Dok. 95). In der Praxis bestimmte allerdings der koloniale Alltag selbst die Arbeitsstrategie der Missionare. Auch auf ihren Stationen haben in erster Linie christliche Normen (*ora et labora*) und europäische Arbeitsdisziplin das Zusammenleben reguliert, so daß eine neue Zeiteinteilung und Arbeitsmoral den bisherigen Lebensrhythmus der indigenen Bevölkerung veränderten (Dok. 94). Von den Missionsstationen kamen nicht zuletzt die Angestellten und Arbeiter, die Verwaltung und Wirtschaft dringend benötigten. Stolz zitierten die Missionare denn auch das ihnen von Kolonialbeamten und Kolonialunternehmern gewidmete Lob, »Neger, Kanaken und Chinesen zu nützlichen Menschen zu erziehen«[7].

Daß sich auch auf der indigenen Naturalwirtschaft aufbauen und aus ihr kolonialer Nutzen ziehen ließ, das haben weitsichtige Kolonialpolitiker wie der Gouverneur Samoas und spätere Kolonialstaatssekretär Wilhelm Solf durchaus erkannt. Er wies zugleich entschieden das Axiom von den »trägen« und »faulen« Naturvölkern zurück (Dok. 98). Er und auch der ostafrikanischer Gouverneur Albrecht Freiherr von Rechenberg waren durchaus nicht der Meinung, daß ihre Kolonien unbedingt zu einem »Land des weißen Mannes« gemacht werden müßten. Sie setzten vielmehr auf eine eingeborene Markt-Produktion und eine prosperierende Handelskolonie zum Vorteil beider Seiten. Durchgesetzt mit ihren Vorstellungen haben sich beide Kolonialbeamte nicht.

6 Vgl. u.a. Dok. 41.
7 45. General-Versammlung der Katholiken Deutschlands 1898, Krefeld 1898, S. 155.

In Afrika hatte sich die »Arbeiterfrage« in dem Augenblick gestellt, als Arbeiterimporte aus bereits kolonisierten Gegenden wie dem Nigerdelta und der Goldküste sowie aus Liberia nicht mehr ausreichten; denn die Handelsgesellschaften brauchten in immer größerem Umfang Träger, die Plantagenbesitzer und Siedler Landarbeiter und die Verwaltung Arbeitskräfte zur Realisierung infrastruktureller Maßnahmen wie dem Wege-, Straßen-, Eisenbahn- und Hafenbau. Praktische Vorschläge zur »Erziehung des Negers zur Arbeit« hatte schon 1886 der protestantische Missionar Alexander Merensky, der über Südafrika-Erfahrung verfügte, mit seinem Vorschlag der Einführung einer Hüttensteuer unterbreitet (Dok. 91). Seine Empfehlung wurde erstmals am 1. November 1897 durch Gouverneur von Liebert in Deutsch-Ostafrika in die Praxis umgesetzt (Dok. 99). Die Höhe der Steuer betrug 12 Mark in Naturalien, Geld oder Zwangsarbeit. Am 22. März 1905 wurde die Hüttensteuer von Gouverneur Götzen in eine Kopfsteuer umgewandelt, was zu einer Verschärfung des Drucks auf die Afrikaner führte. Andere Kolonien folgten dem System direkter Steuern, die – nach dem Wegfall der Zahlung in Naturalien – in Geld oder Arbeit (»Muskelsteuer«) abzuleisten waren. So hatten beispielsweise Afrikaner in Kamerun jährlich 6 Mark Steuer oder 30 Tage Arbeit bei Selbstverpflegung, in Togo ebenfalls 6, später 12 Mark Steuer oder 12 Tage Steuerarbeit zu leisten. Hinzu kamen eine ganze Reihe indirekter Steuern wie z. B. in Ostafrika auf das heimische Hirse-Bier sowie in Form bezahlter oder unbezahlter Zwangsarbeit. In Ostafrika mußten seit 1905 alle männlichen Bewohner, die nicht bei einem Europäer in Dienst standen, 24 Tage im Jahr auf den neueingerichteten Baumwollplantagen arbeiten – wohl die Hauptursache für den Maji-Maji-Aufstand von 1905[8].

Das gesamte Steuer-, Erziehungs- und Zwangsarbeitssystem wurde von einer rigiden »Prügelkultur«, wie es August Bebel einmal sarkastisch nannte, begleitet. Selbst für geringfügige Vergehen hatten die Afrikaner die übliche Strafe von »fünfundzwanzig Schlägen« zu erdulden. »Twenty-five« war z. B. das einzige englische Wort, das der ostpreußische Feldwebel Julius von Piotrowski kannte, der für seine Prügelorgien in Togo berüchtigt war. »Soso« nannten ihn daher die Ewe, was soviel heißt wie: »Der, der viel haut«.

Zwar unternahm die Kolonialregierung 1896, als Folge der mit den Namen Leist, Wehlan und Peters verbundenen Prügelexzesse[9], den ersten vorsichtigen Versuch, die Befugnisse und Zuständigkeiten für die Verhängung von Prügel- und Todesstrafen zu regeln (Dok. 92). Aber

[8] Vgl. Dok. 48a u. b.
[9] Vgl. Dok. 38.

die Maßnahme blieb in vielen Punkten inkonsequent und beseitigte erst recht nicht die Zusammenfassung von exekutiven und judikativen Befugnissen in den Händen der Eroberer. Vielmehr verzeichneten die Züchtigungen in allen Kolonien eher eine Zunahme – in Kamerun verzwölffachten sich die Zahlen sogar. Weit unter den afrikanischen Ziffern lagen demgegenüber die gemeldeten Strafen in der Südsee, in Samoa wurde überhaupt nicht geprügelt[10]. Die einzige größere Erhebung in der deutschen Südsee, der Aufstand auf der Karolinen-Insel Ponape 1910, geht bezeichnenderweise auf einen aus Deutsch-Ostafrika versetzten Bezirksamtmann zurück, der die einheimische Bevölkerung mit Prügelstrafen zum Wegebau anhalten wollte. Höchste deutsche Kolonialbeamte haben in einem amtlichen Briefwechsel sogar jahrelang darüber gestritten, ob die Flußpferdpeitsche oder das Tauende das »humanere« Werkzeug zur Züchtigung der Afrikaner sei (Dok. 100)[11]. Daß auch die Kolonialjustiz von einem einseitigen Herrenstandpunkt urteilte, verdeutlichen die Zahlen über die verhängten Freiheits- und Todesstrafen in den Kolonien (Dok. 101). Für viele Afrikaner, die die deutsche Kolonialzeit noch miterlebt haben, sind daher insbesondere der rigide Arbeitszwang und das Prügelunwesen in dauerhafter Erinnerung geblieben (Dok. 102).

Gegen eine »Rassenvermischung«

Bestimmte der Rassismus den Herrscher und den Untertan und sorgte die »Erziehung zur Arbeit« für die »Nutzbarmachung« dieses Untertans, war es konsequent, daß der »schwarze Untertan« niemals zum »schwarzen Bruder« werden konnte, wie es der Tropenmediziner Hans Ziemann (1865–1939) formulierte (Dok. 103). Zugleich warnte er vor einer Rassenvermischung, wofür er – wie üblich – die portugiesischen Kolonien als warnendes Beispiel heranzog. Nun gab es in allen deutschen Kolonien zusammengenommen gerade einmal 166 »gemischtrassische« Ehen, davon in Südwestafrika im Jahr 1908 42 legitime Ehen zwischen Weißen und Schwarzen[12]. Um diese »Rassenmischehen«, wie man im Anschluß an die konfessionelle »Mischehe«

[10] Zu den Zahlen für Afrika und die Südsee siehe H. J. Hiery, Das Deutsche Reich in der Südsee, S. 110.

[11] Uwe Timm hat 1978 diesen Briefwechsel weitgehend wortgetreu in seinen kolonialkritischen Roman ›Morenga‹ eingefügt.

[12] Zu den Zahlen siehe Theodor Grentrup, Die Rassenmischehen in den deutschen Kolonien und das kanonische Recht, Archiv für katholisches Kirchenrecht 94 (1914), S. 3–34.

formulierte, ging es im Grunde bei der nach der Jahrhundertwende anhebenden kolonialpolitischen Diskussion über die »Rassenvermischung« auch gar nicht; lebten doch über 90 Prozent der Europäer in den Kolonien in Konkubinatsverbindungen. Aber die Mischehe war nun einmal der am ehesten verwaltungs- und verordnungsmäßig »faßbare« Ansatzpunkt für die postulierte »Reinheit der Rasse«.

Hinter dieser Forderung standen tiefreichende psychologische Ängste vor einer »rassischen Degeneration« – »Verkaffern« bzw. »Verkanakern« waren die zeitgenössischen Schlagworte – und dem sich daraus zwangsläufig ergebenden Verlust der politischen und ökonomischen Herrschaft. In diesem Zusammenhang galten gerade »Mischlinge« als ein besonders unzuverlässiges und aufrührerisches Potential, das zukünftig als Mitbewerber um die Herrschaft auftreten konnte. Die scheinbaren »Beweise« für die Richtigkeit solcher Vorstellungen lieferten die Vertreter der Rassenkunde. Einer ihrer bedeutendsten Verfechter in Deutschland in der ersten Hälfte des 20. Jahrhunderts war der Anthropologe und Eugeniker Eugen Fischer (1874–1967). Im Jahr 1908 führte der Anthropobiologe – der später die nationalsozialistische Bevölkerungs- und Rassenpolitik maßgeblich beeinflussen sollte – eine Untersuchung an der Mischlingsbevölkerung Deutsch-Südwestafrikas durch, als deren Ergebnis er bestimmte geistige und körperliche Merkmale auf unveränderliche Rassenunterschiede zurückführte. Selbst gegenüber der Hauptethnie seiner Untersuchung, den Rehobother Bastards, die sich im Herero-Nama-Krieg von 1904/07 als besonders loyale Verbündete der deutschen Kolonialmacht erwiesen hatten, hatte er nur sein sentimental kaschiertes sozialdarwinistisches Credo der Rassentrennung und schließlich sogar Vernichtung übrig (Dok. 107).

Der Aufstand von 1904, der zu einer weiteren Radikalisierung des Siedlerverhaltens führte, war jedenfalls der Anlaß für den südwestafrikanischen Gouverneur Friedrich von Lindequist, die standesamtliche Eheschließung von Europäern und Afrikanern unter Einschluß der Bastards zu verbieten. Im Oktober 1906 untersagte der siedlerfreundliche Gouverneur, nach Auseinandersetzungen mit der Rheinischen Mission, auch die kirchliche Trauung. Schließlich erklärte das Windhoeker Obergericht – in einem rechtswidrigen Akt – selbst alle *vor* dem Verbot geschlossenen Mischehen für ungültig. Mit der Übernahme dieser kolonialrechtlichen Apartheidsbestimmung in die im Februar 1909 in Kraft tretende Selbstverwaltungsordnung verloren nicht nur alle im Konkubinat mit einer »Eingeborenen« lebenden Gemeindemitglieder – wer wollte das im Zweifelsfall feststellen? – das Wahlrecht, sondern eben auch diejenigen, die im Vertrauen auf Sitte und Rechtsstaatlichkeit eine einheimische Frau geheiratet hatten und deren Frau und Kinder nach dem deutschen Indigenatsgesetz vom 1. Februar 1870 deutschen Staatsangehörigen gleichgestellt waren, die aber nun den Status von »Eingeborenen« erhielten. Welche moralischen Konflikte das Mischehenverbot erzeugen konnte, vor allem, welche politischen, gesellschaftlichen und wirtschaftlichen Konsequenzen die Mischehen-Verordnungen und der Verlust des Wahlrechts für diejenigen wenigen Farmer besaßen, die an dem christlich und gesetzlich legitimierten Institut der Ehe festhielten, davon zeugt die Eingabe des Farmers Becker gegen die Annullierung seiner Ehe mit einer Rehobother Bastardfrau (Dok. 104). Zugleich dokumentiert sie die ganze Widersprüchlichkeit der deutschen Herrschafts- und Rassenideologie.

Mischehenverbote hat man auch in Togo und Deutsch-Ostafrika ins Auge gefaßt bzw. eine restriktive Handhabung praktiziert. Verordnungscharakter erhielten sie über Südwestafrika hinaus nur noch für Samoa (17.1.1912). Das Mischehenverbot für Samoa, das von Kolonialstaatssekretär Solf persönlich ausging, besaß dort allerdings keine rückwirkende Kraft. Überdies wurden die Nachkommen aus bis dahin als legitim angesehenen Mischehen zu »Weißen« erklärt. Schließlich konnten Einheimische, die fließend deutsch sprechen und europäische Bildung nachwiesen, auf Antrag den Europäern gleichgestellt werden (»Kulturdeutsche«). In der ohnehin an den samoanischen Lebensstil (*fa'a Samoa*) angepaßten und insgesamt gegenüber Afrika rassentoleranten weißen Gesellschaft Samoas gab es zudem eine wesentlich stärkere Gruppe, die sich gegen das Rassenmischehenverbot zur Wehr setzte, wobei gegebenenfalls systemimmanente Argumente – wie die »arische« Herkunft der Polynesier – die Grundlage für den Widerspruch bildeten (Dok. 109).

Gerechtfertigt haben die einsetzende Segregations- und Apartheidspolitik vor allem kolonialrassistische Kreise, zu denen etwa der samoanische Kakaopflanzer und Vorsitzende des dortigen alldeutschen »Pflanzervereins«, Richard Deeken, gehörte, der überdies für einen achtmonatigen Arbeitszwang für die Samoaner eintrat (Dok. 108). Aber auch eine so namhafte Persönlichkeit wie der Publizist und Kolonialschriftsteller Paul Rohrbach (1869–1956), immerhin von Hause aus Theologe und bis 1911 Mitglied der Fortschrittlichen Partei, vertrat einen Rassismus, der geradezu präfaschistisch zu nennen ist (Dok. 105). Mischehen waren allerdings selbst in Missionskreisen unerwünscht (»vom Übel«) und wurden vom kulturellen und pastoralen Standpunkt abgelehnt. Aber aus naturrechtlichen und christlich-ethischen Gründen wies die Mission, im Verein mit Sozialdemokraten, Zentrum und Freisinnigen, die diskriminierende Forderung nach einem gesetzlichen Verbot der Rassenmischehe zurück (Dok. 106). Ein koloniales Mischehengesetz ist daher im Reichstag vor 1914 nicht zustandegekommen. Erst mit der Rassengesetzgebung der Nationalsozialisten wurde das Thema der »rassischen« Mischehe wieder akut[13], was einen ehemaligen Beamten des »Pachtgebietes« Kiautschou noch nachträglich veranlaßte, das Ausbleiben eines rassischen Mischehengesetzes für China zu bedauern (Dok. 110).

75. »Gold, Gold und wieder nur Gold« – August Bebel (SPD) über das »Wesen aller Kolonialpolitik« am 26. Januar 1889 im Reichstag

Im Grunde genommen ist das Wesen aller Kolonialpolitik die Ausbeutung einer fremden Bevölkerung in der höchsten Potenz. Wo immer wir die Geschichte der Kolonialpolitik in den letzten drei Jahrhunderten aufschlagen, überall begegnen wir Gewalttätigkeiten und der Unterdrückung der betreffenden Völkerschaften, die nicht selten schließlich mit deren vollständiger Ausrottung endet. Und das treibende Motiv ist immer, Gold, Gold und wieder nur Gold zu erwerben. Und um die Ausbeutung der afrikanischen Bevölkerung im vollen Umfange und möglichst ungestört betreiben zu können, sollen aus den Taschen des Reichs, aus den Taschen der Steuerzahler Millionen verwendet werden, soll die Ostafrikanische Gesellschaft[1] mit den Mitteln des Reichs unterstützt werden, damit ihr das Ausbeutegeschäft gesichert wird. Daß wir von unserem Standpunkt aus als Gegner jeder Unterdrückung nicht die Hand dazu bieten, werden Sie begreifen.

Ich gehe weiter und sage, daß sogar im Falle einer kolonialen Bearbeitung der ostafrikanischen Ländereien, wie sie unter die deutsche Schutzherrschaft gestellt sind, durch eine europäische oder deutsche Kolonialgesellschaft für die Einwohner der betreffenden Länder nicht einmal irgend ein Vorteil erwächst. Die Sitten und Gewohnheiten der betreffenden Bevölkerung, auch wenn sie sich in Sklaverei befindet, unterscheiden sich zum Teil recht günstig von denjenigen in europäischen Ländern. Wir haben erst in den letzten Tagen aus einem Vortra-

[13] Vgl. Dok. 130.

[1] Deutsch-Ostafrikanische Gesellschaft: nach dem Erwerb Ostafrikas entstandene Tochtergesellschaft der von Carl Peters am 28.3.1884 gegründeten »Gesellschaft für deutsche Kolonisation« (Eintragung ins Handelsregister im April 1885) [vgl. Dok. 27]; zunächst offene Handelsgesellschaft, dann jedoch in eine Kommanditgesellschaft umgewandelt.

ge, den Dr. Hans Mayer[2], auch ein Afrikareisender, in Dresden gehalten hat, gehört, daß eigentlich die Lage der Sklaven in den inneren afrikanischen Bezirken unter ihren Sklavenhaltern vielfach eine weit bessere sei, als die unserer deutschen, unserer europäischen Arbeiter. Es ist unter anderem in diesem Vortrage erwähnt worden, daß die afrikanischen Sklaven wöchentlich zwei Feiertage bekämen. Meine Herren, wenn der deutsche Arbeiter eine solche Forderung aufstellen würde, dann wollte ich einmal den Sturm der Entrüstung sehen, der sich in den weitesten Kreisen der Unternehmer erheben würde. Ferner ist es Tatsache, daß die Arbeit bei uns in Deutschland eine angestrengtere ist als die, welche die Sklavenhalter ihren Sklaven zumuten, und daß die tägliche Arbeitszeit durchschnittlich eine geringere ist, als sie deutsche Arbeiter in Deutschland im Dienste ihrer Unternehmer vollziehen müssen. Nun aber hat die Erfahrung und die Geschichte aller Kolonien gelehrt, daß, sobald Europäer - und es ist ja stets nur die Unternehmerklasse, die dabei in Frage kommt - in fremdem Lande Boden fassen und das Land nach den verschiedensten Richtungen nach Möglichkeit ausbeuten, die schlechten Sitten, Gewohnheiten und Gebräuche der Europäer eingebürgert werden. Diese allein finden Anwendung gegenüber der eingeborenen Bevölkerung und werden noch aufs äußerste übertrieben. Die Arbeitszeit wird alsdann überall eine unmenschlich lange, die Behandlung der eingeborenen Bevölkerung erfolgt ohne die geringste Rücksicht auf ihr materielles und physisches Wohl. Das ist ganz erklärlich. Der Arbeiter ist selbst in den Augen vieler unserer zivilisierten europäischen Unternehmer eigentlich nur ein Werkzeug, ein Arbeitsmittel, das nach Möglichkeit ausgenutzt werden muß. Dieses gilt noch in viel höherem Maße von den tiefer stehenden Rassen, die man als inferior betrachtet, und gegen die instinktiv eine gewisse Verachtung und ein großer Haß vorhanden ist. Man gewöhnt sich zu leicht, in dem Schwarzen einen Menschen inferiorer Rasse zu sehen, gegen den man sich alles erlauben dürfe, gegenüber dem es in der Behandlung gar keine andere Grenze gebe als die des eigenen persönlichen Nutzens, des größten Vorteils für den Unternehmer. Als Folge dieser Auffassung sehen wir, daß allüberall, wo die Europäer in solche Kolonialgebiete eindringen, und wo stets die Bevölkerung im ganzen sich auf einer niedrigeren Kulturstufe befindet, diese brutal egoistischen Maximen Platz greifen und fortgesetzt zu Empörungen und Revolten gegen die Unternehmer führen, genau so, wie wir dies bereits bei der kurzen Verwal-

[2] Professor Dr. jur. et phil. Hans Meyer [!], Geograph und Kolonialpolitiker. Meyers besonderes Interesse galt Deutsch-Ostafrika, wohin er seit 1887 mehrere Expeditionen unternahm (u.a. Erstbesteigung des Kibo, des höchsten Gipfels des Kilimandscharo).

tungsprobe der Ostafrikanischen Gesellschaft in den deutschen Schutzgebieten in Ostafrika erlebt haben[3]. Es gibt keine einzige Kolonialmacht in Europa, die bis in die allerneueste Zeit, sogar bis in unsere Tage hinein, nicht mehr oder weniger mit Empörungen ihrer unterdrückten fremdländischen Bevölkerungen zu kämpfen gehabt hat.

Quelle: Stenographische Berichte über die Verhandlungen des Reichstages, Bd. 105, Berlin 1889, S. 628.

76. Weltpolitik als Programm, Weltmacht als Ziel – Gründungsaufruf des Allgemeinen Deutschen Verbandes (später Alldeutscher Verband), 1891

»Gedenke, daß Du ein Deutscher bist«
Friedrich Wilhelm, der Große Kurfürst.

In die Mitte von Europa gestellt und an seinen Grenzen bedroht von fremden und feindlichen Nationalitäten, bedarf das deutsche Volk mehr als alle anderen Völker der vollen und einheitlichen Zusammenfassung seiner Kräfte, um seine Unabhängigkeit nach außen und die Entfaltung seiner Eigenart im Innern zu sichern.

Durch eig'ne Fehler und eine Reihe von weltgeschichtlichen äußeren Umständen ist Deutschland in dieser Zusammenfassung seiner nationalen Kraft um Jahrhunderte zurückgehalten und von fremden Völkern im Westen und Osten weit überholt worden.

Erst die großen Kämpfe von 1866 und 1870 errangen die Schaffung des deutschen Einheitsstaates und damit die Grundlage, auf welcher unser Volk den Wettbewerb mit anderen Nationen aufzunehmen vermag.

Auf dieser Grundlage weiter zu bauen und unserm Volk die Weltstellung zu gewinnen, wie sie seinem Rang als europäischer Großmacht entspricht, das ist sowohl Aufgabe der Regierungen wie der Nation als solcher. Es würde falsch sein, anzunehmen, daß durch die Errungenschaften der letzten Kriege die politische Entwicklung Deutschlands bereits ihren endgültigen Abschluß erreicht hätte. Noch ist der Ausbau des nationalen deutschen Reiches nicht beendet, und über

[3] erster großer Aufstand gegen die deutsche Kolonialherrschaft in Ostafrika 1888/89 (»Araberaufstand«, auch »Aufstand der Küstenleute« genannt)

Dem Kaiser!

Dein Tag wird nicht nur in Berlin
Und nur im Reich begangen!
Wo immer Deine Schiffe zieh'n,
Soll heut Dein Name prangen!

Der soll heut stolz und überall
Klingen vor allen Nationen!
Dein Name ist wie ein fester Wall;
Darunter läßt's gut sich wohnen!

Von vielen Stämmen in mancherlei Tracht,
In vielen Farben und Zungen
Wird heute Dir ein Hoch gebracht
Und Dein Kaiserlied gesungen! *M. M.*

Die Völker der deutschen Kolonien huldigen dem Kaiser. Allegorische Darstellung in ›Kolonie und Heimat‹ anläßlich des Kaisergeburtstags 1913

See genießt unsere Flagge noch nicht das Ansehen, wie es der ersten Kriegsmacht Europas zukommt. Noch immer taucht alljährlich der große Strom unserer Auswanderung in fremden Nationalitäten unter, um daselbst dauernd zu verschwinden, und ein unter allen Umständen sicheres Absatzgebiet für unsere Industrie fehlt uns, weil uns eig'ne aufnahmefähige Kolonien in angemessenem Umfange fehlen. In einem Zeitalter, wo alle Staatswesen mehr und mehr darauf bedacht sind, sich nach außen hin wirtschaftlich abzuschließen, birgt dieser Umstand eine ernste Gefahr für unsere gesamte Volkswirtschaft in sich!

Wenn die praktische Lösung der hier angedeuteten Aufgaben in erster Linie der deutschen Politik anheimfällt, so vermag doch auch das Volk selbst in diesen Entwicklungsgang bestimmend mit einzugreifen. Es würde kein römisches Weltreich entstanden sein, wenn es keine »Römer« gegeben hätte. Wenn ein ganzes Volk sich mit der Anschauung seiner großen geschichtlichen Aufgaben erfüllt und solche zum Gegenstand seines nationalen Wollens macht, findet es auch die Mittel und Wege, den Inhalt seiner Ideale zu verwirklichen.

In solcher Überzeugung hat sich der »Allgemeine Deutsche Verband« begründet, welcher beabsichtigt, die Anschauungen unseres Volkes im Sinne seiner großen Weltaufgaben zu gestalten und darauf hinzuwirken, daß der weitere Gang der deutschen Entwicklung sich in der Richtung dieser Gesichtspunkte vollzieht. Der Zweck des Allgemeinen Deutschen Verbandes ist:

1. Belebung des vaterländischen Bewußtseins in der Heimat und Bekämpfung aller der nationalen Entwicklung entgegengesetzten Richtungen.

2. Pflege und Unterstützung deutsch-nationaler Bestrebungen in allen Ländern, wo Angehörige unseres Volkes um die Behauptung ihrer Eigenart zu kämpfen haben, und Zusammenfassung aller deutschen Elemente auf der Erde für diese Ziele.

3. Förderung einer tatkräftigen deutschen Interessenpolitik in Europa und über See. Insbesondere auch Fortführung der deutschen Kolonial-Bewegung zu praktischen Ergebnissen.

Quelle: Otto Bonhard, Geschichte des Alldeutschen Verbandes, Leipzig, Berlin 1920, S. 248 f.

77. »Kolonialgreuel« und »Humanitätsschwindel« – Ein kolonialkritisches Fazit aus bürgerlicher Perspektive, 1895

Kolonisation ist also eine wunderschöne Sache und »des Schweißes der Edlen wert«. Was kann es auch Erhabeneres geben auf dem Erdenrund, als »im Dienste der Menschheit« den armen, unzivilisierten Wilden die Segnungen der Kultur zu bringen und der europäischen Gesittung den Weg zu bereiten!? – Eine famose Phrasenbrühe! – Das Rezept zu derselben ist in dem humanitären Kochbuche der Kulturköche zu finden. Wirft man dann noch die hohe, heilige Mission des Christentums, welche die in Götzenanbetung versunkenen Heiden mit dem Evangelium zu beglücken sich Mühe gibt, in denselben Topf hinein, dann erhält man als Resultat ein Mixtum compositum, an dem sich die heidnischen Wilden und wilden Heiden schon lange den Magen verdorben haben. Ja, gewiss! Die ernste Kulturarbeit ernster Kulturträger verdient in der Tat die allerhöchste Anerkennung. Aber leider sind diese »ernsten Kulturträger« dünn gesät unter den Kolonisatoren, und der »Schweiß der Edlen« perlt nicht auf jedermanns Stirne. Die »ernste Kulturarbeit« spielte stets das Aschenbrödel unter den Aufgaben, welche die kolonisierenden Nationen zu lösen bestrebt waren. Reine, selbstlose Motive gaben selten den Anlaß zu kolonisatorischen Bestrebungen. Die ganze Missionstätigkeit, die immer so gerne in möglichst idealem Lichte erscheinen möchte, das Paradestück der christlichen Kirche, erweist sich schließlich doch nur als das traurige Produkt der unlauteren Konkurrenzkämpfe von religiösen Cliquen. Und die politische Kolonisation, welche unter dem Schlachtrufe »Pro Patria« ins Feld zieht, arbeitet, wie leider die ganze moderne Staatsmaschine, einzig und allein in die Taschen der heimatlichen Bourgeoisie. Das sogenannte *Kolonialsystem* bedeutet also nicht anderes als: methodische Ausbeutung der kolonisierten Länderstrecken zum Besten der Plutokratie des kolonisierenden Landes. Der Profit ist das Punktum saliens[1] aller Kolonisationen. Der Profit ist aber auch die Quelle alles Bösen auf Erden. Er hat die tollsten Leidenschaften in die menschliche Gesellschaft getragen und die Dämonen des Hasses und der Zwietracht entfesselt.

Auch das Kolonialwesen der europäischen Mächte krankt an dieser furchtbaren Seuche. Gewinnsucht und Despotismus in trautem Vereine haben in den Kolonien ihr Domizil aufgeschlagen. In Europa freilich, wo die Gesetze mit eiserner Faust die tierischen Instinkte niederhalten und auch den gar zu wüsten Ausschreitungen des Kapitalismus ein Paroli bieten, da gibt man sich gerne der angenehmen Selbsttäu-

[1] (lat.) springender Punkt

schung hin, daß Christentum und Zivilisation in den anderen Erdteilen ein wundertätiges Werk vollbringen. In Europa blüht auch der Humanitätsschwindel. In Europa schlagen hysterische Weiber und einige männliche Kakerlaken die tollsten humanitären Purzelbäume. In Europa schwärmt man noch für Kulturträger und Missionare und strickt rosarote Höschen und Strümpfe für die armen gar zu tief dekolletierten Heidenkinder. In Europa sind ja auch Kultur und Zivilisation zu Hause und desgleichen die Nächstenliebe und die stilgerechten Bücklinge. »Europens übertünchte Höflichkeit« ist keine bloße Phrase. In Europa haben die Anstreicher ihr Handwerk gelernt, und der Firnis glänzt, wenn er gut gemischt und aufgetragen ist.

Aber dort draußen, im wilden Land, will man die Probe aufs Exempel machen, da versagt plötzlich der ganze künstliche Mechanismus der heutigen Gesellschaftsform, der in Europa so vortrefflich funktioniert. Draußen, da werden Kultur und Zivilisation zum Teufel gejagt, da pfeift man auf Recht und Gesetz, auf Anstand, Sitte und Moralkodex, da gibt sich jeder, wie er ist, da bricht hervor mit elementarer Gewalt, was bisher unter den Fittichen der europäischen Lügenkultur mit eingezogenen Krallen schlummerte, da triumphiert – die Bestie im Menschen.

Quelle: Franz Giesebrecht, »Kolonialgreuel«. Kulturhistorische Studie, Neue Deutsche Rundschau 6 (1895), S. 153 f.

78. Der patriarchalische Standpunkt – Der Kolonialoffizier Hermann von Wißmann über »die richtige Behandlung des Negers«, 1895

Keine Tätigkeit ist geeigneter, den Europäer für die richtige Behandlung der Neger zu erziehen, als die militärische. Wer jahrelang Rekruten ausgebildet hat, lernt, sich in Geduld zu üben, der Individualität seiner Untergebenen Rechnung tragen und auch dem intellektuell tiefer Stehenden gerecht zu werden. Er wird bald erkennen, daß er in den Negern eine noch in den Kinderschuhen steckende Rasse vor sich hat.

Die Behandlung soll in erster Linie eine gerechte, streng unparteiische sein, denn der Wilde hat wie das Kind ein feines Gefühl für ungerechte Behandlung, Zurücksetzung oder Bevorzugung.

Gerade weil der Neger die weit höhere Stellung des Europäers anerkennt, besteht das wirksamste Erziehungsmittel darin, ihn *bis zu ei-*

nem gewissen Grade als seinesgleichen anzuerkennen, als Menschen, dem man Mitgefühl schuldig ist. Ich bin durchaus kein Freund davon, jedem »black brother« die Hand zu schütteln, halte vielmehr die Aufrechterhaltung einer Grenze der Annäherung, vor allem dem Offizier gegenüber, für nötig. Der Neger soll aber erkennen, daß man ein Herz für ihn hat, daß man seinen Eigentümlichkeiten Rechnung trägt. Mancher meiner Offiziere war bei großer Strenge doch beliebt, denn er gönnte hier und da seinen Leuten ein freundliches Wort und hatte für die häufigen kleinen Wünsche und Anliegen ein offenes Ohr.

Jeder Europäer, der zum ersten Male nach Afrika kommt, hat zwei Stadien durchzumachen, bevor er den Neger, je nach Begabung, früher oder später richtig beurteilen lernt. Zunächst überschätzt er ihn, wie man es häufig allem Fremdartigen gegenüber tut; dann sieht er ein, daß er sich sehr getäuscht hat, und fällt gewöhnlich ins Gegenteil – und das ist das gefährlichste Stadium –, bis er den richtigen Mittelweg gefunden hat. Ist dies geschehen, so wird auch der Neger ihn verstehen, aus dem er dann viel, sehr viel machen kann. Er kann die guten Eigenschaften, die in ihm schlummern, zur Entwicklung bringen, er kann ihn entflammen zu hohen Leistungen, ja zur Selbstverleugnung. Hört der gute Einfluß des Europäers auf, so fällt der Neger schnell wieder in seine alte Trägheit und Sorglosigkeit zurück.

Da eine richtige Behandlung des Negers sich gewöhnlich erst aus einem längeren Studium seines Charakters, aus längerer Praxis ergibt, so sollte man mit allen möglichen Mitteln darauf hinstreben, darin bewährte Kräfte sich zu erhalten. Aus denselben Gründen ergibt sich für den Führer der Truppe die Notwendigkeit, die Vorgesetzten nur, wenn durchaus nötig, zu wechseln. Ich möchte hier einschalten, daß für unsere *jungen* Kolonien eine richtige Behandlung von ganz besonderer Tragweite ist, da man den Patriotismus, der bei unseren Soldaten eine mächtige Triebfeder ist, von einem Mann der schwarzen Truppe nicht erwarten kann und die Liebe und Verehrung für seine Vorgesetzten den einzigen Ersatz für jenes ihm unbekannte Gefühl bildet.

Man soll die Religion, Sitten und Gebräuche des Afrikaners strengstens respektieren, soweit dies irgend angeht – besonders bei den Mohammedanern –, damit man nicht das Gefühl der Anhänglichkeit durch das Bewußtsein eines Glaubens- und Rassenunterschiedes stört.

Man habe ein williges, geduldiges Ohr für Klagen, für Einholen von Rat, für die Mitteilung von Sorgen und Wünschen, denn das befestigt das Zutrauen, wenn auch dabei die Geduld oft auf eine harte Probe gestellt wird. Der Afrikaner ist sehr leicht mit einer ihn in Hoffnung erhaltenden Antwort zufriedengestellt. Das bekannte »bukra inschalla«, »kescho inschalla« oder »labda kescho« (»morgen, so Gott will«, oder »vielleicht morgen«) sind in Afrika goldene Worte für jemand, der mit tausend möglichen und unmöglichen Anliegen angegangen wird. Eine schroffe Ablehnung oder Zurückweisung trägt dem Ungeduldigen den Namen »bwana kali« (»der böse Herr«) ein.

Wenn man berücksichtigt, daß der Afrikaner keinen Begriff hat vom Werte der Zeit, so wird man es erklärlich finden, daß er schroffe Ablehnung meist nicht begreift und daß er sich mit einem Hinausschieben leichter tröstet als ein Europäer. Dabei möge man aber sich als Richtschnur den Grundsatz dienen lassen, daß der Wilde erst die Überlegenheit unbedingt anerkennen muß, bevor man ihm Güte zeigt, da er letztere sonst leicht als Schwäche auslegen würde.

Der aufmerksame Beobachter wird bei dem Afrikaner bald Anklänge an die alttestamentlichen, patriarchalischen Verhältnisse finden und daraus für seinen Verkehr mit ihm die richtigen Schlüsse ziehen können.

Quelle: Hermann von Wißmann, Afrika. Schilderungen und Rathschläge zur Vorbereitung für den Aufenthalt und Dienst in den deutschen Schutzgebieten, Berlin 1895, S. 67–69.

79. Der rassistische Standpunkt – Plädoyer August Bosharts, deutscher Offizier und Söldner im Dienste des Kongostaates, für die »Peitsche« und gegen »Philanthropie«, 28. November 1896

Wie die verschiedenen Völkerstämme der weißen Hautfarbe bezüglich ihrer physischen und moralischen Eigenschaften nicht über einen Leisten geschlagen werden können, so ist das selbstverständlich auch bei der schwarzen Rasse der Fall. Drei Eigenschaften jedoch sind allen Negerstämmen ohne Ausnahme gemein:

Kulturunfähigkeit, Grausamkeit und namenlose Faulheit. [...]

Wer den Schwarzen als großes Kind behandelt wissen will, der hat wohl noch keinen anderen, als den Küstenneger, zu Gesicht bekommen, der durch Jahrhunderte lange Verfolgungen der Sklavenjäger scheu und feige geworden ist. Seine Unterwürfigkeit und Schmeichelei ist fast immer Verstellung, um durch sie einen Vorteil zu erringen, den er eben auf andere Weise nicht zu erreichen vermag. Im Inneren Afrikas, wo er vermeint, der Stärkere zu sein, da ist der Neger arrogant, habgierig, grausam, hinterlistig und unduldsam. Es wäre doch mehr als naiv, seine Menschenopfer bei den Totenfeierlichkeiten von Häuptlingen, bei Siegesfesten u. dgl., die ausgesuchten Grausamkeiten bei den Massenschlächtereien, das Mästen und Schlachten von Sklaven und Kriegsgefangenen, den erlaubten Kindsmord, die im großen betriebene Giftmischerei als unschuldige Vergnügungen großer Kinder zu erklären. Durch sie werden jahraus, jahrein ungleich mehr Verheerungen unter der schwarzen Bevölkerung angerichtet, als es jemals der Fall war durch die Sklavenjagden der Araber und Portugiesen.

Der Neger ist ein blutdürstiges, grausames Raubtier, das nur durch das Auge und die Peitsche des Bändigers in Respekt erhalten werden kann; durch Bibelverteilungen und Segenssprüche ist bei ihm noch nie und nirgends etwas erreicht worden. [...]

Vollständig verfehlt ist es, dem Schwarzen mit Lehren zu kommen von der Gleichheit aller Menschen, daß alle Menschen Brüder sind u.s.w. Sein Instinkt sagt dem Neger, daß der Weiße ihm in allen Dingen weit überlegen ist; er erkennt ihn bereitwillig als höheres Wesen an; in diesem Glauben muß der Neger nicht nur belassen, sondern bestärkt werden.

Die ganze Behandlungsweise des Negers läßt sich in die Worte zusammenfassen: »Streng und gerecht.« Damit wird man am besten durchkommen. Keine Unregelmäßigkeit durchgehen, kein Vergehen ungeahndet lassen, das nehme man sich zur unabänderlichen Richtschnur. Eine Strafe, die einmal zuerkannt wurde, muß erbarmungslos durchgeführt werden. Milde beurteilt der Schwarze immer als Schwäche, Nachsicht als Dummheit. Es muß alles aufgeboten werden, sich den Schwarzen unterwürfig zu erhalten; wir müssen uns endlich mit dem Gedanken befreunden, daß der Neger einer untergeordneten Rasse angehört, von der Vorsehung geschaffen, dem Weißen zu dienen. [...]

Dem ewigen Naturgesetz, welchem sich die ganze Schöpfung fügen muß, folgt auch die Ausbreitung der Rassen über den Erdball. Wo auf ihren großen Wanderzügen Völkerstämme von ungleicher physischer oder geistiger Kraft aufeinander platzten, hat stets der schwächere, abgelebtere weichen müssen; nur auf diese Weise konnte das Menschengeschlecht überhaupt zu einer höheren Entwicklung gelangen.

Nicht durch die Sklavenjagden und die fortgesetzten Verfolgungen seitens der Weißen geht die schwarze Rasse ihrem Untergang entgegen, sondern weil sie das allgewaltige Naturgesetz nicht begreift und sich nicht fügen will; weil sie sich gegen die Zivilisation – die allein ihre Rettung sein könnte – stemmt, ist ihr Verhängnis unabwendbar. Wir können diese Tatsache bedauern, aber nicht ändern. Eine sentimentale Auffassung der Frage wäre ganz unangebracht; wir müssen uns im Gegenteil sagen, daß so durchaus unproduktive Völkerschaften, wie es die schwarzen Stämme sind, keine Existenzberechtigung haben.

Die Logik der Tatsachen fordert, daß nicht 100 Millionen Menschen ein Terrain in Anspruch nehmen dürfen, auf welchem mindestens 500

Millionen arbeitsamer, kultivierter Menschen ausreichend ihren Lebensunterhalt finden können.

Es ist umsonst, wenn eine gut gemeinte, aber zwecklose Philanthropie die Rechte der schwarzen Rasse im Namen der Humanität verteidigen möchte.

Endlich, nach langem Zögern, ist der Weiße gekommen, um seinen Fleiß, sein Wissen, seine Ausdauer und Energie auf den »Schwarzen Kontinent« zu tragen und dergestalt dessen Herr zu werden. Er hat Städte gebaut, Häfen geschaffen, Ströme und Seen mit Schiffen belebt; allenthalben wird nach Metallen gesucht; Straßen werden gebaut, Schienenstränge und Telegraphenlinien gezogen, und endlich wird auch der Tag kommen, wo es seinem kühnen Geist und seiner Energie gelungen sein wird, quer durch den Kontinent einen Verkehrsweg herzustellen, welcher den Atlantischen Ozean mit dem Indischen Ozean verbindet.

An diesem großen, welthistorischen Tage läutet dem Schwarzen die Totenglocke.

Quelle: Franz Giesebrecht (Hg.), Die Behandlung der Eingeborenen in den deutschen Kolonien. Ein Sammelwerk, Berlin 1898, S. 40 f., 45 - 47.

80. Sind die Samoaner bildungsfähig? – Die Stimme eines nationalliberalen Beamten, 1899

Nun zur Zivilisierung der Samoaner: Da die Missionare Religion und Zivilisation stets verbinden zu müssen glauben - sie sprechen meistens von einer »christlichen Zivilisation« -, so hatten sie schon von Anbeginn wenig Aussicht auf Erfolg mit der letzteren, wenn sie im Bekehrungswerke nicht reussierten. Unter den 30 000 Samoanern gibt es nun allerdings einige wenige, deren Namen ich nötigenfalls an den Fingern herzählen könnte, die das Englische in der Form, welche man gemeiniglich als das Pigeon-Englisch[1] bezeichnet, halbwegs radebrechen können, doch haben diese die bezeichnete Fertigkeit weniger in den Missionsschulen als auf Kauffahrern oder auf Walfischfängern, auf wel-

[1] *Pidgin English*, seit dem 17. Jh. sich entwickelnde Verkehrs- und Handelssprache v. a. zwischen Chinesen und Europäern (englischer Wortschatz und chinesischer Satzbau und chinesische Lautbildung), breitete sich dann auch über die Südsee aus.

chen sie als Matrosen oder Köche dienten, oder als Diener im Auslande reisender Europäer erlernt. Die samoanische Jugend lernt schon vom sechsten Jahre an recht gut, sobald sie aber in das Alter der Mannbarkeit tritt, was bei Knaben schon etwa mit dem 14. oder 15. Jahre eintritt, so ist alle weitere Mühe vergeblich. Aus diesen Gründen lieben es die Missionare, ihre Zöglinge in dem Alter von 16 bis 17 Jahren (sobald wie möglich) zu verheiraten, um sie von Abwegen abzuhalten, trotzdem auch dieses Mittel sehr oft erfolglos ist. Selbst samoanische Knaben, die es in den Alumnaten[2] der katholischen Mission auf der Insel Futuna (Horne-Inseln) und Vea (Wallis-Inseln) - also außer Landes - in den Studien recht weit gebracht hatten, brachen in dem kritischen Alter plötzlich die Studien ab, um mit einer Landestochter davonzugehen. Der einzige Weg, solche Vorkommnisse nach Möglichkeit zu verhindern, ist die Erziehung von eingeborenen Kindern außer Landes in einem kühlen Klima. Aber auch selbst dann ist eher die durch Präzedenzfälle bewiesene Wahrscheinlichkeit vorhanden, daß der Knabe bei seiner Rückkehr nach Samoa, trotz seiner größeren Bildung, sofort die eingeborenen Sitten und Liebhabereien wieder aufnimmt - auch sogar in Bezug auf spärliche Bekleidung -, als das Gegenteil. Selbst die Kinder eines Europäers und einer Samoanerin bieten im kritischen Alter trotz besserer Aufsicht und Erziehung keine hoffnungsvollere Aussicht, als in die Fußstapfen der Verwandten mütterlicherseits zurückzukehren. Falls alle - ich sage »fast« aus Höflichkeit gegen die Väter und Erzieher - also: fast alle Versuche, die in dieser Beziehung mit Halbweißen gemacht wurden, brachten ihre Nackenschläge selbst in Fällen, in denen achtjährige Knaben bis zum 21. oder 22. Jahre in maristischen[3] französischen Erziehungsanstalten erzogen waren. Sobald dieselben in ihr Geburtsland zurückkehrten, zeigte sich die Neigung zur Rückkehr zu den Sitten der mütterlichen Verwandten, die eine schleunige Zurückführung dieser Leute in kühleres Klima erforderlich machte.

Besser gestalten sich die Aussichten für die Zivilisierung des weiblichen Teiles der Bevölkerung. Haben katholische Missionare doch bereits wiederholt junge Samoanerinnen zu Nonnen erziehen können, und auch mit einem eingeborenen Priester ist dieses Experiment geglückt, welches in anderen Fällen wiederholentlich mißglückte. Doch diese vereinzelten Ausnahmen wollen nichts bedeuten. Im allgemeinen muß man die Frage, ob die Samoaner bildungsfähig seien, unter der *Bedingung* bejahen, daß die zu Bildenden zeitlebens von ihrer Heimat ferngehalten werden. Da dieses aber mit einem Volke von 30000 Seelen nicht möglich ist, so ist leider diese Frage auf das Be-

[2] Schüler(wohn)heim (Erziehungsanstalt)

[3] Maristen (*Societas Mariae*), 1816/22 in Frankreich entstandene katholische Missionsgesellschaft, missionierte seit 1835 in Ozeanien.

stimmteste zu *verneinen*, und es bleibt für die Samoainseln nur die trübe Aussicht, daß deren vollständige Kultivierung erst nach Aussterben der jetzigen Generation möglich sein wird, eine Perspektive, die um so trostloser ist, als den Eingeborenen augenscheinlich viele gute Eigenschaften innewohnen.

W. v. Bülow[4]

Quelle: Deutsche Kolonialzeitung, 16. Jg. (1899), S. 57 - 58.

81. Chinesen: Menschen zweiter Klasse – Aus der »Chinesenordnung« für Tsingtao, 14. Juni 1900

B. Allgemeine Vorschriften zur Aufrechterhaltung der Sicherheit und Ordnung.

§ 5. Zwischen 9 Uhr abends und Sonnenaufgang darf kein Chinese die Straße betreten, ohne eine brennende Laterne zu tragen oder sich vortragen zu lassen.

§ 6. Jede chinesische Bekanntmachung oder Proklamation, die an Häusern oder sonstwie öffentlich auf der Straße angeheftet werden soll, bedarf der Genehmigung des Kommissars für Chinesenangelegenheiten. Die Erlaubnis zur Anheftung ist zu versagen, falls der Inhalt die Ruhe und Ordnung zu gefährden geeignet ist.

§ 7. Jede Versammlung oder Beratung zu anderen als religiösen Zwecken bedarf der ausdrücklichen Genehmigung des Kaiserlichen Gouverneurs. Die Erlaubnis ist beim Kommissar für Chinesenangelegenheiten durch den Veranstalter der Versammlung und den Hausbesitzer, in dessen Hause die Versammlung abgehalten werden soll, einzuholen.

§ 8. Der Genehmigung des Kaiserlichen Gouverneurs bedürfen ferner:

a) öffentliche Durchzüge durch die Straßen des Stadtgebietes mit Ausnahme von Hochzeits- und Leichenzügen,

b) das Abbrennen von Feuerwerkskörpern,

c) Theateraufführungen und provisorische Theaterbauten. Dem Gesuche sind die Einzelheiten sowie die Namen der aufzuführenden Stücke beizufügen.

[4] Wilhelm von Bülow, Amtsgerichtsrat, Mitglied des Hauptvorstandes der Deutschen Kolonialgesellschaft

§ 9. Alle Bittschriften, Eingaben und Gesuche mit Ausnahme von Eingaben an das Gericht sind an den Kaiserlichen Gouverneur zu richten und in der Kanzlei des Kommissars für chinesische Angelegenheiten abzugeben.

Quelle: Die deutsche Kolonial-Gesetzgebung. Sammlung der auf die deutschen Schutzgebiete bezüglichen Gesetze, Verordnungen, Erlasse und internationalen Vereinbarungen, 5. Teil. 1899 bis 1900. Auf Grund amtlicher Quellen und zum dienstlichen Gebrauch hg. v. Alfred Zimmermann, Berlin 1901, S. 207 f.

82. Antikoloniale Satire aus regionaler Perspektive – Das »Kongolied« des Münsteraner Professors Hermann Landois, 1901

Kongo Lied

Mel.: Jupheidi, jupheida. (G-dur.)

Kolonien hab'n wir nun:
Kongo, Niger, Kamerun,
Luzia-Bai und Pequena
Hören uns in Afrika.

König Aqua und King Bell
Sagten unlängst: «Very well«,
Schenkten für sechs Pullen Rum
Uns ihr ganzes Königtum.

Klima ist da ganz famos,
Braucht da weder Rock noch Hos',
Haar, Gesicht, die ganze Haut,
Schwarz ist alles, was man schaut.

Little Popo heißt der Ort,
Weiße, zwei, die sind schon dort,
Die dort haben Grundbesitz,
Heißen Wörmann, Lügenfritz.

Neulich fragt' ich Lüderitz,
Ob der Schwindel sei kein Witz?
»Nee – tat er zur Antwort geben –
Weiße können dort nicht leben!«

Doch von einem Kriegesschiff,
Festgeankert auf dem Riff,
Kann man schachern Elfenbein,
Kokosnüsse groß und klein.

Schwarze nehmen dafür an,
Was man hier nicht brauchen kann;
Pianinos, Messer, Scheren,
Brantwein faßweis' sie verzehren.

Vorteilhaft ist dort die Hitz',
Heißer ist sie wie der Blitz;
Man kann von den eig'nen Knochen
In der Sonne Suppe kochen.

Affenbraten schmeckt so nett,
Angeschmort mit Menschenfett,
Doch der herrlichste Genuß:
Büffstück vom Rhinozerus.

Weg met sökke Friätterie!
Graute Bauhnen, Speck derbi,
Suurmoos, Mettwuorst, düft'gen Happen!
Will nich Kokosnüette knappen.

Nee, ik segg't un bliew derbi,
Kolonie iss Aperie!
Wi häbt hier in Mönster nog:
Mönster liäwe hurrah hoch!!

Quelle: Hermann Landois, Frans Essink sien Liäwen un Driewen äs aolt Mönstersk Kind, Bd. III, Leipzig ^{3}1920 [^{1}1901], S. 350 f.

83. Der humanitär-paternalistische Standpunkt – Der Bremer Handelskaufmann Johann Karl Vietor über die Notwendigkeit einer Korrektur in der deutschen Kolonialpolitik, um 1906

Das Thema meines Vortrages[1] ist mir in Form einer Frage gestellt worden: »Was tut unseren Kolonien jetzt not?« und meine ganz präzise Antwort lautet: 1. eine möglichst schnelle Korrektur der begangenen Fehler und 2. ein vollständiger Systemwechsel. [...]

Das erste, *die Korrektur der begangenen Fehler*, wird nicht schwer sein, denn alle Konzessionen[2] bestehen nicht zu recht. Um sie rechtsgültig zu machen, hätte der Kaiser selbst sie vergeben müssen und das hat er zum Glück nie getan. Sie können demnach sehr wohl ohne jede Vergütung zurückgefordert werden. Der *Würde* des deutschen Reiches wird es aber besser entsprechen, wenn man den Gesellschaften das wirklich in Benutzung genommene Land ruhig beläßt und ihnen auch die im Interesse des Schutzgebietes verausgabten Summen zurückerstattet. Nur die zu Spekulationszwecken erworbenen Gebiete muß man ihnen unbedingt wieder abnehmen. [...]

Ist die Konzessionsfrage nur erst, wie wir heute noch hoffen dürfen, in unserem Sinne entschieden, dann ist schon viel gewonnen. Dann ist es mit den Monopolen und Vorrechten vorbei. Dann stehen unsere schönen Kolonien wieder unserem deutschen Volk zur Verfügung, welches schon soviel Blut und Geld für sie geopfert hat, bisher, wie Sie alle wissen, mit so traurigem Erfolg.

Dann aber muß zweitens ein vollständiger *Systemwechsel* eintreten. Unsere Kolonien, ganz besonders unsere tropischen, werden immer wertlos für uns bleiben, wenn wir es nicht lernen, die Dinge nach ihrem wirklichen Wert zu schätzen. In unseren Schutzgebieten haben wir aber nur zwei wirkliche Werte, die unter sich wieder sehr von einander abweichen; die Eingeborenen und der Grund und Boden. Unser Verhältnis zu diesen beiden Faktoren muß so bald wie möglich nach großen *Gesichtspunkten* klar gestellt und allgemein gültig geregelt werden.

[1] Das genaue Datum des Vortrages ließ sich nicht ermitteln. Aus dem Gesamtdokument geht jedoch hervor, daß der Vortrag während des Herero-Nama-Aufstandes (1904 – 1907) gehalten wurde, sehr wahrscheinlich nach der Entlassung des Kolonialdirektors Oscar Wilhem Stuebel (16.11.1905).

[2] Namentlich in Kamerun, aber auch in den anderen afrikanischen Kolonien, waren in den 1890er Jahren große Landgebiete an Konzessionsgesellschaften mit einem Monopol zum Abbau von Rohstoffen oder zum Ausbau von Plantagenkulturen vergeben worden, wodurch es nicht nur zu Spekulationsgeschäften kam, sondern auch zur nahezu völligen Enteignung und zunehmenden Proletarisierung der Bevölkerung in diesen Gebieten.

Die erste Forderung, die wir deswegen erheben, ist die, daß man mit dem Eingeborenen in Zukunft ganz anders umgehen soll wie bisher. Er soll den *Mittelpunkt* unserer Kolonialpolitik bilden. Nach unseren juristischen Begriffen sind die Neger nicht Bürger des deutschen Reiches, sondern seine Untertanen[3]. Diese juristische Auffassung hat viele Deutsche veranlaßt, die Eingeborenen falsch zu behandeln. Man sieht in ihnen häufig nicht unabhängige Menschen, sondern mehr *Untergebene*. Das drückt sich auch teilweise in unserer Gesetzgebung aus. Laut einer Verfügung des *Reichskanzlers* hat fast jeder Beamte und Offizier das Recht, im Disziplinarwege 25 Peitschenhiebe austeilen zu lassen[4]. Alle Bemühungen, diese Verordnung, die im Anfang bei den wenigen Beamten und den ungeordneten Verhältnissen eine gewisse Berechtigung gehabt haben mag, rückgängig zu machen, sind bisher gescheitert. [...]

Aber mit der *persönlichen Liebenswürdigkeit* allein ist es auch nicht geschehen. Man muß den Leuten auch voll und ganz ihr Recht geben und ihre persönliche - nicht politische - Freiheit wahren, so daß sie in Wirklichkeit Grund haben, zufrieden zu sein. Vor allen Dingen muß man sie im Vollbesitz ihres ererbten und besessenen Grund und Bodens lassen, aber gerade in der Beziehung ist bisher unendlich viel in unseren Kolonien gesündigt [worden], wie ich vorher schon erwähnte. [...]

Meine ganze Politik geht dahin, daß wir die *glänzenden Chancen*, die wir in unseren Schutzgebieten heute noch haben, auch richtig ausnutzen sollen. Die Bevölkerung ist dünn und Grund und Boden genug vorhanden, [so] daß unsere Eingeborenen, wie früher bei uns, die Besitzer ihres Landes sein können. Wenn wir dann noch durch *Bahnen* unsere Schutzgebiete erschließen und den Negern rationelle Landwirtschaft beibringen, dann werden wir bald genug einen Handel und eine Produktion in unseren Kolonien haben, von denen sich heute noch kein Mensch etwas *träumen* läßt.

Aber um in der persönlichen und wirtschaftlichen - ich betone nochmals: nicht politischen - Freiheit der Neger einen Segen zu sehen, muß man sich *gewöhnen*, den Neger anders zu beurteilen wie bisher. Sie haben gewiß alle schon von der Faulheit der Neger gehört. Das ist so allgemein gesprochen jedenfalls ein *Schwindel*. Der Neger will, und das verübelt man ihm so, nicht auf den europäischen Plantagen arbeiten. Ich kann das den Leuten aber durchaus nicht verden-

[3] Kolonien waren nach zeitgenössischer Rechtsauffassung »völkerrechtlich Inland, staatsrechtlich Ausland« mit unterschiedlicher Gesetzgebung für Kolonialeroberer und Kolonisierte.

[4] Siehe Dok. 92.

ken, denn in Kamerun jedenfalls haben sie es miserabel schlecht gehabt; schlecht und ungenügende Ernährung, viele Lohnabzüge und viele Prügel. [...]

In unseren Kolonien liegt es *heute* aber lediglich noch an unserem *Willen*, ob wir die Eingeborenen zu Hörigen der Europäer und Gesellschaften herabsinken lassen, oder ob wir sie zu unabhängigen, selbständigen Bauern und zu leistungsfähigen, tüchtigen Menschen heranziehen wollen.

Quelle: Johann Karl Vietor-Bremen, Die nächsten Aufgaben unserer Kolonialpolitik, Hagen i.W o.J., S. 3 - 21.

84. Der reformistisch-utilitaristische Standpunkt – Kolonialstaatssekretär Bernhard Dernburg über Ziele deutscher Kolonialpolitik, 1907

Nun ist aber der Eingeborene der wichtigste Gegenstand der Kolonisation, ganz besonders in allen unseren Plantagenkolonien. Denn da die Sklaverei - Gott sei Dank - abgeschafft ist, die geeigneten Arbeiter also nur entweder auf dem Wege des Kontrakts aus anderen Kolonien oder aus den eignen bezogen werden können, und die manuelle Leistung des Eingeborenen das wichtigste Aktivum bildet, so liegt hier ein eminent wichtiges Problem. [...]

Meine Herren: Wie hat man früher kolonisiert? Es kam der Händler, es kam die Adventurers Company[1], und sie verkauften dem Eingeborenen, was er am liebsten haben wollte, den Schnaps, das »Feuerwasser«, die Feuerwaffen. Man hat damit den Grund zur Zerstörung großer Massen gelegt. Es ist ja zweifellos, daß manche Eingeborenenstämme geradeso wie manche Tiere in der Zivilisation untergehen müssen, wenn sie nicht degenerieren und Staatspensionäre werden. In unseren deutschen Kolonien sind wir erfreulicherweise mit diesen Elementen nicht zu stark belastet. Aber die Geschichte der Kolonisation der Vereinigten Staaten, doch des größten Kolonisationsunternehmens, das die Welt jemals gesehen hat, hatte als ersten Akt die nahezu vollständige Vernichtung der Ureinwohner. Demgegenüber ist

[1] Am Außenhandel beteiligte Kaufleute; gemeint sind hier die alten Handelskompanien.

es eine Freude, zu konstatieren, daß mit dem kulturellen Fortschritt in der Welt auch die Kolonisationsmethoden eine große Wandlung haben durchmachen können. Hat man früher mit Zerstörungsmitteln kolonisiert, so kann man heute mit Erhaltungsmitteln kolonisieren, und dazu gehören ebenso der Missionar wie der Arzt, die Eisenbahn wie die Maschine, also die fortgeschrittene theoretische und angewandte Wissenschaft auf allen Gebieten.

Quelle: Bernhard Dernburg, Zielpunkte des Deutschen Kolonialwesens. Zwei Vorträge, Berlin 1907, S. 6 f., 9.

85. Über den »Charakter des westafrikanischen Negers« – Aus dem Artikel einer deutsch-nationalen Kolonialzeitschrift, 1907

Welches ist nun der Charakter des westafrikanischen Negers?[1]

Sorglose Trägheit, rohe Sinnlichkeit, Eitelkeit, Prunkliebe, Leidenschaftlichkeit, Rücksichtslosigkeit, ja Grausamkeit; daneben auch Gutmütigkeit und tierische Anhänglichkeit und teilweise Unterwürfigkeit; Liebe zum Lärm, zur Musik – soweit sie diesen Namen verdient – und Spiel. Geistige Bedürfnisse hat der Neger nicht, Wissensdurst ist ihm fremd, hat er hinreichend zu essen und eine Pfeife Tabak, dann fehlt ihm nichts mehr. Sorgen für die Zukunft kennt er nicht und hat er Gelegenheit, Geld zu verdienen – als Angestellter bei der Regierung oder Kaufleuten, Pflanzern, Missionen – so weiß er es nicht zu verwerten und gibt es für unnütze, seiner kindlichen Phantasie entsprechende Dinge wieder aus. Wirklich zuverlässige Menschen, denen man ohne Aufsicht, in irgendeiner Weise eine Art Vertrauensposten überlassen könnte, gibt es unter ihnen nicht. Die sittliche Kraft geht ihnen ab, so daß sie, selbst wenn sie wollten – und der gute Wille ist manchmal zu finden – nicht könnten. Das Verantwortlichkeitsgefühl kann in ihnen, durch die infolge des wilden, ungezügelten Lebens erzeugte Verhärtung und Verrohung des Gefühls, nicht aufkommen.

Aber trotz dem Fehlen der geistigen Bedürfnisse schlummern in ihnen die geistigen Fähigkeiten und unter zweckmäßiger Leitung kön-

[1] Der Autor war seit 1895, zunächst als Missionsarzt, dann als Firmen-Arzt, an der Goldküste und in Kamerun tätig.

nen sie ganz erkleckliches leisten. Musik und Kunstsinn sind ihnen – wenn auch nach unserem Maßstab sehr primitiv – nicht fremd. Das Gedächtnis ist im allgemeinen gut, die Beobachtungsgabe ebenfalls vorhanden und um die Rednergabe werden sie von vielen Europäern beneidet. Allerdings, sobald es sich darum handelt, mit Hilfe des Verstandes etwas zu erfassen, zu forschen, zu überlegen, dann stecken sie; die Logik wird ihrem Egoismus, ihrer Trägheit angepaßt.

Quelle: Dr. Friedrich Hey, Die Eingeborenen West-Afrikas und unsere Stellung zu ihnen, Die Deutschen Kolonien. Monatsschrift des Deutschvolklichen Kolonialvereins, 6. Jg., Nr. 2, Berlin 1907, S. 48.

86. »Heloten europäischer Kulturträger« – Der Geograph Alfred Kirchhoff über den »Daseinskampf« zwischen Natur- und Kulturvölkern, 1910

Die ganze moderne Kolonisationstätigkeit europäischer Kulturnationen in überseeischen Heimatlanden von Naturvölkern findet ja eine Art von Berechtigung allein in dem Appell an die Gerechtsame des wirtschaftlichen Kampfes um die Erde. Der Europäer fühlt sich als Bannerträger der hochgesteigerten Kunst, der Mutter Erde ihre Schätze in intensivster Arbeit zu entheben und kündigt gleichsam daraufhin dem Wilden die Wohnung nach dem Wahrspruch des Daseinskampfes: »Wer die Scholle am besten zu verwerten weiß, dem gehört sie«. Ergreifend wirkt es, wenn dann bei so urplötzlicher Berührung der wirtschaftlich ungeschulten, kapitallosen, der angestrengten Arbeit abholden Naturkinder mit dem schnöden Egoismus unserer unverkennbar überlegenen Gesittung jene gar bald das Bewußtsein erfüllt, den ungleichen Streit mit den fremden Eindringlingen unmöglich zu ihren Gunsten durchfechten zu können, wenn sie darob in Schwermut versinken, die Hände ihnen in den Schoß fallen, daß sie bald selbst die schönen Kunstfertigkeiten der Vorfahren in Schnitzskulptur oder Flechterei verlernen und im verzweifelten Lebensüberdruß darüber, daß die Sonne der Heimat nicht mehr ihnen, sondern den übers Meer gekommenen Blaßgesichtern scheinen will, tatsächlich hinsiechen, bis der letzte des enterbten Stammes im verlorenen Heimatsboden bestattet liegt. Aber das sind nun einmal die unvermeidbaren Tragödien, wie sie die Engländer in Australien und Neuseeland erlebt haben, und wie wir sie jetzt in unseren Schutzgebieten auch erfahren, wo z. B. die mikronesischen Palau-Insulaner, durch Zufuhr billiger Eisengeräte seitens europäischer Händler, der trefflichen Kunstschnitzerei ihrer Ahnen bereits so unkundig geworden sind, daß sie trauernd meinen, deren Kunstwerke, wie sie jetzt unsere Museen zieren, seien von »Kalit«, d.h. von Geistern hergestellt, nun stiegen keine mehr zur Erde nieder. Über die Gräber der Naturvölker, die sich nicht dem über sie gekommenen Fortschritt der Zeit wenigstens als Heloten der europäischen Kulturträger gleich den Javanen fügen mögen, rast unbarmherzig der Strom der Geschichte weiter. Wo wenige Träge ohne Nutzen für die übrige Welt leben, da werden sie verdrängt von der Energie, dem besseren Können der Leute anderen Stammes, die von der nämlichen Scholle so viel reicheren Segen ernten für sich und mittelbar für die Menschheit. So will es, kühl bis ans Herz hinan, die Weltgerechtigkeit des Daseinskampfes.

Quelle: Alfred Kirchhoff, Darwinismus angewandt auf Völker und Staaten. Ein hinterlassenes Manuskript, herausgegeben und mit einem Begleitwort versehen von Willi Ule, Halle a.S. 1910, S. 72 f.

87. »Was ist des Deutschen Tochterland?« – Emil Sembritzki, Lied von den deutschen Kolonien, 1911

Was ist des Deutschen Tochterland?
Ist's Kamerun, Dualastrand?
Ist's, wo die Ambasbucht sich dehnt?
Ist's, wo der Schlund des Loba gähnt?
O nein, o nein, o nein, o nein,
Neu-Deutschland muß wohl größer sein.

Was ist des Deutschen Tochterland?
Ist's Lome heiß, ist's Togostrand?
Ist's, wo der Ewe Stoffe webt,
Der Haussa mit dem Pferde lebt?
O nein, o nein, o nein, o nein,
Neu-Deutschland muß wohl größer sein.

Was ist des Deutschen Tochterland?
Ist's Angra klein, Kaokosand?
Ist's, wo der Hottentott sich regt,
Der Herero den Ochsen hegt?
O nein, o nein, o nein, o nein,
Neu-Deutschland muß wohl größer sein.

Was ist des Deutschen Tochterland?
Ist's Usagara wohlbekannt?
Ist's, wo man Suaheli spricht,
Ist's, wo der Mtussi hält Gericht?
O nein, o nein, o nein, o nein,
Neu-Deutschland muß wohl größer sein.

Was ist des Deutschen Tochterland?
So nenne mir das große Land!
Gewiß ist's Neu-Guinea dann,
Samoa hat mir's angetan!
O nein, o nein, o nein, o nein,
Neu-Deutschland muß wohl größer sein.

Was ist des Deutschen Tochterland?
So nenne mir endlich das Land!
»So weit die deutsche Flagge weht,
Des Kaisers Macht und Wille geht.
Das soll es sein, das soll es sein,
Das, kühner Deutscher, nenne dein!«

Das Größer-Deutschland soll es sein,
O, Gott vom Himmel, sieh darein
Und gib uns echten, deutschen Mut,
Daß wir es lieben treu und gut.
Das soll es sein, das soll es sein,
Das Größer-Deutschland soll es sein!

Quelle: Emil Sembritzki (Hg.), Kolonialgedicht- und Liederbuch, Berlin 1911, S. 70 f.

88. Über die Behandlung des »eingeborenen Dienstpersonals« – Aus dem ›Praktischen Kochbuch‹ der Henriette Davidis, 1911

Für alle Kolonien, nach denen unsere Auswanderer ihre Schritte lenken, ist die Tätigkeit der Frau, sei sie nun Gattin oder unverheiratet, für die Entwicklung und Zukunft des Landes von größter Bedeutung. Es warten ernste Aufgaben auf sie, die zu erfüllen nicht jeder leicht fallen werden. [...]

Die Behandlung des eingeborenen Dienstpersonals will auch erlernt sein. Es gibt unter ihnen viel arbeitsscheues Volk; die hauptsächlichsten Untugenden, die man zu bekämpfen hat, sind Trägheit, Unreinlichkeit und ein großer Hang zum Stehlen. Diese Eigenschaften bilden natürlich große Geduldsproben für die deutsche Frau, doch sind die Eingeborenen bei verständnisvoller Behandlung ganz gut zu brauchbaren Hilfskräften im Haushalt zu erziehen. Bei der Einlernung ist eine gewisse Nachsicht zu üben sehr am Platze. Man bedenke, daß das Ungewohnte und Neue eines europäischen Haushaltes für diese auf einer niederen Kulturstufe stehenden Völker befremdend wirken und erst erfaßt werden muß. Hinzu kommt noch der unleugbar vorhandene Respekt des Farbigen vor der weißen Frau, in der er eine Art höheren Wesens sieht, wodurch dann ein gewisses, scheues Ehrfurchtsgefühl bei ihm ausgelöst wird, das ihn manche Ungeschicklichkeit begehen läßt. Vor allen Dingen hat sich die weiße Frau den Eingeborenen gegenüber stets als Herrin im besten Sinne des Wortes zu fühlen und vergesse nie, ein starkes Rassebewußtsein an den Tag zu legen. Die Achtung der Eingeborenen muß sie sich durch ein würdiges Benehmen zu verschaffen wissen. Sie sind auf freundliche Weise, aber mit festem Willen stetig zur Arbeit anzuhalten; es schadet dabei nichts, wenn man auf kluge Weise durch sparsames Lob ihren Ehrgeiz anfeuert. Letzterer stellt sich ein, sobald sie bemerken, daß sie sich Kenntnisse aneignen, die sie über ihre Stammesgenossen erheben. Als unausbleibliche Folge eines längeren Aufenthaltes im tropischen Klima stellt sich bei der Europäerin eine zunehmende Reizbarkeit der Nerven ein, auch entwickeln sich in der vollkommenen Freiheit, die dort herrscht, die persönlichen Anlagen zum Guten oder Bösen viel rascher; die weiße Frau muß daher dort über ein größeres Maß von Selbstzucht verfügen, als in der Heimat. Soweit es die Verhältnisse und ihre Kenntnisse in der Sprache erlauben, muß sie ihren farbigen Untergebenen in ihren kleinen Nöten beistehen, und durch ihren Einfluß wird sie dann das beste Vermittlungsglied zwischen den Eingeborenen und der weißen Rasse.

Die Kost des eingeborenen Dienstpersonals soll stets die landesübliche sein; man gebe sie reichlich, womit am besten der Naschhaftigkeit der Leute vorgebeugt wird. Sie sind daran zu gewöhnen, das Abgetragene des Herrentisches nur als Leckerbissen zu betrachten, falls sie überhaupt danach begehren.

Quelle: Henriette Davidis, Praktisches Kochbuch für die gewöhnliche und feinere Küche. Vollständig neu bearbeitet und erweitert von Rudolf Zäch, Reutlingen 1911, S. 922 f.

89. Mission und Kolonialismus – Der Missionswissenschaftler Joseph Schmidlin über das »Bündnis« von Mission und Kolonisation, 1913

Die Kolonialära der siebziger und achtziger Jahre bedeutete zugleich einen neuen Einschnitt und Markstein in der Missionsgeschichte, besonders der deutschen. Auf den Schwingen der Kolonialbewegung zog neuer Missionssinn in die Heimat und neuer Missionserfolg in die Kolonien ein. Bald folgte der Missionar dem Kolonisten, bald der Kolonist dem Missionar, bald bemächtigten sich beide zu gleicher Zeit des neu abgesteckten Arbeitsfeldes, mag auch in Einzelfällen der eine sich vom anderen eher abgestoßen als angezogen gefühlt haben.

So sind, wie Mirbt[1] mit Recht betont, die Beziehungen und Berührungen zwischen missionarischen und kolonialen Bestrebungen und Unternehmungen gewachsen und werden wohl auch weiter wachsen, je mehr sich beide Faktoren ausdehnen; denn immer kräftiger und klarer, das sehen wir namentlich an den Verhandlungen der deutschen Kolonialkongresse[2], bricht sich in Missions- wie in Kolonialkreisen die Überzeugung Bahn, daß Mission und Kolonisation zwei gegebene Größen sind, die bei aller Verschiedenheit keine Gegensätze darstellen, aber auch nicht vornehm aneinander vorübergehen dürfen, sondern miteinander rechnen und aufeinander Rücksicht nehmen, ja

[1] Carl Mirbt (1860 - 1929), evangelischer Theologe, Professor für Kirchengeschichte in Marburg und Göttingen. Gemeint ist hier sein Werk ›Mission und Kolonialpolitik in den deutschen Schutzgebieten‹ (Tübingen 1910).

[2] Die Kolonialkongresse dienten als Demonstrationen für den Kolonialgedanken (1902, 1905 und 1910).

Hand in Hand arbeiten müssen, wenn ein gedeihliches und bleibendes Resultat erzielt werden soll. Wie die beiden großen sozialen Autoritäten Staat und Kirche in der Heimat, so und noch viel stärker sollen sich in den Schutzgebieten Mission und Kolonialpolitik stützen und ergänzen; denn was die Kolonien für den Staat, das und mehr noch sind die Missionen für die Kirche. [...]

Durch ihre kulturelle Tätigkeit namentlich wird die katholische Mission nicht nur zu einer Kulturträgerin ersten Ranges, sondern auch zu einer hervorragenden Mitarbeiterin und Bundesgenossin der kolonialen Bestrebungen, was um so höher anzuschlagen ist, als die Regierung sich auf dem Kolonialgebiet viel stärker als in der Heimat auf private Mitwirkung und Initiative angewiesen sieht. Zunächst sammelt sich die Mission unbezahlbare Verdienste auf dem wirtschaftlichen Gebiet [...]. Einen unschätzbaren Kolonialwert schließt ferner die von den Missionen unternommene und mit Erfolg durchgeführte Erziehung der Eingeborenen zur Arbeit ein [...]. Dann kommen die enormen Leistungen auf dem Schulgebiet, durch welche die Kultur in das heranwachsende Geschlecht hineingetragen und der Regierung wie den Kolonisten die Hauptsorge um die Schule abgenommen wird. Weiter die wissenschaftliche und literarische Missionstätigkeit, welche nicht selten auch der Kolonialverwaltung und Kolonialpolitik als Pfadfinderin und Wegebereiterin dient. Endlich die missionarische Liebestätigkeit, die sowohl von den Missionaren und Missionsschwestern als auch von den zahlreichen karitativen Missionsanstalten getragen wird und der staatlichen Wohlfahrtspflege ebenfalls eine große Arbeits- und Kostenlast zum Wohl der Kolonien abnimmt.

Was aber am wichtigsten ist, die Mission ist in erster Linie befähigt und berufen, die Eingeborenen in ihrer individuellen wie sozialen Haltung seelisch umzugestalten und auf ein höheres sittlich-religiöses Niveau zu erheben, sie vor allem instand zu setzen, die durch unsere europäische Zivilisation ihnen übermittelten höheren Güter und Bedürfnisse, das verfeinerte Lebensglück und den verfeinerten Lebensgenuß ohne Schaden sich anzueignen und zu genießen.

[...] Die Mission ist es, die unsere Kolonien geistig erobert und innerlich assimiliert, soweit eine solche Assimilation in Anbetracht der tiefgreifenden Verschiedenheiten überhaupt durchführbar ist. Der Staat vermag die Schutzgebiete sich wohl äußerlich an- und einzugliedern; das tiefere Ziel der Kolonialpolitik, die innere Kolonisation, muß ihm die Mission vollbringen helfen. Durch Strafen und Gesetze kann der Staat den physischen Gehorsam erzwingen, die seelische Unterwürfigkeit und Anhänglichkeit der Eingeborenen bringt die Mission zustande. Wir dürfen daher den kürzlich vom Kolonialstaatssekretär Dr.

Solf im Reichstag ausgesprochenen Satz »Kolonisieren ist Missionieren« umkehren in »Missionieren ist Kolonisieren«[3].

Quelle: Joseph Schmidlin, Die katholischen Missionen in den deutschen Schutzgebieten, Münster i.W. 1913, S. 262 - 264, 276 - 278.

90. »... zum selbständigen Handeln wenig fähig« – Der Hamburger Kaufmann Julius Kähler über den chinesischen Nationalcharakter, 1914

Man sieht, in der Hand einer starken Regierung ist das chinesische Volk weich wie Wachs. Aber Wachs ist kein Material, aus dem sich Grosses schaffen lässt. Es ist unrichtig, zum Vergleich auf Japan hinzuweisen, welches trotz seiner Kleinheit in überraschend kurzer Zeit zu einer militärischen Grossmacht herangewachsen ist. Das japanische Volk ist seit vielen Jahrhunderten mit militärischem Geiste erfüllt; der Japaner ist ein begeisterter, selbständig denkender und doch vorzüglich disziplinierter Soldat, erfüllt von leidenschaftlicher Liebe zu seinem Vaterlande.

Der Chinese ist nüchtern, temperamentlos, energielos, denkfaul, zum selbständigen Handeln unlustig und wenig fähig; er wird nur Soldat, wenn er keine bessere und einträglichere Beschäftigung finden kann. Er hat keine Spur von Liebe für sein grösseres Vaterland. Er hat auch durchaus keine Neigung, sich für dies ungeliebte Vaterland umbringen zu lassen.

Quelle: J. Kähler, Deutschland und China, München 1914, S. 20.

[3] Wilhelm H. Solf (1862 - 1936), Politiker und Diplomat, 1900 - 1911 Gouverneur von Samoa, 1911 - 1918 Staatssekretär des Reichskolonialamtes, 1918 Staatssekretär des Auswärtigen Amtes. Das Zitat stammt aus einer Rede Solfs am 6.3.1913 im Reichstag. (Sten. Ber. 288, S. 4335).

91. »Wie erzieht man den Neger zur Arbeit?« – Aus einer preisgekrönten Schrift des vormaligen Superintendenten der Berliner Mission in Transvaal, Alexander Merensky, 1886

Die ›Arbeiterfrage‹ ist seit der Aufhebung der Sklaverei in allen Kolonien eine brennende geworden. Obwohl man die Frage kaum bejahen wird – jedenfalls wäre sie erst noch zu erörtern –, ob ohne die Aufhebung der Sklaverei die Entwicklung der Kolonialländer sich günstiger gestaltet haben würde, als es so der Fall gewesen ist, so muß doch unumwunden zugestanden werden, daß durch die Entlassung der Sklaven die Kolonisten, in Jamaica sowohl als in Süd-Afrika und Amerika, in große Bedrängnis gerathen sind und sich immer noch abmühen, für die frühere, regelmäßige Arbeitsleistung der Sklaven einen ausreichenden Ersatz zu finden. Wenn die Arbeiterfrage für alle Kolonien wichtig ist, so ist sie für Kolonien im tropischen Afrika die absolute Lebensfrage. Das afrikanische Fieber wird hier immer ein gewaltiges Hinderniß für die Heranbildung einer weißen Arbeiterklasse bleiben, und die Möglichkeit für die Errichtung und Bearbeitung von Plantagen in diesem Lande wird zunächst davon abhängen, ob man die Eingebornen zur Arbeit heranziehen und ausbilden kann. [...]

Die höher veranlagten schwarzen Stämme Afrikas, zu denen besonders viele Stämme der Ostküste zu rechnen sind, erfreuen sich ebenmäßiger Glieder, guter Muskulatur und einer trefflichen Gesundheit. Die Ausdauer der Schwarzen nicht nur im Laufen, Gehen und Tragen von Lasten, sondern auch beim Verrichten von Arbeiten, die sie gewohnt sind, z. B. beim Gebrauch des allgemein üblichen Ackergeräths, der Hacke, ist bewundernswerth. [...] Unfähigkeit kann man als Grund für ihre Scheu, Dienst zu nehmen, nicht anführen. Man kann auch nicht behaupten, daß sie so träge sind, daß ihre Faulheit keine Lust zur Arbeit aufkommen ließe. [...] Wollte man die Leute von der Regierung wegen zur Arbeit bei den einzelnen Pflanzern in direkter Weise zwingen, so würden sie solchem Versuche passiven und wohl aktiven Widerstand entgegensetzen [...]. Zum Dienst bei Pflanzern wird aber der indirekte Zwang die Eingebornen treiben, welchen Geldabgaben ausüben, die man ihnen auferlegt. Werthlos, ja schädlich wäre es für die Kolonie, wollte man Lokationen errichten, ohne deren Bewohner zur Leistung regelmäßiger *Abgaben* heranzuziehen.

Wenn diese Abgaben nach der von uns ins Auge gefaßten Seite hin die rechte erziehliche Wirkung ausüben sollen, so dürfen sie nicht etwa von dem Stamm in seiner Gesammtheit, noch weniger vom Häuptling, erlegt werden, sondern der einzelne schwarze Bürger muß für den auf ihn fallenden Betrag aufkommen. Als der Modus, durch den man den Einzelnen am leichtesten heranziehen kann, hat sich in Süd-Afrika überall die Besteuerung der *Hütten* erwiesen. Will man Kopfsteuer erheben, so stößt man bei der dazu nöthigen Registrierung der Eingeborenen auf fast unüberwindliche Schwierigkeiten. Die Eingeborenen sind sowohl bei Gelegenheit der Registrierung als bei der Steuererhebung nie zu finden, sie machen sich unsichtbar. Die Hütten eines Dorfes aber können sich nicht verbergen, auch repräsentiert ihre Zahl den Wohlstand ihres Besitzers, denn ihre Zahl zeigt die Zahl seiner Weiber an. Wird nun für die Hütten Jahr für Jahr eine *Geldabgabe* entrichtet [...], schwankt die Höhe dieser Abgabe zwischen zehn und fünfzehn M.[ark] pro Hütte, so wird es den Eingebornen in den meisten Fällen unmöglich, sich durch andere Mittel als durch Arbeit den Betrag derselben zu verschaffen. Die Hausväter müssen auf Arbeit ausgehen, oder ihre Söhne auf Arbeit senden. Durch diese Art der Besteuerung hat man in Süd-Afrika die allerbesten Resultate erzielt.

Quelle: Alexander Merensky, Wie erzieht man am besten den Neger zur Plantagen-Arbeit? Preisgekrönt von der Deutsch-Ostafrikanischen Gesellschaft, Berlin 1886, S. 4, 6 f., 20 f.

92. Zwangsarbeit, Prügelstrafe, Todesstrafe – Verfügung des Reichskanzlers wegen Ausübung der Strafgerichtsbarkeit und der Disziplinargewalt gegenüber den Eingeborenen in den deutschen Schutzgebieten von Ostafrika, Kamerun und Togo, vom 22. April 1896

Auf Grund der Allerhöchsten Verordnung vom 25. Februar 1896 wird wegen Ausübung der Strafgerichtsbarkeit und der Disziplinargewalt gegenüber den Eingeborenen für die deutschen Schutzgebiete in Ostafrika, Kamerun und Togo[1] im Anschluß an die Verfügung vom 27. desselben Monats das Folgende bestimmt:

[1] Für Deutsch-Südwestafrika traten die Bestimmungen in leicht modifizierter Form mit der »Änderung der Verordnung, betreffend die Strafgerichtsbarkeit der Eingeborenen in Südwestafrika« vom 8.11.1896 in Kraft.

I. Zuständigkeit.

§ 1. In den Küstenbezirken wird die Strafgerichtsbarkeit und das Strafverfahren über die farbige Bevölkerung von dem Gouverneur (Landeshauptmann) ausgeübt. In den Bezirksämtern tritt an die Stelle des Gouverneurs (Landeshauptmanns) der Bezirksamtmann (Amtsvorsteher). Der Letztere ist berechtigt, seine Befugnis auf die ihm unterstellten Beamten für deren Amtsbezirke unter eigener Verantwortung zu übertragen, ist aber gehalten, über den Umfang, in welchem er von diesem Rechte Gebrauch gemacht hat, an den Gouverneur (Landeshauptmann) zu berichten.

II. Gerichtliche Strafen.

§ 2. Die zulässigen Strafen sind: Körperliche Züchtigung (Prügelstrafe, Rutenstrafe), Geldstrafen, Gefängnis mit Zwangsarbeit, Kettenhaft, Todesstrafe.

§ 3. Gegen Araber und Inder ist die Anwendung körperlicher Züchtigung als Strafmittel ausgeschlossen.

§ 4. Gegen eine Frauensperson irgendwelchen Alters darf auf Prügel- oder Rutenstrafe nicht erkannt werden[2].

§ 5. Gegen eine männliche Person unter 16 Jahren darf nur auf Rutenstrafe erkannt werden.

§ 6. Die Vollstreckung der Prügelstrafe erfolgt mit einem von dem Gouverneur (Landeshauptmann) genehmigten Züchtigungsinstrument, die Vollstreckung der Rutenstrafe mit einer leichten Rute oder Gerte.

Das auf Prügel- oder Rutenstrafe lautende Urteil kann auf einmaligen oder auf zweimaligen Vollzug ergehen.

Bei jedem Vollzug der Prügelstrafe darf die Zahl von 25 Schlägen, bei dem Vollzug der Rutenstrafe von 20 Schlägen nicht überschritten werden.

Der zweite Vollzug darf nicht vor Ablauf von zwei Wochen erfolgen.

§ 7. Der Vollstreckung der Prügel- oder Rutenstrafe hat stets ein von dem zur Ausübung der Strafgerichtsbarkeit befugten Beamten (§ 1) zu diesem Zweck bestimmter Europäer, desgleichen, wo ein solcher vorhanden, ein Arzt beizuwohnen. [...]

§ 11. Die endgültige Verhängung der Todesstrafe steht einzig und allein dem Gouverneur (Landeshauptmann) zu. In Fällen, wo der Bezirksamtmann (Amtsvorsteher) auf solche erkannt hat, ist sofort dem Gouverneur unter Einsendung des Aktenmaterials Bericht zu erstatten. [...]

[2] Vgl. zum Hintergrund dieser Bestimmung Dok. 38.

§ 13. Zu den Strafverhandlungen soll der Wali (Jumbe, Dorfälteste)[3] hinzugezogen werden. Bei schwereren Verbrechen hat der Bezirksamtmann (Amtsvorsteher) mehrere angesehene Eingeborene zuzuziehen, ohne daß dadurch die ausschließliche Verantwortlichkeit des Bezirksamtmanns aufgehoben wird. Über die Verhandlung ist ein Protokoll aufzunehmen. Das Urteil ist schriftlich abzufassen.

§ 14. Für die Stationen und amtlichen Expeditionen im Innern finden die in den §§ 2 bis 13 dieser Verordnung enthaltenen Bestimmungen mit der Maßgabe entsprechende Anwendung, daß hinsichtlich der Ausübung der Strafgerichtsbarkeit (§ 1) an die Stelle des Bezirksamtmanns der Stationsvorsteher bezw. der Expeditionsführer tritt. [...]

III. Disziplinarbefugnisse der Bezirksamtmänner und der Stationschefs im Innern.

§ 17. Eingeborene, welche in einem Dienstverhältnis oder einem Arbeitsvertragsverhältnis stehen, können auf Antrag der Dienst- oder Arbeitgeber wegen fortgesetzter Pflichtverletzung und Trägheit, wegen Widersetzlichkeit oder unbegründeten Verlassens ihrer Dienst- oder Arbeitsstellen sowie wegen sonstiger erheblicher Verletzungen des Dienst- oder Arbeitsverhältnisses disziplinarisch von dem mit Ausübung der Strafgerichtsbarkeit betrauten Beamten (§§ 1, 14) mit körperlicher Züchtigung und in Verbindung mit dieser Strafe oder allein mit Kettenhaft nicht über 14 Tage bestraft werden. [...]
Berlin, den 22. April 1896

Der Reichskanzler
Fürst zu Hohenlohe

Quelle: Die deutsche Kolonial-Gesetzgebung. Sammlung der auf die deutschen Schutzgebiete bezüglichen Gesetze, Verordnungen, Erlasse und internationalen Vereinbarungen. Auf Grund amtlicher Quellen und zum dienstlichen Gebrauch hg. v. Alfred Zimmermann, Bd. II, 1893 - 1897, Berlin 1898, Nr. 194, S. 215 - 218.

[3] Wali: (arab.) einheimischer Verwaltungsbeamter auf regionaler Ebene (auch Akide)
Jumbe: (arab.) einheimischer Verwaltungsbeamter auf lokaler Ebene (Ortsvorsteher)

93. » … seine Bedürfnisse ausnutzen und allmählich steigern« – Otto Dempwolff, Arzt der Neuguinea-Kompanie, über die »Erziehung der Papuas zu Arbeitern«, 1898

Aus allem Gesagten resumire ich: Der Papua ist ein geborener Bodenbebauer, wie geschaffen zum Plantagenarbeiter, kräftig und durch Auslese und Vererbung angepasst dem Klima Neu-Guineas, friedlich und in gewissem Sinne auch fleissig und strebsam. Er arbeitet für sich selbst nur »der Not gehorchend, nicht dem eigenen Trieb«, er hat nicht die Einsicht, dass er für seine unsichere Zukunft vorausarbeiten, nicht Überlegung, dass er durch Erwerb zu behaglichem Lebensgenuss kommen könnte. Durch die Berührung mit dem Weissen wird er weder verdorben noch dezimiert (zumal Spirituosen und Waffenabgabe gesetzlich verboten [sind]); aber die Kluft zwischen beiden Rassen ist zu gross, als dass der Papua dem Europäer nachahmen wollte. Er wird auch für den Europäer nichts arbeiten, um an dessen Kulturbestreben teilzunehmen, auch nicht aus irgendwelchen ideellen oder materiellen Motiven der Reflexion, sondern nur *aus Bedürfniss, aus Gewohnheit, aus Zwang*. – […]

Das ist der Kernpunkt der ganzen Frage: anstatt dass der Eingeborene froh ist, die Kulturprodukte des Europäers für seine Arbeitsleistung erkaufen zu können, oder allenfalls für sein bisschen Feld- und Kunstprodukte einzutauschen, statt dessen zeigt der Weisse mitsamt den importierten Farbigen[1] ein Verlangen nach allen Viktualien[2] und Raritäten jener, als ob er ohne sie nicht leben könnte, und überfüttert die Tamul[3] dafür mit seinen Waren. Die Folge davon ist denn auch eine unvernünftige Preissteigerung derart, dass eine Kokosnuss in Friedrich-Wilhelmshafen eine halbe Stange Tradetabak, in Stephansort deren zwei kostet (etwa 3 1/4 resp. 13 Pf. Wert), dass für Bogen und Pfeile im Tausch Messer hingegeben werden, dass für geflochtene Schilde aus Krakar mehrere Beile von den schlau gemachten Tamul verlangt sind. Das ist ein verkehrtes Verhältniss, unwürdig für den Europäer; *ein wirthschaftliches Paradoxon, dass nicht der Wilde, sondern der Weisse ökonomische Bedürfnisse zeigt, und sich so in gewissem Sinne als der wirthschaftlich schwächere dokumentiert*.

An diese Wurzel müsste die Hand gelegt werden, wenn man den Papua zur Arbeit erziehen will, von seinen Produkten muss man die Sta-

[1] Gemeint sind chinesische, malaiische, javanische und melanesische Arbeiter.
[2] Lebensmittel
[3] Papua-Ethnie an der Astrolabe-Bay

tionen möglichst emanzipieren, umgekehrt aber seine Bedürfnisse ausnutzen und allmählich zu steigern suchen. [...]

Diesen schon jetzt vorhandenen Konsum wird man alsdann zu erweitern haben. Es lässt sich an verschiedenes anknüpfen. Der Papua schläft nachts am offenen Feuer, weil er friert. Er bedeckt sich mit Baumbaststoffen und ist begierig auf die leeren Reissäcke, die er etwa eintauschen kann. Kleider und Wolldecken sind zu teuere Artikel, aber ein dicht und kraus gewebter, billiger bunter Baumwollenstoff wird sich eher einbürgern lassen, als die dünnen »Lavalavas«, mit denen sich die Melanesen bekleiden. Der Tamul hat unser Feuerzeug längst schätzen gelernt, er würde auch Lampen als Beleuchtungsmittel acceptieren und Petroleum konsumieren – improvisieren doch die Melanesen sich aus Arzneiflaschen und Baumwollfäden ihre Nachtlampen –; [...] Auch Löffel, Essgeschirre und Hausgerät könnte[n] dem Papua lieb gemacht werden.

Endlich glaube ich, dass es auch gelingen würde, den Wettbewerb anzuregen und den Ehrgeiz bei einzelnen anzustacheln. Denn auch unter den Papua giebt es Begabtere, welche etwas von der Denkweise der Europäer besitzen und sich besser dünken als ihresgleichen: solche Leute unter den Jabim[4] sind die rechte Hand der Anwerber, die Aufseher ihrer Genossen auf den Pflanzungen, sie wären auch geeignet zu Vorarbeitern, quasi zu Unternehmern in Akkordarbeit. Diese herausfinden, emporziehen, ihren Erwerbsinn, ihren Ehrgeiz anfeuern, sie als Häuptlinge zu proklamieren und ihnen bei ihren Landleuten Respekt verschaffen: Das wäre der letzte Schritt, um übergehen zu können zu dem oben angedeuteten System der Holländer: *Ausnutzung der europäischen Herrschaft durch wirksame, verantwortliche Mittelpersonen (Häuptlinge) auf die in kleinen politischen Gebilden organisierten Eingeborenen zwecks Abgaben und Frohnarbeiten als Entgelt für Schutz und Verwaltung*. [...]

Ich habe unterlassen, von der Berechtigung der Weissen, die Papua als Arbeiter »auszunutzen« zu sprechen. Es ist mir selbstverständlich, dass der Europäer, der allein es versteht, die Schätze der tropischen Wildnis zu heben und zu verwerten, auch das Recht hat, die Eingeborenen zu diesem der Gesamtheit nutzbringenden Geschäft heranzuziehen, und dass er dabei als die höhere Rasse die Herrschaft usurpiert, selbst mit seiner Intelligenz schafft und die niederen Rassen zur Verwertung ihrer Körperkraft veranlasst. Ich will nur noch zwei andere Anschauungen hier berühren. Es wird in der Presse häufig von der Kulturmission der Europäer gesprochen, dass die Hauptaufgabe der Kolonisation sei, Humanität und Civilisation unter niederen Völkern

[4] Papua-Ethnie am Huon-Golf

zu verbreiten. Dem gegenüber ist zu erwidern, dass – ganz abgesehen von den Gesetzen, die auch den Eingeborenen schützen – es nur ein Gebot der Klugheit ist, das Menschenmaterial »human« zu behandeln, und dass Civilisation nicht durch Lehre und Beispiel, sondern durch Arbeit und Wettbewerb verbreitet wird.

Quelle: Dr. Otto Dempwolff, Die Erziehung der Papuas zu Arbeitern, Koloniales Jahrbuch, Bd. XI (1898), S. 6, 9 f., 11 f., 13 f.

94. »Da ertönt um 5 1/2 Uhr die Stationsglocke ...« – Arbeitsalltag in einer protestantischen Sklavenfreistätte (Lutindi/Ostafrika), 1904

Da ertönt um 5 1/2 Uhr die Stationsglocke, die müden Schläfer von Lutindi zu erwecken. [...]

Um 5 3/4 Uhr ertönen dann dreimal drei Glockenschläge, das Zeichen für die kurze Morgenandacht. Auch von den Bewohnern der Kolonie Bethaniyia sieht man einige eiligst sich der Station nähern, um hierzu noch rechtzeitig zur Stelle zu sein. Nach derselben beginnt die Verteilung des Frühstücks für die Zöglinge, je nachdem eine Stange Zuckerrohr, einige Bananen oder auch Ananas. Sehr schnell sind diese ihre Lieblingsspeisen verzehrt, und es beginnt die Arbeitsverteilung. Einige haben die Wohn- und Schlafräume zu reinigen, andere kehren die Veranden und den Stationshof. Wieder andere werden beauftragt, die Wände des Geflügelhauses neu zu verputzen. Njomba, der Schusterjunge, geht in seine Werkstatt, um auf ein Paar Bergstiefel neue Sohlen aufzuschlagen. [...]

Die übrigen Knaben gehen aufs Feld, Kartoffel zu hacken. Die Mädchen stampfen die getrockneten Bananen zu Mehl, aus dem die Köchin den Mittagsbrei bereiten soll. Inzwischen haben sich von den Eingeborenen der Umgegend Arbeitsuchende im Ziegelschuppen versammelt. Einige Männer aus dem Gebirge werden unter Aufsicht des früheren Zöglings Kaniki in die Kaffeeanlage geschickt, um an Stellen, wo die Hemileia[1] die Kaffeebäumchen vernichtet hat, neue Löcher auszuheben. Vier Waschambaa werden beauftragt, Pfosten und

[1] wurzelparasitischer Pilz

dicke Stangen zur Errichtung eines Sägegerüstes im Walde zu schlagen und herbeizuschaffen. Zwei andere wieder werden zum Stampfen des Lehmes für das Verputzen der Gebäude angestellt. Zwei Wanyamwezi begeben sich mit ihrer Säge in den nahen Wald, um Bretter zu sägen. Danieli und Filippo von Bethaniyia gehen in die Tischlerbezw. Zimmerwerkstatt, um für Spaten und Aexte neue Stiele zu machen. Sechs Akkordarbeiter, die behufs Ebenung eines Platzes, einen Posten Erde abzutragen, übernommen haben, sind schon emsig beim Aufhacken und Wegkarren beschäftigt, hoffen sie doch, noch an selbigem Tage diese Arbeit fertig zu stellen, und dann ihren wohlverdienten Lohn am Abend zu erhalten.

Auch Waschambaafrauen kommen mit ihren Hacken und bitten um Arbeit. Unter Aufsicht werden sie zum Behacken der Bananen geschickt.

Um 7 Uhr wieder läutet die Glocke zum Beginn der Arbeit und abermals um halb acht zum Anfange des Schulunterrichts für die noch schulpflichtigen Zöglinge. Nach zwei Stunden Unterricht gehen auch die Schüler an die ihnen zugewiesene praktische Arbeit. Die Mädchen, welche nicht im Hause oder in der Waschhalle beschäftigt werden, gehen aufs Feld zum Behacken der Bananen, die Knaben zum Kartoffelernten. Zwei Knaben sägen Dachlatten für das neue Wohnhaus. Um 3/4 12 Uhr gibt die Glocke das Zeichen, daß die Stationsbewohner von der Arbeit heimkehren dürfen, um sich vor dem Mittagessen schnell zu baden und sauber anzukleiden. Das zweite Läuten, um 12 Uhr, gilt den aushilfsweise angestellten Arbeitern zur Mittagspause. [...]

Um 1/2 2 Uhr ruft dann die Glocke wieder zur Arbeit. Die Mehrzahl fährt in der ihnen am Morgen übergewiesenen Beschäftigung fort. Einige, die mit derselben fertig geworden, werden zum Ausräumen des Viehstalles, andere zum Begießen der europäischen Gemüse bestellt; andere wieder helfen beim Auflegen und Zurüsten eines Baumstammes, der zum Balken für das neue Wohnhaus hergerichtet werden soll. [...]

Um 1/2 6 Uhr läutet endlich die Glocke zum Arbeitsschluß und von allen Richtungen eilt Alt und Jung der Station zu. Zunächst gibt jeder das am Morgen erhaltene, auf seinen Namen angeschriebene Gerät an den Stationsaufseher Kanyandenge zurück. Die Hilfsarbeiter und Kolonisten von Bethaniyia erhalten ihre Marken. Die Akkordarbeiter haben ihre Arbeit mit großem Fleiße beendet. Nachdem die von ihnen planierte Fläche gemessen und besichtigt ist, erhalten sie ihre 6 Rupies[2] und eiligst machen sie sich zur Heimkehr den Berg hinunter auf den Weg, denn ihr Heimatdorf Handei liegt etwa 1 Stunde von Lutindi

[2] 8 Mark

entfernt und um 6 Uhr bricht die Dunkelheit herein. Dann wird abermals geläutet. Wir haben auf Lutindi zwei Glocken, eine kleine, welche einst auf dem Gute Münchehofe i. d. Mark das Zeichen zum Beginn der Arbeit gab, und welche bei der Begründung der Station von dem derzeitigen Vorsitzenden des Evangelischen Afrika-Vereins derselben geschenkt wurde, und eine größere, für welche im Jahre 1899 die am Kindergottesdienste teilnehmenden Knaben und Mädchen in Fürstenwalde (Spree) die Mittel aufgebracht haben. [...]

Um 9 Uhr endlich ertönt der Posaunenklang des Liedes: »Nun ruhen alle Wälder«, und das ist das Zeichen, daß alle Lichter auf der Station gelöscht werden müssen und alles sich zur Ruhe zu begeben hat.

Quelle: [Pastor E.] Otto, Ein Arbeitstag auf unserer Station Lutindi, Afrika 11 (1904), S. 12 - 15.

Missionsschule in Wuga/Deutsch-Ostafrika, 1914

95. Plantagenkulis oder freier Bauernstand? – Schreiben des Missionsinspektors der Basler Mission, Theodor Oehler, an den Reichstagsabgeordneten Wilhelm Lattmann (Wirtschaftliche Vereinigung) über die »Arbeiterfrage« am Kamerunberg vom 20. Mai 1905

An den Reichstagsabgeordneten
Herrn Amtsrichter Dr. Lattmann
Reichstag
Berlin

Sehr geehrter Herr Doktor!

Gestatten Sie mir, Ihnen im Blick auf die bevorstehenden Reichstagsverhandlungen über die Kameruneisenbahn einige Bedenken vorzulegen, die sich an die Absicht knüpfen, der die Bahn bauenden Gesellschaft[1] große Landkonzessionen zu machen.

Wir kennen diese Dinge durch die Erfahrungen am Kamerunberg. Es ist vor allem ein Unrecht, das man den Eingeborenen dadurch tut, daß man das Land, auf dem sie wohnen, an europäische Spekulanten vergibt. Allerdings bestehen gesetzliche Verordnungen zur Wahrung eines für ihren Unterhalt genügenden Besitzstandes der Eingeborenen[2]. Sie haben es aber nicht verhindert, daß man in der rücksichtslosesten Weise fast alles Land an den West- und Südabhängen des Kamerungebirges den Eingeborenen genommen hat. Die Kolonialleitung in Berlin hat dann allerdings das Unrecht wieder gut zu machen gesucht, und hat zur Wahrung der Rechte der Eingeborenen auch Missionare in die Landkommission berufen. Aber wer einen Einblick in die Verhältnisse hat, weiß, welch starke Einflüsse und Gegenwirkungen draußen sich geltend machen, um die besten Absichten der Kolonialleitung nicht zu voller Geltung kommen zu lassen. (...)

Aber auch die friedliche Entwicklung der Kolonie wird durch solche Riesenkonzessionen in Frage gestellt. Will man nichts aus dem Aufstand in Südwestafrika lernen? Meint man, die Eingeborenen in Kamerun seien Lämmer? Begreift man nicht die furchtbare Erbitte-

[1] Deutsche Kolonial-Eisenbahnbau- und Betriebsgesellschaft in Berlin. Die Bahn sollte von Duala nach den Manengubabergen (Nordbahn) führen.

[2] In einer Zusatzverordnung vom 4.10.1903 (zur Landkommission-Verordnung vom 15.6.1896) war festgelegt worden, daß als Mindestmaß für eine Eingeborenen-Hütte 6 ha Boden zugrunde zu legen seien.

rung, die die Vergewaltigung bei ihnen hervorruft? Es liegen mir Berichte vor, die zeigen, daß man reichlich dafür gesorgt hat und noch sorgt, daß Zündstoff da ist. Will man ihn noch reichlicher anhäufen und fortmachen bis es zur Explosion kommt? Weiß man nicht, daß man [es] im Innern mit zahlreichen und kräftigen Stämmen zu tun hat? Und ist es kolonialwirtschaftlich richtig, die Großplantagenwirtschaft einseitig zu begünstigen? In demselben Maß, als das geschieht, wird die Erziehung eines freien Bauernstammes gehemmt. Welche Entwicklung hat in den letzten Jahren der Kakaobau auf der Goldküste genommen, ohne Plantagenbetrieb, einfach durch freie Bauern. Ein freier, selbständiger Bauernstand ist doch gewiß für eine Kolonie mehr wert als ein Proletariat von Plantagenkulis. Und die Gewinnung der Arbeiter für Plantagen, mit wie viel Übervorteilung, Vergewaltigung, Betrug, Mißhandlung der Eingeborenen ist sie verbunden. (...)

Es sind einige Gedanken, die ich Ihnen niederschrieb, von denen Sie aber, vielleicht in der Reichstagsverhandlung, soweit Sie es für gut halten, Gebrauch machen können.

Mit vorzüglicher Hochachtung
(gez.) D. Oehler, Missionsinspektor

Quelle: Zeitschrift für Mission 7 (1981), S. 107 f.

96. Arbeiterfrage und Herrenmenschentum – Carl Peters über die Behandlung der Afrikaner, 1906

Ein sehr verschiedener Grundsatz der Verwaltung ist für die Eingeborenen in unseren Kolonien am Platz. Ihnen gegenüber empfiehlt es sich, vom Standpunkt des Eroberers und des Herrn aus aufzutreten. Gerade im Interesse der wirtschaftlichen Erschließung der Gebiete kommt alles auf die Ordnung der schwarzen Bevölkerung zur Arbeit an; ja man könnte behaupten: die eigentliche Aufgabe der Verwaltung in einer Kolonie ist die Disziplinierung Eingeborener für die weißen Unternehmungen. Darauf läuft schließlich alles hinaus. Hierfür können wir bei den Engländern nicht in die Schule gehen. Weder in Amerika, noch in Australien, noch auch in Afrika haben sie es verstanden, die eingeborenen Rassen zur Arbeit zu erziehen. Entweder rotteten sie diese einfach aus oder sie zogen mit ihrem doktrinären Liberalismus ein arbeitsscheues, dreistes Gesindel empor. Hier werden wir unseren eigenen Weg zu nehmen haben. Vorbilder dafür, wie man aus Afrikanern wirtschaftliche Arbeit erzielt, sind am Ende nur die eingeborenen Häuptlinge: die Mtesas, die Mahdis, die Mirambos, die Gungunjanas und Tschakas, sodann die arabischen Herren[1]. Aber sie alle blieben grundsätzlich auf der Stufe der Sklaverei stehen. Von ihnen können wir also nur das eine lernen, daß gegenüber den Schwarzen für absehbare Zeit noch ein gewisser Arbeitszwang anzuwenden ist. [...]

Und analog verfährt er [der Kapitalismus] in Südafrika, welches er in einem Menschenalter in ein zivilisiertes Gebiet umgewandelt hat. Überall hebt er da auch die Eingeborenen aus dem Zustand der Bestialität in eine höhere Kulturform, indem er sie dazu erzieht, wozu die Natur sie bestimmt hat, nämlich zu Fabrik- und Muskelarbeitern. Herr Bebel und Singer[2] mögen doch einmal versuchen, sie auf ihre Art zu gleichberechtigten Brüdern zu machen. Die Natur ist aristokratisch trotz aller Parteiphrasen, und es ist die Natur selbst, welche natürliche Grenzscheiden zwischen die Menschenspezies gesetzt hat, genau wie zwischen die Arten und Klassen der Tiere und Pflanzen.

Die Politik der »Konquistadoren und Kapitalisten« [...] ist es also gewesen, welche die überseeische Welt europäisiert und modernisiert hat, und um so gründlicher, je entschiedener sich die Eingeborenen ihr widersetzten und infolgedessen verschwanden (wie in Nordamerika und Australien), während da, wo sie sich assimilierten (wie in Südamerika), Bastardnationen entstanden sind. Was vorzuziehen ist, das ist Sache des Geschmacks. Vor dem Tribunal der Geschichte steht jedenfalls die klare Durchsetzung der weißen Rasse am höchsten; und deshalb erscheint eine Politik wie in Neuseeland am vollkommensten, wo die Maori bleiben, und zwar als gleichberechtigte Staatsbürger, aber das englische Element sich sorgfältig vor einer Rassenmischung hütet.

[1] Mtesa: Mutesa I. (1856 - 1884), Kabaka (König) von Buganda; Mahdi: eigtl. Mohammad Achmad (um 1844 - 1885), gab sich für den verheißenen Mahdi (Erlöser der Endzeit) aus, als Führer der Aufständischen im ägyptischen Sudan gelang ihm am 26.1.1885 die Eroberung von Khartum; Mirambo: Häuptling der in Ost-Afrika lebenden Wanjamwesi, erfolgreicher Feldherr, u.a. gelang ihm die Eroberung des arabischen Handelsplatzes Tabora; Gungunjana: gemeint ist wahrscheinlich Gungunhane, Häuptling der Gaza-Ngoni (Mosambik); Tschaka: Tschaka Zulu (um 1787 - 1828), Zuluherrscher in Süd-Ost-Afrika, Feldherr und Stratege (»schwarzer Napoleon«), löste durch seine Kriegführung Wanderzüge zahlreicher Stämme Südafrikas aus; arabische Herren: gemeint sind die arabischen Herrscher (Sultane) auf Zanzibar und in Ost-Afrika, auch Sklavenhändler wie Tippu Tip und Rumaliza, die östlich des Tanganjika-Sees sogar selbständige (Sklavenhalter-)Staaten errichteten.

[2] Gemeint sind die SPD-Politiker August Bebel und Paul Singer.

Quelle: Carl Peters, Gesammelte Schriften, Bd. 1, München 1943, S. 436 f., 448.

97. »Erziehung des Negers zur Arbeit« – Ludwig Külz, Blätter und Briefe eines Arztes aus dem tropischen Deutschafrika, 1906

Wozu wollen wir den Neger erziehen? [...] Wir müssen uns zuvor zuerst eine zweite wichtige Frage beantworten, aber ehrlich beantworten; das ist die: Weshalb haben wir überhaupt Kolonien erworben? Antwort: Getrieben vom Kampfe ums Dasein, vom Expansionstriebe der Rasse, welcher der heimische Boden zu eng wird, getrieben von dem Willen, dem Mutterlande neue Quellen zuzuführen und neue Abflußgebiete zu verschaffen. Alle anderen Motive sind post festum hineingetragen worden, um dem nackten Kinde ein Mäntelchen umzuhängen. [...] Legen wir uns jetzt nochmals die Frage vor: wozu sollen wir den Neger erziehen? Meine kurze und bündige Antwort lautet: zur Arbeit für uns. Tun wir das, so haben wir den materiellen Nutzen auf unserer und eine Veredlung der Eingeborenen auf der anderen Seite, denn Arbeit hat noch nie einen anderen als veredelnden Einfluß ausgeübt. Jede einzelne koloniale Bestrebung in der Eingeborenenpolitik, die dieses Endziel im Auge hat, kann uns willkommen sein; jede, die es hindert, muß als parasitär bekämpft werden. [...]

So schöpft der Neger, seinen eigenen Neigungen überlassen, zunächst nur von der Oberfläche der europäischen Kultur. Trotzdem halte ich's für möglich, daß man ihn mit Geduld in die Tiefe führen könnte, falls man überhaupt das Bestreben billigt, den Neger in größerem Umfange mit ihrem Wesen [der Kultur] wirklich vertraut zu machen. [...] Wenn ich es auch für möglich halte, daß man in vereinzelten Negerschädeln etwas Licht verbreitet, so möchte ich durchaus dahingestellt sein lassen, ob es verdienstlich ist, dies als wünschenswertes, allgemeines Ziel kolonialen Strebens zu preisen. Vielleicht wäre es besser, anstatt des Gehirns die Muskulatur des Schwarzen sich dienstbar zu machen, oder, wenn man schon seinen Schädel verwerten will, ihn mit Trägerlasten anstatt mit Kulturbegriffen zu beladen. [...]

Vor allem möchte ich nicht den Glauben erwecken, als wenn der Erziehungszeitraum, dessen der Neger bedarf, dem des Kindes gleichzusetzen sei. Jahrhunderte wird er für den Neger dauern, und hoffentlich wird er auch dann nicht seinem europäischen Lehrmeister über den Kopf wachsen, sondern dauernd im Vergleich zu ihm der Unmündige bleiben. ›Afrika den Afrikanern!‹, sagt Zintgraff[1] treffend, ›aber uns die Afrikaner!‹.

Quelle: Ludwig Külz, Blätter und Briefe eines Arztes aus dem tropischen Deutschafrika, Berlin 1906 (²1911, ³1943), S. 23, 73 f., 77.

98. Gewaltloser Paternalismus statt kolonialstaatlicher Repression – Gouverneur Wilhelm Solf über seine »Eingeborenenpolitik« auf Samoa an den Geographen Siegfried Passarge, 29. Oktober 1906

Sehr geehrter Herr Professor!
Gestatten Sie mir, daß ich auf Ihre Anfrage von neulich noch einmal zurückkomme und zu der Antwort, die ich in der Sitzung [in Leipzig] gegeben habe, einiges hinzufüge. Ich würde Ihnen außerordentlich dankbar sein, wenn auch Sie mir Ihre Befürchtungen eingehender begründen könnten, als es in der Sitzung die Zeit erlaubte.

Ich wiederhole, daß ich einen Aufstand der Eingeborenen in Samoa gegen die Weißen für durchaus unwahrscheinlich halte. Im Bereich der Möglichkeiten liegt er natürlich. Immerhin neigt meine Überzeugung zu der Richtung der großen Unwahrscheinlichkeit und fast Ausgeschlossenheit hin. Der Vergleich der polynesischen Samoaner mit den Hereros oder Hottentotten fällt in jeder Beziehung *zugunsten der Samoaner* aus. Die Treulosigkeit der polynesischen Samoaner hat nichts Hinterhältiges. Sie sind treulos oder eigentlich mehr wankelmütig wie die Kinder. Die Samoaner sind mit der Art und Weise, wie ich sie behandle, wenn mich nicht alles täuscht, durchaus zufrieden. Es wäre falsch, wenn man den Pflanzern nachgeben und die Samoaner zu streng behandeln oder gar, wie oft stürmisch gefordert wird, mit Gewalt zum Arbeiten drängen würde. Die Faulheit der Samoaner ist sehr cum grano salis zu verstehen. Die Annahme, daß der Samoaner nicht arbeitet, ist falsch. In jedem samoanischen Dorfe, das für sich ein Gemeinwesen bildet, hat jede Klasse von Eingeborenen ihre überlieferungsgemäß bestimmte, zugeteilte Arbeit. Alte Frauen, junge

[1] Eugen Zintgraff (1858–1897), deutscher Afrikaforscher

Mädchen, alte Männer, junge Leute, jeder hat sein bestimmtes Arbeitspensum. Haus bauen, Boot bauen, Feld bestellen, Fischerei betreiben, Mattenflechten, Tapa[1] bereiten und all die Verrichtungen, die das tägliche Leben mit sich bringt, sind durch uralte Überlieferungen genau abgegrenzt unter die einzelnen Gemeindegenossen verteilt. Jeder junge Samoaner, der für Pflanzer arbeitet, fehlt natürlich mit seiner Arbeit innerhalb seiner Gemeinde. Die Idee der Samoaner ist die, daß jeder, der außerhalb seiner Gemeinde arbeitet, seinen Verdienst der Gemeinde schuldet, da seine Tätigkeit für die Gemeinde in Fortfall kommt.

Daher das geringe Interesse der Samoaner, für Fremde zu arbeiten. Denn sie müssen ja, was sie verdienen, nach der kommunistischen Anschauung ihrer Gemeinde, dieser teilweise oder ganz übermitteln. Dazu kommt die Ansicht, daß Arbeiten als Knecht für Bezahlung als verächtlich gilt. Der Samoaner arbeitet als Mitglied der Familie, aber nicht als Diener. Das Wort für Diener (Tavini) hat eine ausgesprochen verächtliche Nebenbedeutung. Diese Anschauungen und die daraus resultierenden Verhältnisse mit Gewalt zu ändern, würde vielleicht zu einer Empörung der Eingeborenen gegen die Weißen führen, sicher zu einer Obstruktion, unter der die wirtschaftlichen Verhältnisse der Weißen sehr zu leiden hätten. Die Samoaner würden bei den Weißen nicht mehr kaufen, sich der gewöhnten Importartikel wie Kleiderstoffe, Salzfleisch, Eisenwaren usw. entschlagen und würden ihre Bedürfnisse wie früher aus den Produkten des Landes befriedigen. Vor allem würden sie das Kopraschneiden für die weißen Händler unterlassen. Das würde ein Ruin der Weißen bedeuten. Die Samoaner würden im Falle der Widerspenstigkeit gegen die Weißen auch Pflanzungen zerstören. Am Leben der Weißen würden sie sich nur im Falle der äußersten Empörung vergreifen.

Alle diese Erwägungen liegen den Ansiedlern, die nach Samoa kommen, um Geld zu verdienen, sehr fern, da sie die Samoaner als corpus vile[2] für ihre Erwerbsabsichten betrachten. Die Gefährlichkeit eines eventuellen Aufstandes ist dadurch verringert, daß die Samoaner sämtliche Feuerwaffen, die sie im Besitz hatten, abgeliefert haben. Es sind unter die Samoaner 200 Vogelflinten, d.h. einläufige Vorderlader, verteilt. Die Ausgabe von Munition wird streng und genau kontrolliert. Weiterhin wissen die Samoaner, daß sie auf die Dauer bei einem Aufstande doch den Kürzeren ziehen werden, da sie die Wirkung der Kanonen von den Kriegsschiffen genügend kennen. Auch ist zu bedenken, daß die Samoaner derartig untereinander zerfallen sind, daß

[1] aus Baumrinde gefertigter Kleidungsstoff
[2] (lat.) wertloser, geringer Mensch (auch Sache)

ihre Einigung sehr schwer, ich glaube, unmöglich ist. Die Unbequemlichkeiten, die letzthin in den Zeitungen besprochen worden sind, sind Lappalien und aufgebauscht. Die Flucht eines Geisteskranken aus seinem Gewahrsam oder der Versuch, einen Häuptling aus dem Gefängnis zu befreien, sind lediglich vom Standpunkt der Polizei, nicht aber vom politischen Standpunkt aus zu betrachten. Größere Unbequemlichkeiten unter den Samoanern erwarte ich mit Sicherheit beim Ableben des höchsten Häuptlings Mataafa[3]. Es sind ungefähr fünf Kandidaten für die Sukzession da. Der Umstand, daß Mataafa alt und gebrechlich ist, ist für mich in der Hauptsache maßgebend, meine Rückkehr in das Schutzgebiet für notwendig zu halten. Einer, der die politischen Fäden der Häuptlingsfamilien nicht in den Händen hat, wird nicht in der Lage sein, der Schwierigkeiten Herr zu werden, die nach dem Tode Mataafa's sicherlich entstehen werden.

[...]

Mit dem Ausdruck der vorzüglichsten Hochachtung

Solf

Quelle: Eberhard von Vietsch, Wilhelm Solf. Botschafter zwischen den Zeiten, Tübingen 1961, S. 349 - 351.

99. Mittel kolonialer Ausbeutung: Hüttensteuer und Arbeitszwang – Der vormalige Gouverneur von Deutsch-Ostafrika, Eduard von Liebert, über politische Strategie und Verwaltungspraxis in den afrikanischen Kolonien, 1906

Für die deutsche Herrschaft mit ihren geringen Machtmitteln im Verhältnis zu dem weiten Raume ist es von großer Bedeutung, daß die Negerstämme untereinander keine politische Verbindung haben, sondern sogar in gegenseitiger Fehde leben. Die Bantustämme stehen noch auf tiefer Kulturstufe, sind träge und müssen zur Arbeit angehalten werden; Vielweiberei und Halten von Haussklaven sind die Reste alter Gewohnheitsrechte. Erst längere Berührung mit der europäischen Kultur und die allmähliche Einwirkung christlicher Missionsar-

[3] Mata'afa Iosefo, Alii Sili (»hoher Herr«), nach dem Samoa-Vertrag (1899) diente er der deutschen Kolonialregierung als verlängerter Arm der Verwaltung in samoanischen Angelegenheiten; er starb 1911.

beit werden darin Wandel schaffen. Trotz der überlegenen Bewaffnung der Deutschen zeigen wiederholte Erhebungen, Aufstände und Überfälle von Faktoreien die Unüberlegtheit, den Trotz und die Abneigung der Wilden gegen die europäische Kultur. Erziehung zur Arbeit durch moralischen Zwang ist das einzige Mittel, um jenen Trotz zu brechen und den fruchtbaren Boden des Landes auszunützen. [...]

Seit dem 1. April 1898 ist in der Kolonie[1] die *Hüttensteuer* eingeführt. Sie wird zu 3 Rupie[n] = 4 Mark von der Familie erhoben, soweit die deutsche Macht dies ohne Kampf heraufzubeschwören durchzusetzen vermag. Sie hat sich als wirksames moralisches Mittel erprobt, die Eingeborenen ein wenig zur Arbeit anzuhalten. Die Steuer kann in Geld, in Bodenerzeugnissen oder in Arbeit abgeleistet werden. Sie brachte bei der ersten Einhebung 500 000 Mark, ist dann Jahr für Jahr ziemlich genau um 200 000 M. in die Höhe gegangen und hat 1904 1 400 000 Mark eingebracht. Voraussichtlich wird sie in den Küstenbezirken demnächst verdoppelt, da es der einzig mögliche Druck ist, die träge Bevölkerung zum Bebauen des Bodens zu zwingen. [...]

Der Neger arbeitet ungern, besonders ungern aber im festen Akkord und unter europäischer Aufsicht. Nur hohe Lohnsätze können ihn bestimmen, eine feste Arbeitsverpflichtung auf längere Dauer einzugehen. Die ostafrikanischen Kaffeepflanzungen hatten häufig unter Arbeitermangel und stets unter hohen Löhnen zu leiden. Die besten Arbeiter kamen von den kräftigen Stämmen des Innern, den Waniamwesi und Wassukuma aus der Gegend von Tabora und Muanza. Neuerdings aber stockt der Handel von Tabora zur Küste, da er sich bequem über den Viktoria Nyanza und die britische Ugandabahn[2] vollzieht. Infolgedessen kommen weniger »Träger« mehr aus dem Innern an die Küste, und aus diesen war stets das beste Arbeitermaterial zu gewinnen, da die Leute sich auf sechs Monate verdingten, ehe sie in ihre Heimat zurückkehrten. Während nun gerade Eisenbahnbau und der mit jedem Jahr sich steigernde Plantagenbau die Nachfrage nach Arbeitern stetig vermehrt, sind diese immer schwerer zu haben. Auch die vom Gouvernement angestellten Arbeiterkommissare, die das Innere bereisen und mit den dortigen Häuptlingen Kontrakte auf Gestellung bestimmter Arbeiterkontingente abschließen sollen, können dem Bedürfnis nicht genügen. Da wir das Land doch kultivieren wollen und ohne eingeborene Arbeitskräfte nichts auszurichten vermögen, so bleibt uns nichts übrig, als die Maßregel aus den früheren Burenstaaten einzuführen, wonach jeder Neger am Ende des Jahres durch Schein sich ausweisen mußte, daß er sechs Monate bei einem

[1] Deutsch-Ostafrika
[2] 1902 fertiggestellt

Weißen gearbeitet hatte. Ein Arbeitszwang wird durchgeführt werden müssen, wenn nicht alle Mühe um die Hebung des Landes vergeblich bleiben soll. Man soll sich stets von neuem die Tatsache vorhalten, daß wir die Kolonien für uns und zu unserem Nutzen erworben haben und daß die Neger für uns zu arbeiten bestimmt sind. Wer auf die Phrasen eines Ledebour[3] und der »Politiker« dieses Schlages schwört, wird nie zu kolonisieren verstehen.

Quelle: E[duard] von Liebert, Die deutschen Kolonien und ihre Zukunft, Berlin 1906, S. 17, 41, 49 f.

100. »Milder, menschlicher und doch von pädagogischer nachhaltiger Wirkung« – Ein amtlicher Briefwechsel zur Prügelstrafe aus den Jahren 1905 bis 1907

a) Erlaß der Kolonialabteilung des Auswärtigen Amtes an die Gouverneure von Kamerun und Togo. Berlin 31. Okt. 1905. Abschrift. Auszug.

Bei der Vollstreckung der Prügelstrafe gegen Eingeborene wünsche ich auf Grund der hier vorliegenden ärztlichen Gutachten, daß in Zukunft in allen afrikanischen Schutzgebieten der in Deutsch-Südwest- und Ostafrika bisher in Gebrauch befindliche Schambock oder Kiboko[1] ausschließlich zur Anwendung kommt. [...]

Auswärtiges Amt, Kolonialabteilung
gez. Stuebel[2]

[3] Georg Ledebour, kolonialpolitischer Sprecher der SPD im Reichstag

[1] Die Flußpferdpeitsche hieß in Deutsch-Südwestafrika ›Schambock‹, in Deutsch-Ostafrika ›Kiboko‹.

[2] Dr. Oscar Wilhelm Stuebel, Diplomat, war 1900 – 1905 Direktor der Kolonialabteilung des Auswärtigen Amtes.

b) Fachgutachten zum Bericht des Kaiserlichen Gouverneurs von Kamerun vom 30. April 1906. Berlin, 23. Juni 1906. Ausfertigung.

Es ist zuzugeben, daß ein Tauende die Haut mehr schont und weniger leicht blutige Striemen und direkte Hautverletzungen macht als ein Kiboko; in diesem Sinne kann man ein Tauende als das humanere Instrument betrachten. Ein Tauende macht aber – und zwar je dicker das Tau ist um so mehr – leichter Verletzungen in der Tiefe, und auf diese Verletzung tiefer Organe, besonders der Leber, sind mit größter Wahrscheinlichkeit die auf körperliche Züchtigungen folgenden plötzlichen Todesfälle zurückzuführen. Die plötzlichen Todesfälle würden sich ja auch mit Tauende vermeiden lassen, wenn man mit Sicherheit die Hiebe auf die Hinterbacken und event.[uell] oberen Teil der Oberschenkel beschränken könnte. Trotz aller darauf hinzielenden Vorschriften werden sich aber bei dem außerordentlich beweglichen und nicht ganz sicher zu dirigierenden Tau Schläge, die nach vorne hinüberwippen, nicht ganz sicher ausschließen lassen. Will man also – und darauf kommt es m.E. an – die plötzlichen Unglücksfälle nach körperlichen Züchtigungen ausschließen, so wird kaum etwas anderes übrig bleiben, als an Stelle des Tauendes ein Instrument wie den Kiboko zu wählen, welches wegen seines geringen Gewichtes eine Tiefenwirkung wie das Tauende nicht entfalten kann, wenn er auch bezüglich seiner Wirkung auf die Haut weniger »human« ist.

Steudel[3]

c) Bericht der Station Atakpame, Togo an das Gouvernement. Atakpame, 9. August 1906. Abschrift.

Ich bitte gehorsamst, in Erwägung ziehen zu wollen, ob es nicht angebracht erscheint, bei der Kolonial-Abteilung des Auswärtigen Amts dahin vorstellig zu werden, die Nilpferdpeitsche als Züchtigungsmittel wieder durch unser altes Tauende zu ersetzen.

Wenn ich auch als Freund der Prügelstrafe mir wohl bewußt bin, daß ja gerade eine kräftige Züchtigung als abschreckende Strafe erwünscht erscheint, so bin ich in den 4 Monaten, in denen nunmehr

[3] Dr. Emil Steudel, Schutztruppenarzt, war seit 1901 Medizinalreferent in der Kolonialabteilung des Auswärtigen Amtes bzw. des Reichskolonialamtes.

mit der Flußpferdpeitsche gezüchtigt wird, doch zu der Überzeugung gekommen, daß diese Art der Züchtigung eine Grausamkeit darstellt, die wohl nicht beabsichtigt worden ist. Es ist fast unvermeidlich, daß von den Hieben der Flußpferdpeitsche Löcher in die Haut gerissen werden und gerade an der Stelle, die dem Menschen und besonders dem Auge des Verletzten am schwersten zugänglich ist. Eine Wundpflege ist daher für den Geprügelten selber recht schwer, die Wunden sind schwer rein zu halten, der Verletzte bedarf des verletzten Gesäßes zum Sitzen, die Wunde wird schmutzig, eitert und der Gezüchtigte bleibt wochenlang arbeitsunfähig.

Ich glaube nicht, daß das die Absicht der Kolonial-Abteilung gewesen ist, als sie die Nilpferdpeitsche einführte.

Wie so anders die Züchtigung mit dem Tauendchen. Der Missetäter fürchtet sie sicher ebenso wie die mit dem Kiboko. Aber die Folgen sind bei weitem nicht so schwer, sie sind milder, menschlicher und doch von pädagogischer nachhaltiger Wirkung. Der Schmerz ist heftig, brennend heiß und juckend, aber die Haut wird nur selten verletzt, und die früher einmal zum Ausgangspunkt von allerhand Klagen gemachten »Epidermisverluste« treten kaum ein. Das Tauende erscheint mir als Ideal eines Züchtigungsmittels für Disziplinarvergehen, für Entlaufen oder Drücken vor der Arbeit, Beharren im Ungehorsam, gröbliche Verletzung des Pflichtverhältnisses und dergl[eichen]. Die Züchtigung mit der Dickhäuterpeitsche erscheint mir für solche Vergehen als zu schwer, man hebt sie gern für nur schwere Verbrechen auf, und so verliert die Prügelstrafe an Wert: sie büßt ihre Eigenschaft als Disziplinarstrafe ein.

gez. v. Doering[4]

d) Bericht des Gouverneurs von Deutsch-Ostafrika an das Reichskolonialamt. Dar-es-Salam, 8. Juni 1907.
Ausfertigung. Auszug.

[...] Bei der Vollstreckung der Prügelstrafe liegt der Sträfling auf dem Bauche, meist auf der Erde ausgestreckt. Kopf und Füße werden gelegentlich durch je eine Person gehalten, meist liegt der Sträfling frei. Der die Strafe vollziehende Farbige (Askari) steht etwa 50 - 60 cm links seitlich des Sträflings annähernd in Kniehöhe und führt den

[4] Hans Georg von Döring, Major, Kolonialbeamter, war 1907 - 1911 Bezirksamtmann von Atakpame, 1911 erster Referent des Schutzgebietes Togo, 1914 stellv. Gouverneur von Togo.

Hieb unter Erhebung des Armes über Kopfhöhe so, daß das Gesäß nur von dem letzten dünnen Ende der Peitsche getroffen wird. Gelegentlich wird die zweite Hälfte der Strafe zur größeren Sicherheit der Verteilung der Hiebe auf beide Hinterbacken von der rechten Körperseite aus verabreicht. Der Vollziehende steht dann in Höhe des Kopfes oder der Schulter. [...]

Bei Einhaltung des in diesen Verfügungen vorgeschriebenen Verfahrens können stärkere Hautverletzungen nicht vorkommen, geschweige denn dauernde Schädigungen oder gar Todesfälle, abgesehen von gelegentlichen Abschürfungen der Oberhaut (Epidermis), die bei keiner Art zu prügeln vermeidbar sind. Fast regelmäßig ist der Delinquent sofort nach Vollziehung der Strafe dienst- oder arbeitsfähig. [...]

Die üblen Erfahrungen, die in Togo mit der Nilpferdpeitsche gemacht sind, sind wohl im Wesentlichen auf die dort verwendeten Instrumente zurückzuführen. [...]

Rechenberg[5]

e) Bericht des Gouverneurs von Deutsch-Südwestafrika an den Staatssekretär des Reichskolonialamtes.
Windhuk, 30. Dezember 1907. Ausfertigung. Auszug.

[...] Von keiner Seite ist von nachteiligen Folgen berichtet worden, welche die Prügelstrafe mit dem Schambock nach sich gezogen hätte. Die Beschaffenheit des Schambocks und seine Handhabung schließen es aus, daß er offene Wunden oder ernste Verletzungen hervorruft. Dies mag allerdings auch seinen Grund darin haben, daß der Eingeborene eine besonders abgehärtete, wenig empfindliche Haut hat, so daß bei strengeren Bestrafungen höchstens oberflächliche Hautabschürfungen vorkommen. [...]

Der Schambock ist nichtsdestoweniger sehr gefürchtet, und die Strafe hat daher einen erheblichen erzieherischen Wert.

Wenn der Bezirksamtmann von Gibeon berichtet, daß die Gezüchtigten zeitweise arbeitsunfähig werden und daß bei manchen Eingeborenen die Haut aufspringt, so hat das nach den gemachten Erfahrungen seinen Grund darin, daß die gelbe Haut der Hottentotten[6] weit empfindlicher ist, als die der schwarzfarbigen Eingeborenen.

[5] Albrecht Frhr. v. Rechenberg (1859 - 1935), war vom 15.4.1906 bis 22.4.1912 Gouverneur von Deutsch-Ostafrika.

[6] (kapholländisch *hotentots* vielleicht »Die Stotterer«) auch von den Deutschen für die aus Südafrika eingewanderten Nama verwendet, eigener Name Khoi-Khoin

Dies findet auch darin seine Bestätigung, daß die Bergdamaras[7] und Hereros bei der Vollziehung der schwersten Strafe keine Miene verziehen, während der Hottentott häufig sein Schmerzgefühl sehr deutlich zu erkennen gibt. [...]

(Unterschrift unleserlich)

Quelle: Fritz Ferdinand Müller, Kolonien unter der Peitsche, Berlin (O) 1960, S. 102, 104 f., 105 f., 106 f., 107 f.

101. Ein Mittel kolonialer Repression: die Kolonialjustiz – Freiheitsstrafen und Todesurteile in Deutsch-Südwestafrika zwischen 1894 und 1905, 1906

Während meiner Amtszeit[1] im Schutzgebiet kamen zu Tode:

A. Weiße durch Handlungen Eingeborener

Namen	Sühne
a) 1894 Engländer Christi	1 Todesurteil u. 1 Freiheitsstrafe
b) 1895 ein Reiter der Schutztruppe	6 Todesurteile
c) 1895 Bur Smith	2 Todesurteile
d) 1896 Engländer Feyton	1 Todesurteil
e) 1899 Ansiedler Claasen und Dürr	2 Todesurteile
f) 1900 ein weißer Polizist	3 Todesurteile

[7] Damara oder Bergdama, ursprünglich im Nord-Westen Südwestafrikas beheimatete Ethnie, die die Khoi-Sprache der Nama spricht

. [1] Theodor Leutwein (1849 - 1921), Landeshauptmann bzw. Gouverneur von Deutsch-Südwestafrika 15.3.1894 (ad interim) bzw. 27.6.1895 - 19.8.1905

B. Eingeborene durch Handlungen Weißer

a) 1896 Hottentotten[2] Jantje und Kurieb	1. Instanz: $5^1/_2$ Jahre Zuchthaus 2. Instanz: 3 Monate Gefängnis
b) 1901 Herero[3] Leonhardt	1 Jahr Gefängnis
c) 1902 Herero Kamauru	2 Jahre Gefängnis
d) 1903 Tochter des Häuptlings Zacharias von Otjimbingwe	1. Instanz: Freisprechung 2. Instanz: 3 Jahre Gefängnis

Quelle: Theodor Leutwein, Elf Jahre Gouverneur in Deutsch-Südwestafrika, Berlin 1906, S. 431.

102. »Arbeit ohne Unterlaß« – Erinnerungen des Konkomba-Häuptlings Yendjè Dalaré von Nawaré/Nord-Togo an die deutsche Kolonialzeit, 1980

Oh ja! Ja, ja, ich kannte die »Djama«[1]. Sie waren lange vor den »Fransi«[2] gekommen. Die »Djama« waren die ersten Weißen, die den Boden des Konkomba-Landes betraten. (...) Ich war zu jener Zeit bereits ein junger Mann. Ein Heranwachsender. Ich wußte bereits, wie man den Boden bearbeitet. Wir bearbeiteten gemeinsam die Felder unserer Eltern, meine Kameraden und ich. Und niemand half mir, meinen Bereich fertigzustellen. Ich war also kein kleiner Junge mehr![3] [...]

Die Deutschen hatten die Konkomba-Bevölkerung einer harten Zwangsarbeit unterworfen. Arbeiten, die zwölf Tage für jede Arbeiter-Gruppe dauerten. Nach den zwölf Tagen kamen andere Gruppen, um

[2] von kapholländisch *hotentots* (vielleicht »Die Stotterer«): auch von den Deutschen für die aus Südafrika eingewanderten Nama verwendet, eigener Name Khoi-Khoin

[3] bantusprachige Ethnie in Deutsch-Südwestafrika

[1] der/die Deutsche(n), abgeleitet von engl. *German*

[2] Franzosen

[3] Das Interview fand am 13. Dezember 1980 in Bassar statt. Der Informant war ca. 85 Jahre alt.

uns abzulösen. Und so weiter. (...) Neben der harten Arbeit beim Straßen- und Brückenbau galt es, schwere Lasten bis nach Bassar und Sokodé zu tragen. Baumwollsäcke und anderes Gepäck der Weißen. Nach dem Ende der festgesetzten Frist von zwölf Tagen wurde einem ein Stück Papier oder eine kleine Aluminiummarke ausgehändigt. Das war die »Steuerbescheinigung«. (...) Man mußte schon hart arbeiten, um seine »Steuerbescheinigung« zu erhalten. Denn ohne »Steuerbescheinigung« bekamst du ständig Ärger von seiten der Soldaten der Weißen. Man mußte deshalb immer seine »Steuerbescheinigung« mit sich tragen. Viele zogen daher ein Schnur durch ihre »Steuerbescheinigung«, um sie um den Hals zu tragen. Auf diese Weise waren sie sicher, diese nicht zu verlieren. Aber man mußte seine »Steuerbescheinigung« jedes Jahr erneuern. Und die »Djama« schickten ständig Soldaten, um Arbeiter zu rekrutieren. [...]

Wissen Sie, die »Djama« waren sehr hart! Sie ließen dich ohne Unterbrechung arbeiten. Sie ließen die Menschen auf die Wege und Straßen von Bassar, von Sokodé und von Agbadou (in den Bergen von Fazao) bringen, um die »Bayari«[4] abzuleisten. Ha, ha! Wissen Sie, die »Bayari«: eine Arbeit ohne Pause. Wenn du dich bücktest, um Erde auszuheben oder mit der Kreuzhacke zu arbeiten, hattest du kein Recht, dich wiederaufzurichten. Es war nicht erlaubt innezuhalten, um ein wenig durchzuatmen. Das war die »Bayari«: »man richtet sich nicht auf, man verschnauft nicht«. (...) Wer auch nur innehielt und sich eine Sekunde aufrichtete, erhielt von den rüden Wachsoldaten eine unbarmherzige Bastonnade. (...) Einige Leute starben davon! (...) Während der Arbeiten sangen die Konkomba-Leute »Bayari«, zum einen, um die Moral aufrechtzuerhalten, zum anderen, um die Weißen und ihre Soldaten zu verhöhnen, die den Sinn dieser Spottlieder nicht verstanden. [...]

Ich habe die »Djama« gut gekannt. Dieser Weiße war sehr stark! Es war sehr schwierig, ja unmöglich, sich seinen Gesetzen zu entziehen. Um die Wahrheit zu sagen: diejenigen, die es schafften, etwa durch Flucht, sich den harten, von den »Djama« auferlegten Arbeiten zu entziehen, diese gewannen dadurch wahrlich nichts: die Soldaten kamen und konfiszierten all ihr Gut und trugen es weg (Schafe, Ziegen, Hühner und Perlhühner, Yams[5], Hirse und Bohnen, usw.). Ein Soldat hatte mir eines Tages aufgetragen, einen großen Käfig mit Hühnern und Perlhühnern für ihn in das benachbarte Dorf zu tragen. Von den armen Bauern der Region geraubtes Geflügel. (...) Ich konnte mich nicht weigern, noch auf dem Weg flüchten: er verfolgte mich mit sei-

[4] Steuerarbeit
[5] Yamswurzel: Grundnahrungsmittel bes. in Westafrika

nem Gewehr! (...) Das waren grausame Leute, diese Soldaten. Sie machten auf ihrem Durchmarsch alles dem Erdboden gleich. Sie können sich nicht vorstellen, mein Freund, wie das zu jener Zeit damals war!

Quelle: Dadja Halla-Kaua Simtaro, Le Togo-«Musterkolonie«. Souvenirs de l'Allemagne dans la Société Togolaise, 3 Bde., Aix-en-Provence 1983, III, S.722 - 725.

Lastenträger auf der Straße Kribi - Jaunde/Kamerun

103. »Schwarze Untertanen« statt »schwarze Brüder« – Der Tropenmediziner und Kolonialarzt Hans Ziemann über eine strikte Rassentrennung in Afrika, 1907

Ehe ich zur Erörterung meines Themas gehe, möchte ich bemerken, daß wir uns hier nur mit den tropischen Gegenden Afrikas, dem größeren Teile dieses Erdteils, beschäftigen wollen. Gemeint ist natürlich nicht die physische Eroberung, sondern eine Eroberung im sozialen und hygienischen Sinne. Ich hoffe allerdings beweisen zu können, daß wir in diesem Sinne Afrika durchaus noch nicht für die weiße Rasse erobert haben, ferner, daß auch die Negerrasse in der Gesamtheit dieses Ziel noch nicht völlig erreicht hat, daß aber die Möglichkeit für die farbige Rasse dazu gegeben ist, unter gewissen Einschränkungen auch für die weiße. [...]

Die Schwierigkeiten bei dieser Eroberung des tropischen Afrika ergeben sich bisher durch a) die Eigenheiten des tropischen Klimas, b) durch den Tropen eigene Krankheiten und auch sonstige Umstände, die für die weiße wie farbige Rasse schädlich sind. [...]

Was nützt uns in Afrika eine Fülle kolonialer Werte, wenn nicht genügend Eingeborene da sind, um jene Werte zu ernten bzw. sie dieselben aus Faulheit verkommen lassen. Jedenfalls ist bisher an vielen Orten Afrikas die Menge der eingeborenen Bevölkerung ganz erheblich überschätzt worden.

Ohne genügende Zahl von Eingeborenen kommen wir auch mit Eisenbahnen und Ausbau der Wege allein nicht weiter. [...]

Vor allem ist mit größter Energie gegen das Zustandekommen einer Mischbevölkerung zu wirken, indem man immer mehr weiße Frauen hinaussendet. Der Eingeborene soll und darf nicht unser Bruder werden, und bin ich auch daher im Gegensatze zu der englischen Anschauung der Meinung, daß man dem Farbigen keine höheren oder mittleren Berufe öffnen darf. Wir können unsere Humanität der farbigen Rasse gegenüber in anderer Beziehung in schönster und reinster Weise betätigen. Die starke Mischung der Portugiesen in Angola mit den dortigen Negern müßte uns ein warnendes Beispiel geben. Wir erziehen uns sonst nur selber ein farbiges, gebildetes, stets unzufriedenes Proletariat. Es ist unser welthistorischer Beruf, daß wir in Afrika herrschen sollen nicht über schwarze Brüder, sondern über schwarze Untertanen.

Quelle: Hans Ziemann, Wie erobert man Afrika für die weiße und farbige Rasse? Beihefte zum Archiv für Schiffs- und Tropenhygiene, Bd. XI (1907), Beih. 5, S. 5, 7, 27.

104. »... meine Frau, die fast weiß ist« – Eingabe des Farmers Carl Becker gegen die Annullierung seiner Ehe mit einer Rehobother Bastardfrau vom 1. September 1909

Abschrift.

Vaalgras, den 1. September 1909

Ew. Exzellenz!

beehre ich mich nachstehend erneut meine Bitte um Wiederverleihung meiner bürgerlichen Ehrenrechte zu unterbreiten. Ich bin überzeugt, dass Ew. Exzellenz, wenn Sie wohlwollend und gerecht über meine Ausführungen nachdenken, nicht zögern werden, meiner Bitte zu entsprechen.

Durch den § 17 f der Gemeindeverordnung[1] wird mir als Mann einer Bastardfrau[2] das Wahlrecht entzogen. Der § 17 f ist aus dem Gedanken geboren: Südwestafrika ist weißen Mannes Land; [d]agegen will ich als weisser Mann nichts sagen, denn der weisse Mann hat jetzt die Macht und die letzte Quelle des Rechts ist die Gewalt. Beim Verfolg der Preussischen Geschichte findet man aber, dass dieser Staat bei seinen vielen Annexionen im Einzelnen stets mit grösster Schonung und Achtung des historisch Gewordenen verfuhr. Und er wusste warum! Ich glaube, die Anwendung dieses bewährten Prinzips wird sich auch hier empfehlen. Meine Ehe ist durch Mithilfe der sittlichen und rechtlichen Faktoren des Staates zustande gekommen, bevor der § 17 f erschien. Es ist meine feste Überzeugung: Ich kann nicht durch einen rückwirkenden § entrechtet werden.

Die Folgen des § 17 f sind für mich geradezu niederschmetternd.

Für meine 5 Kinder, wovon 2 in Deutschland [leben], zahle ich jährlich 5000 M Erziehungskosten. Ein Mann mit gleicher Kinderzahl, aber rein weisser Frau, erhält von der Regierung als Beitrag zu den Erziehungskosten jährlich 1500 M in Form von Pensionsbeihilfen. Ich habe nichts.

Will ich eine Farm, eine Baustelle oder eine Lizenz haben, so wird

[1] Das 1905 für Deutsch-Südwestafrika erlassene Mischehenverbot wurde 1909 in die Selbstverwaltungsverordnung der Kolonie, die den deutschen Siedlern eine eingeschränkte Selbstbestimmung und die Wahl eines Landesrates gewährte, als § 17 übernommen. Beide Ehepartner und ihre Nachkommen verloren automatisch die bürgerlichen Ehrenrechte und damit auch das Wahlrecht. Betroffen waren 30 Familien, deren Männer Frauen aus der Ethnie der Rehobother Bastards (s. folgende Anm.) geheiratet hatten.

[2] Rehobother Bastards (afrikaans *Bastaards*): Mischlingsvolk aus der Verbindung von weißen Einwanderern, v.a. Buren, mit Namafrauen im Gebiet um Rehoboth. Die Rehobother Bastards hatten sich nicht am Herero-Nama-Aufstand beteiligt.

mir das auf Grund § 17 f verweigert. Baue ich einen Damm, so tue ich das auf eigene Kosten, während andere Leute Beihilfe bekommen.

Komme ich mit meiner Frau, die fast weiss ist (ein Bild meiner Familie liegt bei) und sich in sittlicher und intellektueller Beziehung getrost mit jeder reinweissen Frau im Schutzgebiet messen kann, so kann ich auf Unannehmlichkeiten gefasst sein.

Das alles geschieht mir, obwohl ich 13 000 ha Farmland musterhaft in Ordnung habe, obwohl ich die damit verbundenen Lasten trage, obwohl ich die Steuern und Abgaben, die ein Haushalt von 8 Weissen und 40 Eingeborenen mit sich bringt, willig auf mich nehme. Das ist der Dank dafür, dass ich als alter Schutztruppler mit dazu beigetragen habe, dieses Land für Deutschland zu erwerben und zu sichern. Und warum geschieht mir das? Weil ich es nicht so gemacht habe wie viele (ich kann Namen nennen)! die hier im Lande mit eingeborenen Weibern gelebt und Kinder in die Welt gesetzt haben. Nachher sind sie ihrer Wege gegangen und sind heute teils in Ansehen und Würde, teils Lumpen; *aber alle üben ungehindert ihr Wahlrecht aus*.

»Den schlechten Mann muss man verachten, der nie bedenkt, was er vollbringt« sagt der Dichter. Ew. Exzellenz. Ich will kein schlechter Mann sein. Ich will wissen, für wen ich arbeite. Werden meine Kinder, die alle deutsch erzogen werden, meine Erben sein, werden meine Jungens Soldat werden und später ihr Wahlrecht ausüben?

Das sind die Fragen, die ich mit ja beantwortet sehen muss, wenn mir nicht alle Lebensfreude und Lust zum Arbeiten schwinden soll.

Keine Macht der Welt soll mich trotzdem zwingen, mich von meiner Frau, die mir bisher (12 Jahre) eine wahrhafte Lebensgefährtin gewesen ist, zu trennen. –

Bleiben mir meine bürgerlichen Rechte versagt und wird meine Ehe nicht als rechtmässig anerkannt, so muss damit meine Freude und das Interesse an diesem Lande, dem ich jahrelang meine besten Kräfte geopfert habe, erlöschen. Darum Ew. Exzellenz, bitte ich Sie nochmals dringend, sprechen Sie das erlösende Wort für mich. Stellen sie bitte die eingehendsten Ermittlungen an über mich und meine Frau, ja ich beehre mich, Ew. Exzellenz einzuladen, hierher zu kommen, um mit eigenen Augen zu sehen, dass meine Wirtschaft nicht rückständig ist. Sie werden auch hier sehen, dass Sie mir meine Ehre wiedergeben können, ohne jemand zu schädigen, ohne Sich und der Regierung etwas zu vergeben. Sie würden damit nur eine rechtliche Handlung Ihres Herrn Vorgängers bestätigen und somit dem Recht zu seinem Recht verhelfen.

Einer gütigen Antwort[3] entgegensehend zeichne
Hochachtungsvoll!
gez. Carl Becker
Farmer

Quelle: Bundesarchiv Berlin: R1001/2058, Bl. 193 - 194.

105. »Deutschtum und Rassenwürde« – Paul Rohrbach über die »Rassenmischehe« in Südwestafrika, 9. Mai 1912

Trotzdem ist es notwendig, diese Angelegenheit vom prinzipiellen wie vom praktischen Standpunkt aus gründlich zu betrachten, denn wenn sich eine Reichstagsmehrheit für die schwarz-weiße Ehe findet, so ist das trotz der Zusammensetzung dieser Mehrheit aus Sozialdemokraten und Zentrum, die beide weniger von der Rücksicht auf die tatsächlichen Verhältnisse, als von doktrinären Erwägungen bestimmt werden, für unsere öffentliche Meinung ein peinliches Symptom. Ich habe mehrere Jahre in Südwestafrika die Gelegenheit gehabt, die Folgen, die aus ehelichen oder eheähnlichen Verbindungen zwischen Weißen und Eingeborenen entstehen, an einer großen Anzahl lebendiger Beispiele kennen zu lernen, und ich kann meine Erfahrungen nur dahin zusammenfassen, daß ich sage: Ehen zwischen Schwarz und Weiß sind ein Unglück für die Gegenwart und ein Frevel für die Zukunft. Die ersten Weißen, die nach Südwestafrika kamen, waren englische Händler aus der Kapkolonie, etwa seit den sechziger Jahren des vorigen Jahrhunderts. Um sich unter den fremden, wilden und unzuverlässigen Eingeborenen einen Halt zu schaffen, nahmen nicht wenige von ihnen Töchter eingeborener Häuptlinge, namentlich von den südlichen Hottentottenkapitänen[1], zu Frauen. Auch während der

[3] Das Reichskolonialamt in Berlin entschied sich für den Gnadenweg. Zukünftig sollte der Gouverneur ermächtigt sein, »in solchen Fällen, wo die mit einer Eingeborenen geführte Ehe eine besondere Anerkennung vom moralischen Standpunkt zuläßt und nach der ganzen Lebensführung der in Betracht kommenden Familie die Würdigkeit des Hausvaters, mit öffentlichen Rechten betraut zu werden, außer jedem Zweifel steht, nachträglich die Verleihung der Wählbarkeit auszusprechen«. Die Ermächtigung sollte restriktiv gehandhabt werden.

[1] Hottentotten (vielleicht *afrikaans* »Stotterer«): von den Deutschen übernommenes Schimpfwort der Buren für die Nama, eigener Name Khoi-Khoin

ersten Jahre der deutschen Schutzherrschaft war der Mangel an weißen Frauen und Mädchen im Lande noch so groß, daß es begreiflich erschien, wenn hier und da auch Deutsche von geringer Bildung, meist frühere Reiter und Unteroffiziere der Schutztruppe, ein eingeborenes Mädchen nahmen, vor allen Dingen aus den Rehobother Bastards, die ja selbst ein Mischvolk aus Buren und Hottentotten sind. Die Rheinischen Missionare in Südwestafrika vertraten von Anfang an den Standpunkt, daß solche Verbindungen zwar nicht als erfreulich anzusehen seien; wenn und soweit sie aber unvermeidlich erschienen, müsse auch die kirchliche Legitimierung des Verhältnisses erstrebt werden. In den ersten Jahren der Schutzherrschaft galt unser deutsches Zivilstandsgesetz für Südwestafrika nicht, und Eheschließungen wurden im Lande durch die Missionare auf kirchlichem Wege vollzogen. Die kirchliche Trauung galt zugleich auch als bürgerliche. Auf diese Weise wurde also eine Anzahl von Ehen zwischen Weißen und Eingeborenen in Südwestafrika geschlossen. Außerdem existierte die halbblütige Nachkommenschaft jener alten englischen Händler aus dem Süden, zum Teil schon in der zweiten Generation. Bis zu dem großen Eingeborenenaufstand von 1904[2] wurde die Frage der Ehe mit Eingeborenen in Südwest von keiner Seite mit grundsätzlicher Schärfe gestellt. Es war eben Tatsache, daß einige deutsche Ansiedler mit eingeborenen Frauen teils in wilder, teils in missionarisch eingesegneter Verbindung lebten. [...]

Da kam der Aufstand, und eine der schlimmsten Erfahrungen, die wir dabei machten, war die, daß sich ein großer Teil der halb- und viertelblütigen Mischlinge auf die Seite der Eingeborenen schlug. Es gab auch solche, die tapfer mit den deutschen Truppen zusammen fochten; einer oder der andere von ihnen bekam sogar das schwarzweiße Band[3], aber im ganzen waren die Erfahrungen bedenklich. Außerdem wurde durch den dreijährigen Eingeborenenkrieg das Rassenbewußtsein der Weißen, vor allen Dingen das der deutschen Ansiedler, stärker angeregt, man beschäftigte sich grundsätzlich mit der Frage der Rassenmischehen und wandte seine Aufmerksamkeit namentlich auch der jüngeren Nachkommenschaft und den sittlichen wie den wirtschaftlichen Wirkungen dieser Verhältnisse auf Haus und Familie zu. Was sich da zeigte und was ich selbst in einer nur zu häufigen und schweren Zahl von Fällen gesehen habe, das war furchtbar. Ausnahmen auf der weißen und in ganz seltenen Fällen, vielleicht im ganzen zwei oder drei, auch auf der eingeborenen Seite vorbehalten, war die Folge dieser wirklichen oder sogenannten Ehen nicht die

[2] Herero-Nama-Aufstand 1904/07

[3] Auszeichnung im Herero-Nama-Krieg 1904/07

Heraufziehung und Bildung des farbigen, sondern die Herunterziehung des weißen Teils bis zur wirklichen »Verkafferung«; ein übler moralischer Tiefstand der Nachkommen, Unordnung des Hauswesens, Schädigung der Wirtschaft durch den eingeborenen Anhang des Weibes, der es als sein Recht betrachtete, mitzuessen und mitzutrinken, und so fort.

Quelle: Paul Rohrbach, Koloniale Rassen- und Ehefragen, Die Hilfe Nr. 19 vom 9. Mai 1912, S. 291 f.

106. »Vom Übel«, aber legitim – Der Missionsprovinzial der »Väter vom Heiligen Geist«, Amandus Acker, zur Frage der Rassenmischehe, 1912

Die Frage der Ehen zwischen Weißen und Farbigen ist in jüngster Zeit vielfach ventiliert worden. Ernste, einflußreiche Männer sind für ihr Verbot, andere wiederum gegen ein solches. Was für das Verbot mit immer wachsender Begeisterung ausgesprochen wurde, war der Gedanke des Deutschtums: »Wir wollen unser Volk reinhalten« und »die Ehre der deutschen Frauen duldet es nicht, daß eine Schwarze, eine Farbige ihr als ebenbürtig zur Seite gestellt wird durch Anerkennung ihrer Ehe mit einem Weißen«, in diesen Leitideen, die praktisch die Verwerfung solcher Mischehen erreichen sollen, liegt so viel Liebe und Sorge um Reinerhaltung der eigenen Rasse, wie sie wohl sonst nur der empfindet, der für die Güter seines Vaterlandes gegen eine fremde Nation auf dem Schlachtfelde kämpft. Unser Volk, unsere Rasse soll nicht sinken; darin sind wir *alle* einig. – In dieser Begründung des Verbotes wird besonders das kulturelle und ethische Moment angeführt, und so mögen aus dieser Sphäre einige Gedanken herangezogen werden, um dem Bedenken Ausdruck zu geben, ob gerade durch das Verbot kulturell-ethische Forderungen des Deutschtums ihr Ziel erreichen.

Wohl niemand hat der Rassereinheit mehr das Wort geredet als Paul Rohrbach[1], und seinen Ausführungen schließen wir uns gerne an, daß

[1] Paul Rohrbach (1869 – 1956), evangelischer Theologe, namhafter Publizist und Kolonialschriftsteller, 1903 – 1906 Ansiedlungskommissar in Deutsch-Südwestafrika; vgl. das vorangegangene Dok.

wir eben in unseren Kolonien das Herrenvolk einmal sind und unsere höhere Stellung den geistig und kulturell tiefer stehenden Völkern gegenüber wahren müssen. Eine Mischehe ist vom Übel und ihr allgemeines Überhandnehmen wäre gewiß ein Schaden für unser Volkstum, unsere Kolonialwirtschaft. Darum befürwortet wohl niemand, auch der Missionar nicht, das Mischehewesen. Dennoch müssen aber gerade die Vertreter des letztgenannten Standes betonen, daß die gesetzliche Anerkennung einer solchen Mischehe notwendig ist. Und dies im Namen der allgemeinen Sitte, im Namen der Moral, welche auch in den Kolonien den Rasseforderungen, und seien sie noch so berechtigt, vorangehen muß, weil sie eben die allgemeinen Menschenrechte proklamiert. [...]

Als was haben aber denn die Mischlinge zu gelten? Sie werden sich emporarbeiten mit moralischen und vielleicht noch mehr unmoralischen Mitteln, Einfluß erlangen und womöglich den reinen Weißen gegenüber die größere Anzahl werden. Daß sie, auf der Verlotterung der Negerrasse stehen bleibend, höhere Kulturgüter nicht erwerben würden, kann nur der dogmatisch festsetzen, der die Unwirksamkeit des deutschen Blutes, das von Vaterseite her in ihren Adern rollt, statuieren will. Was fangen wir aber an mit einem Mischvolk, das uns, der Herrenrasse, gegenübersteht: in vielem gleich, mit fast gleichem Intellekt, wenn auch geringerer moralischer Kapazität, mit dem Vorwurf, ausgeschlossen zu sein von Rechten, die auszufüllen es in sich die Kraft fühlt? Da dürfte der Haß gerade den Nährboden finden, den die folgenden Generationen in den Kolonien wohl zu ertragen hätten. Der Tropfen Blutes, der durch die Legitimierung einer Mischlingsehe in unser Volk käme, würde absorbiert und ohne Schaden für unser Volkstum bleiben, wie Slaven-, Wenden- und anderer Völker Blut unserer Rassenreinheit noch keinen Eintrag brachten. Aber unser Volk kontrahiert[2] eine Verpflichtung der fremden niedrigen Rasse gegenüber; wenn sich viele seiner Söhne auf dem Weg der Sünde in der illegalen Verbindung mit ihr einigen und daraus ein Geschlecht entspringt, das beiden Rassen angehört, so begibt sich unser Volk wegen des Kontingentes, das sich zur tieferen Rasse neigt, im Prinzip des Rechtes zur Forderung absoluter Blutreinheit. Man sage nicht, die Strafe für das Vergessen des Rassegefühls, das der Weiße bei dem illegalen Verkehr preisgibt, liege gerade in der Unmöglichkeit, daß der weiße Vater je seine Kinder legitimiert sehen würde. Nicht als Strafe, sondern als *Erleichterung* würde diese Unmöglichkeit angesehen werden. Und dann? Warum gerade den Weißen strafen wollen, der

[2] wörtlich: einen Vertrag abschließen

zwar seinen Herrenrassenstandpunkt der allgemeinen Moral nachsetzt, *aber als Ehrenmann und Christ eine legale Verbindung eingehen möchte?* Die Verpflichtung ist lästig, aber im Prinzip muß sie dadurch anerkannt werden, daß eine legale Verbindung wenigstens gestattet wird. Das ist keine Sentimentalität, sondern einer Forderung des sittlichen Empfindens entsprungen, das darauf schauen muß, daß *allgemeines menschliches Recht auch einer tiefern Rasse gegenüber gewahrt werde*. [...]

Quelle: Amandus Acker, Zur Frage der Rassenmischehe, Koloniale Rundschau 4 (1912), S. 462 f., 465 f.

107. »Sie müssen Eingeborene bleiben« – Der Anthropologe und Eugeniker Eugen Fischer über eine entschiedene Apartheidspolitik, 1913

Aber mit ein paar Strichen muß doch auf dieses Gebiet [der Kolonialpolitik und des Kolonialrechts] hingewiesen werden, auch der Naturforscher, der sich anthropologisch, also rein um wissenschaftlicher Probleme willen, mit dem Bastardvolk beschäftigt hat, es kennen gelernt hat, wird die Pflicht haben, der Frage nicht auszuweichen, was er denn nun, abgesehen von seiner speziellen Wissenschaft, aber auf Grund seiner Kenntnisse vom »Bastard« als aufmerksamer Beobachter von der Brauchbarkeit, Zukunft usw. des Bastardvolkes oder des Halbblutes überhaupt denkt – stehen doch zurzeit solche Dinge im Vordergrunde deutscher Kolonialfragen. [...]

Betrachtet man zunächst das »Bastardvolk«. Aus der ganzen oben gegebenen Beschreibung geht hervor, daß es sich um ein lebenskräftiges, leistungsfähiges und seine Stelle wohl ausfüllendes kleines Volk handelt. [...]

Aber dem Weißen gegenüber würde es keinerlei Konkurrenz aushalten können. [...]

Also man gewähre ihnen eben das Maß von Schutz, was sie als uns gegenüber minderwertige Rasse *gebrauchen*, um dauernden Bestand zu haben, nicht *mehr* und *nur* so lange, als sie uns nützen – sonst freie Konkurrenz, d.h. hier meiner Meinung nach Untergang! Der Standpunkt klingt fast brutal egoistisch – wer den Rassebegriff, wer die oben im Abschnitt »Psychologie« dargelegten Punkte zu Ende denkt, *kann* nicht anderer Ansicht sein. Darnach ergibt sich also auch in *ihrem* Interesse, daß sie für uns »Eingeborene« sein und bleiben müssen.

Unendlich viel mehr aber als dieses Wohl und Wehe des Bastardvolkes bedeutet für die Frage, ob man sie als »Eingeborene« belassen soll, unseren eigenen Volkes Gedeihen.

Wenn die Bastards irgendwie dem Weißen gleichgesetzt werden, kommt *ganz unweigerlich Hottentottenblut in die weiße Rasse.* Auf die Dauer könnte das auf keine Weise vermieden werden. Noch wissen wir nicht sehr viel über die Wirkungen der Rassenmischung. Aber das wissen wir ganz sicher: Ausnahmslos jedes europäische Volk (einschließlich der Tochtervölker Europas), das Blut minderwertiger Rassen aufgenommen hat – und daß Neger, Hottentotten und viele andere minderwertig sind, können nur Schwärmer leugnen – hat diese Aufnahme minderwertiger Elemente durch geistigen, kulturellen Niedergang gebüßt. Daß einzelne Mischlinge persönlich hochwertige Individuen sind – Amerika hat viele solche Paradefälle – widerspricht dem auf keine Weise, wie oben gezeigt wurde. Diese Fälle sind heutzutage, wo wir die *Mendelschen* Regeln[1] kennen, zu erwarten, aber ebensoviele ganz wertlose Individuen sind zu erwarten und das Gros als minderwertig.

Das gilt nun nicht nur für das Bastardvolk, sondern für jedes Halbblut, das von Europäern aus Negern, Hottentotten u.a. gezeugt wird, ich schließe auch die sämtlichen, auch polynesischen, Südseevölker ein; eine Verbesserung unserer Rasse ist durch solche Kreuzung unmöglich, eine Verschlechterung, im günstigsten Falle nur durch disharmonische Anlagen, sicher zu gewärtigen. [...]

Darnach erübrigt auch jedes Wort über die sog. Mischehenfrage. Möge[n] Gesetzgeber und Verwaltung sehen, wie man die Einzelverhältnisse regelt, dem anthropologisch gebildeten Patrioten kommt es nur auf eines an: nicht ob sich Mischlinge bilden, sondern *nur*, daß sie unter allen Umständen Eingeborene bleiben. [...]

Und nun nur noch das eine:

Daß man bei voller Wahrung der Intaktheit unserer Rasse die auszuübende Härte, die den gebildeten *Einzelbastard* trifft, möglichst mildert, ist natürlich nur aufs dringen[d]ste zu wünschen! Es kann kaum jemanden geben, dem hier in der deutschen Heimat unser Bastardvölkchen so ans Herz gewachsen ist, wie dem Verf., der es eben nun kennt, wie es hier daheim wohl wenige kennen, der es draußen auch

[1] 1865 erstmals von Gregor J. Mendel formulierte Vererbungsgesetze (Vererbung einfacher Merkmale)

lieb gewonnen hat. Trotzdem das ausgesprochene Votum: *es sind Eingeborene und müssen solche bleiben und nie sollte einer oder eine aufgenommen werden in unsere Rasse.*

Quelle: Eugen Fischer, Die Rehobother Bastards und das Bastardisierungsproblem beim Menschen, Jena 1913, S. 300 - 304.

108. Gegen die »*fa'a Samoa*-Ehe« – Der Siedler und Alldeutsche Richard Deeken gegen eine Rassenvermischung auf Samoa, 1914

Eine Vermischung so grundverschiedener Rassen, wie die der weißen mit der polynesischen (zu der die Samoaner gehören), schlägt für keine zum Segen aus. Es ist nicht nötig, in dieser Beziehung Beispiele aus Nord-, Mittel- und Südamerika oder aus Indien herbeizuholen. Sie sind hinlänglich bekannt. Kulturfortschritt, sittliche Integrität, politische Stabilität sind unbekannt in allen Ländern, in denen eine Mischlingsbevölkerung im öffentlichen Leben vorherrschend ist. Ein rein äußerlicher Firnis der Zivilisation deckt ja manchmal die schweren Schäden, so daß sie nicht sofort zutage treten. Vorhanden sind sie darum aber nicht minder, und bei gelegentlichem Anlaß brechen sie um so unverhüllter hervor. Das ist leider auch in Samoa der Fall gewesen. [...]
Wie aber ist diese verhängnisvolle Weiterentwicklung zu hindern? Die Rassenfrage ist in Samoa schwieriger als in jeder unserer anderen Kolonien, weil dort die Zahl der Mischlinge die der Weißen schon beträchtlich übertrifft[1]. Das erste natürlich ist die Verhinderung des Entstehens weiterer Mischlinge infolge Verbindung zwischen Weißen und Samoanerinnen. Bereits seit einigen Jahren wurde in Samoa die standesamtliche Eheschließung zwischen Weißen und Vollblutsamoanerinnen von der Regierung abgelehnt. Es herrschte also in der Praxis schon der jetzt vom Staatssekretär Dr. Solf für die Allgemeinheit unserer Kolonien vorgeschlagene gesetzliche Rechtszustand[2]. Wenn durch diese Verweige-

[1] Das zahlenmäßige Verhältnis von samoanischen Mischlingen und Europäern betrug 1913 1025 zu 544. Da in der Statistik nur die rechtlich als Kinder eines Weißen anerkannten Mischlinge auftauchen, dürften die wirklichen Zahlen weit höher liegen.
[2] Mit Erlaß vom 17.1.1912 untersagte Kolonialstaatssekretär Wilhelm Solf die europäisch-legitimierte Mischehe.

rung der standesamtlichen Eheschließung eine Verbindung zwischen Braun und Weiß auch nicht verhindert wird, so wird doch wenigstens jenen kurzsichtigen, ihr eigenes Volkstum und Rasseempfinden preisgebenden Weißen mit lapidarer Deutlichkeit vom Staate vor Augen geführt, daß sie sich durch eine solche Verbindung außerhalb von Recht und Sitte stellen. Wer sich in seinem Gewissen beschwert fühlt, dem möge es gestattet sein, sich kirchlich trauen zu lassen. Der Staat soll keinen Gewissenszwang ausüben, *also möge man immerhin für die Kolonien in dieser Hinsicht ein Ausnahmegesetz schaffen, das aber ausschließlich nur rein religiöse Bedeutung haben darf, zivilrechtliche jedoch nun und nimmer! Die Nachkommen aus solcher Verbindung sind und bleiben vor dem Gesetze unehelich und unterstehen dem Eingeborenenrecht, nicht dem deutschen, denn durch seine Verbindung mit einer Samoanerin hat der weiße Vater sich ja außerhalb des deutschen Weißenrechts gestellt. [...]*
Aber *fort mit der rechtlichen Legalisierung* dieser widernatürlichen Gemeinschaften! *Sie ist der Ruin der Zivilisation in unseren Kolonien, sie untergräbt dort unrettbar die Vorherrschaft unserer Nation und unserer Rasse,* in Samoa insbesondere wird sie einer minderwertigen Mischlingsbevölkerung zu einer prädominierenden, die weiße Bevölkerung und deren Sittenanschauung *geradezu erdrükkenden Macht* verhelfen, *sie wird in Samoa das baldige Ende unserer nationalen und wirtschaftlichen Stellung bedeuten, die schon jetzt aufs schwerste beeinträchtigt ist.*

Quelle: Richard Deeken, Die Rassenmischung auf Samoa, Koloniale Monatsblätter. Zeitschrift für Kolonialpolitik, Kolonialrecht und Kolonialwirtschaft, 16. Jg. (1914), S. 128 – 135.

109. »Arische« Herkunft der Polynesier – Der Kolonialarzt Dr. Thieme zur »Halbweißen-Frage« auf Samoa, Februar 1914

Apia auf Samoa, im Februar [1914]

Die ständig sich wiederholenden Angriffe einiger deutscher Blätter auf die halbweiße Bevölkerung Samoas lassen vermuten, daß man zu Hause wenig oder häufig nur einseitig über die hiesigen Verhältnisse unterrichtet wird. Zunächst muß es doch auffallend erscheinen, daß Amerikaner und Engländer, deren Beispiel wir in Rassenfragen ohne weiteres als maßgebend zu betrachten pflegen, gerade hinsichtlich der polynesischen Völker, zu denen in der Hauptsache Samoaner, Tonganer, Maoris und Hawaiier gehören, im Gegensatz zu ihrer sonst ablehnenden Haltung zur Mischehenfrage eine entschiedene *Ausnahme* machen. Die Erklärung für diese Tatsache finden wir unschwer in der durch die bekanntesten Führer der Wissenschaft (Fritsch, v. Baer, Stratz, Tregear, Smith, Fornander und viele andere[1]) vertretenen Erkenntnis, daß die Polynesier aus Indien stammen und mit uns, den Mittelländern, den größeren Teil ihres Blutes gemeinsam haben. Dieser gemeinsame Ursprung mit den arischen Völkern ermangelt den Negern, Mongolen, Indianern und Australiern völlig. Hieraus ergibt sich ohne weiteres, daß der bezüglich der Halbweißenfrage so beliebte Vergleich zwischen den verschiedenen Kolonien Deutschlands für Samoa zu einem durchaus anderen Ergebnis als für Afrika, Neuguinea und Ostasien führen muß, wenn nicht der betreffende Beurteiler eine große Unkenntnis der bestehenden Verhältnisse oder eine Mißachtung anerkannter Tatsachen dokumentieren will. [...]

Auch die *Samoaner* haben schon seit Jahrzehnten zahlreiche Ehen mit Weißen geschlossen[2]. Daß deren Abkömmlinge auch intellektuell nicht gerade minderwertige Menschen geworden sind, sollte doch schon das Beispiel der in der ganzen Südsee bekannten »Queen Emma« (Frau *Luise Kolbe*)[3] zeigen, die als junge *Halbsamoanerin* trotz des ungesunden Klimas in Neuguinea, dem ihr erster Gatte zum Opfer fiel, in ständiger, ausdauernder Arbeit unter den schwierigsten Verhältnissen Werte geschaffen hat, wie sie ein sorgfältig erzogener und ausgebildeter Weißer nicht besser hätte schaffen können. Aber auch die hier in Samoa verbliebenen Halbweißen haben sich trotz geringer Schulbildung und oft recht mangelhafter väterlicher Erziehung zu tüchtigen Männern emporgearbeitet. Als Kaufleute und Pflanzer, Schmiede und Bootbauer, Zimmerleute und Schiffer bilden sie das bodenständige Element der Kolonie und stellen als solche einen unent-

[1] Gustav Fritsch (1838 - 1927), deutscher Naturforscher, Anthropologe und Anatom; Karl Ernst Ritter von Baer (1792 - 1876), deutscher Naturforscher und Zoologe; Carl Heinrich Stratz (1858 - 1924), deutscher Anthropologe und Arzt; Elliot Smith, englischer Anatom und Anthropologe

[2] Nach der amtlichen Statistik vom 1.1.1914 gab es in Samoa 76 Europäer, die offiziell mit einheimischen Frauen verheiratet waren. Auch Thieme war mit einer Samoanerin verheiratet.

[3] »Queen Emma«, reiche Unternehmerin und gesellschaftlicher Mittelpunkt der deutschen kolonialen Gesellschaft in Herbertshöhe/Neupommern (heute New Britain), war in einer ihrer vier europäisch-legalen Ehen mit dem deutschen Pflanzer Paul Kolbe verheiratet.

behrlichen Faktor unseres Wirtschaftslebens dar, mit dem wir nun einmal rechnen müssen. Unter den Kaufleuten sind selbständige Unternehmer, in deren ausgedehnten Betrieben zahlreiche europäische Angestellte Beschäftigung finden. Von den halbweißen Frauen sind sehr viele mit angesehenen Ansiedlern, Pflanzern, Ärzten und Beamten verheiratet. Ein großer Teil der Halbweißen hat eine gute Erziehung in Amerika, Neuseeland, Australien und auch in Deutschland genossen und steht körperlich und geistig den Europäern nicht nach. *Die halbweißen Söhne deutscher Väter* pflegen *auf deutschen Kriegsschiffen ihrer Militärpflicht* zu genügen.

Bei der unverhältnismäßig hohen Geburtenziffer in den halbweißen Familien, ihrem oft recht wesentlichen Landbesitz und ihrer kommerziellen Bedeutung, würde eine Unterdrückung der Halbweißen durch Eheverbote und Schikanen bei der Eheschließung, selbst von Halbweißen untereinander, wie sie zeitweilig geübt oder empfohlen worden sind, als *aussichtslos* erscheinen. Hätten wir von Anfang unserer Regierung an eine strikt ablehnende Haltung zu dieser Frage eingenommen, dann könnten obige Maßnahmen verständlich sein. Damals aber wurden Ehen zwischen Weißen und Samoanerinnen ohne irgendwelches Bedenken standesamtlich geschlossen, so daß die *Mehrzahl der alten Ansiedler aller Nationen* in gesetzlicher Ehe mit Halbweißen oder zum Teil Samoanerinnen lebt. Wenn wir jetzt unseren Standpunkt plötzlich ändern wollen, so treffen wir damit nicht nur die Halbweißen, sondern auch die hier alteingesessenen Ansiedler. Gerade den alten Pionieren des Deutschtums könnte man nichts Schlimmeres antun, als *ihre Familienehre anzugreifen und ihre Söhne und Töchter in den Schmutz zu ziehen*. Die Verbitterung ist teilweise so weit gegangen, daß sie *dem Fortschreiten des Deutschtums Abbruch zu tun droht* und daß sogar einige deutsche Väter, nicht nur aus Bequemlichkeit, ihre Kinder zur Erziehung nach Amerika und Neuseeland geschickt haben, um sie nicht in Deutschland Kränkungen auszusetzen. Daß die so Erzogenen dann recht bald als Vollamerikaner oder -engländer heimkehren, wird wohl nicht bezweifelt werden.

Quelle: Dr. Thieme, Die Halbweißen-Frage in Samoa, Berliner Tageblatt, 43. Jg., Nr. 155 vom 26. März 1914, Morgen-Ausgabe, S. 1.

110. » ... wider das Blut« – Ernst Grosse, ehemaliger Bezirksamtmann in Kiautschou, über die »rassische« Mischehe, 1938

Die Mischehen, in die ich wenigstens einen etwas tieferen Einblick gewinnen konnte, verliefen, was zunächst das Verhältnis der Gatten zu einander anging, durchaus glücklich.

Aber es kommt, wenn das Problem der rassischen Mischehe grundsätzlich erörtert werden soll, gar nicht darauf an, ob ein Mann und eine Frau ihr höchsteigenes und höchstpersönliches Glück finden oder nicht.–

Sinnlosen Romanen einer vergangenen Zeit, in denen oft so instinktlose Liebessehnsüchte zweier Einzelwesen süß geschildert wurden, steht man heute verständnislos gegenüber.

Es geht bei der Neigung der Geschlechter um mehr, es geht um den mächtigen Willen der Natur, ererbtes Blut durch eine möglichst günstige Mischung mit anderem Blut artmäßig zu verbessern, hinauf zu züchten. Und Artgesunde gehen, falls die Wahl ihres Blutes nicht durch Absichten ihres Verstandes beirrt wird, selten fehl.

Irgendwo fand ich den Spruch: Unedel Blut begiert, edel Blut verliert; d.h. wenn edles Blut unedles begehrt, verliert es dabei. – [...]

Die Natur läßt ihrer nicht spotten. Sünden wider das Blut sind wirkliche »Erbsünden«. – Und darüber kamen auch die glücklichsten Partner von Mischehen im Fernen Osten nicht fort. Mochten der chinesische Vater und die chinesische Mutter dem ihnen so ähnelnden Nachwuchs weniger fern stehen, dem weißen Vater blieben seine halbblütigen Kinder doch »fremdartig«, und die weiße Mutter ist mir trotz aller Zärtlichkeit zur Frucht ihres Leibes immer wieder vorgekommen wie eine Henne, die ein Entlein ausgebrütet hat. Hilflos beobachtete sie in ihren Kindern »Vorgänge«, die sie nicht verstand.

Quelle: Ernst Grosse, Ostasiatische Erinnerungen eines Kolonial- und Ausland-Deutschen, München 1938, S. 248 f.

Kapitel VI: »Kolonialismus ohne Kolonien« – Kolonialer Revisionismus im Ersten Weltkrieg und in der Weimarer Republik

Der deutsche »Kolonialismus ohne Kolonien« setzte im Grunde bereits im Ersten Weltkrieg ein, vermochten die Abwehrkräfte in den Kolonien doch ihren überlegenen Gegnern nur selten ernsthaften Widerstand entgegenzusetzen. In Togo kapitulierte die Polizeitruppe bereits am 25. August 1914 ohne größeren Widerstand. In Deutsch-Südwest mußte sich die kleine Schutztruppe am 9. Juli 1915 den südafrikanischen Unionstruppen ergeben, nachdem sich die erträumte Vereinigung mit den Buren gegen die Engländer (»Spaziergang nach Kapstadt«) schnell als Illusion herausgestellt hatte. In Kamerun dauerten die letzten Kämpfe bis Anfang 1916, bis englische und französische Expeditionstruppen den letzten deutschen Widerstand brechen konnten. Nur in Deutsch-Ostafrika haben die deutschen Kolonialtruppen mit ihren Askari einen langanhaltenden Widerstand geleistet, der sich mit dem Namen ihres Kommandeurs Paul von Lettow-Vorbeck verbindet. Schließlich mußte die fast völlig von der Außenwelt abgeschnittene Schutztruppe von ungefähr 15000 Mann im November 1917 auf portugiesisches Kolonialgebiet ausweichen. Am 25. November 1918 ergab sich Lettow-Vorbeck mit dem Rest seiner Truppe den Engländern. In Kiautschou landeten die Japaner am 27. August 1914, am 7. November kapitulierte die kleine Besatzung Tsingtaos. In der Südsee sah es nicht viel anders aus: Japaner, Engländer, Franzosen, Australier und Neuseeländer besetzten – in den seltensten Fällen gegen aktiven Widerstand – das deutsche Südseeimperium.

Der Verlust der deutschen Schutzgebiete bedeutete indessen keineswegs, daß die Kolonien aus dem Blickfeld der deutschen Politik und der öffentlichen Diskussion verschwunden wären. Vielmehr gingen die aus der Kolonialdiskussion der Vorkriegszeit stammenden Vorstellungen eines »Größer-Deutschland« nunmehr als koloniale Kriegsziele in die allgmeine deutsche Kriegszielpolitik ein. So knüpfte Kolonialstaatssekretär Wilhelm Solf bereits im August 1914 an das »Mittelafrika«-Konzept der Diplomaten vor 1914 an, wenn er eine Aufteilung der afrikanischen Kolonien Frankreichs, Belgiens und Portugals ins Auge faßte. In seinem überdimensionierten mittelafrikanischen Kolonialreich hätten schließlich der Niger oberhalb Togos und Dahomeys die nördlichste Grenze, die Nordhälften von Angola und Mosambik die Südgrenze gebildet (Dok. 111). Eine Abrundung im

Norden durch die zusätzliche Annexion des englischen Nigeria strebte der Zentrumsabgeordnete Matthias Erzberger Anfang September 1914 an, als er Reichskanzler Bethmann Hollweg gegenüber seine Pläne für ein »großes deutsches Zentralafrika« entwickelte, das sich von Dar es-Salam bis nach Senegambien erstrecken sollte (Dok. 112).

Noch weit über die Vorstellungen Solfs und Erzbergers gingen die Kriegsziele hinaus, die 1341 Unterzeichner aus den führenden Kreisen Deutschlands, unter ihnen allein 352 Hochschullehrer - daher auch kurz »Professoreneingabe« genannt - am 20. Juni 1915 in einer »Petition an den Reichskanzler« formulierten. Sie verlangten nicht nur die endgültige Zerschlagung Frankreichs, die dauerhafte Besetzung Belgiens sowie die Verschiebung der Ostgrenze bis nach Rußland hinein - als zukünftiges deutsches Siedlungsgebiet -, sondern auch die handels- und machtpolitische Schwächung Englands in weltweitem Umfang (Dok. 113). Selbst führende Sozialdemokraten haben weitreichende koloniale Kriegsziele vertreten, zumindest wollte man, wie August Winnig, Angehöriger des revisionistischen, kolonialfreundlichen Flügels der Partei, den Besitzstand von vor 1914 erhalten wissen. Für den Fall einer proletarischen Machteroberung beabsichtigte der Vorsitzende des Bauarbeiterverbandes keineswegs, die Kolonialpolitik aufzugeben (Dok. 114).

Das »deutsche Mittelafrika«, das als Ergänzungsraum für das politisch-ökonomisch vom Reich dominierte Groß-Deutschland bzw. »Mitteleuropa« dienen sollte (Rohstoffquellen, Absatzmärkte, Arbeitskräfte), stand eindeutig im Mittelpunkt der imperialistischen Vorstellungen von Kolonialpolitikern, Kolonialpublizisten und kolonialinteressierten Wirtschaftskreisen. Die im Hinblick auf eine »Abrundung« des deutschen Kolonialbesitzes wiederholt auftauchende Frage, ob gegenüber dem Mittelafrika-Projekt die Wiederherstellung oder gar Ausdehnung der deutschen Positionen in Ostasien und im Pazifik zurückzutreten habe, stieß allerdings auf den heftigen Widerstand direkt an diesen Gebieten interessierter Gruppen und Interessenverbände. So forderte der Hamburger »Ostasiatische Verein« in einer Denkschrift vom Januar 1915 als »Kriegsziele« nicht nur die Rückgabe Kiautschous (oder eine Kompensation für dessen Verlust), sondern darüberhinaus ein überdimensioniertes, auf Kosten der übrigen europäischen Mächte gehendes Wirtschafts- und Kolonialimperium (Dok. 115).

Militärische Niederlage und Kapitulation beendeten schließlich die koloniale Kriegszieldiskussion. Gegen die nunmehr von den Alliierten vorgenommene Aufteilung des deutschen Kolonialbesitzes richtete sich jetzt der vehemente, selten einmütige Protest in Deutschland, das auf der Basis der 14 Punkte Wilsons auf einen »Verhandlungs- und

Rechtsfrieden« setzte. Dabei ging man immer noch davon aus, daß möglicherweise zwar Abstriche am vormaligen Kolonialbesitz hinzunehmen wären, aber insgesamt - wie die Richtlinien für die deutschen Friedensunterhändler in Versailles ausweisen (Dok. 116) - das Recht Deutschlands auf kolonialen Besitz nicht bestritten werden würde. Die Versailler Friedensbedingungen zerstörten indes alle - auch kolonialen - Hoffnungen. Wohl nicht zufällig im Zusammenhang mit der Erörterung der Verluste Deutschlands in Übersee gebrauchte Ministerpräsident Philipp Scheidemann (SPD) am 12. Mai 1919 in der Nationalversammlung jene berühmte Formulierung von der Hand, die »verdorren« müßte, wenn sie diesen Vertrag unterschreiben würde (Dok. 117).

Die alliierten und assoziierten Mächte blieben jedoch, unter Berufung auf die bekannten Anschuldigungen Erzbergers und Noskes im Reichstag gegen die eigene Kolonialpolitik, bei ihrer Auffassung, daß die Verfehlungen und das Versagen Deutschlands auf dem kolonialen Gebiet so evident seien, daß von einer Rückgabe der Kolonien oder auch nur Beteiligung am Mandatssystem keine Rede sein könne (Dok. 118). Dieser moralische Vorwurf der kolonialen Mißwirtschaft und der verfehlten Eingeborenenpolitik war der Kern dessen, was zukünftig in Deutschland als »koloniale Schuldlüge« bezeichnet werden sollte, die wiederum einen Grundpfeiler des gesamten Revisionssyndroms der Weimarer Republik darstellte. Am 28. Juni 1919 mußten die Minister Hermann Müller und Johannes Bell den Friedensvertrag unterzeichnen, der zugleich die Abtretung der ehemaligen deutschen Schutzgebiete beinhaltete. Als Folge der Versailler Friedensbestimmungen wurde 1920 das Reichskolonialamt aufgelöst und seine bisherigen Angelegenheiten einer Kolonial-Zentralverwaltung im Reichsministerium für Wiederaufbau übertragen. Diese Behörde gewährte in der Folgezeit namentlich den großen kommerziellen Unternehmen in den ehemaligen Kolonien Entschädigungen, gleichzeitig unterstützte sie die propagandistisch tätigen Kolonialverbände mit finanziellen Mitteln.

Teil des kolonialen Revisionsspektrums waren auch die kolonialen Romane und Erzählungen, in denen ihre Autoren eine zumeist romantisierende Blut-und Boden-Ideologie mit dem Recht Deutschlands zu kolonialer Betätigung verbanden. Sie fanden zunächst ein Publikum, zumal wenn zu ihnen solche Symbolfiguren der Kaiserzeit wie der Kolonialoffizier Paul von Lettow-Vorbeck (1870 - 1964) gehörten. Der »heldenhafte Verteidiger Deutsch-Ostafrikas«, der 1920 wegen der Beteiligung am Kapp-Lüttwitz-Putsch seinen Abschied aus der Reichswehr nehmen mußte, kleidete den Widerspruch gegen die »Kolonialschuldlüge« sowie den Anspruch auf ein koloniales Mitspracherecht

Deutschlands in eine vordergründige »Heia-Safari«-Romantik und einen nostalgisch verklärten Askari-Mythos (Dok. 119). Eine sozialkritische Verschärfung fanden die eher rückwärtsgerichteten nationalkonservativen Parolen Lettow-Vorbecks in Hans Grimms tendenziösem, als völkisch-politischer Erziehungsroman geschriebenen Werk ›Volk ohne Raum‹ (1926). Mit der These vom mangelnden Lebensraum des deutschen Volkes sollte der Lippoldsberger Schriftsteller, der 13 Jahre als Kaufmann in Südafrika gelebt hatte, den Nationalsozialisten eines ihrer wirksamsten Schlagworte liefern (Dok. 122).

Eigentlicher Promoter des Kolonialrevisionsgedankens und heftigster politischer Streiter gegen die »alliierte Kolonialschuldlüge« war Heinrich Schnee (1871 – 1949), letzter Gouverneur von Deutsch-Ostafrika und kolonialpolitischer Sprecher der rechtsliberalen Deutschen Volkspartei, die parteipolitisch in der Weimarer Republik am stärksten den Kolonialrevisionismus vertrat. In Reden, Referaten, Eingaben an die Reichsregierung und in seinem breiten Schrifttum pochte der auch im Ausland angesehene deutsche Kolonialfachmann immer wieder darauf, daß die Rückgabe der Kolonien sowohl eine Forderung des Rechts als auch eine »Lebensnotwendigkeit« für das deutsche Volk sei (Dok. 121). Schnees ›Koloniale Schuldlüge‹, das 1924 erschienene Standardwerk des Kolonialrevisionismus, ins Englische, Französische, Spanische und Italienische übersetzt, brachte es mit seiner 12. Auflage von 1940 immerhin auf 50 000 Exemplare. Keine der anderen kolonialrevisionistischen Schriften erreichte eine auch nur annähernd vergleichbare Auflagenstärke.

Auf der anderen Seite tauchten zunehmend, namentlich im linken und linksliberalen Parteienspektrum, Zweifel an der politischen und moralischen Rechtfertigung des Kolonialismus wie überhaupt am Nutzen von Kolonien auf. Auch für die breitere Öffentlichkeit trat die Kolonialfrage allmählich in den Hintergrund. Nach 1925 mehrten sich überdies Stimmen, die – auch angesichts der Zunahme des nationalistischen Emanzipationsprozesses in den Kolonien und im Hinblick auf die politischen Sympathien, die Deutschland als nichtkolonisierende Macht bei diesen Völkern erwerben konnte – Zweifel am kolonialen Auftrag des weißen Mannes anmeldeten oder zumindest vom traditionellen »formellen« Imperialismus der europäischen Mächte zu einem Programm wirtschaftlicher Durchdringung ohne politische Herrschaft gelangen wollten (Dok. 124). Die beißende Kritik der »Weltbühne« am Weimarer Konsens in der Kolonialrevisionsfrage (Dok. 123) dürfte daher allenfalls die kurzzeitige Stimmung im Zusammenhang mit den großen Debatten um die Locarno-Verträge und den Beitritt Deutschlands zum Völkerbund getroffen haben, in denen naturgemäß auch die koloniale Gleichberechtigung reklamiert wurde.

So war die Forderung nach Rückgabe der Kolonien ja zunächst auch ein fester Bestandteil der Außenpolitik Gustav Stresemanns. Unter seiner Ägide (1923 - 1929) war bereits am 1. April 1924 wieder eine Kolonialabteilung im Auswärtigen Amt eingerichtet worden. Im November desselben Jahres bestätigte Stresemann die von dem Referenten dieser Abteilung, dem vormaligen Gouverneur von Togo, Edmund Brückner, in Abstimmung mit kolonialinteressierten Kreisen erarbeiteten »Richtlinien unserer Kolonialpolitik« (Dok. 120). Allerdings sollte in dieser delikaten Frage außerordentlich behutsam vorgegangen werden, um die Reparationsverhandlungen mit den Westmächten (Dawes-Plan) nicht zu erschweren. Den gleichen, politisch vorsichtigen Standpunkt nahm Stresemann auch im Zusammenhang mit den Locarno- und Völkerbundverhandlungen (1925/26) ein, als er, nicht zuletzt unter dem Eindruck der gänzlich ablehnenden englischen Haltung, darauf verzichtete, die Kolonialfrage zu einem ausdrücklichen Verhandlungsgegenstand zu machen. Auch bei den dezidiert-kolonialrevisionistischen Initiativen im Zusammenhang mit der Erfüllung des Young-Planes (1929) war Stresemann das Klima bei den Reparationsverhandlungen wichtiger als die Kolonialforderungen. Aufs ganze gesehen besaß die Kolonialfrage für ihn zu keinem Zeitpunkt den Stellenwert einer politischen *conditio sine qua non*. Es verwundert daher auch nicht, daß die auf Ausgleich bedachte und kaum als kolonialrevisionistisch im strengsten Sinne zu bezeichnende Politik Stresemanns in kolonialen Kreisen auf wenig Gegenliebe stieß, zum Teil aufs schärfste verurteilt wurde. Als Folge des im Schwinden begriffenen Konsenses zwischen Reichsregierung und den Parteien einerseits und der Kolonialbewegung andererseits orientierte sich letztere daher auch zunehmend zur nationalistischen Rechten hin.

111. Ein »deutsches Mittelafrika« – Kolonialstaatssekretär Wilhelm Solf an den Staatssekretär des Auswärtigen, Gottlieb von Jagow, 28. August 1914

Berlin, den 28. August 1914

Lieber Herr von Jagow,

Nach Empfang Ihrer freundlichen Zeilen aus dem Hauptquartier vom 25. habe ich Ihnen zunächst telegraphiert, daß das gewünschte Kartenmaterial morgen expediert und die dazu gehörige Denkschrift etwas später nachfolgen wird[1]. Die Karten habe ich hoffentlich so schmackhaft gemacht, daß auf ihnen das Studium meiner Vorschläge bequemer ist als auf der ursprünglich vorgelegten Skizze.

Bei meiner Verteilung der afrikanischen Kolonien Frankreichs, Belgiens und Portugals bin ich von dem Standpunkt ausgegangen, daß eine größere territoriale Expansion in Europa unsererseits nicht beabsichtigt ist und daß der Erwerb solcher Kolonien, deren Besitz nur durch starke Besatzung von weißen Truppen aufrecht erhalten werden kann, nicht in Frage kommt. Unsere Wehrkraft dürfen wir nicht zersplittern! Deswegen habe ich Marokko fortgelassen, deswegen auch die asiatischen Besitzungen Frankreichs. Für das Ausschalten der letzteren aus unseren Zukunftsplänen schien mir auch maßgebend sein zu sollen, daß für Asien sich doch wohl der Grundsatz wird bilden müssen: Asien für die Asiaten! Die dritte Voraussetzung meiner akademischen Grenzverschiebungen ist eine negative und doch wesentliche, insofern als ich den Optimismus meiner Landsleute, die England bereits geknechtet und seine Flotte zerstört sehen, noch nicht zu teilen wage. Ich setze also bei allen unseren Friedensabmachungen ein mehr oder weniger zu berücksichtigendes Placet Großbritanniens voraus.

Weitere Erklärungen und nähere Ausführungen nebst statistischem Material über den Wert der zu erwerbenden Kolonien sende ich Ihnen später in Form einer Denkschrift nach.

Mit dem Fall eines totalen Sieges über England und mit der Möglichkeit, daß Deutschland als arbiter mundi[2] den Völkern Europas die Friedensbedingungen diktiert, habe ich geglaubt, nicht rechnen zu sollen. In weiten Kreisen Deutschlands, nicht nur bei den Alldeutschen, macht sich aber mit elementarer Zuversicht der Wunsch geltend, möglichst viel Land von unseren Feinden zu bekommen; insonderheit wird verlangt, auch von sonst gemäßigten Leuten, daß man Belgien völlig den Garaus machen müsse, daß der Krieg ja gar keinen Zweck hätte, wenn wir nicht einige Häfen an der England gegenüberliegenden Küste Belgiens und Frankreichs, also Antwerpen und Calais und die Grenzfestungen in deutschen Besitz nähmen. Wie darüber an maßgebender Stelle gedacht wird, weiß ich nicht. Ich kann mir aber nicht denken, daß wir Belgien und große Teile von Frankreich als integrierenden Bestandteil in das deutsche Reich einverleiben wollen. Exempla docent![3] Elsaß-Lothringen hat uns Mühe genug gemacht. Auch die Erfahrungen mit den Dänen und Polen soll-

[1] Die angekündigte Denkschrift scheint nie erstellt worden zu sein.
[2] (lat.) Schiedsrichter der Welt
[3] (lat.) Beispiele lehren dies!

ten uns vor dem Versuch bewahren, die gegebenen Grenzen der Nationalität zu überschreiten. Wenn Sie es interessiert, die mannigfachen, zum Teil recht abenteuerlichen Vorschläge über die Zukunft Polens, die Gestaltung Europas nach dem Frieden zu erfahren, gebe ich Ihnen gern ein Florilegium[4]. Es werden aber wohl dieselben Ideen ihren Weg ins Hauptquartier finden. Das sind aber nicht meine Sorgen, wenigstens nicht vom Standpunkt meines Ressorts aus.

Nach Beendigung der Mobilmachung geht es in Berlin so ruhig und friedlich zu, daß ein fremder Besucher kaum merkt, in der Metropole eines von allen Seiten angegriffenen Landes zu sein.

Einstweilen mit verbindlichem Gruß

stets Ihr aufrichtig ergebener

Solf.

Quelle: Politisches Archiv des Auswärtigen Amtes Bonn: Der Weltkrieg Nr. 15 adh.

112. Zentralafrika von Dar es-Salam bis nach Senegambien – Kriegszieldenkschrift des Zentrumsabgeordneten Matthias Erzberger vom 2. September 1914

An Seine Excellenz
Den Herrn Reichskanzler von Bethmann Hollweg
Großes Hauptquartier
[...]

Afrika. Es müßte als ein großes Unglück bezeichnet werden, wenn Deutschland dazu übergehen würde, Marokko für sich zu gewinnen, da eine unverantwortliche Kräftezersplitterung hiermit verbunden sein würde und gerade der jetzige Krieg zeigte, daß Konzentrierung aller deutschen Kräfte erste Voraussetzung zum Siege ist. Wenn Italien dagegen Tunis erlangen könnte, Ägypten an Österreich fiele, so würden nicht nur unsere Verbündeten erheblichen Nutzen daraus ziehen

[4] (lat.) Sammlung von schmückenden Redewendungen; Anthologie

und Englands Übermacht im Mittelmeer gebrochen, sondern auch der Gegensatz zwischen Dreibund und Frankreich-England verewigt werden; namentlich Italien würde hierdurch in stetem Gegensatz zu Frankreich stehen. In Zentral-Afrika müßte nach dem Plan des verstorbenen Staatssekretärs von Kiderlen-Wächter ein großes deutsches Zentral-Afrika geschaffen werden, das sich von Dar-es-Salam über Duala bis nach Senegambien erstreckt, also Neuerwerbungen müssen sein der belgische und französische Kongo, Nigeria von England, Dahomé und die französische Westküste von Frankreich. Eine solche Arrondierung unseres Kolonialbesitzes zersplittert uns nicht und gibt deutschen Interessen große neue Betätigung. Ansiedlerkolonien brauchen wir nicht, zumal nach dem Kriege Auswanderung noch kleiner sein wird, als in den letzten Jahren, wo mehr Ausländer zuwanderten, als Deutsche abzogen. Wir müssen unser Volk konzentrieren.

Quelle: Bundesarchiv Koblenz: Nachlaß Erzberger Nr. 27.

113. »Durchsetzung der deutschen See- und Überseegeltung gegen England« – Die »Professoreneingabe« an Reichskanzler Theobald von Bethmann Hollweg, vom 20. Juni 1915

Wohl wissend, daß zwischen anzustrebenden Kriegszielen und schließlichen Friedensbedingungen zu unterscheiden ist, daß selbstverständlich alles von dem schließlichen Erfolg unserer Waffen abhängt, daß es unsere Aufgabe nicht sein kann, von Österreich-Ungarns und der Türkei Kriegszielen zu handeln, haben wir im Folgenden kurz ausgesprochen, welches nach unserer Überzeugung für Deutschland die Bürgschaften eines dauernden Friedens, die Ziele sind, zu welchen die blutigen Wege dieses Krieges führen müssen.

1. *Frankreich.* – Mit der französischen Gefahr wollen wir, nach Jahrhunderten französischer Bedrohung und nach einem von 1815 bis 1870 und von 1871 bis 1915 währenden Revanchegeschrei, ein für allemal aufräumen. [...]

Auch sollten wir uns daran erinnern, daß dieses Land einen unverhältnismäßig großen Kolonialbesitz hat und daß an diesem gegebenenfalls England sich schadlos halten könnte, wenn wir nicht zugreifen.

2. *Belgien*. – Belgien, das mit so viel edelstem deutschen Blut erworbene, müssen wir, was immer für Gründe auch sonst dagegen sprechen mögen, politisch-militärisch und wirtschaftlich fest in der Hand halten. In keinem Punkte ist die Volksmeinung einiger; ihr ist das Festhalten Belgiens die allerzweifelloseste Ehrensache. [...]

3. *Rußland*. – [...] Grenzwall und Grundlage zur Wahrung unseres Volkswachstums aber bietet Land, das Rußland abtreten muß. [...]

4. *England, Orient, Kolonien und Übersee*. – Wenn gerade der Kampf mit Rußland sich besonders gewaltig und über alles ruhmvoll entwickelt hat, und wenn wir im Gedächtnis behalten müssen, wie zukunftsschwanger immer die enorme russische Masse an unsere Ostgrenze gelagert bleiben wird, falls es nicht gelingt, ihre Zersetzung zu bewirken; wir wollen doch keinen Augenblick vergessen, daß dieser Krieg nach seinem letzten Ursprung der Krieg Englands gegen die weltwirtschaftliche, die See- und Überseegeltung Deutschlands ist.

Dieses Motiv von Englands Krieg und Gegnerschaft gibt uns ihm gegenüber das Kriegsziel. Es heißt: Durchsetzung in der Weltwirtschaft, Durchsetzung der deutschen See- und Überseegeltung gegen England. [...]

In Afrika wollen wir unser Kolonialreich neu aufbauen, geschlossener und stärker als es bisher gewesen ist. Zentralafrika allein würde uns zwar große Gebiete, aber im Verhältnis dazu nicht genug innere koloniale Werte geben. Wir brauchen daher auch noch an anderer Stelle einen ausreichenden Erwerb. Hier tritt wieder die Wichtigkeit unserer dauernden Verbindung mit der islamitischen Welt hervor und abermals die Notwendigkeit eines sicheren Seeweges. Wer daher Kolonien unter Aufgabe unserer Sicherung gegenüber der englischen Seetyrannei an der Kanalküste, Kolonien unter und mittels Herausgabe Belgiens will, unterschätzt nicht nur den Wert des über allen Kolonialbesitz wichtigen europäischen Heimatfundaments, er begeht auch den schweren politischen Fehler, Kolonialbesitz ohne Seeweg-Sicherung, wiederum abhängig von englischem Wohl- und Übelwollen, anzustreben.

Die Freiheit der Meere brauchen wir. Um sie, die allen zugute kommen soll, ringen wir mit England. Um sie zu erzwingen, ist erstes Erfordernis unsere feste Stellung [England] gegenüber an der Kanalküste. Es ist schon oben ausgeführt: *wir müssen Belgien fest in der Hand behalten, und wir müssen möglichst einen Teil der nordfranzösischen Kanalküste dazu gewinnen*. Weiter gilt es, die rings um den Erdball laufende Kette der maritimen Stützpunkte Englands zu sprengen oder durch entsprechenden Erwerb deutscher Stützpunkte zu erschüttern. Ägypten aber, das Englisch-Afrika und Englisch-Asien verbindet und mit Australien als fernem Gegenüber den Indischen

Ozean zu einem englischen Meere macht, Ägypten, das die Verbindung zwischen dem Mutterland und allen seinen östlichen Kolonien herstellt, ist nach Bismarcks Wort das Genick des englischen Weltreiches, es ist die Klammer, mit der England Abend- und Morgenland unter seine Willkür zwingt. Dort ist England in seinem Lebensnerv zu treffen. Gelingt das, so wird die Welthandelsstraße des Suezkanals der Herrschaft einer einzelnen Macht zu entziehen und das alte Recht der Türkei nach Möglichkeit zu wahren sein.

Englands Macht beruht aber wesentlich auch auf seinem übermächtigen Einfluß bei den Regierungen und in der Presse der ganzen Welt. Hier tut als ein Mittel deutschen Gegeneinflusses die Beseitigung des englischen Monopols im Kabel- und Nachrichtenwesen bitter not. Unser bester Bundesgenosse gegen Englands Welteinfluß ist die Freiheit, die wir allen bringen werden, indem wir für unsere eigene Befreiung vom englischen Weltjoche kämpfen. Nicht ausbeutende Weltherrscher, wie die Engländer, sondern nach der Sicherung unserer eigensten Bedürfnisse die Vorarbeiter und Führer Europas müssen wir sein, die freie Eigenentwicklung der Völker achtend und sichernd.

Hier z. T. gekürzter Wortlaut einer am 20. Juni 1915 von einer Versammlung von *Professoren, Diplomaten und höheren aktiven Regierungsbeamten*, die im Berliner Künstlerhaus stattfand, angenommenen *Petition an den Reichskanzler*, die als »streng vertrauliches Manuskript« verbreitet wurde. Unterzeichnet war sie u.a. von Dr. ing. E. Kirdorf, Generaldirektor der Gelsenkirchener Bergwerks A.-G., Herm. Schumacher, Professor der Nationalökonomie, v. Reichenau, Kaiserlicher Gesandter a.D., v. Schwerin, Regierungspräsident zu Frankfurt a.M., Reinh. Seeberg, Professor für Theologie, Berlin, Dietr. Schäfer, Professor für Geschichte, Berlin. In einer Polemik gegen Prof. Delbrück teilte Prof. Dr. R. Seeberg in der ›Täglichen Rundschau‹ mit, daß die Eingabe im ganzen 1341 Unterschriften aufweist; darunter 352 Professoren von Universitäten und weiteren Hochschulen, 158 Schulmänner und Geistliche, 145 höhere Verwaltungsbeamte, Bürgermeister und Stadtverordnete, 148 Richter und Anwälte, 40 Reichs- und Landtagsabgeordnete, 18 inaktive Admirale und Generale, 182 Männer aus Industrie, Handel und Bankwesen, 52 Landwirte, 252 Künstler, Schriftsteller, Verlagsbuchhändler.

Quelle: S. Grumbach, Das annexionistische Deutschland, Lausanne 1917, S. 133 - 140.

114. Die deutschen Kolonien und die Arbeiterklasse – August Winnigs (SPD) »pragmatischer« Standpunkt, 1915

Auch wer mit der Kolonialpolitik, so wie sie von der Regierung und der Reichstagsmehrheit betrieben wurde, gar nicht einverstanden war, wird sich gegen den Gedanken sträuben, daß diese Gebiete für Deutschland verloren sein sollen. Es steckt denn doch zu viel an Opfern in diesen Kolonien, als daß man sich leichtherzig mit ihrem Verlust abfinden könnte. Und sie repräsentieren auch zu hohe Werte, als daß es angebracht wäre, ihr Schicksal auf die leichte Schulter zu nehmen. [...]

Die Notwendigkeit, die Wirtschaft des Mutterlands durch Kolonialwirtschaft zu ergänzen und zu stützen, liegt vor allem für unser Land in greifbarer Deutlichkeit vor. Die dauernd starke Vermehrung der Bevölkerung hat uns ein Wirtschaftssystem aufgenötigt, daß ohne koloniale Ergänzungswirtschaft überhaupt nicht denkbar und schlechthin unmöglich ist. Deutschlands Bevölkerung ist zu zahlreich geworden, als daß sie aus einer national begrenzten Wirtschaft die Güter beschaffen könnte, die sie zu einer Lebensführung, wie sie durch die Zugehörigkeit zum europäischen Kulturkreis gegeben ist, bedarf. Man kann dabei zunächst die allgemeine Abhängigkeit unserer Lebensführung von kolonialen Erzeugnissen ganz außer Betracht lassen, obwohl selbstverständlich auch diese alltäglichen Gebrauchsgüter für Richtung und Wesen des kolonialen Strebens sehr wichtig sind; das deutsche Volk kann zur Not wohl für die Zeit eines außerordentlichen Zustands zur Lebensweise eines Harzköhlers zurückkehren, aber es kann nicht dauernd Verzicht auf eine geschichtlich gegebene Lebensführung leisten, wenn es sich nicht selbst aus dem großen Weltgeschehen ausschalten will. Das deutsche Volk ist nicht aus freier Wahl, sondern unter dem ehernen Druck einer zwangsmäßig sich vollziehenden Entwicklung ein hochindustrielles Volk geworden. Damit hat es das Gerüst seiner wirtschaftlichen Beziehungen weit über den nationalen Rahmen hinaus gestreckt und muß darum notwendig danach streben, es auch außerhalb seiner staatlichen Grenzen zu stützen und zu verankern. Es muß vor allem dafür Sorge tragen, daß seiner Industrie, die immer mehr das Rückgrat seiner Wirtschaft geworden ist, der Bezug der Rohstoffe gesichert bleibt. [...]

Wir können uns heute keine Entwicklung denken, die nicht zu einer Ausweitung und Steigerung des Industrialismus führte, die uns in den Stand setzte, auf diese Rohstoffe und Produkte zu verzichten. Solange es menschliches Kulturleben geben wird, so lange wird es nur mit Hilfe der heutigen Kolonialgebiete möglich sein.

Kein Mensch, keine Klasse und keine Partei kann diese Tatsache ignorieren. Vor allem kann sie keine Partei und keine Klasse unbeachtet lassen, die Anspruch auf Teilnahme an der Leitung und Verwaltung des öffentlichen Wesens erhebt. Und am allerwenigsten kann sich die Arbeiterklasse und als ihr politischer Ausdruck die Sozialdemokratie über diese Tatsache und die aus ihr fließenden Notwendigkeiten hinwegsetzen. Am allerwenigsten: denn das wirtschaftspolitische System der sozialistischen Arbeiterschaft ist ja mehr als das System jeder andern Klasse aus den Notwendigkeiten der künftigen Entwicklung abgeleitet und strebt nach der vollkommensten Erfüllung aller gesellschaftlichen Bedürfnisse. Wie wollten wir unsern Kampf um die politische Macht rechtlich und sittlich stützen, wenn wir die Notwendigkeit kolonialer Wirtschaft leugneten oder uns weigerten, deren Gebote zu erfüllen? Man kann sich dieser Notwendigkeit nicht damit entziehen, daß man sich auf die kolonisatorische Tätigkeit der anderen Staaten verläßt; denn das würde die Preisgabe wichtiger ökonomischer und politischer Interessen des eigenen Volkes bedeuten und wäre doch nur ein klägliches Ausweichen vor der Entscheidung, die man damit den Bruderparteien der anderen Länder zuwiese. Gesetzt den Fall, die Arbeiterklasse eroberte in den großen Industriestaaten die politische Macht: könnte sie dann auch nur daran denken, die Kolonialpolitik aufzugeben? Täte sie es, so würde sie damit selbst ihrer Herrschaft den Todesstoß versetzen. Denn ökonomische Lebensinteressen der Völker lassen sich durch keinerlei Prinzipien vergewaltigen, sie zerschlagen die Prinzipien und setzen sich durch. [...]

Für unsere künftige Stellung zu kolonialen Fragen müssen wir uns die Erfahrungen zunutze machen, die man in der bisherigen Kolonialpolitik gesammelt hat. Das entschiedene Bekenntnis zur Humanität auch gegenüber den Eingeborenen darf uns nicht verkennen lassen, daß an ihnen zunächst ein gutes Stück Erziehungsarbeit zu leisten ist. Die Formel von der Gleichheit alles dessen, was Menschenantlitz trägt, ist sicherlich edel und hochherzig. Aber Jahrtausende fehlender anthropologischer Entwicklung lassen sich nicht in einem Menschenalter ausgleichen. Die notwendige wirtschaftliche Erschließung primitiver Länder ist ohne Eingriffe in die »Rechte« und »Freiheiten« ihrer Bevölkerung ebensowenig möglich wie die Erziehung des Kindes ohne Schulzwang und Zucht.

Quelle: August Winnig, Die Kolonien und die Arbeiter, Sozialistische Monatshefte 21 (1915), S. 219–224.

115. Deutsches Handelsimperium in Ostasien statt einem Reich in »Mittelafrika« – »Friedensziele« des »Ostasiatischen Vereins«, Januar 1918

Streng vertraulich

Ostasiatischer Verein[1] Hamburg, Januar 1918

Deutsch-Ostasiatische Wünsche für den kommenden Frieden.

In der Erwartung eines nicht zu fernen Friedens erscheint es dem Verein angebracht, seine Wünsche und Forderungen hinsichtlich der beim Friedensschluß mit sämtlichen feindlichen Mächten zu erzielenden Bedingungen, soweit sie deutschen Handel und Verkehr in und mit Ostasien betreffen, aufzustellen. [...]

Unsere Friedensziele sind:

1. Wiederherstellung des status quo ante bzw. voller Ersatz, wo die restitutio ad integrum[2] nicht möglich ist. Dies bezieht sich sowohl auf Forderungen des Reiches (Kiautschou) als auch auf solche von Reichsangehörigen.

2. Die »offene Tür« und wirtschaftliche Gleichberechtigung aller Nationen in allen Ländern Ostasiens, einschließlich aller Kolonien, Besitzungen, Schutz- und Pachtgebiete.

3. Eine Neuregelung der Fremden-Niederlassungen in den chinesischen Vertragshäfen in solcher Weise, daß deutsche Reichsangehörige in keinem Falle schlechter gestellt sind und weniger Einfluß auf zu treffende Maßnahmen haben als Engländer.

Es wäre zu diesem Zwecke für die einzelnen Plätze folgendes zu fordern:

a) *Schanghai*: Wirkliche Internationalisierung mit Einschluß der jetzigen französischen Konzession[3], die von Frankreich aufgegeben werden müßte.

[1] »Ostasiatischer Verein Hamburg-Bremen«, am 13.3.1900 gegründete Vereinigung zur Förderung von nationalen, wirtschaftlichen und wissenschaftlich-kulturellen Zielen in den ost- und südostasiatischen Ländern, die sich im Ersten Weltkrieg zu einer Interessenvertretung deutscher Firmen in Ostasien wandelte.

[2] (lat.) Wiedereinsetzung in den vorigen Stand

[3] vor allem auf dem Gebiet des chinesischen Reiches bestehende und einer nationalen oder internationalen Verwaltung unterstehende Handelskolonie der europäischen Staaten mit besonderen Rechten (u.a. Exterritorialität und Konsulargerichtsbarkeit)

b) *Tientsin*: Erweiterung der deutschen Konzession durch die jetzige belgische.

c) *Hankau*: Erweiterung der deutschen Konzession durch die jetzige französische.

d) *Kanton*: Internationalisierung von Shameen oder neue deutsche Konzession flußabwärts gegenüber Shameen auf derselben Seite des Flusses.

e) Internationalisierung sämtlicher kleineren jetzt englischen Konzessionen auf chinesischem Gebiet oder Bewilligung deutscher Niederlassungen nach Bedarf.

f) Zur Sicherstellung des deutschen Einflusses in den internationalisierten Plätzen müßte abgemacht werden, daß in den Stadträten die Deutschen, ganz abgesehen von ihrer Anzahl, ebenso viele Plätze beanspruchen können wie die Engländer. Weiter wäre es im Interesse von sämtlichen in China interessierten Mächten, daß diese sich verpflichten, alle Fremden-Niederlassungen als dauernd neutral zu erklären (ähnlich den Kongo-Abmachungen[4]).

4. Die Stellung unter internationalen Schutz einer in Krieg und Frieden freien Verkehrsstraße von Europa nach Ostasien durch den Suez-Kanal, besonders zu gewährleisten durch Umwandlung von Hongkong, Singapur und Penang in internationale Niederlassungen.
Auf Forderungen außerhalb Ostasiens hinzuweisen, fühlen wir uns als Ostasiatischer Verein nicht berechtigt, betonen aber die Notwendigkeit, daß an solcher freien Verkehrsstraße auch international gesicherte Anlaufplätze und Kohlenstationen sich befinden müssen.

5. Die Abtretung Indo-China[s] an Deutschland oder, wenn das nicht angängig, die Errichtung eines deutschen Protektorates oder schließlich seine Internationalisierung und Ernennung Deutschlands zum internationalen Treuhänder und alleinigen Verwalter.

6. Abmachungen, daß Deutschland an geeigneten Plätzen die notwendigen Anlagen für Kabel oder drahtlose Stationen errichten kann.

7. Außer der Wiederherstellung des status quo ante die Gewährung seitens Chinas und Siams von besonderen Konzessionen oder Privilegien an Deutschlands Handel und Industrie, um die bisherige bevorzugte Stellung anderer Nationen in diesen Ländern möglichst auszugleichen.

8. Abtretung des portugiesischen Teils der Sunda-Insel Timor und eventuell von Goa, Diu und Daman durch Portugal an Deutschland;

[4] bezugnehmend auf die Kongo-Akte vom 26.2.1885, die den Signatarmächten im Kongo-Staat König Léopolds II. von Belgien Handelsfreiheit und freie Schiffahrt zusicherte, des weiteren die Neutralität des Kongobeckens im Kriegsfalle beinhaltete

ersteres als eine Etappe zu unserem Südsee-Schutzgebiet und alles zum Austausch gegen andere Objekte geeignet.
[folgt die *Begründung*]

Wir schließen diese Ausführungen mit dem Ausdruck der Hoffnung, daß aus dem Friedensvertrag ein neues Ostasien hervorgehen möge, das neugeordnet und aufgebaut auf dem Prinzip der Internationalisierung und der Gleichberechtigung für alle in sich die Gewähr bietet für die ungestörte freie Betätigung aller Nationen im friedlichen Wettbewerb, ein gewiß nach jeder Richtung und für alle Nationen gleich befriedigendes und erstrebenswertes Ziel.

Ostasiatischer Verein

M.W. Kochen, stellv. Vorsitzender

Dr. E. Schwencke, Sekretär

Quelle: Otto Kindzorra, Die Chinapolitik des deutschen Imperialismus der Jahre 1914 - 1921, Phil. Diss. (Masch.) Berlin (O) 1964, Anh. II.

116. Anspruch auf koloniale Mitsprache – Richtlinien für die deutschen Friedensunterhändler in Versailles, 21. April 1919

VIII. Kolonien

Es ist eine Regelung gemäß dem Wilson-Programm[1] auf folgender Grundlage anzustreben:

1. Territoriale Fragen.

a) Gleichstellung Deutschlands mit den übrigen Mächten in bezug auf das Recht, Kolonien zu besitzen. Daher grundsätzlich Rückerstattung des deutschen Kolonialbesitzes zu verlangen.

b) Deutschland ist bereit, über die Abtretung einzelner Kolonien mit der Entente zu verhandeln, aber als rechtmäßiger Eigentümer.

[1] Die »14 Punkte« des US-amerikanischen Präsidenten Woodrow Wilson vom 8.1.1918 sahen in Punkt 5 die internationale Regelung der Kolonialfragen auf der Grundlage des Selbstbestimmungsrechts der Völker vor.

c) Bereitschaft, die deutschen Kolonien ganz oder teilweise zur Sicherung der deutschen Zahlungsverpflichtungen zu verpfänden. Die Verpfändung darf indes nicht eine Besetzung in sich schließen; auch wäre die Überlassung der Einkünfte aus den Kolonien an die Gegner nur für den Fall zuzugestehen, daß wir mit der Erfüllung unserer Verpflichtungen in Verzug kommen.

2. Völkerrechtliche Neuregelung der Kolonialhoheitsrechte.

a) Deutschland ist einverstanden, daß für die Verwaltung aller Kolonien eine internationale Ordnung festgelegt wird. Dabei wären insbesondere zu regeln,

aa) Schutz der Eingeborenen gegen Sklaverei, Alkohol, Waffenhandel, Volksseuchen,

bb) Sicherung der Freiheit der wirtschaftlichen und kulturellen Betätigung für alle Völker,

cc) Sicherung des Friedens durch Neutralisierung und Militarisierungsverbot.

b) Deutschland ist nötigenfalls zur Umwandlung der bisherigen Hoheitsrechte in solche eines Mandatars[2] des Völkerbundes grundsätzlich bereit, sofern diese Neuregelung auf alle tropischen Kolonien gleichmäßig Anwendung findet. Bei der Vergebung des Mandats wäre Deutschland angemessen zu berücksichtigen.

3. Schadensersatz für die deutschen Firmen, die in den deutschen Kolonien während der Besetzung durch die Feinde geschädigt worden sind.

Quelle: Akten der Reichskanzlei. Das Kabinett Scheidemann 13. Februar bis 20. Juli 1919, bearbeitet von Hagen Schulze, Boppard am Rhein 1971, Dok. 49, S. 201 f.

[2] Einrichtung des Mandatssystems durch Art. 22 der Völkerbundssatzung (Annahme der Völkerbundsverfassung am 29.4.1919) für die an die alliierten und assoziierten Hauptmächte abgetretenen ehemaligen deutschen Kolonien und türkischen Gebiete in Vorderasien

A-Mandat: Gebiete, die in absehbarer Zeit die Unabhängigkeit erhalten sollten; mit einer von der Mandatsmacht beaufsichtigten Selbstverwaltung (Irak, Palästina, Transjordanien, Syrien und Libanon)

B-Mandat: Gebiete unter der Verwaltung des Mandatars, die im Interesse der eingeborenen Bevölkerung an bestimmte Richtlinien des Völkerbundes gebunden waren (Kamerun, Togo, Tanganjika und Ruanda)

C-Mandat: Gebiete, die nach den Gesetzen des Mandatars als integraler Bestandteil seiner kolonialen Besitzungen verwaltet wurden (Deutsch-Südwestafrika, deutsche Gebiete in der Südsee)

117. »Deutschland hat im Ausland aufgehört zu existieren« – Ministerpräsident Philipp Scheidemann (SPD) am 12. Mai 1919 in der Deutschen Nationalversammlung

Meine Damen und Herren! Überall in Berlin hängt das *Plakat*, das für unsere armen *Brüder in der Gefangenschaft* werktätige Liebe wachrufen will: traurige, hoffnungslose Gesichter hinter Gefängnisgittern. Das ist das richtige Titelbild für diesen sogenannten Friedensvertrag;

(lebhafte Zustimmung)

das ist das getreue Abbild von der Zukunft Deutschlands! 60 Millionen hinter Stacheldraht und Kerkergittern, 60 Millionen bei der Zwangsarbeit, denen die Feinde das eigene Land zum Gefangenenlager machen!

Ich kann Ihnen aus dem unglaublich feinen Gitterwerk, mit dem uns Luft und Licht, mit dem uns jeder Ausblick auf Erlösung verhängt und versagt werden soll, – ich kann Ihnen aus diesem Gitterwerk nicht jedes Stäbchen vorführen. Bei genauerem Zusehen entdeckt man immer wieder eine Schlinge, in der sich die Hand verfängt, die sich in die Freiheit hinausstrecken will. Sie haben nichts vergessen und wohl nur hinzugelernt, was Vernichtung, was Zerstörung heißt.

Lassen Sie mich außerhalb unserer Grenzen beginnen. Deutschland wird, wenn diese Bedingungen angenommen würden, nichts mehr sein eigen nennen, was außerhalb dieser seiner verengten Grenzen liegt. Die Kolonien verschwinden; alle Rechte aus staatlichen oder privaten Verträgen, alle Konzessionen oder Kapitulationen[1], alle Abkommen über Konsulargerichtsbarkeit[2] oder ähnliches, – alles, alles verschwindet! *Deutschland* hat *im Ausland* aufgehört zu existieren. Aber das genügt noch nicht. Deutschland hat *Kabel* – die werden ihm weggenommen. Deutschland hat Funkenstationen – drei Monate nach Inkrafttreten des Friedensvertrages dürfen diese Stationen nur noch Handelstelegramme versenden und nur unter Kontrolle der Alliierten! Also heraus aus der Außenwelt und Abschneidung von der

[1] Konzessionen: vor allem die auf dem Gebiet des chinesischen Reiches bestehenden, an die europäischen Staaten abgetretenen Gebiete, die der nationalen oder einer gemeinsamen internationalen Verwaltung der Europäer unterstanden

Kapitulationen: zwischen europäischen Mächten und außereuropäischen Staaten abgeschlossene Verträge, durch die den Europäern Sonderrechte im Aufenthaltsstaat gewährt wurden (u.a. Konsulargerichtsbarkeit und Exterritorialität)

[2] Ausnahme fremder Staatsangehöriger von der Gerichtsbarkeit des Aufenthaltsstaates und deren Unterstellung unter die Gerichtsbarkeit der eigenen diplomatischen Vertretung (Konsul) und die Rechte ihres Herkunftslandes

Außenwelt! Denn was für Geschäfte zu machen sind unter der Kontrolle des Konkurrenten oder Vertragsgegners, das braucht nicht ausgemalt zu werden. [...]

Das ist das Kerkerbild nach der einen Seite, dem Ausland zu: ohne Schiffe – denn unsere Handelsflotte geht in die Hände der Entente über, ohne Kabel, ohne Kolonien, ohne ausländische Niederlassungen, ohne Gegenseitigkeit und Rechtsschutz, ja selbst ohne das Recht, mitzuwirken bei der Festsetzung der Preise für die von uns als Tribut zu liefernden Waren, für Kohle, pharmazeutische Artikel usw., – ich frage Sie: wer kann als ehrlicher Mann, ich will gar nicht sagen als Deutscher, nur als ehrlicher vertragstreuer Mann solche Bedingungen eingehen? Welche Hand müßte nicht verdorren, die sich und uns in diese Fesseln legt?

(Lebhafter Beifall.)

Quelle: Stenographische Berichte über die Verhandlungen der verfassungsgebenden Deutschen Nationalversammlung, Bd. 327, Berlin 1920, S. 1083.

118. »Deutschlands Versagen auf dem Gebiete der kolonialen Zivilisation« – Antwort der Alliierten und Assoziierten Mächte vom 16. Juni 1919 auf die Bemerkungen der Deutschen Delegation zu den Friedensbedingungen

a) Aus der Erwiderung auf die deutsche Antwort (Teil IV)

Bei dem Verlangen, daß Deutschland allen Rechten und Ansprüchen auf seine überseeischen Besitzungen entsage, haben die Alliierten und Assoziierten Mächte in allererster Linie die Interessen der eingeborenen Bevölkerungen berücksichtigt, für die Präsident Wilson im fünften seiner 14 Punkte der Botschaft vom 8. Januar 1918[1] eingetreten ist. Es genügt, auf die deutschen amtlichen und privaten Zeugnisse vor dem Kriege und auf die im Reichstag besonders von den

[1] Siehe Dok. 116, Anm. 1.

Herren Erzberger und Noske[2] erhobenen Anklagen Bezug zu nehmen, um ein Bild von den kolonialen Verwaltungsmethoden Deutschlands, von den grausamen Unterdrückungen, den willkürlichen Zwangsbeitreibungen und den verschiedenen Formen der Zwangsarbeit zu erhalten, die weite Strecken in Ostafrika und Kamerun entvölkert haben, ganz zu schweigen von dem aller Welt bekannten tragischen Schicksal der Hereros in Südwestafrika.

Deutschlands Versagen auf dem Gebiete der kolonialen Zivilisation ist zu deutlich zutage getreten, als daß die Alliierten und Assoziierten Mächte ihre Hand zu einem zweiten Versuche bieten und die Verantwortung dafür übernehmen könnten, dreizehn bis vierzehn Millionen Eingeborener von neuem einem Schicksal zu überlassen, von dem sie durch den Krieg befreit worden sind.

Außerdem haben die Alliierten und Assoziierten Mächte es für notwendig erachtet, ihre eigene Sicherheit und den Frieden der Welt gegen einen militärischen Imperialismus zu sichern, der darauf ausging, sich Stützpunkte zu schaffen, um gegenüber den anderen Mächten eine Politik der Einmischung und Einschüchterung zu verfolgen.

b) Aus der Mantelnote

Endlich haben die Alliierten und Assoziierten Mächte sich davon überzeugen können, daß die eingeborenen Bevölkerungen der deutschen Kolonien starken Widerspruch dagegen erheben, daß sie wieder unter Deutschlands Oberherrschaft gestellt werden, und die Geschichte dieser deutschen Oberherrschaft, die Traditionen der Deutschen Regierung und die Art und Weise, in welcher diese Kolonien verwandt wurden als Ausgangspunkte für Raubzüge auf den Handel der Erde, machen es den Alliierten und Assoziierten Mächten unmöglich, Deutschland die Kolonien zurückzugeben oder dem Deutschen Reiche die Verantwortung für die Ausbildung und Erziehung der Bevölkerung anzuvertrauen.

Quelle: Materialien, betreffend die Friedensverhandlungen, Teil IV, Mantelnote und Antwort der Alliierten und Assoziierten Mächte auf die deutschen Gegenvorschläge. Autorisierte Ausgabe. Im Auftrag des Auswärtigen Amtes, Charlottenburg 1919, S. 25, 83.

[2] Matthias Erzberger (1875 - 1921 ermordet), Zentrumspolitiker, Mitunterzeichner des Waffenstillstands am 11.11.1918, Reichsfinanzminister 1919/20; Gustav Noske (1868 - 1946), Sozialdemokrat, Reichswehrminister 1919/20

119. Deutsches Afrikanertum und Askari-Mythos – Aus General Paul von Lettow-Vorbecks Roman ›Heia Safari!‹, 1920

»Wir werden bei dir bleiben, bis wir fallen!« Klingt das nicht wie der Ausdruck unseres eigensten germanischen Wesens mit seiner schlichten, wortkargen Treue, mit seiner mannhaften Festigkeit, die die Zähne aufeinanderbeißt? Haben nicht Rüdiger von Bechelaren[1], haben nicht die Grenadiere des Alten Fritz so empfunden und gehandelt? Und doch waren es einfache schwarze Soldaten, deutsche Askari[2], die so zu mir sprachen, noch im November 1918, nach mehr als vier langen Kriegsjahren gegen hundertfache Übermacht. Deutsches Soldatentum hatte ihnen seinen Stempel aufgedrückt; Anhänglichkeit an die deutschen Führer, Pflichtgefühl und unbändiger Soldatenstolz machten es ihnen unmöglich, in dem ungleichen Kampfe klein beizugeben. Kein materielles Lockmittel konnten wir ihnen geben; wir boten ihnen nur Kämpfe, Entbehrungen, Verluste, und doch hielten sie aus. Auch sie waren von Idealen getragen, und echte Ideale halten Stürmen stand; denn das Gute ist ewig.

Werden da nicht in uns allen verwandte Seiten angeschlagen? 2000 Jahre heldenhafter deutscher Geschichte, und nicht zum geringsten die Taten des letzten großen Weltkrieges leben in unseren Herzen fort; war uns Deutschen auch der Erfolg versagt, die Leistungen bleiben gewaltig. Sie geben uns das Recht, an die Zukunft unseres Vaterlandes zu glauben.

Auch Kolonien haben bisher zu den wertvollsten Gütern unseres Vaterlandes gehört. Schon ihr bisheriges kurzes Bestehen hat unsere Gabe zu kolonisieren bewiesen. Wir haben uns ehrlich bemüht, sie zu verteidigen.

Laßt Euch erzählen, wie wir in Ostafrika während des ganzen Krieges die deutsche Fahne hochgehalten haben, und wie uns dazu Vaterlandsliebe, Pflichtgefühl und der unerschütterliche Glaube an unsere gute Sache die Kraft verlieh. [...]

Das Gelände bei Tanga[3] sind dichte Mohogofelder in hohem Palmenwald, so unübersichtlich, daß man keine 50 m weit zu sehen vermag. Das war gut: für beide Teile. Der Feind sah nicht, wie schwach wir waren, die Unseren sahen nicht, wie stark der Feind war. Der Feind glaubte Tanga unbesetzt und ging unbesorgt von einer Landungsstelle aus in

[1] Markgraf im Nibelungenlied

[2] (arab., türk. *Soldat*) farbige Soldaten der Schutztruppe in Deutsch-Ostafrika

[3] Schlacht bei Tanga vom 2.–5.11.1914: Sieg General von Lettow-Vorbecks über ein britisch-indisches Expeditionskorps

dichten Massen vor. Die Unsern hatten den Befehl: »Wenn der Feind gelandet ist, werft ihn hinaus!« Diesen Befehl führten sie aus. Ohne zu zweifeln, ob er gelingen würde, hatten sie nur den einen Gedanken in Kopf und Herz: Dran und drauf! 5 Uhr früh traf der Zug aus Moschi 3 km vor Tanga ein. In der Morgendämmerung fielen in Tanga Schuß um Schuß immer anwachsend. Keine Zeit war zu verlieren. Aussteigen! Marsch! Marsch! Im Laufschritt am Bahnkörper erreichten die Kompagnien Tanga-Bahnhof, Tanga-Stadt. Flüchtlinge, Frauen mit Kindern kamen den Unsern entgegen und sperrten fast den Weg. Ein Radfahrer, der aus der Stadt flüchtete, wird unsanft vom Rade geholt, er solle sofort den Kompagnien den Weg weisen. Wo war der Feind, wie sah es aus in der Stadt? Der Radfahrer entpuppte sich als unser Postdirektor Grundmann, der eine Feldleitung außerhalb der Stadt anbringen wollte und dann sehr tätig in den Gefechtstagen mitfocht. Er wies den Unseren den nächsten Weg zum nächsten Feind. Oberleutnant Merensky war vorausgeeilt und hatte Hauptmann Adler die eintreffende Unterstützung gemeldet. Den vorlaufenden Kompagnien pfiff es schon recht hörbar entgegen. Als sie aus den Straßen der Stadt ins Freie kamen, mußten sie sich schnellstens entwickeln. In die Palmen schlugen klatschend die Geschosse, die englischen Schiffsgeschütze dröhnten über die weite Bucht und schossen ziellos ins Blaue. Nur die schönen Palmen hatten schwer zu leiden. Dann auch trafen sie gehörig in die eigenen Truppen. Kompagnie Adler lag am Eisenbahndamm und hatte mit ihren rauchstarken Gewehren den vordringenden Massen standgehalten. Genau zur rechten Zeit trafen die Unsern ein, um die Überflügelung unseres schwachen Häufleins zu wehren. Ruckteschell ging sofort frontal zum Angriff vor, Poppe zur Umfassung rechts. Durch das Mohogogestrüpp über die tiefen Furchen drangen sie Mann an Mann unaufhaltsam vor, bis aus dem Busch ihnen die ersten Inder[4] gegenüberstanden. Gerade noch überlegten sie sich, wie sieht dieser Feind wohl aus? Was sind das für Leute? Sind es Schwarze, sind es Weiße? Sind es Gelbe? Wie ist er gekleidet? Wie erkennen wir ihn? Da sahen sie die großen gelben Gestalten in Khaki[5] mit dem Turban drei Schritt vor sich aus dem Busch auftauchen. Oberleutnant von Ruckteschell, der erste, der in den Feind drang, gab seinem Trompeter, einem schwarzen, schneidigen Unteroffizier, den Befehl: »Blas', Jokindu, blas': Seitengewehr pflanzt auf!« Dieser setzte sein Horn an den Mund und bläst dem Feinde ins Gesicht, das deutsche Signal, daß es schmetternd dröhnt nach allen Seiten, daß keiner im Zweifel ist, was er zu tun hat.

[4] Das auf dem Seeweg von Indien kommende Expeditionskorps bestand aus acht indischen Regimentern und einem britischen Regiment.

[5] erdfarbene Uniform

Heraus, das blanke Seitengewehr! »Blas', Jokindu, blas': ›Zum Sturm‹, vorwärts marsch! ›Zum Sturm‹, ›Seitengewehr rechts, marsch, marsch, Hurra!‹« Und mit lautem Siegesgeheul rasten unsere guten Schwarzen in die erschreckten Inder, und ihre deutschen blanken Seitengewehre verrichteten furchtbare Arbeit.

Quelle: Heia Safari! Deutschlands Kampf in Ostafrika. Der deutschen Jugend unter Mitwirkung seines Mitkämpfers Hauptmann von Ruckteschell, erzählt von General [Paul] von Lettow-Vorbeck, Leipzig 1920, S. V f., 3–5, 39–41.

120. »Richtlinien unserer Kolonialpolitik« – Aufzeichnung des Geheimen Oberregierungsrats im Auswärtigen Amt, Edmund Brückner, vom 10. November 1924

Richtlinien unserer Kolonialpolitik

I. Die Aussichten auf Rückerwerb von Kolonialland.
Ob Deutschland von seinem Kolonialbesitz etwas zurückerhalten wird, ist letzten Endes allein abhängig von dem eigenen freien Entschluß der Mandatsinhaber[1], insbesondere Englands und Frankreichs. Einen solchen Entschluß werden sie nur aufbringen, wenn ihr eigenes Interesse sie dazu bestimmt. [...]

Eine andere Frage ist, wie weit wir unsere Hoffnungen werden spannen können. Gehört schon viel dazu, von einem eben erst erlangten wertvollen Besitz sich wieder zu trennen, so wird die Trennung da besonders erschwert, wo besondere Gründe politischer und wirtschaftlicher Art hinzukommen. Aus dieser Betrachtung heraus ergibt sich für die einzelnen Mandatsgebiete folgendes:

1) Japan braucht wie wir eigene Siedlungsgebiete. Die ihm zugefallenen Inselgruppen zeigen bereits eine starke japanische Einwanderung. Es ist ausgeschlossen, daß Japan diese Inseln wieder herausgeben wird[I].

[1] Vgl. Dok. 116, Anm. 2.

[I] Hschr. Randbemerkung Schuberts zu diesem Absatz: »ja« [Carl Theodor Conrad von Schubert, Ministerialdirektor der Abt. III des Auswärtigen Amtes, ab 16.12.1924 Staatssekretär des Auswärtigen Amtes, enger politischer Mitarbeiter Stresemanns].

2) Neuguinea und Samoa sind mit dem Zwischenglied Australien und Neuseeland belastet. England wird, selbst wenn es sonst geneigt wäre, aus politischen Rücksichten ihnen den Besitz gegen ihren Willen nicht wieder entziehen. Ein solcher Wille besteht aber zur Zeit weder in Australien noch in Neuseeland. Ob eine Arbeiterregierung, falls sie in Australien ans Ruder kommen sollte, einer Herausgabe von Neuguinea zustimmen würde, ist sehr zweifelhaft, obwohl Neuguinea für Australien ebenso wie Samoa für Neuseeland politisch und wirtschaftlich keine Notwendigkeiten sind[II].

3) Bei Kamerun, Togo und Ostafrika fällt das hemmende Zwischenglied fort. Wirtschaftlich können sie von den Mandataren entbehrt werden, da sie keine Erzeugnisse liefern, die die Mandatare nicht schon aus ihrem eigenen Besitz in reichem Maße beziehen oder beziehen könnten. Eine wirtschaftliche oder politische Verbindung mit den angrenzenden Kolonien der Mandatare ist bei Ostafrika und den französischen Teilen Kameruns und Togos bisher nicht erfolgt. Die übrigen Mandatsgebiete (Englisch-Kamerun und -Togo und Belgisch-Ostafrika) werden zwar von den Nachbarkolonien (Nigerien, Goldküste, Belgisch-Kongo) mitverwaltet, stellen aber für sie keine notwendige Ergänzung dar; nur die Goldküstenkolonie benutzt das angrenzende englische Togogebiet als erwünschte, aber nicht unbedingt notwendige Ergänzung seines Arbeiterbedarfs.

Diesen nicht ungünstigen Vorbedingungen einer möglichen Rückübertragung der drei genannten Kolonien steht aber folgendes im Wege:

England hat schon lange das Zwischenliegen von Deutsch-Ostafrika zwischen seinem großen afrikanischen Besitz als störend empfunden. Jetzt hat es sein Ziel erreicht und wird schwer sich wieder davon trennen[III], trotz der Inderfrage, in der ein wieder deutsch gewordenes Ostafrika England nützlich sein könnte. Hinzu kommt, daß Deutsch-Ostafrika, wie nicht anders zu erwarten, wirtschaftlich vorwärts schreitet, daß die finanziellen Beihilfen, die England bisher für dieses Gebiet hat leisten müssen, wohl in absehbarer Zeit nicht mehr notwendig sein werden und daß bereits britische Ansiedler sich dort festgesetzt haben.

Belgien hat von unserem Kolonialbesitz nur einen bescheidenen Anteil erhalten. Auch Frankreichs Anteil ist wesentlich kleiner als die englische Beute. Belgien und Frankreich werden daher zu einer Herausgabe ihres Besitzes jedenfalls dann kaum bereit sein, wenn England nicht auch auf einen größeren Teil seiner Beute verzichtet. Wür-

II Hschr. Randbemerkung Schuberts: »ja«
III Hschr. Randbemerkung Schuberts: »stimmt«

de also England nur zur Herausgabe seines Anteils an Kamerun und Togo bereit sein, so würde günstigstenfalls Frankreich auf seinen Togoteil oder auf einen Teil seines Kamerunbesitzes verzichten. Da der englische Togoanteil als selbständige Kolonie nicht brauchbar ist, würden wir also nur auf unsere frühere Togokolonie oder auf das englische Kamerun, vergrößert um einen kleinen Teil des französischen Kamerun, rechnen können. Damit wäre uns wenig gedient.

4) Südwestafrika bildet einen Teil des für die Besiedlung durch Weiße geeigneten Südafrika. Der Traum aller politisch denkenden Kreise der Südafrikanischen Union ist auf eine Vereinigung Südafrikas gerichtet. Ich glaube daher nicht, daß die Union Südwestafrika von sich lassen wird[IV].

II. Die kolonialen Ziele.

Was wir brauchen sind:

1) Tropische Gebiete, die als Rohstofflieferanten eine merkliche Hilfe für unsere Wirtschaft bedeuten,

2) Siedlungsland, das einen Teil unserer überschüssigen Bevölkerung aufnehmen kann und in dem die deutsche Eigenart sich erhält.

Zu 1):

a) Unsere Aussichten, wenigstens einen größeren Teil unserer früheren tropischen Gebiete zurückzubekommen, sind nach den Ausführungen zu I zur Zeit gering. Welche Forderungen wir zu gegebener Zeit werden stellen können, wird sich erst beurteilen lassen, wenn dieser Zeitpunkt gekommen ist. Sollten wir es dann für richtig halten, uns mit unseren Ansprüchen zunächst zu bescheiden, so wird dies in einer Form zu geschehen haben, die unsere Ansprüche auf Rückgabe weiterer tropischer Gebiete nicht präjudiziert. Wenn wir erst Mitglied des Völkerbundes geworden sind, so werden wir nicht nur nach dem Buchstaben der Völkerbundsatzungen wirtschaftliche Gleichberechtigung in den Mandatsgebieten haben, sondern durch unsere Mitwirkung im Völkerbund eine solche Gleichberechtigung auch tatsächlich durchsetzen können. Es besteht dann durchaus die Möglichkeit, daß wir auch die uns noch nicht wieder zurückgegebenen früheren deutschen Schutzgebiete (abgesehen von dem japanischen Mandatsgebiet) wirtschaftlich in nicht zu langer Zeit so durchdringen, daß eine spätere Mandatsübertragung auf Deutschland nicht ausgeschlossen ist[V].

In erster Linie werden wir Deutsch-Ostafrika, Kamerun und Togo als Ziel uns setzen können. Sollte England zur Herausgabe Ostafrikas nicht zu bestimmen sein, so liegt es vielleicht nicht ganz aus dem Be-

[IV] Hschr. Randbemerkung Schuberts: »Also was dann?«

[V] Hschr. Fragezeichen Schuberts am Rand

reich der Möglichkeit, einen Ausgleich aus den britisch-westafrikanischen Besitzungen zu erhalten, für den wir uns dem Mandatssystem unterwerfen könnten.

b) Bei der immerhin bestehenden Ungewißheit, wesentliche Teile unserer früheren tropischen Gebiete wiederzuerlangen, sollten wir die sich uns bietenden Gelegenheiten, in den portugiesischen Kolonien Afrikas wirtschaftliche Tätigkeit zu entfalten, nicht entgehen lassen. Unbedenklich ist dies in Form von Beteiligung an portug.[iesischen] Gesellschaften, evtl. auch an englischen oder amerikanischen Unternehmungen.

Zu 2)

Auf eine Rückgabe unserer Siedlungskolonie Südwestafrika werden wir nicht rechnen können. Ich sehe darin auch kein Unglück. Bleibt Südwestafrika bei Südafrika, so wird das einer Einwanderung Deutscher auch in dem sonstigen Südafrika dienlich sein, und eine zielbewußte Politik könnte erreichen, daß in späteren Zeiten der Süden Afrikas zu einem im wesentlichen deutschen Lande würde[VI]. Das würde erschwert oder gar verbaut werden, wenn Süwestafrika jetzt wieder von der Union losgelöst würde. Es könnte dann vielleicht sogar der Fall eintreten, daß, getrieben von dem Gedanken eines großen einheitlichen Südafrika, durch geschickte Einwanderungspolitik von der Union aus der Deutsche mehr und mehr aus Südwestafrika verdrängt würde. Als Mandatar über Südwestafrika könnte Deutschland dies schwer verhindern. Schon heute sind von den etwa 19000 weißen Bewohnern Südwests nur 8 - 9000 Deutsche.

Etwas anderes ist es, ob wir nicht die Forderung auf Rückgabe Südwestafrikas als taktisches Mittel zu stellen haben würden[VII], um besondere Wünsche zur Erhaltung des Deutschtums, die noch nicht erfüllt sein sollten, durchzusetzen (Selbstregierung, Schulfragen, Gleichberechtigung der deutschen Sprache auch im amtlichen Verkehr, Einwanderungserleichterung für Deutsche).

[Es folgen Vorschläge zur kolonialen Propaganda.]

Br[ückner][2]

Quelle: Akten zur Deutschen Auswärtigen Politik 1918 - 1945, Serie A: 1918 - 1925, Bd. XI, Göttingen 1993, Nr. 150.

VI Hschr. Fragezeichen Schuberts am Rand

VII Hschr. Fragezeichen Schuberts am Rand

2 Edmund Brückner, vormaliger Gouverneur von Togo (1911 - 1912), Leiter der Abt. III a des Auswärtigen Amtes (Kolonialfragen)

121. Die »Bibel« der Kolonialrevisionisten – Heinrich Schnee, Die koloniale Schuldlüge, 1924

So stellt das Vorgehen der Alliierten in bezug auf die deutschen Kolonien einen dreifachen Betrug dar. Betrogen ist einmal das deutsche Volk. Die Alliierten hatten durch die Vorspiegelung eines Friedens auf Grund der 14 Punkte des Präsidenten Wilson[1] in ihm den Irrtum erregt, daß eine unparteiische Schlichtung der kolonialen Ansprüche unter Berücksichtigung der Interessen der Eingeborenen erfolgen werde; an Stelle dessen ist die Wegnahme und Verteilung der deutschen Kolonien lediglich nach machtpolitischen Gesichtspunkten erfolgt, zum Teil selbst auf Grund von Geheimverträgen, welche zur Zeit der Schaffung dieser Vertragsgrundlage durch die Lansing-Note[2] bereits vorlagen.

Betrogen sind ferner die Eingeborenenbevölkerungen der deutschen Kolonien. Die Alliierten hatten im Krieg das Selbstbestimmungsrecht der Völker auf ihre Fahnen geschrieben; Lloyd George[3] hatte wiederholt öffentlich versprochen, daß, bevor irgendein Mandat[4] über die bisherigen deutschen Kolonien einer Nation übertragen werden würde, die Eingeborenen-Häuptlinge und Stämme befragt werden sollten. [...] Tatsächlich ist die Verteilung erfolgt, ohne daß die Wünsche der Eingeborenen irgendwie dabei berücksichtigt wären. [...]

Endlich ist die Öffentlichkeit getäuscht worden. Es wurde der Irrtum erregt, als ob bei der Entscheidung über die deutschen Kolonien moralische Gründe maßgebend gewesen seien. [...] Während Macht- und Wirtschaftsinteressen der beteiligten Staaten ausschließlich für die Aneignung deutschen Kolonialbesitzes maßgebend waren, erklärten sie der Welt gegenüber, eine heilige Aufgabe der Zivilisation erfüllen zu wollen. [...]

Der Inhalt der kolonialen Schuldlüge läßt sich kurz dahin zusammenfassen: Ein militärisches Deutschland habe in brutaler Gewaltherrschaft die von ihm unterjochten Eingeborenenvölker miß-

[1] Woodrow Wilson (1856 - 1924), 1913 - 1921 Präsident der USA

[2] Note des US-Außenministers Robert Lansing (1915 - 1920) vom 5.11.1918, mit deren Annahme Deutschland, unabhängig von der Kriegsschuldfrage, die Verpflichtung zur Wiedergutmachung der Kriegsschäden übernommen habe

[3] David Lloyd George (1863 - 1945), liberaler Politiker und britischer Premierminister (1916 - 1922)

[4] Siehe Dok. 116, Anm. 2.

handelt und sei auf die Schaffung von Stützpunkten zur Bedrohung anderer Nationen ausgegangen. [...]

Gewiß sind in den deutschen Kolonien, wie in den Kolonien aller anderen Länder, Fälle von Eingeborenenmißhandlungen und auch von Grausamkeiten vorgekommen. Aber absolut unstatthaft ist es, diese Fälle zu verallgemeinern und der deutschen Kolonialverwaltung, im Gegensatz zu andern, Härten oder Grausamkeiten vorzuwerfen. Gewiß sind im Reichstag von Abgeordneten Vorwürfe in bezug auf Eingeborenenbehandlung erhoben worden, aber in welchem Parlament von Kulturnationen ist das nicht geschehen? Es würde nicht schwer sein, sowohl aus englischen wie aus französischen Parlamentsverhandlungen, wie aus einzelnen Fällen, die in Gerichtsverhandlungen oder auf sonstige Weise der Öffentlichkeit bekannt geworden sind, ähnliche Bilder zu entwerfen [...].

Welche Folgerungen ergeben sich aus diesen Tatsachen? Die Wegnahme der deutschen Kolonien ist begründet auf die Behauptung von Deutschlands Versagen in der kolonialen Zivilisation und von seinem aggressiven kolonialen Imperialismus. Diese Behauptung ist mit allem, was drum und dran hängt, als Lüge erwiesen worden. Damit fällt die Grundlage fort, auf der die Alliierten den auf die Kolonien bezüglichen Teil des Versailler Friedens aufgebaut haben. Es fallen auch die Gründe weg, mit denen die Alliierten Deutschland und der Welt gegenüber ihr Verfahren betreffend die deutschen Kolonien gerechtfertigt haben. Es ergibt sich daraus die Forderung nach Rückgabe der deutschen Kolonien an Deutschland.

Quelle: Heinrich Schnee, Die koloniale Schuldlüge, München ²1927, (¹²1940), S. 22 f., 33, 51 f., 101 f.

122. ›Volk ohne Raum‹ – Aus Hans Grimms kolonialem Erfolgsroman, 1926

Weil nun in dem Leben, das in diesem Buche geschildert wird, unser gemeinsames deutsches Schicksal sein Antlitz nackend zeigt, wie es ja zuweilen geschieht, daß die Geschichte eines einfachen Mannes zugleich das Geschick seines Volkes enthüllt; weil also in unsere ungeheuerlichste Angelegenheit hier ein breiter Einblick sein wird, deshalb müssen diesem Buche Glocken vorausläuten! Oder meinst du, daß es irgendein Größeres gebe auf Erden und im Himmel als die letzte Schicksalsfrage unseres Volkes?

Du aber reckst überlegen den Kopf, du aber sagst, das deutsche Volk werde jedenfalls leben und allen Schicksalsfragen entgehen? Was heißt leben, Freund? Es lebt der Sieche und lebt der Dieb und lebt die Hure und lebt das Gewürm, das einander frißt; aber der deutsche Mensch braucht Raum um sich und Sonne über sich und Freiheit in sich, um gut und schön zu werden. Soll er bald zwei Jahrtausende umsonst darauf gehofft haben? Und wenn du gerade und adlig zu sein vermagst von Körper und Sinn, und wenn deine Kinder noch nicht kranke Krüppel und verstohlene Diebe und arme Huren geworden sind, ist das dein Verdienst? Schau um dich, schau vor dich und bedenke die Enkel der Neugeborenen! Es gibt eine Sklavennot der Enge, daraus unverzwungene Leiber und Seelen nie mehr wachsen können. Ich aber, mein Freund, ich weiß, daß meine Kinder und mein Geschlecht und das deutsche Volk ein und dasselbe sind und *ein* Schicksal tragen müssen. [...]

»Mensch, was fragst du? Woher kommst du? – Wir sind von dem Volke, das eingeschnürt sitzt zwischen Wasgen-[1] und Böhmerwald, zwischen einer kurzen Ecke Nordsee und zwischen einer Ostseelänge und Russland; wir sind von dem Volke, das den vierten Sohn in das fremde Ausland verschwenden mußte und das von drei Bauernjungen zwei vom Felde und aus den Wäldern und Heiden in die Fabriken weisen muß und in die Städte – Wunsch hin und Wunsch her – damit sie nur leben können, und das von drei Mädchen immer eine ohne Mann gehen läßt vor lauter Gedrängtheit, und wo jeder dem andern zornig und zankend auf den Teller sieht und wo reinliche Abenteurer Schurken wurden, weil sie keine Gelegenheit fanden für ihre eigentümlichen unruhigen Kräfte. [...] Aber dieses Volk, Mensch, dieses unser deutsches Volk ist endlich übergequollen, es sucht sich endlich ein breiteres, eigenes Bette; es sucht sich ein Bette, wie der Engländer es tat, daß, wer tüchtig ist und wer leistet, zu seinem Rechte und seinem Wunsche und seiner Freiheit kommt und daß Art nicht länger als Unart erscheint. Und unter den Übergequollenen sind wir vorne an und den deutschen Arbeitern, die frei sein und sich erproben möchten, leisten wir hier den Dienst und also auch uns selbst. Und *das* solltest du nicht wissen?«

Quelle: Hans Grimm, Volk ohne Raum, München 1926, S. 10 f., 674 f.

[1] älterer deutscher Name für die Vogesen

123. ›Wir brauchen Kolonien!‹ – Parodie auf den Kolonialrevisionismus in der ›Weltbühne‹, 1926

Wir brauchen Kolonien!

Ob Zentrumsmann, ob Demokrat,
ob Kegelklub, ob Syndikat –
die Stimmen tremolieren.
Es schreit von Flugblatt und Plakat:
Wir woll'n ein Kolonialmandat.
Wir müssen kultivieren!

Fehlts auch im Reich an Geld und Brot –
was kümmert uns die Wohnungsnot!
Sie mögen vegetieren.
Heil: Tropen und Kanonenboot!
Stolz weht die Flagge schwarzweißrot.
Wir müssen kultivieren!

Der Schwarze will zu uns zurück.
Zu Peitsche, Drill und Liebesglück
und preußischen Manieren.
Entreißen wir der fremden Tück'
den dunkeln Erdteil Stück für Stück.
Wir müssen kultivieren!

Dann hätten einen Erdenrest
die Jürgens, Kußmann, Femepest,
sich abzureagieren.
Drum haltet die Parole fest.
Es gilt den Kampf um Deutsch-Süd-West.
Wir müssen kultivieren!

Karl Schnog[1]

Quelle: Die Weltbühne, 22. Jg. (1926), S. 636.

[1] Karl Schnog (1897 - 1964), Journalist und Schriftsteller, Emigration und Internierung im Dritten Reich, lebte nach 1945 in Ost-Berlin.

124. Soll Deutschland Kolonialpolitik treiben? – Eine Umfrage aus dem Jahr 1927

1. Soll das Deutsche Reich den Erwerb von Kolonien anstreben?[1] Aus welchen Gründen ja, aus welchen Gründen nein?
2. Soll eine koloniale Betätigung des Deutschen Reiches unter der Form des Kolonial-Mandats[2] angestrebt werden? Aus welchen Gründen ja, aus welchen Gründen nein?
3. Soll das Deutsche Reich sich darauf beschränken, für seine Angehörigen und für seinen Rohstoffbezug in fremden Kolonien wie in den Mandatsgebieten volle Gleichberechtigung mit den anderen Nationen zu fordern?

a) Dr. Konrad Adenauer, Oberbürgermeister der Stadt Köln[3]

Zu Frage 1. Das Deutsche Reich muß unbedingt den Erwerb von Kolonien anstreben. Im Reiche selbst ist zu wenig Raum für die große Bevölkerung. Gerade die etwas wagemutigen, stark vorwärtsstrebenden Elemente, die sich im Lande selbst nicht betätigen konnten, aber in den Kolonien ein Feld für ihre Tätigkeit finden, gehen uns dauernd verloren. Wir müssen für unser Volk mehr Raum haben und darum Kolonien.

Zu Frage 2. Die koloniale Betätigung des Deutschen Reichs unter der Form des Kolonial-Mandats ist natürlich weniger wünschenswert als der Besitz eigener Kolonien. Man sollte m.E. zunächst das Kolonial-Mandat anstreben, um wenigstens einen Schritt weiterzukommen, darüber aber das Ziel, eigene Kolonien frei zu besitzen, niemals aus dem Auge lassen.

Zu Frage 3. Die Antwort ergibt sich aus meiner Stellungnahme zu Frage 1.

[1] Die Redaktion hatte sich an 200 Persönlichkeiten der deutschen Öffentlichkeit gewandt, 50 Antworten wurden veröffentlicht.

[2] Siehe Dok. 116, Anm. 2.

[3] Adenauer (1876 - 1967) war seit 1931 einer der stellvertretenden Präsidenten der Deutschen Kolonialgesellschaft.

b) Professor Dr. Moritz Julius Bonn, Volkswirtschaftler

Die Erwerbung von Kolonien in der Absicht, der überschüssigen heimischen Bevölkerung Lebensziele unter eigener Regierung zu geben, war schon vor dem Kriege nicht mehr möglich. Der gesamte »neue« Kolonialbesitz, insbesondere der zentrale Kolonialbesitz in Afrika, umfaßte ausschließlich Gebiete, in denen die deutsche Auswanderung auf eingeborene Bevölkerungen stieß, deren niedrige Lebenshaltung dem mittellosen Einwanderer den Wettbewerb unmöglich machte. Die Behauptung, daß Kolonien nötig seien, um die zunehmende deutsche Bevölkerung aufzunehmen, war schon vor dem Kriege eine nichtssagende Phrase. Die deutschen Kolonien nützten in bescheidenem Maße der Rohstoffversorgung und dem Absatz der deutschen Wirtschaft. Einem anderen Zweck können die Kolonien, an deren Rückgabe eventuell gedacht werden kann, auch heute nicht dienen. Aber auch dieser Zweck ist heute sehr viel schwerer zu erfüllen. [...]

Deutschlands Aufgabe ist nicht, mit unzureichenden Mitteln ein absterbendes System zu unterstützen; es muß vielmehr als Vertrauensmann der von der Kolonisation bedrohten Völker und als Führer der Staaten ohne Kolonien sein Möglichstes tun, das Zeitalter der Kolonisation in das Zeitalter der Gegenkolonisation reibungslos überzuleiten.

c) General Berthold von Deimling, Kolonialtruppenoffizier im Kaiserreich und Pazifist in der Weimarer Republik

Als altem Afrikakämpfer ist mir der Verlust unserer Kolonien, namentlich der unseres Südwestafrika, besonders nahegegangen. Und die Lüge von der deutschen Kolonialschuld verurteile ich auf das Schärfste. Trotzdem aber kann ich bei Deutschlands jetziger Lage eine Propaganda für Wiedergewinnung von Kolonien nicht befürworten, und zwar hauptsächlich aus folgenden Gründen:

Der Siedlungs- und wirtschaftliche Nutzen unserer Kolonien war – was vielfach gar nicht bekannt ist – verhältnismäßig nur gering. Wenn es hoch kommt, lebten 25 000 Deutsche in den Kolonien und von unserer gesamten Ein- und Ausfuhr, die 1913 etwa 10 Milliarden betrug, kamen auf die Kolonien 53 Millionen an Einfuhr und 57 Millionen an Ausfuhr.

Das Reichsbudget enthielt an Ausgaben allein für Ostafrika, Kamerun und Togo 97,9 Millionen.

Welche Summen müßte Deutschland in die Kolonien stecken, um sie wieder aufzuziehen, zu entwickeln und zu erhalten! Soll das deutsche Volk noch mehr Steuern bezahlen, als es für den verlorenen Krieg ohnehin schon zahlen muß? Könnten wir den Aufwand verantworten angesichts des Wohnungselends und der sozialen Not weiter Kreise im eigenen Land?

Außenpolitisch würde die Forderung von Kolonien die Reibungsflächen mit den Nachbarstaaten nur noch vermehren. Wir haben wahrlich hart genug zu kämpfen um die Rheinlandräumung und die allgemeine Abrüstung. Sollen wir uns diesen Riesenkampf selbst noch erschweren?

Und noch eines kommt hinzu: die mächtige Bewegung, die die Völker Asiens und Afrikas ergriffen hat zur Wiedererlangung ihrer Selbständigkeit. Auf dem Kongreß der farbigen Völker, der im Februar 1927 in Brüssel tagte, hat der Afrikaneger Samgor[4] in leidenschaftlicher Rede die Parole verkündet: »Afrika den Afrikanern!« Diese elementare Bewegung der unterdrückten Völker wird - wie bereits in China und Indien - so auch in Afrika in nicht zu ferner Zeit zu Zusammenstößen mit den weißen Eindringlingen führen. Wollen wir wieder Kolonialkriege - diesmal an der Seite von Frankreich und England - führen zur Unterdrückung der Neger, wo wir doch selbst um unsere eigene Selbständigkeit auf das schwerste noch auf Jahre hinaus zu ringen haben werden?

Wir haben das Recht der Selbstbestimmung der Völker auf unseren Schild erhoben. Dieses Recht müssen wir auch den farbigen Völkern gegenüber respektieren. Man darf sich bei Betrachtung des Kolonialproblems nicht von Stimmungen und falscher Prestigesucht leiten lassen, sondern nur von praktischen und realen Gesichtspunkten. Das Kolonialzeitalter hat sich überlebt. Auch auf diesem Gebiet ist eine neue Zeit angebrochen. Ihre Zeichen müssen erkannt werden, wenn wir nicht unabsehbaren Schaden erleiden wollen.

Deshalb: Hände weg von den Kolonien!

d) Professor Dr. Albert Einstein, Physiker und Nobelpreisträger

Die Sachverständigen scheinen darüber einig zu sein, daß man durch Urbarmachung von *noch* nicht kultiviertem Boden sowie durch Intensivierung von Bodenflächen, durch Parzellierung von Latifundien-

[4] richtig Léopold Sédar Senghor (geb. 1906), senegalesischer Staatsmann und Dichter

besitz sowohl die Zahl der im Ackerbau beschäftigten Menschen als auch den Gesamtertrag des Bodens auf dem Gebiet des Deutschen Reichs ganz erheblich steigern könnte. Ich halte diese innere Kolonisierung für nützlicher, sicherer und sympathischer als die in Ihrer Anfrage ins Auge gefaßte Kolonisierung von Staats wegen auf überseeischem Boden.

e) Thomas Mann, Schriftsteller

Soviel ich sehe, sind die Zeiten imperialistischer Kolonialausbreitung endgültig vorüber. Die Idee der Freiheit und Selbstbestimmung ist überall erwacht und wird sich nicht wieder zur Ruhe legen. Ich glaube, daß die Ereignisse viele Deutsche gelehrt haben, unsere Freiheit von kolonialem Gepäck als einen Vorteil zu empfinden. Der ruhmlose und innerlich behinderte Verlauf jüngster Kolonialkriege war nicht neiderregend, das englische Weltherrentum atmet schwer, und die Sympathien der Geister sind auf Seiten Gandhis[5]. Im Ganzen hat man den Eindruck, daß Europa, dessen aristokratische Naivität gebrochen ist, die Rolle des Heilbringers, der sich bereichert, nicht mehr mit natürlichem Anstande zu spielen vermag. Angesichts der Unsicherheit aller Dinge scheint es mir das geringste Wagnis, die dritte Frage zu bejahen und dafür zu stimmen, daß Deutschland »für seine Angehörigen und für seinen Rohstoffbezug in fremden Kolonien wie in den Mandatsgebieten volle Gleichberechtigung mit den anderen Nationen fordere«.

f) Safari-Verlag, Berlin, auf Kolonialliteratur spezialisiert

Zu 1. Das Deutsche Reich soll mit allen Mitteln der Propaganda den Erwerb von Kolonien anstreben. Der Kolonialbesitz erscheint uns deshalb unbedingt notwendig, weil wir Siedlungsgebiete für die überschüssige Bevölkerung dringend benötigen.

Die Fragen zu 2 und 3 möchten wir nicht beantworten, da sie nur graduelle Bedeutung besitzen und für die augenblickliche Propagie-

[5] Mohandas Karamchand, gen. Mahatma Gandhi (1869–1948), Führer der indischen Freiheitsbewegung

rung des kolonialen Gedankens in der breiten Masse des deutschen Volkes nur verwirrend und abstoßend wirken können. Unsere Erfahrungen als im deutschen Buchhandel bestens eingeführter Kolonialverlag gehen dahin, daß das Interesse für den Wiedererwerb von Kolonien insbesondere in den letzten anderthalb Jahren in der deutschen Leserschaft stark nachgelassen hat. Die Gründe hierfür sind uns nicht ohne weiteres bekannt. Vielleicht liegen sie darin, daß das Werben um neuen Kolonialbesitz in breiten Kreisen des werktätigen Volkes als reaktionär verschrien ist. Unsere Erfahrungen gehen ferner dahin, daß eigentlich nur noch in Norddeutschland ausgesprochenes Interesse für Kolonialbesitz vorhanden ist, besonders Süddeutschland lehnt nach wie vor strikte jede nennenswerte Verwendung für Kolonialliteratur ab.

Quelle: Europäische Gespräche. Hamburger Monatshefte für Auswärtige Politik, 5. Jg. (1927), S. 610 f., 616 f., 624 - 626, 659.

Kapitel VII: Letzte Kolonialträume – Die Kolonialfrage im Dritten Reich

Die Haltung der Nationalsozialisten gegenüber der Kolonialfrage war keineswegs von vornherein eindeutig und sollte auch in Zukunft, namentlich für die nationalkonservativen Kolonialanhänger, von denen nach der »Machtergreifung« Hitlers große Teile zur »Bewegung« stießen, widersprüchlich bleiben. Zwar hatte die Partei schon im dritten Punkt ihres Programms von 1920 Kolonien »zur Ernährung unseres Volkes und zur Ansiedlung unseres Bevölkerungsüberschusses« gefordert, aber dieser Anspruch auf »Kolonien« war räumlich nicht präzisiert worden. Hinzu kam, daß sowohl der linke, Anfang der dreißiger Jahre eliminierte Flügel der revolutionären »Sozialisten« um die Gebrüder Strasser als auch die Radikalagrarier um den Reichsbauernführer Richard Walther Darré mit ihrer Blut-und-Boden-Ideologie ohnehin kolonialimperialistischen Plänen ablehnend gegenüberstanden. Auch Adolf Hitler setzte in ›Mein Kampf‹ der als halbherzig betrachteten »Kolonial- und Handelspolitik« des Kaiserreiches das Postulat einer deutschen »Bodenpolitik« in Europa gegenüber (Dok. 125).

Grundsätzlich hat Hitler auch zukünftig am Primat der Ostraumpolitik (»Ritt gen Osten«) gegenüber den Forderungen eines Überseeimperiums von seiten der »wilhelminischen Imperialisten« (»Fahrt über See«) festgehalten. Nach der Machtübernahme verschwanden jedoch die radikalen Töne, in denen der »Führer« Kolonien als Relikt der wilhelminischen Epoche verworfen hatte; denn nunmehr war er in der Kolonialfrage zunächst noch stärker zu innenpolitischer Rücksichtnahme auf die Revisionswünsche liberalkonservativer Honoratioren gezwungen. Um einerseits diesen politischen Rückhalt im bürgerlich-nationalen Lager nicht zu gefährden, andererseits aber auch nicht seinen anfänglichen außenpolitischen Kurs des Ausgleichs mit England aufs Spiel zu setzen, erfolgte insofern eine gewisse »Arbeitsteilung«, als den Kolonialverbänden die koloniale Agitation überlassen, jede »unmittelbare amtliche Propaganda« jedoch untersagt wurde (Dok. 126). Immerhin wurde jedoch das 1932 eingerichtete Kolonialreferat der NSDAP im Mai 1934 zu einem selbständigen »Kolonialpolitischen Amt« der Reichsleitung der Partei erhoben, mit dessen Leitung der vormalige Freikorpsführer und nunmehrige Reichsstatthalter von Bayern, Franz Ritter von Epp (1868–1946), betraut wurde. Im Anschluß daran erfolgte die »Gleichschaltung« sämtlicher Kolonialverbände und -einrichtungen, die bis Ende 1936 in den bereits im Sommer 1933 als Nachfolger der Weimarer »Kolonialen Reichsarbeitsgemeinschaft« (KORAG) eingerichteten »Reichskolonialbund« eingegliedert wurden, dessen Leitung ebenfalls Epp übertragen worden war (1941 2,1 Millionen Mitglieder).

In der Außenpolitik des Dritten Reiches besaß die Kolonialfrage somit eine doppelte Funktion: Sie war Mittel und Ziel zugleich, letzteres allerdings erst in einer späteren Etappe der stufenweise geplanten Machtausdehnung »Großdeutschlands«. Bis in das Jahr 1935 hinein betrieb Hitler zunächst eine Politik der kolonialen und maritimen Enthaltung, um zu dem gewünschten Übereinkommen mit Großbritannien, d. h. »freie Hand« in Europa, zu gelangen. Seit 1935 trat jedoch neben die Politik der kolonialen Konzessionen zugleich die Taktik kolonialer Sanktionsdrohungen. Hitler bestand nun auf kolonialer Mitbeteiligung, freilich immer noch in erster Linie - wie seine Gespräche mit Lord Halifax und dem britischen Botschafter in Berlin im Rahmen der englischen Appeasement-Politik zeigen (Dok. 128) -, um doch noch einen Ausgleich mit England auf der Basis der Teilung kontinentaler und maritimer Vorherrschaft in Europa zu erreichen.

Mit der Verschärfung der außenpolitischen Drohgebärden erfolgte gleichzeitig eine Intensivierung der internen kolonialen Propaganda, nachdem die »kolonialen Vorbereitungen« bereits Ende 1937 eingesetzt hatten und Anfang 1939 auch offiziell von Hitler gebilligt worden waren. Kolonialausstellungen, Vorträge über die ehemaligen Kolonien und eine breite Kolonialpublizistik knüpften an die alten Kolonialargumente an und reklamierten das »Recht« Deutschlands zu kolonialer Mitsprache und Beteiligung. Die Hauptschaffensperiode im Hinblick auf die deutsche Kolonialliteratur lag denn auch eindeutig in den Jahren zwischen 1937 und 1939. Namentlich der selbst im Kaiserreich geächtete Carl Peters avancierte - wie etwa bei dem »alten Afrikaner« und Jugendbuchautoren Josef Viera[1] (Dok. 127) - zum national-heroischen Vorbild des »Tat-« und »Herrenmenschen«. Gleichzeitig tauchte in den Planungen für das künftige Kolonialreich das ebenfalls aus der Kaiserzeit stammende »Mittelafrika«-Projekt wieder auf, nachdem die früheren deutschen Kolonien in der Südsee und in China (Kiautschou) bereits in der Weimarer Zeit aus dem Rückgabekatalog verschwunden waren. Das geplante »Mittelafrikanische Reich«, das sich vom Atlantischen bis zum Indischen Ozean erstrekken sollte und dessen Konturen ständig erweitert oder geändert wurden, war als kolonialer Ergänzungsraum für das »Neue Europa« gedacht (Dok. 131), das zu schaffen Hitler 1939 mit den Blitzfeldzügen im Osten, Norden und Westen des Kontinents in Angriff nahm.

[1] eigentlich Josef Sebastian Vierasegerer (1890 - 1970)

Obgleich die Nationalsozialisten die Forderung der Kolonialrevisionisten nach Rückgabe der ehemaligen deutschen Kolonien inzwischen ausdrücklich aufgenommen hatten und auch im Hinblick auf das projektierte mittelafrikanische Großreich eine weitgehende Übereinstimmung mit den territorialen Kriegszielprogrammen des Ersten Weltkrieges[2] herrschte, sollte sich nach ihren Vorstellungen die künftige Kolonialpolitik jedoch inhaltlich von jener unterscheiden, die vor 1914 betrieben worden war. Ausgehend von dem Herrschaftsanspruch des weißen »Herrenvolkes« beabsichtigte man in dem neuen Kolonialimperium eine Politik der strikten »Segregation« und »Rassenhygiene« zu betreiben, derzufolge der Kontakt zwischen Europäern und Schwarzen auf ein Minimum reduziert und die schwarze Bevölkerung »arteigen«, d. h. auf einer primitiven Stufe, erhalten werden sollte. Von diesen rassistischen Voraussetzungen ausgehend, entwarf das Kolonialpolitische Amt, das im März 1940 von Hitler zugleich die Anweisung zur Errichtung eines Reichskolonialamtes erhalten hatte, in Zusammenarbeit mit dem Reichsjustizministerium und anderen Stellen ein »Reichskolonialgesetz« (Dok. 129) sowie – in Anlehnung an die Nürnberger Rassengesetze von 1935 – ein »Kolonialblutschutzgesetz« (Dok. 130). Mit diesen Apartheidsgesetzen sollte eine völlig getrennte, rassisch orientierte, koloniale Klassengesellschaft etabliert werden, in der die Afrikaner, unter Erhaltung ihrer »artgemäßen Kultur«, einzig als »Arbeiterreservoir« dienen sollten. Gesetzliche Arbeitspflicht und Arbeitsbuch waren ebenso vorgesehen wie die Zusammendrängung in Eingeborenenreservaten. Rassengesetzgebung und eine staatlich gelenkte »koloniale Wirtschaft« bildeten mithin die Basis der nationalsozialistischen Kolonialideologie und der geplanten Kolonialherrschaft (Dok. 132). Eine deutsche Massenansiedlung in Afrika lag dagegen, wegen der Gefahr eines »weißen Proletariats«, nicht im Interesse des NS-Staates.

Spätestens Ende 1940 verschwand das Projekt eines deutschen Kolonialreiches in Mittelafrika jedoch aus der konkreten Politik Hitlers und geriet zu einem Gegenstand bürokratischer Sandkastenspielereien; denn mit dem Beginn des Rußlandfeldzuges interessierten den »Führer« die Kolonialprobleme allenfalls noch am Rande. Für ihn bedeuteten Kolonien zu keinem Zeitpunkt eine Alternative zum »Lebensraum im Osten« (Dok. 134). Auch für die »Endlösung« der »Judenfrage« hatte er inzwischen – anstelle der vom Auswärtigen Amt vorgesehenen Insel Madagaskar – den Osten ausersehen (Dok. 133). Anfang 1943 mußte Hitler schließlich dem für ihn ungünstigen Kriegsverlauf

[2] Vgl. Dok. 111 – 113.

Rechnung tragen (Fall Stalingrads). In seinem Auftrag teilte Reichsleiter Bormann »Reichskolonialminister« Ritter von Epp am 26. Januar 1943 mit, daß »die Tätigkeit des Kolonialpolitischen Amtes und die des Reichskolonialbundes bis zum 15.2.1943 völlig stillzulegen« seien (Dok. 135). Der Traum von einem deutschen Reich in Afrika, im Vormärz auftauchend und seit den 1880er Jahren eine Hoffnung deutscher Kolonialschwärmer, war endgültig ausgeträumt.

125. »Ritt gen Osten« statt »Fahrt über See« – Auszüge aus Adolf Hitlers ›Mein Kampf‹, 1925/27

Im ersten Band des Werkes habe ich mich mit der Halbheit unserer Bündnispolitik vor dem Kriege auseinandergesetzt. Von den vier Wegen für eine künftige Erhaltung unseres Volkstums und die Ernährung desselben hatte man den vierten und ungünstigsten gewählt. An Stelle einer gesunden europäischen Bodenpolitik griff man zur Kolonial- und Handelspolitik. Dies war um so fehlerhafter, als man nun vermeinte, dadurch einer waffenmäßigen Auseinandersetzung entschlüpfen zu können. Das Ergebnis dieses Versuches, sich auf alle Stühle setzen zu wollen, war der bekannte Fall zwischen dieselben, und der Weltkrieg bildete nur die letzte dem Reiche vorgelegte Quittung über seine verfehlte Leitung nach außen.

Der richtige Weg wäre schon damals der *dritte* gewesen: *Stärkung der Kontinentalmacht durch Gewinnung neuen Bodens in Europa*, wobei gerade dadurch eine Ergänzung durch spätere koloniale Gebiete in den Bereich des natürlich Möglichen gerückt erschien. Diese Politik wäre allerdings nur durchführbar gewesen im Bunde mit England, oder unter einer so abnormen Förderung der militärischen Machtmittel, daß auf vierzig oder fünfzig Jahre kulturelle Aufgaben vollständig in den Hintergrund gedrängt worden wären. Dies hätte sich sehr wohl verantworten lassen. [...]

Die einstige deutsche Kolonialpolitik war halb, wie alles was wir taten. Sie hat weder das Siedlungsgebiet der deutschen Rasse vergrößert, noch hat sie den – wenn auch verbrecherischen – Versuch unternommen, durch den Einsatz von schwarzem Blut eine Machtstärkung des Reiches herbeizuführen. [...]

So sehr wir heute auch alle die Notwendigkeiten einer Auseinandersetzung mit Frankreich erkennen, so wirkungslos bliebe sie in der großen Linie, wenn sich in ihr unser außenpolitisches Ziel erschöpfen würde. Sie kann und wird nur Sinn erhalten, wenn sie die Rückendeckung bietet für eine Vergrößerung des Lebensraumes unseres Volkes in Europa. Denn nicht in einer kolonialen Erwerbung haben wir die Lösung dieser Frage zu erblicken, sondern ausschließlich im Gewinn eines Siedlungsgebietes, das die Grundfläche des Mutterlandes selbst erhöht und dadurch nicht nur die neuen Siedler in innigster Gemeinschaft mit dem Stammland erhält, sondern der gesamten Raummenge jene Vorteile sichert, die in ihrer vereinten Größe liegen.

Damit ziehen wir Nationalsozialisten bewußt einen Strich unter die außenpolitische Richtung unserer Vorkriegszeit. Wir setzen dort an, wo man vor sechs Jahrhunderten endete. Wir stoppen den ewigen Germanenzug nach dem Süden und Westen Europas und weisen den Blick nach dem Land im Osten. Wir schließen endlich ab die Kolonial- und Handelspolitik der Vorkriegszeit und gehen über zur Bodenpolitik der Zukunft.

Quelle: Adolf Hitler, Mein Kampf, 2 Bde., München 1925/27, 211/212 1936, S. 689 f., 730, 741 f.

126. Der Primat der Ostraumpolitik – Vertrauliches Rundschreiben des NS-Propagandaministeriums zur Kolonialfrage vom 4. Dezember 1933

Betr.: Behandlung der Kolonialfrage.
Man kann an der Frage der Übersee*siedlung* nicht stillschweigend vorübergehen, die Frage wird immer wieder erhoben werden. Sie ist aus politischen Gründen nicht mit dem Hinweis auf unsere *Ostraumpolitik* abzuweisen. Wenn aber schon zur Tropen*siedlung* offiziell Stellung genommen werden muß, so kann diese *auf des Führers Autorität* hin nur *ablehnend* sein. Der Nationalsozialismus kennt nur *eine* Heimat: Deutschland, nur ein Volk aus *einem* Blut, auf *heimischem Boden*.

Andererseits besteht die Tatsache, daß namhafte nationalsozialistische Persönlichkeiten heute noch für eine Kolonialpolitik im alten Sinne, d.h. nicht nur für das notwendige Gebiet in Afrika (zur Gewinnung von Rohstoffen und Tropenprodukten durch Unternehmungen), sondern für Auswanderung und Tropenkleinsiedlung, insbesondere Massenansetzung von deutschen Bauern in Afrika eintreten. Mit einem Wort: es herrscht noch keine Klarheit. Eine autoritäre Entscheidung ist z.Zt. nicht zweckmäßig.

Daher vermeidet man zunächst auch eine *unmittelbare amtliche* Propaganda und überläßt diese am besten dem *Reichskolonialbund*[1] mit den in der Folge vorgeschlagenen Einschränkungen.

Dem Reichsministerium für Volksaufklärung und Propaganda steht die Aufsicht wie über die Gesamtwerbung, so auch über die Kolonialwerbung zu. Diese Aufsicht wird sich insbesondere darauf zu richten haben, daß die Werbetätigkeit des Reichskolonialbundes sich nicht auf die Forderung nach Besiedlung afrikanischer Gebiete mit deutschen Bauern und nicht auf Auswanderung erstreckt. Die Propaganda unter der für Romantik und Abenteuer zugänglichen Jugend, zumal in den Schulen, erheischt besondere Überwachung, damit ihr nicht ein der nationalsozialistischen Erneuerung aus Blut und Boden entgegengesetztes Ideal des kolonialen Gedankens im Sinne der vorkriegszeitlichen Übersee-Politik eingeimpft wird.

Gegen folgende Werbung kann kein Widerspruch erhoben werden.

Richtlinien für die Kolonialwerbung

1. Bekämpfung der Kolonialschuldlüge und des durch sie begründeten *grundsätzlichen* Ausschlusses Deutschlands von überseeischem Kolonialbesitz.
2. Werbung für die Forderung bedingungsloser Rückgabe unserer geraubten Schutzgebiete oder eines ausgleichenden Ersatzes.
3. Zukünftiger überseeischer Kolonialbesitz soll zur Gewinnung von Rohstoffen und Kolonialerzeugnissen für die deutsche Wirtschaft und nicht als Siedlungsland für den deutschen Bauern dienen.

Jede andere Werbung ist unter allen Umständen zu verhindern. Im übrigen wird darauf hingewiesen, daß die ganze Kolonialpropaganda heute keine vordringliche Lebensfrage unseres Volkes ist und deshalb nicht etwa den Möglichkeiten einer Werbung für wichtigere Dinge das Wasser abgraben darf.

Quelle: Klaus Hildebrand, Vom Reich zum Weltreich. Hitler, NSDAP und koloniale Frage 1919 - 1945, München 1969, Dok. Nr. XI.

[1] bereits im Sommer 1933 als Nachfolgeorganisation der Weimarer »Kolonialen Reichsarbeitsgemeinschaft« (KORAG) gegründet

127. »Petersland! Petersland!« – Afrikaromantik und Herrenstandpunkt im Kolonialroman, 1937

Als Maria nun erstmals ihren Fuß auf die Erde dieses Landes setzte, vergaß sie für einen Augenblick alle Dinge ringsum, vergaß auch den Mann. So sehr erfüllt war sie von dem großen heiligen Gefühl: dies hier ist deutsches Land!

Millionen deutsche Menschen haben im Laufe von Geschlechtern fremde Gestade betreten, um Arbeitende zu werden in fremdem Land; denn seit es deutsche Menschen gibt, sind die Sehnsüchtigen unter ihnen um die Erde gewandert. Ihr Schweiß düngte die Erde der Welt; ihr Blut verlor sich im Blute Fremdstämmiger. Das war wie ein Fluch!

Dies Land aber, Deutsch-Ostafrika, war deutsch, die Sehnsüchtigen, die hierher kamen, bleiben deutsch. Ihre Kinder blieben deutsch, Deutsch-Ostafrika war berufen, dermaleinst ein Neudeutschlandstaat zu werden, wie englische Kolonien und Dominions Neuenglandstaaten wurden. Sie empfand es als beglückendes Gefühl, Siedlerin zu sein auf dieser neuen deutschen Scholle. Und dankbaren Herzens entsann sie sich des Mannes, der diesen ungeheuren Raum für die Heimat erworben hatte. Sein Name hatte in allen englisch sprechenden Ländern einen hochgeachteten Klang, man nannte Karl Peters[1] in einem Atem mit Stanley[2].

Petersland! Petersland! schienen die Palmen am Strand zu ihrem Willkommen zu rauschen und sie fühlte sich glücklich. [...]

Wiederholt gingen sie den langen Sandweg auf und nieder. Am Stacheldraht kehrten sie um und schritten bis zur Mitte des Lagers zurück. Und so oft sie an den Stacheldraht herankamen, stand da zwischen den zwei Reihen Draht ein schwarzer Soldat mit aufgepflanztem Seitengewehr, und Günter warf jedesmal einen Blick hin auf den Mann, ehe er kehrtmachte und mit Maria den Sandweg zurückging. Der schwarze Soldat war ein britischer Askari[3], und es war ganz in der Ordnung, wenn er in Günter, von dem er nichts weiter wußte, als daß er hinter dem Stacheldraht gefangen zu halten war, einen Feind

[1] Carl Peters (1856 - 1918), deutscher Kolonialpionier und Publizist, erwarb Ende 1884 das Kernland des späteren Deutsch-Ostafrika, 1891 - 1895 Reichskommissar in Ostafrika, Ablösung und Skandal um seine Kolonisationsmethoden (vgl. Dok. 27, 32 u.96).

[2] Henry Morton Stanley (eigtl. John Rowlands; 1841 - 1904), britischer Journalist und Afrikaforscher, 1874 - 1877 Durchquerung Afrikas von der Ostküste zur Kongomündung; 1879 - 1884 schuf er im Auftrag König Léopolds II. von Belgien die Grundlagen für den Kongostaat.

[3] (arab., türk. *Soldat*) farbige Soldaten der Schutztruppe in Deutsch-Ostafrika

NS-Propaganda-Postkarte, 1934

jener Nation sah, der er als Söldner diente. Und doch senkte der Askari jedesmal respektvoll den Blick, so oft der Deutsche ihn ansah. Der Grund war sehr einfach: dieses Blut, dem Günter angehörte, kann man nicht demütigen. Selbst wenn man Angehörige dieser Rasse hinter Stacheldraht steckt und von Negern bewachen läßt, bleibt es doch Herrenblut, das freilich die Träger dieses Blutes verpflichtet. Die Männer in Petersland waren dieser heldischen Verpflichtung in weitgehendem Maße nachgekommen. Das wußte dieser Askari, all seine Artgenossen wußten es, und danach handelten sie: der deutsche Name hatte in Afrika einen guten Klang. Diesen primitiven Menschen fiel es nicht bei, aus Neid und Mißgunst den deutschen Menschen zu verunglimpfen. Und es ist nur noch zu sagen, daß all jene in der Welt, die mit Schmutz nach dem deutschen Menschen werfen, von den Völkern in Petersland lernen könnten.
Ja, eigentlich könnten sie es.

Quelle: Josef Viera, Maria in Petersland, Breslau 1937, S. 37, 331 f.

128. Mitbeteiligung Deutschlands an einem internationalen Kolonial-Régime in Mittelafrika oder Rückgabe der ehemaligen deutschen Kolonien? – Aufzeichnung über eine Unterredung zwischen dem Führer und Reichskanzler Adolf Hitler und dem britischen Botschafter in Berlin, Sir Nevile Henderson, am 3. März 1938

Einleitend unterstrich der Britische Botschafter den vertraulichen Charakter des Gesprächs. Den Franzosen und noch viel weniger den Belgiern, Portugiesen oder Italienern würde irgend etwas über den Inhalt der Aussprache mitgeteilt werden. Es würde ihnen nur gesagt, daß dieses Gespräch sich in Verfolg der Besprechungen zwischen Lord Halifax[1] und dem Führer mit den Deutschland und England angehenden Fragen befaßt habe. [...]

[1] Edward Frederick Lindley Wood, Earl of Halifax (1881 - 1959), konservativer britischer Politiker, bis 1938 Lordsiegelbewahrer und Führer des Oberhauses, 1938 - 1940 Außenminister; Vertreter der Appeasement-Politik gegenüber Hitler; Gespräche mit Adolf Hitler auf dem Obersalzberg am 19.11.1937 (vgl. Akten zur Deutschen Auswärtigen Politik 1918 - 1945, Serie D [1937 - 1945], Bd. I, Baden-Baden 1950, Nr. 138)

Bezüglich der Kolonien erklärte der englische Botschafter die ernste Bereitschaft der englischen Regierung, die Kolonialfrage nicht nur zu prüfen, sondern auch auf dem Wege zur Lösung Fortschritte zu machen. Ministerpräsident Chamberlain[2] habe persönlich dieser Frage seine ganze Aufmerksamkeit zugewendet. Auch hier seien natürlich die Schwierigkeiten groß, nachdem seit der letzten Neuordnung des Kolonialbesitzes 20 Jahre vergangen seien. Außerdem sei die öffentliche Meinung in England gerade hier besonders empfindlich. Der englische Botschafter verlas dann anschließend folgenden nach Schluß der Unterredung schriftlich übergebenen Vorschlag über die Kolonialfrage:

»Eine Lösung, die Ihres Erachtens viele Vorteile bieten würde, bestände darin, einen Plan auf der Grundlage eines neuen Régime kolonialer Verwaltung in einem gegebenen Gebiet Afrikas auszuarbeiten: dieser Plan würde sich auf ein Gebiet beziehen, das ungefähr dem Kongobecken entspricht, und würde von allen den in Frage kommenden Mächten angenommen und allen angewendet werden.

Jede von ihnen, obwohl für die Verwaltung der ihr gehörenden Gebiete allein verantwortlich, würde aufgefordert werden, sich von gewissen Prinzipien leiten zu lassen, die gedacht wären, das allgemeine Wohl zu fördern.

Es würde sich hier, zum Beispiele, die Frage der Entmilitarisierung erheben; sowie für das Wohl der Eingeborenen und für die Freiheit von Handel und Verkehr. Es könnte auch sein, daß eine Kommission aus Vertretern von allen Mächten begründet wäre, die Teile des in Frage kommenden Gebiets [zu] besitzen.«

Er erwähnte beim Verlesen, daß das in Frage kommende Gebiet nach Norden ungefähr vom 5. Breitengrad und nach Süden ungefähr vom Sambesi-Fluß begrenzt sei, und fügte hinzu, daß möglicherweise eine Kommission von solchen Mächten gebildet werden würde, deren Kolonialgebiet sich innerhalb dieses Raumes befände[3]. [...]

Auf eine Frage des Führers nach dem neuen Kolonialrégime erklärte der britische Botschafter an Hand einer Karte, daß die englische Regierung ein System mit ähnlichen Richtlinien wie das Berliner Abkommen von 1885 (anscheinend Kongoakte[4]) im Auge habe. Es wür-

[2] Arthur Neville Chamberlain (1869 - 1940), konservativer britischer Politiker, Premierminister 1937 - 1940; Vertreter der Appeasement-Politik gegenüber Hitler

[3] Das für Deutschland in diesem Rahmen vorgesehene Territorium lag offenbar in West-Afrika, bestehend aus Teilen von Französisch-Äquatorialafrika, Belgisch-Kongo und Portugiesisch-Angola (vgl. dazu Documents on British Foreign Policy 1919 - 1939, Second Series, vol. XIX: European Affairs 1.7.1937 - 4.8.1938, Oxford 1982, No. 465).

[4] Schlußakte der unter Vorsitz Bismarcks abgehaltenen Berliner Westafrikakonferenz (8.10.1884 - 26.2.1885), in der unter Wahrung der Handelsfreiheit und Neutralität des Kongobeckens die Souveränität des belgischen Königs Léopold II. über den Kongo-Staat von den Signatarmächten (u.a. USA, Deutsches Reich, England, Frankreich) anerkannt wurde

de[n] in dem vorstehend umrissenen Gebiet Afrikas die Kolonien neu verteilt werden. Bei dieser Verteilung würde Deutschland mitberücksichtigt, hätte also in diesem Falle ein unter seine[r] Hoheit stehendes Kolonialgebiet. Sämtliche Mächte mit Kolonien in diesem zentralafrikanischen Territorium müßten jedoch bestimmte[n] Verpflichtungen betreffend Entmilitarisierung, Handelsfreiheit, Behandlung der Eingeborenen annehmen.

Der Führer erwiderte, daß Deutschland natürlich vor allem die Frage interessiere, was aus seinen ehemaligen Kolonien würde. Weshalb wolle man anstatt ein kompliziertes neues System aufzustellen, die Kolonialfrage nicht auf die einfachste und natürlichste Weise, nämlich durch die Rückgabe der ehemaligen deutschen Kolonien lösen. Er, der Führer, müsse hier allerdings offen zugeben, daß er die Kolonialfrage noch nicht für lösungsreif hielte, da man sich in Paris und in London zu sehr und zu fest gegen die Rückgabe festgelegt habe. Deshalb wolle er auch nicht drängen. Man könne ruhig 4, 6, 8 oder 10 Jahre warten. Vielleicht sei bis dahin eine Sinnesänderung in Paris und London eingetreten und man sehe ein, daß die beste Lösung darin läge, Deutschland das zurückzugeben, was sein durch Kauf und Vertrag erworbenes rechtmäßiges Eigentum war. Die Voraussetzung für das Mitwirken Deutschlands an einem neuen kolonialen Régime sei daher die Rückgabe der rechtmäßig erworbenen und vertragsmäßig fortgenommenen früheren Kolonien. Deutschland wolle nicht andere nichtbeteiligte Staaten mit der kolonialen Lösung belasten. Vielleicht würden auch Belgien und Portugal gar nicht einverstanden sein, und vielleicht würden sie glauben, Deutschland verlange irgend etwas von ihnen, was ihm nicht zustünde.

Der englische Kolonialplan wurde vom britischen Botschafter noch einmal am Globus auseinandergesetzt, wobei Sir Nevile Henderson auf eine Frage des Führers erklärte, er glaube, daß Portugal und Belgien und schließlich wohl auch Frankreich und Italien an der Lösung mitwirken würden.

Quelle: Akten zur Deutschen Auswärtigen Politik 1918 - 1945, Serie D (1937 - 1945), Bd. I, Baden-Baden 1950, Nr. 138.

129. »Deutscher Kolonialkatechismus« – Schreiben des Leiters der Abteilung II (juristische Fragen) des Kolonialpolitischen Amtes der NSDAP, Rudolf Asmis, an Ministerialrat Hermann Burmeister im Reichsfinanzministerium vom 22. April 1940

Sehr verehrter Herr Burmeister!
Im Nachgang zu meinem Schreiben vom 18.d.M. übersende ich Ihnen in der Anlage einen Durchschlag des »Deutschen Kolonialkatechismus« zur vertraulichen Kenntnisnahme. Der endgültige Text des »Kolonialgesetzes« steht noch nicht fest. Ich werde ihn später nachsenden.

Mit besten Grüßen und Heil Hitler
Ihr sehr ergebener
Dr.Asmis[1]

Deutscher Kolonialkatechismus

1. Das Deutsche Reich übernimmt die Kolonien in uneingeschränkter Souveränität, frei von allen internationalen Bindungen, doch ist es zu internationaler Zusammenarbeit mit anderen Kolonialmächten bereit.
2. Die deutschen Kolonien sind Bestandteile des Reiches, kein Ausland. Sie genießen den vollen militärischen Schutz des Reiches. Sie haben eigene Gesetzgebung und eigene Finanzwirtschaft.
3. Jeder zur Mitarbeit in den Kolonien berufene Deutsche, sei er im Regierungsdienst oder nicht, hat sich der dem deutschen Volke dort gestellten hohen Aufgabe würdig zu erweisen. Wer gegen diese Pflicht verstößt, wird dort nicht geduldet.
4. Die Reichsgewalt in den deutschen Kolonien übt der Führer und Reichskanzler aus. Er wird durch den Gouverneur der Kolonie vertreten. In seinen Händen liegt innerhalb der Kolonie die oberste Macht auf allen Gebieten.
5. In den deutschen Kolonien gilt der Grundsatz der Scheidung der Rassen. Die Förderung des Wohles der Eingeborenen ist eine der vornehmsten Pflichten jeder deutschen kolonialen Tätigkeit. Die völkische Eigenart der Eingeborenen, ihre Sitten und Gebräuche und Rechtsgewohnheiten werden, soweit sie nicht gegen die guten Sitten nach deutscher Auffassung verstoßen, geachtet.

[1] Dr. iur. et phil. Rudolf Asmis, 1906–1912 Kolonialbeamter in Togo, nach 1918 im diplomatischen Dienst in der Äußeren Mongolei, in Bangkok und Sydney, seit 1939 Leiter der Abteilung II (juristische Fragen) des Kolonialpolitischen Amtes der NSDAP

6. Für die Nichteingeborenen gilt grundsätzlich deutsches Recht, für die Eingeborenen ihr Stammesrecht. Die Gerichtsbarkeit über Nichteingeborene obliegt den ordentlichen Gerichten, die über die Eingeborenen den Verwaltungsbehörden.
7. Die Eingeborenen werden in ihrem Landbesitz und in ihren sonstigen Gerechtsamen geschützt. Eine Übertragung von Grundbesitz von Eingeborenen an Nichteingeborene ist nur mit Genehmigung der zuständigen Behörde zulässig.
8. Die deutsche Regierung erstrebt die Beteiligung der Eingeborenen an der Verwaltung.
9. In den deutschen Kolonien herrscht Glaubensfreiheit. Dies gilt auch für die nichtchristlichen Religionen. Alle gottesdienstlichen Einrichtungen und Anstalten genießen den gleichen Schutz der deutschen Regierung.
10. Die deutsche Regierung läßt sich die Erziehung der Eingeborenen besonders angelegen sein. Alle privaten Unterrichtsanstalten unterstehen der behördlichen Aufsicht.
11. Die Eingeborenen werden gesundheitlich betreut. Zu diesem Zweck werden Krankheiten und Seuchen bekämpft und die hygienischen Verhältnisse unter den Eingeborenen nach Möglichkeit gebessert.
Die Sicherung einer ausreichenden Ernährung der Eingeborenen ist eine besondere wichtige Aufgabe.
12. Die Kolonien werden wirtschaftlich erschlossen. Ihre wirtschaftlichen Werte werden der deutschen Gesamtwirtschaft, von der die Kolonialwirtschaft einen Teil bildet, nutzbar gemacht. Die wissenschaftliche Forschung wird auf allen Gebieten gefördert.

Quelle: Klaus Hildebrand, Vom Reich zum Weltreich. Hitler, NSDAP und koloniale Frage 1919 - 1945, München 1969, Dok. Nr. XXXVIII.

130. Rassistische Segregation – Entwurf eines »Kolonialblutschutzgesetzes«, ca. September 1940

Die Reichsregierung hat das folgende Gesetz beschlossen, das hiermit verkündet wird:

§ 1 In den deutschen Kolonien gelten das Gesetz zum Schutze des deutschen Blutes und der deutschen Ehre vom 15. September

1935 (Reichsgesetzbl. I S. 1146) und die Erste Ausführungsverordnung hierzu vom 14. November 1935 (Reichsgesetzbl. I S. 1334).

§ 2 (1) In den deutschen Kolonien sind Eheschließung Deutscher oder Fremder mit:

1. Eingeborenen,
2. Angehörigen aus den nichtdeutschen Gebieten Afrikas, Australiens und der Südseeinseln,
3. Mischlinge[n] mit Eingeborenenbluteinschlag oder mit Bluteinschlag einer der unter Nr. 2 aufgeführten Völkerschaften,
4. Mischlinge[n] aus Verbindungen von Angehörigen der unter Nr. 1 bis 3 genannten Bevölkerungsteile verboten.

(2) Dies gilt nicht, soweit Ehegatten einander artverwandter Rassen zusammentreffen würde[n].

(3) Dem Verbot des Abs. 1 zuwider geschlossene Ehen sind nichtig, auch wenn sie zur Umgehung dieses Gesetzes außerhalb der deutschen Kolonien geschlossen sind. Die Nichtigkeitsklage kann nur der Staatsanwalt erheben.

§ 3 Alle übrigen Eheschließungen einschließlich der Fälle des § 2 Abs. 2 bedürfen in den deutschen Kolonien der Genehmigung. Dies gilt nicht für Eheschließungen Deutscher mit Deutschen.

§ 4 In den deutschen Kolonien ist der außereheliche Geschlechtsverkehr zwischen Personen, die nach § 2 keine Ehe schließen dürfen, verboten.

§ 5 (1) Wer dem Verbot des § 2 zuwiderhandelt, wird mit Zuchthaus oder, soweit es sich um Eingeborene und ihnen gleichgestellte Fremde (§§ 2, 5 der Verordnung über das Recht und die Gerichtsbarkeit für die Fremden in den deutschen Kolonien vom ..., Reichsgesetzbl. I S.) handelt, mit Gefängnis mit Zwangsarbeit oder mit Gefängnis bestraft.

(2) Wer eine genehmigungspflichtige Ehe (§ 3) ohne Genehmigung schließt, wird mit Gefängnis bestraft, sofern die Ehe nicht nachträglich genehmigt wird.

(3) Wer dem Verbot des § 4 zuwiderhandelt, wird mit Gefängnis bestraft.

(4) Sind mildernde Umstände vorhanden, so kann in den Fällen der Abs. 2 und 3 auf Haft oder Geldstrafe erkannt werden.

(5) Wer nach Abs. 1, 2, 3 oder 4 bestraft wird, kann aus der Kolonie ausgewiesen werden.

§ 6 Angehörige der in § 2 Nr. 1 bis 4 genannten Bevölkerungsteile, die in den deutschen Kolonien mit einer weißen Frau geschlechtlich verkehren, werden mit dem Tode bestraft. Sind mildernde Umstände vorhanden, so kann auf Zuchthaus oder auf Gefängnis mit Zwangsarbeit erkannt werden.

§ 7 Auch außer den Fällen des § 4 kann aus der Kolonie ausgewiesen werden, wer in den deutschen Kolonien mit einem Angehörigen einer ihm artfremden Rasse geschlechtlich verkehrt.

§ 8 Durchführungs- und Übergangsvorschriften erläßt der Reichskolonialminister im Einvernehmen mit den Reichsministern des Innern und der Justiz.

Quelle: Kum'a Ndumbe III., Was wollte Hitler in Afrika? NS-Planungen für eine faschistische Neugestaltung Afrikas, Frankfurt a. M. 1993, S. 270 f.

131. »Mittelafrika« als kolonialer Ergänzungsraum für das »Neue Europa« – Aus einem geheimen Mémoire des Gesandten Ernst Bielfeld vom 6. November 1940

Geheim

Die territoriale Kolonialforderung an Frankreich im Rahmen der Gesamtforderung.

Vorläufiger Charakter der Vorschläge.

I.

Die an Frankreich zu richtende Forderung auf Rückgabe alten deutschen Kolonialbesitzes und auf Abtretung zusätzlichen Kolonialgebietes ist nur ein Teil einer Gesamtforderung, die auch an Großbritannien, drei seiner Dominien (Südafrika, Australien und Neuseeland) und an Belgien als Feindstaaten des gegenwärtigen Krieges zu richten sein wird. Die Gebietsforderung an Frankreich wird sich erst dann endgültig formulieren lassen, wenn übersehen werden kann, welche Gebiete insbesondere von Großbritannien zusätzlich gefordert werden können. Immerhin läßt sich ein Teil der Kolonialforderung gegen Frankreich bereits aufstellen.

Früherer deutscher Besitz.

II.

Die deutsche Forderung an die jetzigen Feindstaaten lautet zunächst grundsätzlich auf Rückgabe des alten deutschen Kolonialbesitzes [...]

Ob die alten deutschen Besitzungen in der Südsee nach erfolgter Rückgabe zu behalten sein werden, ist eine nach überwiegend politischen und strategischen Gesichtspunkten zu behandelnde Frage.

Da nicht beabsichtigt ist, französischen Kolonialbesitz außerhalb Afrikas zu erwerben, beschränken sich die folgenden Ausführungen auf den afrikanischen Kontinent, wo kolonialer Ergänzungsraum in erster Linie zu suchen ist.

Südwestafrika wird zweckmäßig in Zusammenhang mit der Regelung unseres zukünftigen Verhältnisses zur Südafrikanischen Union besonders behandelt und wird deshalb in nachstehenden Ausführungen nicht erwähnt.

Endziel: Versorgung von 150 Millionen Menschen; zusammenhängendes Kolonialreich in Mittelafrika.

III.

Bei der Formulierung des territorialen Kolonialanspruchs muß davon ausgegangen werden, daß nach der Neuordnung Europas aus dem kolonialen Ergänzungsraum ein Gebiet versorgt werden muß, das außer dem Großdeutschen Reich noch Skandinavien, Dänemark, Belgien, Luxemburg, Holland, Ungarn, die Slowakei und andere europäische Gebiete umfaßt. Diese Länder werden dem europäischen Großwirtschaftsraum ein- oder angegliedert sein und ihre Wirtschaft nach der deutschen Wirtschaft orientieren müssen. Sie werden daher auch Anspruch auf Versorgung mit kolonialen Erzeugnissen aus einem unter deutscher Führung stehenden Kolonialraum erheben dürfen. Die Wirtschaftsplanung in den deutschen Kolonien wird ihrerseits dem Bedarf von rund 150 Millionen Menschen Rechnung tragen müssen. [...] Voraussetzung für die Erreichung dieses Zieles ist der Erwerb eines hinreichend großen, möglichst zusammenhängenden deutschen Gebietes in Mittelafrika, innerhalb dessen eine großzügige deutsche Erschließungsarbeit mit entsprechender Fürsorge für die eingeborene Bevölkerung einsetzen kann, die für die Nachbargebiete richtungweisend sein und diese veranlassen muß, sich auch ohne Zwang an der gemeinsamen Aufschließung des afrikanischen Kontinents zu beteiligen und sich in ein Gesamtprogramm einzugliedern.

Schlüsselstellung: Belgisch-Kongo.

IV.

Das von uns gesuchte Gebiet fällt uns in einigen Teilen bereits auf Grund unseres ursprünglichen Anspruchs auf Rückgabe unserer alten Kolonien zu: Kamerun, Deutsch-Ostafrika und Togo sind die Gebiete, um die herum sich der neue deutsche Kolonialbesitz gruppieren muß.

Die natürliche Verbindung zwischen Kamerun und Ostafrika ist Belgisch-Kongo. Welcher Art auch immer die zukünftige Staatsform Belgiens sein mag, es ist unerläßlich, daß Belgisch-Kongo restlos unter deutsche Kontrolle genommen wird. Diesem zwar dünn bevölkerten, aber von Natur mit Bodenschätzen, wertvollen Holzbeständen, natürlichen Verkehrswegen (Flüssen) und Energiequellen (Wasserkräften) reich ausgestatteten Gebiet von 2,3 Millionen qkm kommt in jeder mittelafrikanischen Großraumplanung eine Schlüsselstellung zu. Seine reichen Mineralvorkommen können einen wesentlichen Teil des deutschen Bedarfs decken [...] Durch den Erwerb Belgisch-Kongos würde außerdem die Marine in den Besitz des von ihr als Stützpunkt gewünschten Hafens Boma gelangen.

Französisch-Äquatorialafrika.

V.

Zum geographischen Kongobecken, einem der größten Waldgebiete der Welt, gehört nicht nur der südöstliche Teil von Kamerun, sondern auch der größere Teil von Französisch-Äquatorial-Afrika, das im Norden das natürliche Hinterland zu unserer alten Kolonie Kamerun bildet und in dessen südliche Bezirke der kameruner Urwaldgürtel mit seinen riesigen Beständen an wertvollen Hölzern verschiedenster Art seine Fortsetzung und Erweiterung findet, was für die deutsche Holzversorgung von größter Bedeutung ist. Die Bezirke Gabun, Mittelkongo und Ubangi-Schari bilden mit dem Gesamtgebiet Kamerun-Belgisch-Kongo eine untrennbare Einheit. Das Tschadgebiet ist nur über Kamerun oder Nigerien zu erreichen. Es kann landwirtschaftlich nutzbar gemacht werden und vielleicht in späterer Zukunft als Anbaugebiet für Baumwolle auf Bewässerungsland um den Tschadsee ähnliche Bedeutung erlangen wie der Sudan. Aus diesen Gründen ist von Frankreich die Abtretung von ganz Französisch-Äquatorialafrika zu fordern. [...]

Nigerien.

VI.

Französisch-Äquatorialafrika ist wenig entwickelt und dünn bevölkert. Seine Erschließung ist eine Zukunftsaufgabe. Um sofort nutzbares Gebiet zu erhalten, ist empfehlenswert, die weitere Ergänzung dieses mittelafrikanischen Blocks durch Erwerb mindestens eines Teiles der dicht bevölkerten, wirtschaftlich gut entwickelten und daher besonders wertvollen britischen Kolonie Nigerien anzustreben. Falls nicht ganz Nigerien erworben werden soll, so muß bei der Grenzziehung bedacht werden, daß die Südbezirke der Kolonie als Palmölproduzenten für die deutsche Wirtschaft – deren empfindlichste Stelle die Lücke in der Versorgung mit Pflanzenfetten ist – besonders wertvoll sein würden. Nigerien hat ferner auf dem Hochland von Bautschi beträchtliche Zinnvorkommen, deren Reserven zwar nicht so reichlich sein sollen wie die in Belgisch-Kongo, die Deutschland sich aber sichern müßte. Schließlich ist das an Bautschi nördlich angrenzende volkreiche Erdnußgebiet mit dem großen Handelsplatz Kano ebenso wichtig wie das im Süden gelegene, in staatlichem Besitz befindliche, einzige Steinkohlenvorkommen der ganzen afrikanischen Westküste bei Udi, dessen Kohle für die Eisenbahn und als Bunkerkohle für die Seeschiffahrt Verwendung findet. [...]

Togo, Dahomey, Goldküste.

VII.

Von Frankreich sollte ferner außer der Rückgabe von Ost-Togo die Abtretung der angrenzenden Kolonie Dahomey verlangt werden. Beide Kolonien gehören zusammen und bilden ein einheitliches Wirtschaftsgebiet, das in seinen südlichen Bezirken von Völkern der gleichen Gruppe (Ewe) bewohnt wird. Palmöl, Palmkerne, Kakao und Baumwolle sind die exportfähigen Erzeugnisse der Eingeborenenkulturen. [...]

Von Großbritannien ist West-Togo zurückzufordern, dessen Grenze die schon immer angestrebte Berichtigung erhalten muß: Der Talweg des unteren Volta bis zu seiner Mündung, einschließlich des Ortes und Hafens Ada (Goldküste).

Uganda, Kenia, Nordrhodesien, Njassaland.

VIII.

Erstrebenswerter als weitere Gebietserwerbungen in Westafrika ist eine Abrundung Deutsch-Ostafrikas durch den Erwerb von Uganda und Kenia aus britischem Besitz. Diese drei Kolonien bilden ein einheitliches Kultur- und Wirtschaftsgebiet, zu dem auch die vorgelagerten Inseln Sansibar und Pemba gehören, die schon aus strategischen Erwägungen nicht in fremdem Besitz bleiben dürfen. Uganda ist wegen seiner dichten Bevölkerung, seiner fruchtbaren Böden (Baumwolle) und seiner bergbaulichen Möglichkeiten (Zinn, Gold) begehrenswert. Es hat aber nur beschränkten Wert ohne die wichtige Verkehrsbrücke Kenia, das im Besitz des ausgezeichneten Hafens Mombasa sowie des wertvollen Eisenbahnnetzes ist. Letzteres stellt

Verbindung zwischen dem Indischen Ozean einerseits und Uganda, dem Victoriasee und zugleich dem nördlichen Teil Deutsch-Ostafrikas andererseits her. [...] Das Hinterland zu Deutsch-Ostafrika könnte vielleicht im Südwesten durch Nordrhodesien und den nördlichen Teil von Njassaland erweitert werden. Die reichen Kupfervorkommen von Nordrhodesien gehören von Natur zu Katanga. Njassaland ist das Arbeiterreservoir für Rhodesien. [...]

Flottenstützpunkte an der Westküste: Dakar, Bathurst, Conakry, Freetown.

X.

Das Oberkommando der Kriegsmarine wünscht den Erwerb einer Reihe von Flottenstützpunkten an der westafrikanischen Küste: Dakar (Französisch-Westafrika)[1], Conakry (Französisch Guinea) und Freetown (Britisch Sierra Leone). [...]

Madagaskar, Réunion Comoren.

XI.

Der Erwerb von Madagaskar durch das Deutsche Reich soll nicht aus kolonialpolitischen Gründen, sondern zwecks Ansiedlung der Juden erfolgen[2]. Da die Insel unter deutscher Oberhoheit stehen würde, wäre der Notwendigkeit der Sicherung eines Flottenstützpunktes auf Madagaskar Rechnung getragen. Gleichfalls aus strategischen Erwägungen verlangt das Oberkommando der Kriegsmarine die Abtretung der Insel Réunion und der Inselgruppe der Comoren von Frankreich.

Berlin, den 6. November 1940.
gez. Dr. Bielfeld[3]

Quelle: Politisches Archiv des Auswärtigen Amtes Bonn: Büro Unterstaatssekretär, Kolonien, 1937 - 1942.

[1] Als Alternative zu Dakar schlug Bielfeld das britische Bathurst vor.

[2] Vgl. dazu Dok. 133.

[3] Ernst Bielfeld war Leiter der Politischen Abteilung X (Afrika [ohne Marokko, Algerien, Tunis, italienische Besitzungen, Ägypten, Sudan], Mandats- und Kolonialfragen) im Auswärtigen Amt sowie Unterstaatssekretär und Leiter der Abteilung I (Polizei-, Personal- und Verwaltungsfragen) im »Kolonialministerium«.

132. NS-Rassenlehre und Kolonialismus – Rudolf Asmis, Abteilungsleiter im Kolonialpolitischen Amt der NSDAP, über »deutsche Eingeborenenpolitik in den tropischen Kolonien«, 1941

Jegliche Eingeborenenpolitik in tropischen Ländern hat davon auszugehen, daß ohne Mitwirkung der Eingeborenen keine Nutzung und keine Entwicklung tropischen Landes möglich ist. Die Entscheidung, welche Stellung den Eingeborenen in dem gesamten Leben einer Kolonie eingeräumt wird, wird damit zum Kernpunkt, ja zum Fundament jeder Kolonialpolitik in tropischen Gebieten. Wenn Deutschland Kolonien haben wird, wird es naturgemäß die Grundsätze des Nationalsozialismus auch auf die Verwaltung seines Kolonialbesitzes anwenden. Die Lehre des Nationalsozialismus enthält zwei Grundsätze, die auch die gesamte Eingeborenenbehandlung in unseren künftigen Kolonien entscheidend bestimmen:

Die Rassenlehre und die Lehre von der Anerkennung der völkischen Eigenart jeglichen Volkstums.

Hierzu tritt weiter als richtunggebendes Gesetz für die Zielsetzung der gesamten deutschen Kolonialtätigkeit der Satz, daß Verwaltung und Entwicklung einer deutschen Kolonie in Zukunft nicht Selbstzweck sind, sondern daß sie den Interessen des Mutterlandes zu dienen und sich alle Maßnahmen in der Kolonie diesen Interessen unterzuordnen haben.

Aus diesen drei Fundamentalsätzen ergeben sich zwangsläufig alle Richtlinien, alle Maßnahmen für die Behandlung der Eingeborenen in einer Kolonie des nationalsozialistischen Deutschland.

Die Rassenlehre verlangt die Reinerhaltung der eigenen Rasse auch unter einer farbigen Bevölkerung. Dieses Verlangen macht besondere Schutzmaßnahmen notwendig. Die wichtigste ist die Trennung der beiden Rassen. Es gibt keine Volksgemeinschaft zwischen der weißen und der farbigen Bevölkerung einer Kolonie, sondern nur eine Schutzgemeinschaft für beide Teile der Bevölkerung. Eine Vermischung beider Rassen muß verhindert werden. So werden die eheliche und die außereheliche Verbindung zwischen Angehörigen der weißen und der farbigen Bevölkerung verboten und unter Strafe gestellt. Auch in gesellschaftlicher Beziehung wird die Trennung durchgeführt. Auf dem Gebiet des Rechts und der Gerichtsbarkeit gelten für die deutsche Bevölkerung andere Vorschriften als für die Farbigen. Unterricht und Erziehung der Farbigen werden nach anderen Gesichtspunkten gelenkt als Unterricht und Erziehung der deutschen Kinder. Die Schulen und Unterrichtsanstalten für farbige Kinder sind von denen für weiße Kinder getrennt.

Aber auch die Rassen der Farbigen werden geschützt. Die Stämme der Eingeborenen sollen in sich möglichst rein erhalten bleiben. Eine Vermischung mit anderen farbigen Rassen wird daher nach Möglichkeit verhindert.

Die Lehre von der Anerkennung der völkischen Eigenart jedes Volkes bedingt die Anerkennung der völkischen Eigenart der Eingeborenen. Nicht die Assimilierung der Eingeborenen, nicht die Übertragung europäischer Lebensformen und europäischen Lebensinhalts auf die Eingeborenen kann Sinn und Ziel der von Deutschland gelenkten Entwicklung der Eingeborenen sein. Derartige Versuche haben überall nur zu unechter Halbheit geführt. Auch die übrigen Kolonialmächte haben sich mit den Ergebnissen einer derartigen Eingeborenenpolitik nur aus einer gewissen Passivität abgefunden. In einer deutschen Kolonie kann es sich künftig nur darum handeln, die Eingeborenen in ihrem eigenen Volkstum zu erhalten und aus diesem heraus zu entwikkeln. Diesem Ziel hat in erster Linie der Unterricht für die Eingeborenen zu dienen. Erziehungsziel und Erziehungsmethode im Unterricht für Eingeborene haben daher eine grundlegende Änderung gegenüber der früheren Zeit zu erfahren. Der Unterricht hat grundsätzlich von der Muttersprache oder der sie ersetzenden und zum Teil verdrängenden Verkehrssprache auszugehen. Eine Zulassung zu Unterrichts- und Erziehungsanstalten in Deutschland kommt nicht in Frage.

Noch wichtiger als der Unterricht aus dem eigenen Volkstum heraus ist die Pflege dieses Volkstums in der angestammten Religion. Eine Christianisierung der Eingeborenen, eine bewußte Ausbreitung der christlichen Religion unter den bisher noch nicht für das Christentum gewonnenen Eingeborenen ist als mit dem Grundsatz der Erhaltung ihres Volkstums im Widerspruch stehend abzulehnen. Soweit die Eingeborenen aber bereits Christen geworden sind, ist anzustreben, daß sie sich in eigenen Gemeinden unter eigenen Eingeborenenpriestern zusammenschließen. Die Frage der Zulassung von Missionsgesellschaften in die deutschen Kolonien wird daher nicht von religiösen Gesichtspunkten, sondern von dem Bedürfnis der Verwaltung her, sprach- und landeskundige Mittler zu den Eingeborenen zu haben, zu beurteilen sein. [...]

Wenn, wie eingangs gesagt, eine Entwicklung und Nutzung einer Kolonie ohne die Eingeborenen nicht möglich ist, so werden die Eingeborenen zum wichtigsten Gut in der Kolonie. Wichtiger als Mineralien, Hölzer und Pflanzungsprodukte sind die Arbeitskräfte, sie zu gewinnen. Ein armes Land läßt sich durch den Fleiß der Bewohner reich machen. Wertvollste Güter werden wertlos, wenn keine Menschen vorhanden sind, sie zu erwerben und zu exportieren. So werden die Maßnahmen der Verwaltung darauf hin abzielen müssen, diese Arbeitskräfte zu mehren. Das kann geschehen durch hygienische Maßnahmen in den Dörfern und Wohnstätten der Eingeborenen, durch Herabminderung der Kindersterblichkeit und durch eine intensive Seuchenbekämpfung im ganzen Land. Hinzu haben die Schutzmaßnahmen für den eingeborenen Arbeiter in seinem Arbeitsverhältnis zu treten. Das Arbeitsverhältnis zwischen dem Eingeborenen und Europäer hat der Aufsicht der Verwaltung zu unterliegen, und es muß dafür Sorge getragen werden, daß der eingeborene Arbeiter durch seine Verwendung im Dienst des Europäers nicht dem eigenen Stammesleben entfremdet wird. Der neu zu schaffende Beruf der Regierungsethnologen wird dafür zu sorgen haben, daß bei der Verwendung von Eingeborenen für Arbeiten für den Europäer keine grundsätzlichen Mißgriffe in der Verpflanzung von Stämmen oder ihrer Verwendung für bestimmte Arbeiten begangen werden. [...]

So wird mit der Wiederaufnahme deutscher kolonialer Tätigkeit eine neue Epoche in der Erschließung und Entwicklung Afrikas durch die europäischen Nationen beginnen. Die nationalsozialistische Kolonialverwaltung wird gerade auf dem Gebiet der Eingeborenenpolitik zeigen, daß die Befolgung der an den Anfang gestellten drei Richtsätze möglich ist und trotzdem Afrika die Ergänzung Europas sein kann, daß auf afrikanischem Boden Weiße und Farbige unter glücklichen Lebensbedingungen nebeneinander leben können, ohne daß es zu einer Vermischung der beiden Rassen kommt, und daß trotz dieses Nebeneinanderlebens auf demselben Raum jeder Bevölkerungsteil in seinem Kern seine Eigenart bewahren kann, mag auch eine gewisse Auswirkung des deutschen Volkstums auf das der Eingeborenen nicht zu vermeiden sein.

Quelle: Deutscher Kolonial-Dienst. Ausbildungsblätter des Kolonialpolitischen Amtes der Reichsleitung der NSDAP, 6. Jg., Nr. 6 vom 15.6.1941, S. 81 - 82.

133. »Endlösung« und die Inbesitznahme Madagaskars – Schreiben des Legationsrats Franz Rademacher, Leiter des Referats Judenfragen im Auswärtigen Amt, an den Gesandten Ernst Bielfeld vom 10. Februar 1942

Sehr geehrter Herr Gesandter,
Im August 1940 übergab ich Ihnen für Ihre Akten den von meinem Referat entworfenen Plan zur Endlösung der Judenfrage, wozu die Insel Madagaskar von Frankreich im Friedensvertrag gefordert, die praktische Durchführung der Aufgabe aber dem Reichssicherheitshauptamt übertragen werden sollte. Gemäß diesem Plane ist Gruppenführer Heydrich[1] vom Führer beauftragt worden, die Lösung der Judenfrage in Europa durchzuführen.

Der Krieg gegen die Sowjetunion hat inzwischen die Möglichkeit gegeben, andere Territorien für die Endlösung zur Verfügung zu stellen. Demgemäß hat der Führer entschieden, daß die Juden nicht nach Madagaskar, sondern nach dem Osten abgeschoben werden sollen. Madagaskar braucht mithin nicht mehr für die Endlösung vorgesehen zu werden.

Heil Hitler!
Ihr (gez.) Rademacher

Quelle: Politisches Archiv des Auswärtigen Amtes Bonn: Büro Unterstaatssekretär, Kolonien, 1937 - 1942.

134. »Großdeutschlands« Vorrang vor einem überseeischen Kolonialreich – Adolf Hitler über Kolonien am 26. Juli 1942

Der Chef bemerkte beim Abendessen: Er habe den Ausgleich mit England auf der Basis gesucht, daß Kolonien für uns gar nicht notwendig seien. Allein schon das Problem der Aufrechterhaltung der Verbindung zwischen Großdeutschland und solchen etwa in Afrika gelegenen Kolonien mache Schwierigkeiten.

[1] Reinhard Heydrich (1904 - 1942 Attentat), hoher SS-Funktionär, Chef des SD (Sicherheitsdienst) der SS, stellv. Reichsprotektor von Böhmen und Mähren

Denn die Aufrechterhaltung einer solchen Verbindung erfordere Flotten- und noch mehr Flugzeugstützpunkte. In diesem Zeitpunkt sei unsere Lage dafür weltstrategisch denkbar ungünstig.

Die Verbindung nach den besetzten Ostgebieten dagegen sei ohne Schwierigkeiten zu schaffen; denn sie lasse sich allein schon durch den Bau von Straßen und Eisenbahnen hinreichend bewerkstelligen.

Ein unabweisbares Bedürfnis nach Kolonien könne er in Anbetracht der Ostgebiete mit ihren außerordentlichen Rohstoffmöglichkeiten nicht anerkennen. Tee, Gewürze, Gummi könnten wir aus ihnen gewinnen, wobei man allerdings bezüglich der Gewinnung einer klimafesten Gummipflanze ebenso wie seinerzeit bei der Züchtung der Zuckerrübe verfahren müsse. Lediglich des Kaffees wegen Kolonialwege zu erschließen, sei unverständig.

Wenn ihm in diesem Zusammenhang der Vorschlag gemacht werde, Island zu besetzen und als Luftbasis auszubauen, dann verzichte er schon lieber auf diese Kolonialverbindungen. Denn auf die Dauer könne er Island doch kaum halten.

Quelle: Henry Picker, Hitlers Tischgespräche im Führerhauptquartier, Stuttgart [3]1976, S. 465.

135. Das Ende der Kolonialbewegung – Fernschreiben des Reichsleiters Martin Bormann (Führerhauptquartier) an den Leiter des Kolonialpolitischen Amtes, Reichsleiter Franz Ritter von Epp, vom 26. Januar 1943

persönlich!

Sehr geehrter Parteigenosse *Epp*!

Am 13.1.1943 hat der Führer die Mobilisierung der Heimat und damit die Einstellung jeder kriegsunwichtigen Tätigkeit befohlen. Im Bereich der Partei habe ich im Auftrage des Führers jede Dienststelle stillzulegen, deren Arbeit als nicht unbedingt kriegswichtig angesehen werden kann.

Im Auftrage des Führers teile ich Ihnen mit, daß die Tätigkeit des Kolonialpolitischen Amtes und die des Reichskolonialbundes bis zum 15.2.1943 völlig stillzulegen ist.

Die zu diesem Zeitpunkt freiwerdenden Arbeitskräfte und Büroräume sind unverzüglich sowohl mir wie dem Reichsschatzmeister zu melden.

Ich bitte Sie, die weitere Durchführung der vom Führer angeordneten Maßnahmen mit Oberbefehlsleiter *Friedrichs*[1] zu besprechen.

Heil Hitler!
Ihr
gez. M. Bormann

Quelle: Klaus Hildebrand, Vom Reich zum Weltreich. Hitler, NSDAP und koloniale Frage 1919 - 1945, München 1969, Dok. Nr. LVIII.

[1] Helmuth Friedrichs, Oberbefehlsleiter in der Parteikanzlei in München

Dokumente- und Quellennachweis

1. Venezuela: die erste deutsche Kolonie? – Der Welser-Vertrag mit der spanischen Krone aus dem Jahr 1528
Quelle: Dokumente zur Geschichte der europäischen Expansion, hg. v. Eberhard Schmitt, Bd. 4: Wirtschaft und Handel der Kolonialreiche, München 1988, S. 41 – 47.
2. Neu-Kurland auf Tobago – Schreiben des Gouverneurs Wilhelm Mollens an Herzog Jakob von Kurland, 11. August 1654
Quelle: Otto Heinz Mattiesen, Die Kolonial- und Überseepolitik Herzog Jakobs von Kurland 1640 – 1660, Stuttgart 1939, S. 452 f.
3. »neu Teutschland ... in der Mapp« – Aufruf des bayerischen Finanzmanns und Polyhistors Johann Joachim Becher zur Gründung deutscher Kolonien in Südamerika aus dem Jahr 1657
Quelle: J.J. Becher, Politischer Discurs, Frankfurt a. M. 1673, S. 1115 f., 1186 – 1188, 1192.
4. Brandenburg-Preußen in Afrika
a) Otto Friedrich von der Groeben über die Gründung von Groß-Friedrichsburg am 1. Januar 1683
Quelle: Otto Friedrich von der Groeben, Guineische Reisebeschreibung, Leipzig o. J. [1694], S. 63 – 65.
b) Schutzbrief des Großen Kurfürsten für die Herrscher von Accada, Taccarary und Tres Puntas nebst deren Angehörigen vom 29. September 1684
Quelle: Richard Schück, Brandenburg-Preußens Kolonial-Politik unter dem Großen Kurfürsten und seinen Nachfolgern (1647 – 1721), 2 Bde., Leipzig 1889, II, Nr. 94.
5. Preußische Kolonien in Südamerika und Afrika – Vorstöße des Handelskapitäns Joachim Nettelbeck bei Friedrich dem Großen und Friedrich Wilhelm II.
Quelle: Joachim Nettelbeck, Bürger zu Colberg. Eine Lebensbeschreibung, von ihm selbst aufgezeichnet, hg. v. J.C.L. Haken, 2. Aufl. (Ausgabe in einem Band), Leipzig 1845, S. 341 – 343.
6. Ein patriotischer Traum aus dem Vormärz – Karl Sieveking, Die Deutsche Antipoden-Colonie, 1841
Quelle: Staatsarchiv Hamburg: Familie Sieveking I. E 25 Band 1.
7. Das preußische Kalifornien-Projekt (1837/44) – Schreiben des preußischen Ministerresidenten in Washington, Friedrich von Rönne, an den preußischen Botschafter in London, Carl Josias Bunsen, vom 14. November 1842
Quelle: Stefan von Senger und Etterlin, Neu-Deutschland in Nordamerika. Massenauswanderung, nationale Gruppenaussiedlungen und liberale Kolonialbewegung, 1815 – 1860, Baden-Baden 1991, S. 139 f.
8. Eine deutsche Feudal-Kolonie in Amerika – Die Koloniegründung des Mainzer »Vereins deutscher Fürsten, Grafen und Herren zum Schutze deutscher Auswanderer in Texas«, 1842/45
a) Aus den Statuten des »Adels-« bzw. »Texasvereins« vom 24. März 1844
Quelle: Gesammelte Aktenstücke des Vereins zum Schutze deutscher Auswanderer nach Texas, Mainz 1845, S. 3 f.
b) Schreiben Henry F. Fishers, texanischer Konsul in Bremen, an Carl Prinz

von Solms-Braunfels vom 11. Januar 1845 über die Situation des »Vereins« in Texas
Quelle: Stefan von Senger und Etterlin, Neu-Deutschland in Nordamerika, Massenauswanderung, nationale Gruppenaussiedlungen und liberale Kolonialbewegung, 1815 - 1860, Baden-Baden 1991, S. 243 f.
c) Enttäuschte Hoffnungen
Quelle: Alwin Sörgel, Für Auswanderungslustige! Briefe eines unter dem Schutze des Mainzer Vereins nach Texas Ausgewanderten, Leipzig 1847, S. 27 f.

9. »Neudeutschland in Westamerika« - Aus einer Werbeschrift für Auswanderer aus dem Jahre 1847
Quelle: Ernst Ludwig Brauns, Neudeutschland in Westamerika. Oder: Welches ist die zur Ansiedlung für auswandernde Deutsche geeignetste Weltgegend? Lemgo, Detmold 1847, Vorwort.

10. »Erhebung Preußens zu einer See-, Kolonial- und Weltmacht« - Denkschrift des Offiziers Willibald Huger von der Oelsnitz über ein deutsches Kolonialreich vornehmlich in Afrika, 1847
Quelle: H.v.d. Oelsnitz, Denkschrift über die Erhebung Preußens zu einer See-, Kolonial- und Weltmacht. Dem ersten Vereinigten Landtage überreicht, Berlin 1847, Vorwort, S. 7 - 10, 33.

11. Die »Gründungsakte« für ein nationalstaatliches Flottenprogramm - Denkschrift des Prinzen Adalbert von Preußen über die Bildung einer deutschen Kriegsflotte, Mai 1848
Quelle: Jörg Duppler, Prinz Adalbert von Preußen. Gründer der deutschen Marine, Herford, Bonn 1986, S. 81 f.

12. »Deutsche Auswanderung und Colonieen« - Promemoria von Dr. Ernst Dieffenbach, vorgelegt der Deutschen Nationalversammlung in Frankfurt, 1848
Quelle: Der deutsche Auswanderer. Centralblatt der deutschen Auswanderung und Kolonisierung, 2. Jg. (1848), Nr. 23, S. 355 - 358.

13. Monarchischer Republikanismus und Weltmachtstreben - Rede Richard Wagners im Dresdner Vaterlandsverein am 15. Juni 1848
Quelle: Carl Fr. Glasenapp, Das Leben Richard Wagners in sechs Bänden, 2. Bd.: 1843 - 1853, Leipzig 1905, S. 460.

14. Bürgerlicher Nationalismus in der Paulskirche - Der Abgeordnete Friedrich Schulz/Weilburg am 20. Juli 1848 über Auswanderung und Seemacht
Quelle: Franz Wigard (Hg.), Stenographischer Bericht über die Verhandlungen der deutschen constituirenden Nationalversammlung zu Frankfurt a.M., Frankfurt a.M. 1848, Bd. 2, S. 1058.

15. »Neugermanien« in Patagonien - Eingabe »deutscher Patrioten« an den preußischen Staatsminister Otto von Bismarck-Schönhausen vom 17. November 1865
Quelle: Bundesarchiv Berlin: R 1001/7154, fol. 6 - 13.

16. Eine deutsche Kolonie in Japan? - Das Hokkaido-Projekt des preußischen Geschäftsträgers, Max von Brandt, 1865/67
Quelle: Rolf-Harald Wippich, Japan als Kolonie? Max von Brandts Hokkaido-Projekt 1865/67, Übersee. Kleine Beiträge zur europäischen Überseegeschichte, H. 31, Hamburg 1997, S. 29 - 42.

17. Chusan als Handels- und Marinestation und die Philippinen als Pflanzungskolonie - Denkschrift des Geographen und China-Reisenden Ferdinand Freiherr von Richthofen über ein preußisch-deutsches Engagement in Asien vom 2. Januar 1869

Quelle: Politisches Archiv des Auswärtigen Amtes Bonn: China 20, Geheim Nr. 1, Bd. 1.

18. Französische Kolonien als »Kampfpreis« - Ernst von Weber über Cochinchina als Kern eines deutsch-indischen Kolonialreiches, 17. September 1870
Quelle: Ernst von Weber, Der Kampfpreis, den wir von Frankreich fordern müssen, National-Zeitung Nr. 445 vom 20. September 1870, 3. Beiblatt.

19. Von der »Entdeckung« Afrikas zur »deutschen Kultivation« - Die Gründung der »Afrikanischen Gesellschaft in Deutschland«, 1878
Quelle: Mitteilungen der Afrikanischen Gesellschaft in Deutschland, Bd. IV, H. 4.

20. Sozialdemokraten und Verbrecherkolonien - Ein anonymer Beitrag in den ›Grenzboten‹ aus dem Jahr 1878
Quelle: Sozialismus und Deportation (anonym), Die Grenzboten. Zeitschrift für Politik, Literatur und Kunst Nr. 27 vom 27. Juni 1878, S. 45 f., 49.

21. Frühimperialistische Krisenideologie und Expansionspropaganda - Friedrich Fabri: Bedarf Deutschland der Colonien? 1879
Quelle: Friedrich Fabri, Bedarf Deutschland der Colonien? Eine politisch-ökonomische Betrachtung, Gotha 1879, S. 18, 20 f., 23 f., 26 f., 83 - 85, 106 f.

22. Das Scheitern eines Kolonialvorstoßes - Die Beratung der Samoa-Vorlage am 22. April 1880 im Reichstag
Quelle: Stenographische Berichte über die Verhandlungen des Reichstages, Bd. 59, Berlin 1880, S. 861 - 869.

23. Samoa im Osten, Neuguinea im Westen des Pazifiks - Eingabe des Finanzmagnaten Adolph von Hansemann an das Auswärtige Amt zugunsten des Erwerbs des nordöstlichen Teils von Neuguinea durch das Deutsche Reich vom 9. September 1880
Quelle: Ernst Adolf Jacob (Hg.), Deutsche Kolonialpolitik in Dokumenten. Gedanken und Gestalten der letzten fünfzig Jahre, Leipzig 1938, S. 30 - 34.

24. Forschungsreise und imperiales Programm - Der Geograph Ferdinand Freiherr von Richthofen über Kiautschou als »Eingangspforte« nach China, 1882
Quelle: Ferdinand Frhr. von Richthofen, China. Ergebnisse eigener Reisen und darauf gegründeter Studien, 2. Bd., Berlin 1882, S. 265 f.

25. Handelsinteressen und ökonomische Expansion - Eingabe des Bremer Kaufmanns Adolf Lüderitz an das Auswärtige Amt vom 23. November 1882
Quelle: Die Erschließung von Deutsch-Südwest-Afrika durch Adolf Lüderitz. Akten, Briefe und Denkschriften, herausgegeben von C.A. Lüderitz (Abhandlungen und Vorträge, hg. v. der Wittheit zu Bremen 16/I), Oldenburg 1945, S. 14 - 16.

26. Handelsexpansion und nationaler Schutz - Denkschrift der Hamburger Handelskammer vom 6. Juli 1883
Quelle: Stenographische Berichte über die Verhandlungen des Reichstages, Bd. 83, Berlin 1885, S. 116 - 122 (Auszug); die kursiv gesetzte Passage findet sich nur im Original der Denkschrift (Staatsarchiv Hamburg: Senat, CI. VI Nr. 15, Vol. 6, Fasz. 4).

27. Die Anfänge der organisierten Kolonialbewegung - Der Aufruf der »Gesellschaft für deutsche Kolonisation« (Verfasser: Carl Peters), 3. April 1884
Quelle: Deutsche Kolonialpolitik in Dokumenten. Gedanken und Gestalten aus den letzten fünfzig Jahren. Herausgegeben und eingeleitet von Dr. Ernst Gerhard Jacob, Leipzig 1938, S. 85 - 87.

28. Die Strategie pragmatischer Kolonialpolitik - Reichskanzler Otto von Bismarck am 26. Juni 1884 im Reichstag

Quelle: Bismarck, Die Gesammelten Werke, Reden, bearb. v. Wilhelm Schüssler, Bd. 12: 1878 - 1885, Berlin 1929, S. 479 - 482.

29. Gouverneur Theodor Leutwein über die Rolle der christlichen Mission bei der Aufrichtung der deutschen Schutzherrschaft in Südwestafrika
Quelle: Theodor Leutwein, Elf Jahre Gouverneur in Deutsch-Südwestafrika, Berlin 1906, S. 279 f.

30. Die deutsche Etablierung in Togo - Vertrag zwischen Generalkonsul Gustav Nachtigal und dem König von Togo, Mlapa, vom 5. Juli 1884
Quelle: Peter Sebald, Togo 1884 - 1914. Eine Geschichte der deutschen »Musterkolonie« auf der Grundlage amtlicher Quellen, Berlin (O) 1988, S. 43 f.

31. Wie Kamerun deutsch wurde - Aus dem Tagebuch Eduard Woermanns, 8. - 25. Juli 1884
Quelle: Hans Zache, Das deutsche Kolonialbuch, Berlin, Leipzig 1926, S. 261 - 263.

32. Vorgehen beim Kolonialerwerb - Carl Peters in Ostafrika, 1884/85
Quelle: Carl Peters, Gesammelte Schriften, Bd. 1, München 1943, S. 302.

33. Der Karolinenstreit - Erlaß des Reichskanzlers Otto von Bismarck an den deutschen Gesandten in Madrid, Graf Eberhard zu Solms-Sonnenwalde, vom 31. August 1885
Quelle: Das Staatsarchiv, Sammlung der officiellen Aktenstücke zur Geschichte der Gegenwart, 46. Bd., Leipzig 1886, Nr. 8807.

34. Kolonialeroberung, Recht und Macht - Ein Briefwechsel zwischen dem Nama-Kapitän Hendrik Witbooi und Gouverneur Theodor Leutwein, 1894
a) Theodor Leutwein an Hendrik Witbooi, 15. August 1894
b) Hendrik Witbooi an Theodor Leutwein, 17. August 1894
c) Theodor Leutwein an Hendrik Witbooi, 21. August 1894
Quelle: Theodor Leutwein, Elf Jahre Gouverneur in Deutsch-Südwestafrika, Berlin 1906, S. 42 - 44.

35. Der Erwerb der Karolinen-, Marianen- und Palau-Inseln - Aus der Rede des Staatssekretärs des Auswärtigen, Bernhard von Bülow, über den Ankauf der Inselgruppen am 21. Juni 1899 im Reichstag
Quelle: Fürst Bülows Reden nebst urkundlichen Beiträgen zu seiner Politik. Mit Erlaubnis des Reichskanzlers gesammelt und herausgegeben von Johannes Penzler, I. Band: 1897 - 1903, Berlin 1907, S. 73 - 86.

36. Entscheidung in der Samoa-Frage - Der Staatssekretär des Auswärtigen, Bernhard von Bülow, über den Erwerb Samoas am 11. Dezember 1899 im Reichstag
Quelle: Stenographische Berichte über die Verhandlungen des Reichstages, Bd. 168, Berlin 1900, S. 3289.

37. »Stori bilong waitman tru« - Die Ankunft der Deutschen aus der Sicht der Papua
Quelle: Hermann Hiery, »Stori bilong waitman tru« - Erstkontakt in melanesischer Sicht, Geschichte und Kulturen 4 (1992), S. 66 - 70. - Der Text wurde Ende der 1970er Jahre in Turubu, Provinz Ostsepik/Papua-Neuguinea aufgezeichnet. Er behandelt den Erstkontakt mit den Europäern gegen Ende der achtziger, Anfang der neunziger Jahre des 19. Jahrhunderts an der Nordostküste Neuguineas. - Die Übersetzung stammt von Prof. Dr. Hermann Hiery, dem ich für die freundliche Erlaubnis zum Nachdruck des Textes danke.

38. Kolonialskandale in Kamerun - Die »Fälle« Leist und Wehlan, 1893/96
Quelle: Anonym [d.i. Dr. Wilhelm Vallentin], Tagebuchblätter eines in Kamerun lebenden Deutschen, Neue deutsche Rundschau, Jg. 5 (1894), 1. Halbbd., Berlin 1894, S. 336 f., 340 - 342, 347 - 351.

39. Deutsche Oberherrschaft und samoanische Selbstverwaltung - Ansprache des Gouverneurs von Samoa, Wilhelm Solf, an die samoanischen Häuptlinge in Mulinuu am 14. August 1900
Quelle: Samoanisches Gouvernements-Blatt, hg. v. Kaiserlichen Gouvernement, Bd. III - No. 4, Apia, den 5. September 1900, S. 15 - 17.

40. Demonstration der Stärke - Besuch des Stationskreuzers »Cormoran« in Korror/Palau-Inseln, 14. Januar 1902
Quelle: Willi A. Boelcke, So kam das Meer zu uns. Die preußisch-deutsche Kriegsmarine in Übersee 1822 bis 1914, Frankfurt a.M. 1981, S. 365 - 367.

41. Mißwirtschaft in »Puttkamerun« - Beschwerdebrief der Duala vom 19. Juni 1905 an den Reichstag über ihre Behandlung
Quelle: Stenographische Berichte über die Verhandlungen des Reichstages, Bd. 222, Berlin 1906, Anlage 294.

42. Die Enteignung und Umsiedlung der Duala 1910/14 - Ein Beschwerdebrief der Duala-Häuptlinge aus dem Jahre 1913
Quelle: Stenographische Berichte über die Verhandlungen des Reichstages, Bd. 305, Berlin 1914, S. 3325 - 3331.

43. Die deutsche »Musterkolonie«? - Eingabe der Einwohner von Lome/Togo an Kolonialstaatssekretär Wilhelm Solf, 12. Oktober 1913
Quelle: Bundesarchiv Berlin: R 1001/4308, Bl. 149 - 150.

44. Weiß gegen Schwarz - Aus dem Buch der Ada Cramer, Farmersfrau auf Otjisororindi/Deutsch-Südwestafrika, 1913
Quelle: Ada Cramer, Weiß oder Schwarz. Lehr- und Leidensjahre eines Farmers in Südwest im Lichte des Rassenhasses, Berlin [1913], S. 3 - 8. - Die hier wiedergegebenen Passagen wurden als Vorwort von Ada Cramers Schwager, dem in Deutschland wohnhaften Juristen Dr. Cramer, verfaßt.

45. Palau als Naturschutzpark - Ein Plädoyer des Ethnographen Augustin Friedrich Krämer aus dem Jahre 1914
Quelle: Augustin Krämer, Palau als Naturschutzpark, Deutsche Kolonialzeitung, 31. Jg., Nr. 10 vom 7. März 1914, S. 159 - 161.

46. Der Einbruch der »neuen Zeit« - Gouverneur Albert Hahl über die Kulturbegegnung in Neuguinea, 1937
Quelle: Albert Hahl, Gouverneursjahre in Neuguinea, Berlin 1937, S. 45 - 47.

47. Der Herero-Nama-Aufstand 1904/07
a) Schreiben des Oberhäuptlings Samuel Maharero an Gouverneur Theodor Leutwein vom 6. März 1904 über die Ursachen des Aufstandes
Quelle: Paul Rohrbach, Deutsche Kolonialwirtschaft, Bd. 1: Südwest-Afrika, Berlin-Schöneberg 1907, S. 333 f.
b) Der Schießbefehl des Generals von Trotha vom 2. Oktober 1904
Quelle: Bundesarchiv Berlin: R 1001/2089, Bl. 7.
c) Die Stimme eines Herero-Christen zum Aufstand, 1907
Quelle: Missionar Joh. Neitz, Die Herero betreffend. Reise zu Samuel Herero, 8.11.1907, Archiv der Vereinigten Evangelischen Mission Wuppertal: A/k 5.
d) Die politischen, ökonomischen und sozialen Folgen des Aufstandes für die Afrikaner - Verordnung des Gouverneurs von Deutsch-Südwestafrika betreffend Maßregeln zur Kontrolle der Eingeborenen vom 18. August 1907
Quelle: Die deutsche Kolonial-Gesetzgebung. Sammlung der auf die deutschen Schutzgebiete bezüglichen Gesetze, Verordnungen, Erlasse und internationalen Vereinbarungen mit Anmerkungen und Sachregister. Elfter Band, Jahrgang 1907. Auf Grund amtlicher Quellen herausgegeben von Dr. Köbner und Gerstmeyer, Berlin 1908, S. 345 - 347.

48. Der Maji Maji-Aufstand von 1905/06
a) Aus der Denkschrift des Gouverneurs von Deutsch-Ostafrika, Graf Adolf von Götzen, über die Ursachen des Aufstandes, vom 26. Dezember 1905
Quelle: Stenographische Berichte über die Verhandlungen des Reichstages, Bd. 222, Berlin 1906, Nr. 194.
b) Der 84-jährige Laurenti Fusi Gama aus Likuyu Fusi über Ursachen, Verlauf und Folgen des Aufstandes im Land der Ngoni, 17. Mai 1968
Quelle: Maji Maji Research Project 1968. Collected Papers, University College, Dar es Salaam, Department of History, 1968, Nr. 6/68/3/3/1.
c) Aufzeichnung des Missionars Wilhelm Neuberg über die Folgen des Maji Maji-Aufstandes bei den Pangwa, Frühjahr 1907
Quelle: Missionsberichte der Berliner Missionsgesellschaft, März 1908, S. 173 - 175.
d) Kolonialismus und afrikanischer Nationalismus - Der nachmalige Staatspräsident Julius K. Nyerere am 20. Dezember 1956 vor dem Treuhandschaftsrat der UNO
Quelle: Julius K. Nyerere, Freedom and Unity (Uhuru na Umoja). A Selection from Writings and Speeches. 1952 - 1965, Oxford 1966, S. 40 f.
49. Die Eskalation deutscher Interessenpolitik in China - Aus einer Denkschrift des Auswärtigen Amtes vom 19. März 1897
Quelle: Die Große Politik der Europäischen Kabinette 1871 - 1914. Sammlung der Diplomatischen Akten des Auswärtigen Amtes. Im Auftrage des Auswärtigen Amtes herausgegeben von Johannes Lepsius, Albrecht Mendelssohn Bartholdy, Friedrich Thimme, Berlin 1927, Band 14, 1. Halbband, S. 46.
50. Über die »Provokation« zur »Annexion« - Der Missionar Richard Wilhelm über den *circulus vitiosus* von Gewalt und Sühneforderungen
Quelle: Richard Wilhelm, Die Seele Chinas, Berlin 1926, S. 221 - 224.
51. Die Annexion von Kiautschou - Telegramm Wilhelms II. an das Auswärtige Amt vom 6. November 1897
Quelle: Die Große Politik der Europäischen Kabinette 1871 - 1914. Sammlung der Diplomatischen Akten des Auswärtigen Amtes. Im Auftrage des Auswärtigen Amtes herausgegeben von Johannes Lepsius, Albrecht Mendelssohn Bartholdy, Friedrich Thimme, Berlin 1927, Band 14, 1. Halbband, Nr. 3686.
52. Die »deutsche Faust« in China - Rede Kaiser Wilhelms II. in Bremerhaven am 27. Juli 1900 (»Hunnenrede«)
Quelle: Weser-Zeitung, Bremen, 28.7.1900. Text hier nach Bernd Sösemann, Die sog. Hunnenrede Wilhelms II. Textkritische und interpretatorische Bemerkungen zur Ansprache des Kaisers in Bremerhaven vom 27. Juli 1900, Historische Zeitschrift, Bd. 222 (1976), S. 342 - 358. Der Wortlaut weicht von den gängigen Versionen (Penzler, 2. Teil, S. 205 ff.; vgl. dazu Bülow, Denkwürdigkeiten Bd. 1, S. 358 ff.) ab.
53. Plädoyer für die *Open Door*-Politik - Schreiben des Reichsmarineamts an Wilhelm II. vom 20. August 1900
Quelle: Bundesarchiv-Militärarchiv-Freiburg i.Br.: 1 RM 5/5651.
54. Chinesische Demütigung - Der Empfang des »Sühneprinzen« in Berlin, 1901
Quelle: Heinrich Prinz von Schönburg-Waldenburg, Erinnerungen aus kaiserlicher Zeit, Leipzig 1929, S. 182 f.
55. Kiautschou: ein nationales Verlustgeschäft - Kritik des Abgeordneten Matthias Erzberger (Zentrum) am 21. März 1908 im Reichstag
Quelle: Stenographische Berichte über die Verhandlungen des Reichstages, Bd. 231, Berlin 1908, S. 4174 f., 4195 f.

56. »Schaufenster in Ostasien« - Großadmiral Alfred von Tirpitz in seinen ›Erinnerungen‹ über die »Musterkolonie« Kiautschou, 1920
Quelle: Alfred von Tirpitz, Erinnerungen, neue und durchgesehene Auflage, Leipzig 1920, S. 66 f.
57. Koloniale Partnerschaft mit den Buren - Eine Forderung des Kolonialpropagandisten Ernst von Weber, 1886
Quelle: Bericht über die Verhandlungen des Allgemeinen Kongresses zur Förderung überseeischer Interessen vom 13. bis 16. September 1886 in Berlin, Berlin 1886, S. 38.
58. Deutsch-englischer Konflikt um Transvaal - Aufzeichnung des Staatssekretärs des Auswärtigen, Adolf Freiherr Marschall von Bieberstein, vom 15. Oktober 1895
Quelle: Die Große Politik der Europäischen Kabinette 1871 - 1914. Sammlung der Diplomatischen Akten des Auswärtigen Amtes. Im Auftrage des Auswärtigen Amtes herausgegeben von Johannes Lepsius, Albrecht Mendelssohn Bartholdy, Friedrich Thimme, Berlin 1927, Band 11, Nr. 2578, S. 5 - 7.
59. Deutschlands »Anteil« am portugiesischen Kolonialbesitz - Der Staatssekretär des Auswärtigen, Bernhard von Bülow, an den deutschen Botschafter in London, Paul Graf von Hatzfeldt, 8. Juni 1898
Quelle: Die Große Politik der Europäischen Kabinette 1871 - 1914. Sammlung der Diplomatischen Akten des Auswärtigen Amtes. Im Auftrage des Auswärtigen Amtes herausgegeben von Johannes Lepsius, Albrecht Mendelssohn Bartholdy, Friedrich Thimme, Berlin 1924, Band 14, 1. Halbband, Nr. 3806, S. 259 - 261.
60. »Zur marokkanischen Frage« - Aus einem Artikel in den ›Alldeutschen Blättern‹ vom 18. Juni 1904
Quelle: [Heinrich] Claß, Zur marokkanischen Frage, Alldeutsche Blätter, 14. Jg., Nr. 25 vom 18. Juni 1904.
61. »Panthersprung nach Agadir« - Aufzeichnung des Staatssekretärs des Auswärtigen, Alfred von Kiderlen-Waechter, vom 3. Mai 1911
Quelle: Die Große Politik der Europäischen Kabinette 1871 - 1914. Sammlung der Diplomatischen Akten des Auswärtigen Amtes. Im Auftrage des Auswärtigen Amtes herausgegeben von Johannes Lepsius, Albrecht Mendelssohn Bartholdy, Friedrich Thimme, Berlin 1927, Band 29, Nr. 10549, S. 105 - 108.
62. »Westmarokko deutsch« oder »Abrechnung« mit Frankreich - Heinrich Claß, Vorsitzender des Alldeutschen Verbandes, in einer Flugschrift von Anfang Juli 1911
Quelle: Heinrich Claß, Westmarokko deutsch, München 1911, S. 21, 28 f.
63. Vision eines größeren Kolonialreiches: »Mittelafrika deutsch!« - Eduard von Liebert, Ziele deutscher Kolonialpolitik, 5. Januar 1912
Quelle: Die Post Nr. 7 vom 5.1.1912.
64. »Mittelafrika« versus »Flottenrüsten« - Depesche des deutschen Geschäftsträgers in London, Richard von Kühlmann, an Reichskanzler Theobald von Bethmann Hollweg vom 8. Januar 1912
Quelle: Die Große Politik der Europäischen Kabinette 1871 - 1914. Sammlung der Diplomatischen Akten des Auswärtigen Amtes. Im Auftrage des Auswärtigen Amtes herausgegeben von Johannes Lepsius, Albrecht Mendelssohn Bartholdy, Friedrich Thimme, Berlin 1927, Band 31, Nr. 11345, S. 87 - 91.
65. Ein christliches deutsches Fürstentum Palästina - Vorschlag des preußischen Militärberaters in der Türkei, Helmuth Graf von Moltke, in der ›Augsburger Allgemeinen Zeitung‹, 1841

Quelle: Gesammelte Schriften und Denkwürdigkeiten des General-Feldmarschalls Grafen Helmuth von Moltke, Berlin 1892, Bd. II, S. 283 - 285, 288.

66. Syrien und Palästina als deutsche Schutzgebiete - Memorandum des »Ausschusses für Sammlung des Volkes Gottes in Jerusalem« an den Deutschen Bund, 1859
Quelle: Fr. [iedrich] Lange, Geschichte des Tempels, Jerusalem 1899, S. 208 - 213.

67. Die »Wallfahrt« Wilhelms II. zum »Platz an der Sonne« - Frank Wedekinds ›Simplicissimus‹-Gedicht ›Im heiligen Land‹, 1898
Quelle: Christian Schütze, Facsimile-Querschnitt durch den Simplicissimus, eingeleitet von Golo Mann, Berlin, Stuttgart, Wien 1963, S. 12 f. (zweite und letzte Strophe).

68. Ein Protektorat des Deutschen Reiches über einen Judenstaat in Palästina? - Brief des Begründers des Zionismus, Theodor Herzl, an Wilhelm II. vom 18. Oktober 1898
Quelle: Großherzog Friedrich I. von Baden und die Reichspolitik 1871 - 1907, 4. Band: 1898 - 1907, hg. v. Walther Peter Fuchs, Stuttgart 1980, Nr. 1899.

69. Alldeutsche Propaganda - Das Deutsche Reich als Erbe des »kranken Mannes« am Bosporus, 1898
Quelle: Welt am Montag vom 21.11.1898.

70. Die Bagdadbahn: Kooperation oder Konflikt mit England? - Aus dem Bericht des deutschen Botschafters in Konstantinopel, Adolf Freiherr Marschall von Bieberstein, an Reichskanzler Bernhard Fürst von Bülow vom 27. Mai 1906
Quelle: Die Große Politik der Europäischen Kabinette 1871 - 1914. Sammlung der Diplomatischen Akten des Auswärtigen Amtes. Im Auftrage des Auswärtigen Amtes herausgegeben von Johannes Lepsius, Albrecht Mendelssohn Bartholdy, Friedrich Thimme, Berlin 1925, Band 25, 1. Halbband, Nr. 8633, S. 207, 210.

71. Die »Achse« Berlin-Bagdad - Alldeutsche Siedlungspläne für den Nahen Osten, 1913
Quelle: K. von Winterstetten [d.i. Albert Ritter], Berlin-Bagdad. Neue Ziele mitteleuropäischer Politik, München 1913, ^{8}1914, S. 32, 62, 68 f.

72. Vom informellen Imperialismus zum Anteil bei der »Aufteilung« der Türkei? - Memorandum des deutschen Botschafters in Konstantinopel, Freiherr Hans von Wangenheim, vom 21. Mai 1913
Quelle: Die Große Politik der Europäischen Kabinette 1871 - 1914. Sammlung der Diplomatischen Akten des Auswärtigen Amtes. Im Auftrage des Auswärtigen Amtes herausgegeben von Johannes Lepsius, Albrecht Mendelssohn Bartholdy, Friedrich Thimme, Berlin ^{2}1927, Band 38, Nr. 15312, S. 43 - 48.

73. »Deutsch-Brasilien«, eine verspätete deutsche Kolonie? - Alldeutsche Hoffnungen, 1896
Quelle: An., Zu spät? Alldeutsche Blätter. Mitteilungen des Alldeutschen Verbandes (Berlin), Jg. 1896, S. 178.

74. Auswanderung und Handel ja, »politische Vieilletäten« nein - Der Nationalökonom Robert Jannasch auf dem Kolonialkongreß von 1902 über die »praktischen Aufgaben der deutschen Auswanderungspolitik«
Quelle: Verhandlungen des Deutschen Kolonialkongresses 1902 zu Berlin, Berlin 1903, S. 587 - 592.

75. »Gold, Gold und wieder nur Gold« - August Bebel (SPD) über das »Wesen aller Kolonialpolitik« am 26. Januar 1889 im Reichstag

Quelle: Stenographische Berichte über die Verhandlungen des Reichstages, Bd. 105, Berlin 1889, S. 628.

76. Weltpolitik als Programm, Weltmacht als Ziel - Gründungsaufruf des Allgemeinen Deutschen Verbandes (später Alldeutscher Verband), 1891
Quelle: Otto Bonhard, Geschichte des Alldeutschen Verbandes, Leipzig, Berlin 1920, S. 248 f.

77. »Kolonialgreuel« und »Humanitätsschwindel« - Ein kolonialkritisches Fazit aus bürgerlicher Perspektive, 1895
Quelle: Franz Giesebrecht, »Kolonialgreuel«, Kulturhistorische Studie, Neue Deutsche Rundschau 6 (1895), S. 153 f.

78. Der patriarchalische Standpunkt - Der Kolonialoffizier Hermann von Wißmann über »die richtige Behandlung des Negers«, 1895
Quelle: Hermann von Wißmann, Afrika. Schilderungen und Rathschläge zur Vorbereitung für den Aufenthalt und Dienst in den deutschen Schutzgebieten, Berlin 1895, S. 67 - 69.

79. Der rassistische Standpunkt - Plädoyer August Bosharts, deutscher Offizier und Söldner im Dienste des Kongostaates, für die »Peitsche« und gegen »Philanthropie«, 28. November 1896
Quelle: Franz Giesebrecht (Hg.). Die Behandlung der Eingeborenen in den deutschen Kolonien. Ein Sammelwerk, Berlin 1898, S. 40 f., 45 - 47.

80. Sind die Samoaner bildungsfähig? - Die Stimme eines nationalliberalen Beamten, 1899
Quelle: Deutsche Kolonialzeitung, 16. Jg. (1899), S. 57 - 58.

81. Chinesen: Menschen zweiter Klasse - Aus der »Chinesenordnung« für Tsingtao, 14. Juni 1900
Quelle: Die deutsche Kolonie-Gesetzgebung. Sammlung der auf die deutschen Schutzgebiete bezüglichen Gesetze, Verordnungen, Erlasse und internationalen Vereinbarungen, 5. Teil 1899 bis 1900. Auf Grund amtlicher Quellen und zum dienstlichen Gebrauch hg. v. Alfred Zimmermann, Berlin 1901, S. 207 f.

82. Antikoloniale Satire aus regionaler Perspektive - Das »Kongolied« des Münsteraner Professors Hermann Landois, 1901
Quelle: Hermann Landois, Frans Essink sien Liäwen un Driewen äs aolt Mönstersk Kind, Bd. III, Leipzig ^{3}1920 [^{1}1901], S. 350 f.

83. Der humanitär-paternalistische Standpunkt - Der Bremer Handelskaufmann Johann Karl Vietor über die Notwendigkeit einer Korrektur in der deutschen Kolonialpolitik, um 1906
Quelle: Johann Karl Vietor-Bremen, Die nächsten Aufgaben unserer Kolonialpolitik, Hagen i. W. o. J., S. 3 - 21.

84. Der reformistisch-utilitaristische Standpunkt - Kolonialstaatssekretär Bernhard Dernburg über die Ziele deutscher Kolonialpolitik, 1907
Quelle: Bernhard Dernburg, Zielpunkte des Deutschen Kolonialwesens. Zwei Vorträge, Berlin 1907, S. 6 f., 9.

85. Über den »Charakter des westafrikanischen Negers« - Aus dem Artikel einer deutsch-nationalen Kolonialzeitschrift, 1907
Quelle: Dr. Friedrich Hey, Die Eingeborenen West-Afrikas und unsere Stellung zu ihnen, Die Deutschen Kolonien. Monatsschrift des Deutschvolklichen Kolonialvereins, 6. Jg., Nr. 2, Berlin 1907, S. 48.

86. »Heloten europäischer Kulturträger« - Der Geograph Alfred Kirchhoff über den »Daseinskampf« zwischen Natur- und Kulturvölkern, 1910
Quelle: Alfred Kirchhoff, Darwinismus angewandt auf Völker und Staaten. Ein

hinterlassenes Manuskript, herausgegeben und mit einem Begleitwort versehen von Willi Ule, Halle a.S. 1910, S. 72 f.

87. »Was ist des Deutschen Tochterland?« - Emil Sembritzki, Lied von den deutschen Kolonien, 1911
Quelle: Emil Sembritzki (Hg.), Kolonialgedicht- und Liederbuch, Berlin 1911, S. 70 f.

88. Über die Behandlung des »eingeborenen Dienstpersonals« - Aus dem ›Praktischen Kochbuch‹ der Henriette Davidis, 1911
Quelle: Henriette Davidis, Praktisches Kochbuch für die gewöhnliche und feinere Küche. Vollständig neu bearbeitet und erweitert von Rudolf Zäch, Reutlingen 1911, S. 922 f.

89. Mission und Kolonialismus - Der Missionswissenschaftler Joseph Schmidlin über das »Bündnis« von Mission und Kolonisation, 1913
Quelle: Joseph Schmidlin, Die katholischen Missionen in den deutschen Schutzgebieten, Münster i.W. 1913, S. 262 - 264, 276 - 278.

90. »...zum selbständigen Handeln wenig fähig« - Der Hamburger Kaufmann Julius Kähler über den chinesischen Nationalcharakter, 1914
Quelle: J. Kähler, Deutschland und China, München 1914, S. 20.

91. »Wie erzieht man den Neger zur Arbeit?« - Aus einer preisgekrönten Schrift des vormaligen Superintendenten der Berliner Mission in Transvaal, Alexander Merensky, 1886
Quelle: Alexander Merensky, Wie erzieht man am besten den Neger zur Plantagen-Arbeit? Preisgekrönt von der Deutsch-Ostafrikanischen Gesellschaft, Berlin 1886, S. 4, 6 f., 20 f.

92. Zwangsarbeit, Prügelstrafe, Todesstrafe - Verfügung des Reichskanzlers wegen Ausübung der Strafgerichtsbarkeit und der Disziplinargewalt gegenüber den Eingeborenen in den deutschen Schutzgebieten von Ostafrika, Kamerun und Togo, vom 22. April 1896
Quelle: Die deutsche Kolonial-Gesetzgebung. Sammlung der auf die deutschen Schutzgebiete bezüglichen Gesetze, Verordnungen, Erlasse und internationalen Vereinbarungen. Auf Grund amtlicher Quellen und zum dienstlichen Gebrauch hg. v. Alfred Zimmermann, Bd. II, 1893 - 1897, Berlin 1898, Nr. 194, S. 215 - 218.

93. »...seine Bedürfnisse ausnutzen und allmählich steigern« - Otto Dempwolff, Arzt der Neuguinea-Kompanie, über die »Erziehung der Papuas zu Arbeitern«, 1898
Quelle: Dr. Otto Dempwolff, Die Erziehung der Papuas zu Arbeitern, Koloniales Jahrbuch, Bd. XI (1898), S. 6, 9 f., 11 f., 13 f.

94. »Da ertönt um 5 $^1/_2$ Uhr die Stationsglocke...« - Arbeitsalltag in einer protestantischen Sklavenfreistätte (Lutindi/Ostafrika), 1904
Quelle: [Pastor E.] Otto, Ein Arbeitstag auf unserer Station Lutindi, Afrika 11 (1904), S. 12 - 15.

95. Plantagenkulis oder freier Bauernstand? - Schreiben des Missionsinspektors der Basler Mission, Theodor Oehler, an den Reichstagsabgeordneten Wilhelm Lattmann (Wirtschaftliche Vereinigung) über die »Arbeiterfrage« am Kamerunberg vom 20. Mai 1905.
Quelle: Zeitschrift für Mission 7 (1981), S. 107 f.

96. Arbeiterfrage und Herrenmenschentum - Carl Peters über die Behandlung der Afrikaner, 1906
Quelle: Carl Peters, Gesammelte Schriften, Bd. 1, München 1943, S. 436 f., 438.

97. »Erziehung des Negers zur Arbeit« - Ludwig Külz, Blätter und Briefe eines Arztes aus dem tropischen Deutschafrika, 1906
Quelle: Ludwig Külz, Blätter und Briefe eines Arztes aus dem tropischen Deutschafrika, Berlin 1906 (^{2}1911, ^{3}1943), S. 23, 73 f., 77.

98. Gewaltloser Paternalismus statt kolonialstaatlicher Repression - Gouverneur Wilhelm Solf über seine »Eingeborenenpolitik« auf Samoa an den Geographen Siegfried Passarge, 29. Oktober 1906
Quelle: Eberhard von Vietsch, Wilhelm Solf, Botschafter zwischen den Zeiten, Tübingen 1961, S. 349 - 351.

99. Mittel kolonialer Ausbeutung: Hüttensteuer und Arbeitszwang - Der vormalige Gouverneur von Deutsch-Ostafrika, Eduard von Liebert, über politische Strategie und Verwaltungspraxis in den afrikanischen Kolonien, 1906
Quelle: E[duard] von Liebert, Die deutschen Kolonien und ihre Zukunft, Berlin 1906, S. 17, 41, 49 f.

100. »Milder, menschlicher und doch von pädagogisch nachhaltiger Wirkung« - Ein amtlicher Briefwechsel zur Prügelstrafe aus den Jahren 1905 bis 1907
a) Erlaß der Kolonialabteilung des Auswärtigen Amtes an die Gouverneure von Kamerun und Togo. Berlin 31. Oktober 1905
b) Fachgutachten zum Bericht des Kaiserlichen Gouverneurs von Kamerun vom 30. April 1906. Berlin, 23. Juni 1906
c) Bericht der Station Atakpame/Togo an das Gouvernement, Atakpame, 9. August 1906
d) Bericht des Gouverneurs von Deutsch-Ostafrika an das Reichskolonialamt. Dar-es-Salam, 8. Juni 1907
e) Bericht des Gouverneurs von Deutsch-Südwestafrika an den Staatssekretär des Reichskolonialamtes. Windhuk, 30. Dezember 1907
Quelle: Fritz Ferdinand Müller, Kolonien unter der Peitsche, Berlin (O) 1960, S. 102, 104 f., 105 f., 106 f., 107 f.

101. Ein Mittel kolonialer Repression: die Kolonialjustiz - Freiheitsstrafen und Todesurteile in Deutsch-Südwestafrika zwischen 1894 und 1905, 1906
Quelle: Theodor Leutwein, Elf Jahre Gouverneur in Deutsch-Südwestafrika, Berlin 1906, S. 431.

102. »Arbeit ohne Unterlaß« - Erinnerungen des Konkomba-Häuptlings Yendjè Dalaré von Nawaré/Nord-Togo an die deutsche Kolonialzeit, 1980
Quelle: Dadja Halla-Kaua Simtaro, Le Togo-»Musterkolonie«. Souvenirs de l'Allemagne dans la Société Togolaise, 3 Bde., Aix-en-Provence 1983, III, S. 722 - 725.

103. »Schwarze Untertanen« statt »schwarze Brüder« - Der Tropenmediziner und Kolonialarzt Hans Ziemann über eine strikte Rassentrennung in Afrika, 1907
Quelle: Hans Ziemann, Wie erobert man Afrika für die weiße und farbige Rasse? Beihefte zum Archiv für Schiffs- und Tropenhygiene, Bd. XI (1907), Beih. 5, S. 5, 7, 27.

104. »...meine Frau, die fast weiß ist« - Eingabe des Farmers Carl Becker gegen die Annullierung seiner Ehe mit einer Rehobother Bastardfrau vom 1. September 1909
Quelle: Bundesarchiv Berlin: R 1001/2058, Bl. 193 - 194.

105. »Deutschtum und Rassenwürde« - Paul Rohrbach über die »Rassenmischehe« in Südwestafrika, 9. Mai 1912
Quelle: Paul Rohrbach, Koloniale Rassen- und Ehefragen, Die Hilfe Nr. 19 vom 9. Mai 1912, S. 291 f.

106. »Vom Übel«, aber legitim - Der Missionsprovinzial der »Väter vom Heiligen Geist«, Amandus Acker, zur Frage der Rassenmischehe, 1912
Quelle: Amandus Acker, Zur Frage der Rassenmischehe, Koloniale Rundschau 4 (1912), S. 462 f., 465f.

107. »Sie müssen Eingeborene bleiben« - Der Anthropologe und Eugeniker Eugen Fischer über eine entschiedene Apartheidspolitik, 1913
Quelle: Eugen Fischer, Die Rehobother Bastards und das Bastardisierungsproblem beim Menschen, Jena 1913, S. 300 - 304.

108. Gegen die »*fa'a Samoa*-Ehe« - Der Siedler und Alldeutsche Richard Deeken gegen eine Rassenvermischung auf Samoa, 1914
Quelle: Richard Deeken, Die Rassenmischung auf Samoa, Koloniale Monatsblätter. Zeitschrift für Kolonialpolitik, Kolonialrecht und Kolonialwirtschaft, 16. Jg. (1914), S. 128 - 135.

109. »Arische« Herkunft der Polynesier - Der Kolonialarzt Dr. Thieme zur »Halbweißen-Frage« auf Samoa, Februar 1914
Quelle: Dr. Thieme, Die Halbweißen-Frage in Samoa, Berliner Tageblatt, 43. Jg., Nr. 155 vom 26. März 1914, Morgen-Ausgabe, S. 1.

110. »...wider das Blut« - Ernst Grosse, ehemaliger Bezirksamtmann in Kiautschou, über die »rassische« Mischehe, 1938
Quelle: Ernst Grosse, Ostasiatische Erinnerungen eines Kolonial- und Ausland-Deutschen, München 1938, S. 248 f.

111. Ein »deutsches Mittelafrika« - Kolonialstaatssekretär Wilhelm Solf an den Staatssekretär des Auswärtigen, Gottlieb von Jagow, 28. August 1914
Quelle: Politisches Archiv des Auswärtigen Amtes Bonn: Der Weltkrieg Nr. 15 adh.

112. Zentralafrika von Dar es-Salam bis nach Senegambien - Kriegszieldenkschrift des Zentrumsabgeordneten Matthias Erzberger vom 2. September 1914
Quelle: Bundesarchiv Koblenz: Nachlaß Erzberger Nr. 27.

113. »Durchsetzung der deutschen See- und Überseegeltung gegen England« - Die »Professoreneingabe« an Reichskanzler Theobald von Bethmann Hollweg vom 20. Juni 1915
Quelle: S. Grumbach, Das annexionistische Deutschland, Lausanne 1917, S. 133 - 140.

114. Die deutschen Kolonien und die Arbeiterklasse - August Winnigs (SPD) »pragmatischer« Standpunkt, 1915
Quelle: August Winnig, Die Kolonien und die Arbeiter, Sozialistische Monatshefte 21 (1915), S. 219 - 224.

115. Deutsches Handelsimperium in Ostasien statt einem Reich in »Mittelafrika« - »Friedensziele« des »Ostasiatischen Vereins«, Januar 1918
Quelle: Otto Kindzorra, Die Chinapolitik des deutschen Imperialismus der Jahre 1914 - 1921, Phil. Diss. (Masch.) Berlin (O) 1964, Anh. II.

116. Anspruch auf koloniale Mitsprache - Richtlinien für die deutschen Friedensunterhändler in Versailles, 21. April 1919
Quelle: Akten der Reichskanzlei, Das Kabinett Scheidemann 13. Februar bis 20. Juli 1919, bearbeitet von Hagen Schulze, Boppard am Rhein 1971, Dok. 49, S. 201 f.

117. »Deutschland hat im Ausland aufgehört zu existieren« - Ministerpräsident Philipp Scheidemann (SPD) am 12. Mai 1919 in der Deutschen Nationalversammlung
Quelle: Stenographische Berichte über die Verhandlungen der verfassunggebenden Deutschen Nationalversammlung, Bd. 327, Berlin 1920, S. 1083.

118. »Deutschlands Versagen auf dem Gebiete der kolonialen Zivilisation« – Antwort der Alliierten und Assoziierten Mächte vom 16. Juni 1919 auf die Bemerkungen der Deutschen Delegation zu den Friedensbedingungen
a) Aus der Erwiderung auf die deutsche Antwort (Teil IV)
b) Aus der Mantelnote
Quelle: Materialien, betreffend die Friedensverhandlungen, Teil IV, Mantelnote und Antwort der Alliierten und Assoziierten Mächte auf die deutschen Gegenvorschläge. Autorisierte Ausgabe. Im Auftrag des Auswärtigen Amtes, Charlottenburg 1919, S. 25, 83.

119. Deutsches Afrikanertum und Askari-Mythos – Aus General Paul von Lettow-Vorbecks Roman ›Heia Safari!‹, 1920
Quelle: Heia Safari! Deutschlands Kampf in Ostafrika. Der deutschen Jugend unter Mitwirkung seines Mitkämpfers Hauptmann von Ruckteschell, erzählt von General [Paul] von Lettow-Vorbeck, Leipzig 1920, S. V f., 3–5, 39–41.

120. »Richtlinien unserer Kolonialpolitik« – Aufzeichnung des Geheimen Oberregierungsrats im Auswärtigen Amt, Edmund Brückner, vom 10. November 1924
Quelle: Akten zur Deutschen Auswärtigen Politik 1918–1945, Serie A: 1918–1925, Bd. XI, Göttingen 1993, Nr. 150.

121. Die »Bibel« der Kolonialrevisionisten – Heinrich Schnee, Die koloniale Schuldlüge, 1924
Quelle: Heinrich Schnee, Die koloniale Schuldlüge, München ^{2}1927, (^{12}1940), S. 22f., 33, 51 f., 101 f.

122. ›Volk ohne Raum‹ – Aus Hans Grimms kolonialem Erfolgsroman, 1926
Quelle: Hans Grimm, Volk ohne Raum, München 1926, S. 10 f., 674 f.

123. ›Wir brauchen Kolonien!‹ – Parodie auf den Kolonialrevisionismus in der ›Weltbühne‹, 1926
Quelle: Die Weltbühne, 22. Jg. (1926), S. 636.

124. Soll Deutschland Kolonialpolitik treiben? – Eine Umfrage aus dem Jahr 1927
a) Dr. Konrad Adenauer, Oberbürgermeister der Stadt Köln
b) Professor Dr. Moritz Julius Bonn, Volkswirtschaftler
c) General Berthold von Deimling, Kolonialtruppenoffizier im Kaiserreich und Pazifist in der Weimarer Republik
d) Professor Dr. Albert Einstein, Physiker und Nobelpreisträger
e) Thomas Mann, Schriftsteller
f) Safari-Verlag, Berlin, auf Kolonialliteratur spezialisiert
Quelle: Europäische Gespräche. Hamburger Monatshefte für Auswärtige Politik, 5. Jg. (1927), S. 610 f., 616 f., 624–626, 659.

125. »Ritt gen Osten« statt »Fahrt über See« – Auszüge aus Adolf Hitlers ›Mein Kampf‹, 1925/27
Quelle: Adolf Hitler, Mein Kampf, 2 Bde, München 1925/27, $^{211/212}$1936, S. 689 f., 730, 741 f.

126. Der Primat der Ostraumpolitik – Vertrauliches Rundschreiben des NS-Propagandaministeriums zur Kolonialfrage vom 4. Dezember 1933
Quelle: Klaus Hildebrand, Vom Reich zum Weltreich. Hitler, NSDAP und koloniale Frage 1919–1945, München 1969, Dok. Nr. XI.

127. »Petersland! Petersland!« – Afrikaromantik und Herrenstandpunkt im Kolonialroman, 1937
Quelle: Josef Viera, Maria in Petersland, Breslau 1937, S. 37, 331 f.

128. Mitbeteiligung Deutschlands an einem internationalen Kolonial-Régime in Mittelafrika oder Rückgabe der ehemaligen deutschen Kolonien? – Aufzeich-

nung über eine Unterredung zwischen dem Führer und Reichskanzler Adolf Hitler und dem britischen Botschafter in Berlin, Sir Nevile Henderson, am 3. März 1938
Quelle: Akten zur Deutschen Auswärtigen Politik 1918 - 1945, Serie D (1937 - 1945), Bd. I, Baden-Baden 1950, Nr. 138.

129. »Deutscher Kolonialkatechismus« - Schreiben des Leiters der Abteilung II (juristische Fragen) des Kolonialpolitischen Amtes der NSDAP, Rudolf Asmis, an Ministerialrat Hermann Burmeister im Reichsfinanzministerium vom 22. April 1940
Quelle: Klaus Hildebrand, Vom Reich zum Weltreich. Hitler, NSDAP und koloniale Frage 1919 - 1945, München 1969, Dok. Nr. XXXVIII.

130. Rassistische Segregation - Entwurf eines »Kolonialblutschutzgesetzes«, ca. September 1940
Quelle: Kum'a Ndumbe III., Was wollte Hitler in Afrika? NS-Planungen für eine faschistische Neugestaltung Afrikas, Frankfurt a.M. 1993, S. 270 f.

131. »Mittelafrika« als kolonialer Ergänzungsraum für das »Neue Europa« - Aus einem geheimen Mémoire des Gesandten Ernst Bielfeld vom 6. November 1940
Quelle: Politisches Archiv des Auswärtigen Amtes Bonn: Büro Unterstaatssekretär, Kolonien, 1937 - 1942.

132. NS-Rassenlehre und Kolonialismus - Rudolf Asmis, Abteilungsleiter im Kolonialpolitischen Amt der NSDAP, über »deutsche Eingeborenenpolitik in den tropischen Kolonien«, 1941
Quelle: Deutscher Kolonial-Dienst. Ausbildungsblätter des Kolonialpolitischen Amtes der Reichsleitung der NSDAP, 6. Jg., Nr. 6 vom 15.6.1941, S. 81 - 82.

133. »Endlösung« und die Inbesitznahme Madagaskars - Schreiben des Legationsrates Franz Rademacher, Leiter des Referates Judenfragen im Auswärtigen Amt, an den Gesandten Ernst Bielfeld vom 10. Februar 1942
Quelle: Politisches Archiv des Auswärtigen Amtes Bonn: Büro Unterstaatssekretär, Kolonien, 1937 - 1942.

134. »Großdeutschlands« Vorrang vor einem überseeischen Kolonialreich - Adolf Hitler über Kolonien am 26. Juli 1942
Quelle: Henry Picker, Hitlers Tischgespräche im Führerhauptquartier, Stuttgart ^{3}1976, S. 465.

135. Das Ende der Kolonialbewegung - Fernschreiben des Reichsleiters Martin Bormann (Führerhauptquartier) an den Leiter des Kolonialpolitischen Amtes, Reichsleiter Franz Ritter von Epp, vom 26. Januar 1943
Quelle: Klaus Hildebrand, Vom Reich zum Weltreich. Hitler, NSDAP und koloniale Frage 1919 - 1945, München 1969, Dok. Nr. L VIII.

Literaturauswahl

Übergreifende Darstellungen

Fröhlich, Michael, Imperialismus. Deutsche Kolonial- und Weltpolitik 1880 - 1914, München 1994.

Gründer, Horst, Geschichte der deutschen Kolonien, Paderborn 1985, [3]1995 (mit ausführlicher Bibliographie).

Knoll, Arthur J. u. Lewis H. Gann (Hg.), Germans in the Tropics. Essays in German Colonial History, New York 1987.

Schinzinger, Francesca, Die Kolonien und das Deutsche Reich. Die wirtschaftliche Bedeutung der deutschen Besitzungen in Übersee, Wiesbaden 1984.

Steltzer, Hans Georg, Die Deutschen und ihr Kolonialreich, Frankfurt a. M. 1984.

Westphal, Wilfried, Geschichte der deutschen Kolonien, München 1984.

Vorgeschichte

Duchhardt, Heinz, Afrika und die deutschen Kolonialprojekte der 2. Hälfte des 17. Jahrhunderts, Archiv für Kulturgeschichte 68 (1986), S. 119 - 133.

Fenske, Hans, Imperialistische Tendenzen in Deutschland vor 1866. Auswanderung, überseeische Bestrebungen, Weltmachtträume, Historisches Jahrbuch 97/98 (1978), S. 337 - 383.

Heyden, Ulrich van der, Rote Adler an Afrikas Küste. Die brandenburgisch-preußische Kolonie Großfriedrichsburg an der westafrikanischen Küste, Berlin 1993.

Osterhammel, Jürgen, Forschungsreise und Kolonialprogramm. Ferdinand von Richthofen und die Erschließung Chinas im 19. Jahrhundert, Archiv für Kulturgeschichte 69 (1987), S. 150 - 195.

Petter, Wolfgang, Die überseeische Stützpunktpolitik der preußisch-deutschen Kriegsmarine 1859 - 1883, Freiburg i.Br. 1975.

Schottelius, Herbert, Mittelamerika als Schauplatz deutscher Kolonisationsversuche 1840 - 1865, Phil. Diss. Hamburg 1939.

Schmitt, Eberhard, Konquista als Konzernpolitik: Die Welser-Statthalterschaft über Venezuela 1528 - 1556, Bamberg 1992.

Senger und Etterlin, Stefan von, Neu-Deutschland in Nordamerika. Massenauswanderung, nationale Gruppenansiedlungen und liberale Kolonialbewegung 1815 - 1860, Baden-Baden 1991.

Sommerlad, Theo, Der deutsche Kolonialgedanke und sein Werden im 19. Jahrhundert, Halle a.d.S. 1918.

Struve, Walter, Germans and Texans. Commerce, Migration and Culture in the Days of Lone Star Republic, Austin 1996.

Winkel, Harald, Der Texasverein. Ein Beitrag zur Geschichte der deutschen Auswanderung im 19. Jahrhundert, Vierteljahrsschrift für Sozial- und Wirtschaftsgeschichte 55 (1968), S. 348 - 372.

Kolonialbewegung

Bade, Klaus J., Friedrich Fabri und der Imperialismus in der Bismarckzeit. Revolution - Depression - Expansion, Freiburg i. Br. 1975.

Bendikat, Elfi, Organisierte Kolonialbewegung in der Bismarck-Ära, Brazzaville, Heidelberg 1984.

Schinzinger, Francesca, Die Samoa-Vorlage. Die wirtschaftliche Bedeutung des Südpazifiks für das Deutsche Reich, in: Werner Kreisel u. a. (Hg.), Neuseeland im pazifischen Raum, Aachen 1992, S. 99 - 124.

Washausen, Helmut, Hamburg und die Kolonialpolitik des Deutschen Reiches, 1880 - 1890, Hamburg 1968.

Wehler, Hans-Ulrich, Bismarck und der Imperialismus, München [4]1976.

Deutsch-Südwestafrika

Bley, Helmut, Kolonialherrschaft und Sozialstruktur in Deutsch-Südwestafrika 1894 - 1914, Hamburg 1968.

Drechsler, Horst, Südwestafrika unter deutscher Kolonialherrschaft. Der Kampf der Herero und Nama gegen den deutschen Imperialismus (1884 - 1915), Berlin (O) 1966.

Drechsler, Horst, Südwestafrika unter deutscher Kolonialherrschaft. Die großen Land- und Minengesellschaften, 1885 - 1914, Stuttgart 1995.

Witbooi, Hendrik, Afrika den Afrikanern! Aufzeichnungen eines Nama-Häuptlings aus der Zeit der deutschen Eroberung Südwestafrikas 1884 - 1894, hg. v. Wolfgang Reinhard, Berlin, Bonn 1982.

Togo

Erbar, Ralph, Ein »Platz an der Sonne«? Die Verwaltungs- und Wirtschaftsgeschichte der deutschen Kolonie Togo 1884 - 1914, Stuttgart 1991.

Knoll, Arthur J., Togo under Imperial Germany 1884 - 1914. A Case Study in Colonial Rule, Stanford 1978.

Sebald, Peter, Togo 1884 - 1914. Eine Geschichte der deutschen »Musterkolonie« auf der Grundlage amtlicher Quellen, Berlin (O) 1988.

Kamerun

Hausen, Karin, Deutsche Kolonialherrschaft in Afrika. Wirtschaftsinteressen und Kolonialverwaltung in Kamerun vor 1914, Zürich, Freiburg i. Br. 1970.

Stoecker, Helmuth (Hg.), Kamerun unter deutscher Kolonialherrschaft. Studien, 2 Bde., Berlin 1960 bzw. 1968.

Wirz, Albert, Vom Sklavenhandel zum kolonialen Handel. Wirtschaftsräume und Wirtschaftsformen in Kamerun vor 1914, Freiburg i. Br. 1972.

Deutsch-Ostafrika

Bald, Detlef, Deutsch-Ostafrika 1900 - 1914. Eine Studie über Verwaltung, Interessengruppen und wirtschaftliche Erschließung, München 1970.

Koponen, Juhani, Development for Exploitation. German colonial policies in Mainland Tanzania, 1884 - 1914, Helsinki, Hamburg 1995.

Tetzlaff, Rainer, Koloniale Entwicklung und Ausbeutung. Wirtschafts- und Sozialgeschichte Deutsch-Ostafrikas 1885 - 1914, Berlin 1970.

Südsee

Firth, Stewart G., New Guinea under the Germans, Melbourne 1982.

Hempenstall, Peter J., Pacific Islanders under German Rule. A Study of the Meaning of Colonial Resistance, Canberra 1978.

Hiery, Hermann, Das Deutsche Reich in der Südsee (1900 - 1921). Eine Annäherung an die Erfahrungen verschiedener Kulturen, Göttingen 1995.

Kennedy, Paul M., The Samoan Tangle: A Study in Anglo-German-American Relations, 1878 - 1900, Dublin 1974.

China

Hinz, Hans-Martin u. Christoph Lind (Hg.), Tsingtau. Ein Kapitel deutscher Kolonialgeschichte in China 1897-1914, Berlin 1998.

Ratenhof, Udo, Die Chinapolitik des Deutschen Reiches 1871 - 1945. Wirtschaft, Rüstung, Militär, Boppard 1987.

Schrecker, John E., Imperialism and Chinese Nationalism. Germany in Shantung, Cambridge/Mass. 1971.

Stingl, Werner, Der Ferne Osten in der deutschen Politik vor dem Ersten Weltkrieg, 2 Bde., Frankfurt a.M. 1978.

»Mittelafrika«

Fröhlich, Michael, Von Konfrontation zur Koexistenz: Die deutsch-englischen Kolonialbeziehungen in Afrika zwischen 1884 und 1914, Bochum 1990.

Oncken, Emily, Panthersprung nach Agadir. Die deutsche Politik während der zweiten Marokkokrise, Düsseldorf 1981.

Rosenbach, Harald, Das deutsche Reich, Großbritannien und der Transvaal (1896 - 1902). Anfänge deutsch-britischer Entfremdung, Göttingen 1993.

Wedi-Pascha, Beatrix, Die deutsche Mittelafrika-Politik 1871 - 1914, Pfaffenweiler 1992.

Naher Osten

Carmel, Alex, Die Siedlungen der württembergischen Templer in Palästina 1868 - 1918. Ihre lokalpolitischen und internationalen Probleme, Stuttgart 1973.

Gründer, Horst, Die Kaiserfahrt Wilhelms II. ins Heilige Land 1898. Aspekte deutscher Palästinapolitik im Zeitalter des Imperialismus, in: H. Dollinger, H. Gründer u. A. Hanschmidt (Hg.), Weltpolitik - Europagedanke - Regionalismus. Festschr. f. H. Gollwitzer, Münster 1982, S. 363 - 388.

Schöllgen, Gregor, Imperialismus und Gleichgewicht. Deutschland, England und die orientalische Frage 1871 - 1914, München 1984.

Südamerika

Brunn, Gerhard, Deutschland und Brasilien (1889 - 1914), Köln 1971.

Fiebig - von Hase, Ragnhild, Lateinamerika als Konfliktherd der deutsch-amerikanischen Beziehungen 1890 - 1903. Vom Beginn der Panamerikapolitik bis zur Venezuelakrise von 1902/03, Göttingen 1986.

Hell, Jürgen, Die Politik des Deutschen Reiches zur Umwandlung Südbrasiliens in ein überseeisches Neudeutschland (1890 - 1914), Phil. Diss. (Masch.) Rostock 1966.

Kolonialdiskussion

Chickering, Roger, We Men Who Feel Most German. A Cultural Study of the Pan-German League 1886 - 1914, London 1984.

Epkenhans, Michael, Die wilhelminische Flottenrüstung 1908 - 1914. Weltmachtstreben, industrieller Fortschritt, soziale Integration, München 1991.

Gollwitzer, Heinz, Geschichte des weltpolitischen Denkens, Bd. II: Zeitalter des Imperialismus und der Weltkriege, Göttingen 1982.

Gothsch, Manfred, Die deutsche Völkerkunde und ihr Verhältnis zum Kolonialismus. Ein Beitrag zur kolonialideologischen und kolonialpraktischen Bedeutung der deutschen Völkerkunde in der Zeit von 1870 bis 1975, Baden-Baden 1984.

Gründer, Horst, Christliche Mission und deutscher Imperialismus. Eine politische Geschichte ihrer Beziehungen während der deutschen Kolonialzeit (1884 - 1914) unter besonderer Berücksichtigung Afrikas und Chinas, Paderborn 1982.

Kloosterhuis, Jürgen, »Friedliche Imperialisten«. Deutsche Auslandsvereine und auswärtige Kulturpolitik, 1906 - 1918, 2 Teile, Frankfurt a. M. 1994.

Mogk, Walter, Paul Rohrbach und das »Größere Deutschland«. Ethischer Imperialismus im Wilhelminischen Zeitalter. Ein Beitrag zur Geschichte des Kulturprotestantismus, München 1972.

Oberlack, Markus, »Zwischen Internationalismus und Eurozentrismus« - Die deutsche Sozialdemokratie und das Problem einer »humanen Kolonialpolitik«, in: Horst Gründer (Hg.), Geschichte und Humanität, Münster, Hamburg ^{2}1994, S. 49 - 60.

Peters, Michael, Der Alldeutsche Verband am Vorabend des Ersten Weltkrieges, 1908 - 1914. Ein Beitrag zur Geschichte des völkischen Nationalismus im spätwilhelminischen Deutschland, Frankfurt a. M. 1992.

Winzen, Peter, Bülows Weltmachtkonzept. Untersuchungen zur Frühphase seiner Außenpolitik 1897 - 1901, Boppard 1977.

Koloniale Ideologie und Praxis

Bursian, Alexander, Die Häuser- und Hüttensteuer in Deutsch-Ostafrika, Jena 1910.

Eckart, Wolfgang U., Medizin und Kolonialimperialismus. Deutschland 1884 - 1945, Paderborn 1997.

Essner, Cornelia, »Wo Rauch ist, da ist auch Feuer«. Zu den Ansätzen eines Rassenrechts für die deutschen Kolonien, in: Wilfried Wagner (Hg.), Rassendiskriminierung, Kolonialpolitik und ethnisch-nationale Identität, Münster, Hamburg 1992, S. 145 - 160b.

Giesebrecht, Franz (Hg.), Die Behandlung der Eingeborenen in den deutschen Kolonien. Ein Sammelwerk, Berlin 1898.

Markmiller, Anton, »Die Erziehung des Negers zur Arbeit«. Wie die koloniale Pädagogik afrikanische Gesellschaften in die Abhängigkeit führte, Berlin 1995.

Müller, Fritz Ferdinand (Hg.), Kolonien unter der Peitsche, Berlin 1962.

Nestvogel, Renate u. Rainer Tetzlaff (Hg.), Afrika und der deutsche Kolonialismus. Zivilisierung zwischen Schnapshandel und Bibelstunde, Hamburg 1987.

Norris, Edward Graham, Die Umerziehung des Afrikaners. Togo 1895 - 1938, München 1993.

Sadji, Amadou Booker, Das Bild des Negro-Afrikaners in der Deutschen Kolonialliteratur (1884 - 1945). Ein Beitrag zur literarischen Imagologie Schwarzafrikas, Berlin 1985.

Schröder, Martin, Prügelstrafe und Züchtigungsrecht in den deutschen Schutzgebieten Schwarzafrikas, Münster 1997.

Schulte-Althoff, Franz-Josef, Rasssenmischung im kolonialen System. Zur deutschen Kolonialpolitik im letzten Jahrzehnt vor dem Ersten Weltkrieg, Historisches Jahrbuch 105 (1985), S. 52 - 94.

Trotha, Trutz von, Koloniale Herrschaft. Zur soziologischen Theorie der Staatsentstehung am Beispiel des »Schutzgebietes Togo«, Tübingen 1994.

Voigt, Johannes H., Die Deportation - ein Thema der deutschen Rechtswissenschaft und Politik im 19. und 20. Jahrhundert, in: A. Gestrich, G. Hirschfeld u. H. Sonnabend (Hg.), Ausweisung und Deportation. Formen der Zwangsmigration in der Geschichte, Stuttgart 1995, S. 83 - 101.

Warmbold, Joachim, »Ein Stückchen neudeutsche Erd'«. Deutsche Kolonial-Literatur. Aspekte ihrer Geschichte, Eigenart und Wirkung, dargestellt am Beispiel Afrikas, Frankfurt a. M. 1982.

Koloniale Kriegszieldiskussion und Weimarer Kolonialrevisionismus

Esche, Jan, Koloniales Anspruchsdenken in Deutschland im Ersten Weltkrieg, während der Versailler Friedensverhandlungen und in der Weimarer Republik (1914 bis 1933), Phil. Diss. Hamburg 1989.

Fischer, Fritz, Griff nach der Weltmacht. Die Kriegszielpolitik des kaiserlichen Deutschland 1914/1918, Kronberg/Ts. 1977.

Pogge - von Strandmann, Hartmut, Deutscher Imperialismus nach 1918, in: D. Stegmann, B. J. Wendt u. P. Chr. Witt (Hg.), Deutscher Konservativismus im 19. und 20. Jahrhundert, Bonn 1983, S. 281 - 293.

Schmokel, Wolf W., Der Traum vom Reich. Der deutsche Kolonialismus zwischen 1919 und 1945, Gütersloh 1967.

Kolonialfrage im Dritten Reich

Crozier, Andrew J., Appeasement and Germany's Last Bid for Colonies, London 1988.

Hildebrand, Klaus, Vom Reich zum Weltreich. Hitler, NSDAP und koloniale Frage 1919 - 1945, München 1969.

Kum'a N'dumbe III., Was wollte Hitler in Afrika? NS-Planungen für eine faschistische Neugestaltung Afrikas, Frankfurt a.M. 1993.

Bildnachweis

S. 28: Aus E. Teurich, Johann Kuny, der erste brandenburgisch-preußische Negerfürst. Eine Erzählung aus den Kolonien des Großen Kurfüsten, München o. J.
S. 49: Bundesverwaltungsamt Köln
S. 84: Staatsarchiv Bremen, Photoalbum Lüderitz
S. 122 u. S. 123: Vereinigte Evangelische Mission, Wuppertal
S. 207: Humoristické Listy, Prag 1897
S. 236: Bildarchiv preußischer Kulturbesitz, Berlin
S. 267: Bundesarchiv, Koblenz
S. 283: Archiv der Pallottinermission, Limburg/Lahn.
S. 339: Bildarchiv preußischer Kulturbesitz, Berlin.

Personenregister

Kursive Zahlen (bzw. *kursives f.* oder *ff.*) bedeutet, daß sich der Begriff auf dieser Seite lediglich in einer Fußnote finden läßt.

Ortsregister

Kursive Zahlen (bzw. *kursives f.* oder *ff.*) bedeutet, daß sich der Begriff auf dieser Seite lediglich in einer Fußnote finden läßt.

Deutsche Geschichte der neuesten Zeit im dtv

Herausgegeben von Martin Broszat, Wolfgang Benz und Hermann Graml in Verbindung mit dem Institut für Zeitgeschichte, München.

Peter Burg
Der Wiener Kongreß
dtv 4501

Wolfgang Hardtwig
Vormärz
dtv 4502

Hagen Schulze
Der Weg zum Nationalstaat
dtv 4503

Michael Stürmer
Die Reichsgründung
dtv 4504

Wilfried Loth
Das Kaiserreich
dtv 4505

Richard H. Tilly
Vom Zollverein zum Industriestaat
dtv 4506

Helga Grebing
Arbeiterbewegung
dtv 4507

Hermann Glaser
Bildungsbürgertum und Nationalismus
dtv 4508

Michael Fröhlich
Imperialismus
dtv 4509

Gunther Mai
Das Ende des Kaiserreichs
dtv 4510

Klaus Schönhoven
Reformismus und Radikalismus
dtv 4511

Horst Möller
Weimar
dtv 4512

Peter Krüger
Versailles
dtv 4513

Corona Hepp
Avantgarde
Moderne Kunst, Kulturkritik und Reformbewegungen nach der Jahrhundertwende
dtv 4514

Fritz Blaich
Der Schwarze Freitag
dtv 4515

20 Tage im 20. Jahrhundert

Herausgegeben von
Norbert Frei, Klaus-Dietmar Henke und Hans Woller

Helmut Mejcher
Sinai, 5. Juni 1967
Krisenherd Naher und Mittlerer Osten
dtv 30611

Norbert Frei
Paris, 13. Mai 1968
Kulturprotest und Gesellschaftsreform
dtv 30612 (i.Vb.)

Brigitte Röthlein
Mare Tranquillitatis, 20. Juli 1969
Die wissenschaftlich-technische Revolution
dtv 30613

Wilfried Loth
Helsinki, 1. August 1975
Entspannung und Abrüstung
dtv 30614

Harold James
Rambouillet, 15. November 1975
Die Globalisierung der Wirtschaft
Aus dem Englischen von Hermann Graml
dtv 30615

Franz J. Brüggemeier
Tschernobyl, 26. April 1986
Die ökologische Herausforderung
dtv 30617

Walther L. Bernecker
Port Harcourt, 10. November 1995
Aufbruch und Elend in der Dritten Welt
dtv 30619

dtv

Joseph Rovan

Geschichte der Deutschen

Von ihren Ursprüngen bis heute
Aus dem Französischen von Enrico Heinemann, Reiner Pfleiderer und Reinhard Tiffert
dtv 30638

Zwei Jahrtausende deutscher Geschichte zeichnet Joseph Rovan in den großen Entwicklungslinien und Epochen nach. Er charakterisiert die Kräfte, die der Geschichte der Deutschen ihre besondere Dynamik und Zielrichtung gegeben haben. Ein besonderes Merkmal dieser Geschichte ist nach Ansicht von Rovan unter anderem der Föderalismus, der auch die Basis für ein gemeinsames Europa bilden muß.

»Ein ungewöhnlich kühnes und souveränes Buch, durch das der Verfasser seinen Anspruch auf Mitbesitz an der deutschen Geschichte, die, wie er sagt, ihm einst entrissen und verboten wurde, zum Ausdruck bringt.«
Michael Stürmer

»So lesbar und lehrreich kann Vergangenheitsbewältigung sein, wenn sie ein Nachbar und Kenner lesbar und lehrreich darbietet.«
Hannoversche Allgemeine

Dimension des Völkermords
Die Zahl der jüdischen Opfer des Nationalsozialismus

Herausgegeben von Wolfgang Benz
dtv 4690

Die in diesem Band versammelten Beiträge ausgewiesener Experten bieten neben exakten Zahlen ein detailliertes Gesamtbild der Voraussetzungen, Formen und Phasen der nationalsozialistischen Judenverfolgung.

»... eine der gründlichsten Untersuchungen des ganzen Vorgangs überhaupt.« (Eberhard Jäckel)

»Wenn man dieses Buch nicht nur als Kompendium und Nachschlagewerk benutzt, sondern als Gesamtdarstellung liest, wird sichtbar, welche riesenhaften Ausmaße dieses Verbrechen besaß, wie viele Tausende und Zehntausende von Menschen in seine Vorbereitung und Durchführung einbezogen waren, welchen organisatorischen und politischen Aufwandes es bedurfte, um die jüdische Bevölkerung noch in dem entlegensten Dorf in Frankreich, der Ukraine oder Norwegen und noch auf der kleinsten griechischen Insel zu ›erfassen‹, zu deportieren und schließlich zu ermorden.« (Ulrich Herbert)

dtv

Stella Müller-Madej

Das Mädchen von der Schindler-Liste

Aufzeichnungen einer KZ-Überlebenden
dtv 30664

Stella ist zehn Jahre alt, als sie mit ihrer Familie ins Krakauer Ghetto ziehen muß. Zwei Jahre später werden sie ins KZ Plaszow bei Krakau gebracht. Dort erlebt und überlebt Stella ein furchtbares Grauen. Doch es gibt einen Hoffnungsschimmer: Die Familie wird zusammen mit etwa tausend anderen jüdischen Häftlingen von Oskar Schindler für seine Fabrik in Böhmen angefordert. Die Männer erreichen dieses Ziel, die Frauen werden jedoch nach Auschwitz deportiert. Mit beherzter Hartnäckigkeit sorgt Schindler dafür, daß sie doch noch nach Böhmen kommen. Stella, ihre Familie und viele andere sind gerettet. Nach dem Krieg beginnt sie, ihre Erlebnisse aufzuschreiben. Das Buch ist einer der ergreifendsten Augenzeugenberichte und ein Dokument von ähnlicher Bedeutung wie die Aufzeichnungen von Anne Frank.

»Ich kenne nur wenige Augenzeugenberichte, die den entsetzlichen Alltag der Vernichtungslager so eindringlich beschreiben. Ein ganz wichtiges Buch für eine Generation, die lernen muß, daß Spielbergs Film von wirklichen Menschen handelt.«
Martin Pollack

»Das Buch sollte seinen Platz finden neben den Aufzeichnungen der Anne Frank.«
Frankfurter Allgemeine Zeitung

Eric J. Hobsbawm

Das Zeitalter der Extreme

Weltgeschichte des 20. Jahrhunderts
Aus dem Englischen von Yvonne Badal
dtv 30657

Das »kurze 20. Jahrhundert« aus globaler Perspektive – auf der Basis ungeheuren Kenntnisreichtums wie auch persönlicher Erfahrung präzise analysiert und meisterhaft geschildert von einem der bedeutendsten Historiker unserer Zeit.

»Weit und breit ist kein Rivale von überlegener Kompetenz zu erkennen.« *Der Spiegel*

»Nur wenige Historiker dürften bereit und in der Lage sein, ein solches Unternehmen durchzuführen.« *Die Zeit*

»Ein weites Panorama dieses Jahrhunderts, ein beeindruckend argumentierender Wurf.« *Der Tagesspiegel*

»Wir können nur zurückblicken und feststellen, was auf dem Weg lag, der uns hierher geführt hat. Genau das habe ich in diesem Buch versucht. Wir wissen zwar nicht, wovon unsere Zukunft geprägt sein wird; doch ich habe der Versuchung nicht widerstehen können, auch über künftige Probleme nachzudenken, jedenfalls sofern sie aus den Ruinen jener Epoche auftauchen werden, die gerade zu Ende gegangen ist. Wollen wir hoffen, daß es eine bessere, gerechtere und lebenswertere Welt sein wird. Das alte Jahrhundert hat kein gutes Ende genommen.«
Eric Hobsbawm

dtv